高等院校经济学管理学系列教材

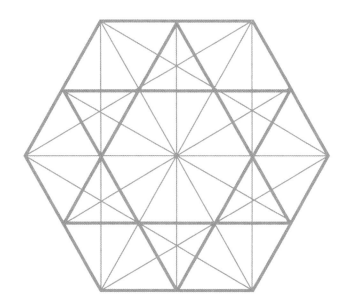

消费者行为学

心理的视角

Consumer Behavior

A Psychological Perspective

钟旭东 编著

图书在版编目(CIP)数据

消费者行为学:心理的视角/钟旭东编著. —北京:北京大学出版社,2020.9
高等院校经济学管理学系列教材
ISBN 978-7-301-31553-8

Ⅰ.①消… Ⅱ.①钟… Ⅲ.①消费者行为论—高等学校—教材 ②消费心理学—高等学校—教材 Ⅳ.①F713.55

中国版本图书馆CIP数据核字(2020)第149727号

书　　　名	消费者行为学：心理的视角 XIAOFEIZHE XINGWEIXUE：XINLI DE SHIJIAO
著作责任者	钟旭东　编著
责 任 编 辑	姚沁钰　姚文海
标 准 书 号	ISBN 978-7-301-31553-8
出 版 发 行	北京大学出版社
地　　　址	北京市海淀区成府路205号　100871
网　　　址	http://www.pup.cn
电 子 信 箱	sdyy_2005@126.com
新 浪 微 博	@北京大学出版社
电　　　话	邮购部 010-62752015　发行部 010-62750672　编辑部 021-62071998
印 　刷 　者	河北滦县鑫华书刊印刷厂
经 销 者	新华书店
	787毫米×1092毫米　16开本　18印张　394千字 2020年9月第1版　2023年7月第2次印刷
定　　　价	58.00元

未经许可，不得以任何方式复制或抄袭本书之部分或全部内容。
版权所有，侵权必究
举报电话：010-62752024　电子信箱：fd@pup.pku.edu.cn
图书如有印装质量问题，请与出版部联系，电话：010-62756370

内 容 简 介

　　消费者行为学是关系到每个人的一门学科,因为人人都是消费者。本书结合国内外多位专家及学者的研究成果,根据作者多年的教学经验、亲身体验及感悟,以基础心理学为基本依据,就消费者心理与行为进行了全面而深入的介绍和分析,并针对消费者心理提出了实用的企业营销对策。

　　本书可作为大专院校市场营销、企业管理等专业的教学用书,也可作为从事实际营销、贸易、管理等工作的有关人员的学习参考用书,还可作为社会公众认识个人心理及消费行为的简明实用读本。

本 书 特 色

　　系统性更强。本书把心理分析过程总结为知心路、知个性、知社会，编排新颖，逻辑关系清晰，大道至简。

　　案例性更强。强调理论联系实际，有丰富的个案证明，能让读者透过案例看本质，体会到心理营销的真谛。

　　实践性更强。理论与实际紧密结合，本书既提供了面对不同心理特征的针对性营销策略，也提供了面对不同心理特征的系统性营销策略，能使读者学以致用。

市场营销即交心营销（代前言）

消费者心理与行为关系到每一个在社会中生存与发展的人，人人都是消费者，人类生活的方方面面都涉及商品和服务的消费。从某种意义上说，消费及消费什么就是人生活的意义，了解了人的消费行为，也就了解了人的生活方式和人生态度，因此对消费者的研究和认识就显得尤为基础与重要。消费者即生活者。

读者可以消费者的身份来看本书，通过本书来了解消费者的心理与行为，以便能更好地认识自己的消费心理，更理性地去消费；也可以一般个人的身份来看本书，通过本书了解人心的基本要素和发展过程，以便能更清楚地认识自己的个性心理和特征。生理是本能，心理是赋能。心理决定行为，赋能决定人生。

本书的读者主要是企业管理者及相关人员，写作目的是让企业能更全面、深入地认识消费者的心理与行为，以便为企业的营销活动提供更可靠的决策依据。市场营销即交道营销，交道成功与否的关键在于交心，所以市场营销也即交心营销。在竞争激烈的市场上，企业更要把消费者（顾客）放在一切活动的中心和出发点上，将心比心，换位思考，这样企业的营销策略才可能真正有效，从而达成交换。

消费者行为学是一门应用性学科，借鉴了各个学科中有助于理解消费者的成果，通过对消费者心理和行为的全面分析和把握，为企业的营销对策提供了真正的帮助。企业在经营销售中一定要知道自己的目标消费者究竟是谁，消费者的特点是什么，影响消费者心理最重要的力量是什么，消费者究竟需要什么样的产品和服务。面对买方市场，企业要想百战不殆，就必须做到知己知彼，具备在纷乱中把握脉络，透过现象看到本质的能力。

目前，虽然市场上关于消费者行为学方面的书籍比较多，但笔者总觉没有一本特别理想的教材，所以写作一本系统、清晰、新颖、实用又深入本质的消费者行为学教材一直是笔者多年的心愿。本书希望给读者一个心理学的实用框架，让读者能心中有纲，纲举目张。"三知一做"是本书基本之纲：知心路、知个性、知社会及做营销。

本书具有系统性、清晰性、新颖性、实用性等特点。系统性体现在，章节脉络清楚，系统全面，在研究消费者行为时结合了基础心理学、社会心理学及市场营销学等主要学科的内容；清晰性体现在，本书的分析层层推进，深入本质，从第2章到第8章，勾画出消费者清晰完整的心理过程和行为；新颖性体现在，本书的体系和架构有别于市场上目前存在的消费者行为学教材，体系独特，逻辑性强，有笔者独特的心得体会；实用性则体现在，书中内容应用性强，每一章都有根据心理及行为特征引申出来的营销对策，第 9 章则更是全面地分析了企业面对市场、面对消费者应采取的系统营销对策。俞东艳为本书各章提供了精选的开篇案例。

本书得到了北京大学出版社责任编辑杨丽明、姚沁钰、姚文海的大力支持和帮助，没有他们的支持和信任，就不会有本书的顺利出版，在此向杨丽明编辑、姚沁钰编辑、姚文海编辑及其所在的北京大学出版社表示诚挚的谢意。

感谢张苏珍对本书文字内容进行仔细校对和润色，并提出了许多有益的参考意见。本书在写作过程中参考了大量的中外文献和著作，也参考了许多互联网资料，许多认识和不认识的专家、学者的真知灼见也为本书的写作提供了丰富的依据和参考，在此一并表示衷心的感谢。

本书虽然有其一定的特色，但由于作者的水平有限，一定会有不少问题和漏洞，笔者真诚希望能得到有关专家与读者的指正、批评和帮助。

本书得到了苏州大学文正学院教材建设基金资助。

钟旭东
2020 年 1 月

目录

第一篇 知 心 路

第1章 消费者行为学导论 ... 3
1.1 基本概念的界定 ... 5
1.2 研究意义与方法 ... 15
1.3 本书的结构安排 ... 19
本章总结 ... 20
本章关键词 ... 20
思考题 ... 20

第2章 消费者行为的心理过程 ... 21
2.1 认知过程 ... 23
2.2 情绪过程 ... 42
2.3 意志过程 ... 48
本章总结 ... 52
本章关键词 ... 53
思考题 ... 53

第3章 消费者行为的动力倾向 ... 54
3.1 需要 ... 55
3.2 动机 ... 66
3.3 兴趣 ... 76

本章总结	81
本章关键词	81
思考题	81

第二篇 知 个 性

第4章 消费者行为的个性特征 … 85
- 4.1 气质 … 86
- 4.2 性格 … 93
- 4.3 能力 … 100
- 4.4 人格 … 106
- 本章总结 … 113
- 本章关键词 … 114
- 思考题 … 114

第5章 自我概念、生活方式与消费态度 … 115
- 5.1 自我概念 … 116
- 5.2 生活方式 … 121
- 5.3 消费态度 … 125
- 本章总结 … 133
- 本章关键词 … 134
- 思考题 … 134

第三篇 知 社 会

第6章 消费者行为的社会化Ⅰ … 137
- 6.1 文化环境 … 138
- 6.2 政治经济 … 162
- 本章总结 … 166
- 本章关键词 … 166
- 思考题 … 167

第7章 消费者行为的社会化Ⅱ … 168
- 7.1 社会角色 … 169
- 7.2 家庭生活 … 176
- 7.3 社会阶层 … 180
- 7.4 人际关系 … 184

7.5　信息环境 193
　　本章总结 198
　　本章关键词 199
　　思考题 199

第8章　消费者情境与购买决策过程 200
　　8.1　消费者情境 202
　　8.2　购买决策过程 206
　　8.3　移动互联网的购买决策 218
　　本章总结 223
　　本章关键词 224
　　思考题 224

第四篇　做营销

第9章　认知市场与营销对策 227
　　9.1　认知市场 229
　　9.2　经营对策 230
　　9.3　销售对策 237
　　本章总结 258
　　本章关键词 259
　　思考题 259

第10章　消费者权益与企业伦理 260
　　10.1　消费者权益 261
　　10.2　企业伦理 266
　　本章总结 274
　　本章关键词 274
　　思考题 275

参考文献 276

第一篇

知 心 路

> 知人者智，自知者明；胜人者有力，自胜者强。
> ——（春秋）老子

　　心在哪里，行为就在哪里，识别人心的落脚点是要识别人的心路。形形色色识人心路。

　　人从一出生就开始了心理活动，这样的心理活动就是人的心路历程。对个人来说，心路历程从出生开始，一直到死亡。心理过程（心路历程）反映了人心的共性部分，包括三个最基本的过程：认知过程、情绪过程和意志过程。认知、情绪、意志三者交互影响，认知影响情绪与意志，情绪与意志又反作用于认知，情绪会影响意志，意志也会影响情绪，但归根结底，认知过程是心路的起因，情绪过程是心路的体验，意志过程是心路的结果。识别人的心路最根本的就是识别人的认知，认知在哪里，情绪和意志就在哪里。

　　人的心理活动为什么会不一样呢？因为人的个性不一样。不一样的个性分析还是要回到人的心路上，个性分析就是心路分析。

　　企业识别消费者行为就是要识别消费者心理，了解消费者的个性及共性，了解消费者的认知、情绪及意志状况，采取相应的对策去适应或者改变消费者的认知、情绪及意志，达成企业的期望。认识、了解和影响消费者的认知是企业营销的基础，营销战是一场心理战，心理战就是一场认知之战。

第1章

消费者行为学导论

> **开篇案例** 亚马逊精准把握消费者

如果存在一个电子商务平台一直是大数据的试验场所，那么它就是亚马逊。这是一家众所周知的公司，不仅仅是一个在线商家，还是一家大数据行业巨头和先驱，擅长寻找将客户数据与业务主动性联系起来的方法。亚马逊不仅仅是电商平台，还是一家科技公司，它在业内率先使用了大数据，利用人工智能和云技术进行仓储物流的管理，创新推出了预测性调拨、跨区域配送、跨国境配送等服务，并由此建立了全球跨境云仓。

亚马逊公司的创始人杰夫·贝佐斯（Jeff Bezos）认为，亚马逊公司不仅仅是销售产品。亚马逊公司自2006年推出亚马逊网络服务（AW6S）这个云服务以来已有十多年的时间。AWS公司旨在托管应用程序和软件，以便立即在网络上部署，并且是"即用即付"服务。

亚马逊利用海量顾客数据，为每一位顾客量身制定、打造个性化的网络商店，实现对顾客的个性化精准营销，帮助顾客在亚马逊寻找到感兴趣的商品，并享受到独一无二的购物体验。

亚马逊大数据应用的主要做法是：

1. 分析顾客各类信息与数据

顾客在网站上会产生四种数据：即时数据、行为数据、社交数据以及属性数据。即时数据包括顾客搜索的关键词、访问的商品页面等；行为数据包括顾客购买的商品数据、顾客关注或收藏的商品数据以及顾客的浏览行为偏好等；社交数据包括顾客的兴趣爱好、观点态度等；属性数据则包括顾客的性别、年龄、职业以及地域分布等。

亚马逊对于顾客产生的上述数据会从多个方面展开分析：一是重点对顾客在网站上从搜索关键词开始到访问页面，到关注商品，到最后完成购买全流程的数据进行采集与分析；二是重点对客户偏好信息进行采集与分析，包括顾客的观点态度、浏览倾向偏好以及兴趣爱好等数据。

2. 细分顾客群体进行群体商品推荐

提高销售率的一个手段是对每一类消费者推送他们可能感兴趣的商品广告。为了实现对特定顾客群体独特又精准的营销,有必要对顾客群体进行细分。大数据分析技术帮助亚马逊实现了这一需求。

在对每一位顾客行为进行数据分析的基础上,为了对相似购买群体的顾客进行分类,亚马逊基于大数据开发了聚类模型对顾客群体进行细分。顾客细分的目标是把具体一位顾客分配到与他最为相似的已有顾客细分群中,运用算法分析该群体的购买历史与商品评价,从而生成商品推荐列表,推送给该顾客。

3. 分析商品属性进行商品匹配组合推荐

在利用细分顾客群推荐商品的同时,考虑到相同属性的顾客可能还不是最相似的顾客,产生的推荐相关性还有待提高,亚马逊又开发了商品到商品的协同过滤。对于某一给定的商品,亚马逊通过分析商品的各种属性,基于大数据技术的算法找出与之最为匹配,也即顾客倾向于一起购买的商品,建立起一个匹配的商品表。

4. 基于购买历史打造个性化网上商店

亚马逊使用大数据技术,使得每一位顾客有个性化的网上商店,这种彻底的创新基于用户的兴趣。登录个人账户后的亚马逊主页上,设置了"为我推荐"链接,点击链接,会把顾客引入一个"区域",亚马逊根据顾客以往的购买历史和商品领域,利用算法寻找相似商品,生成顾客可能感兴趣的商品推荐列表,顾客可以对这些被推荐商品进行评级,还可以查看为什么这些商品被推荐。

亚马逊使用以下类型的数据来提出建议:购买历史、浏览记录、产品趋势、社交媒体提到的产品知名度、购买者对买方朋友的影响、购买历史相似的人的购买行为。以上这些限定词列表是任何大数据营销人员都可以用来确定广告个性化的原型列表。任何有关大数据的营销工作都要归结到哪些数据是最好的和最适合使用的。亚马逊使用一种称为"逐项协作过滤"的过程,这涉及在产品层面而不是用户层面提出建议。

大数据并不仅仅是促进产品推荐,它还有助于确定企业在扩张时应该做些什么。通过分析人们想要什么类型的产品和服务的数据,亚马逊公司已经扩大了电子商务空间,包括家庭服务和杂货店送货。

通过了解人们想要什么类型的服务,以及他们最想要的服务类型,在亚马逊推出家庭服务的第一年里,消费者订单每个月平均增长20%。亚马逊新鲜杂货配送服务提供超过95000种不同的产品,可以在订购当天发货。要完成这种类型的壮举,需要令人难以置信的准确性、预测分析和个性化的能力。

亚马逊公司最大的突破就是向大家展示了可以使用大数据进行服务,而且企业还可以使用大数据为用户提供敏捷的个性化服务。

美国东部时间2018年9月4日，亚马逊股价上涨1.76%，继苹果之后，亚马逊成功跨越市值万亿美元的门槛，而从6000亿美元到万亿美元也只是经过了165个交易日。亚马逊发展势不可挡最本质的原因，其实杰夫·贝佐斯从亚马逊成立之初就告诉了大家。1997年亚马逊上市后，杰夫·贝佐斯在第一封致股东的信《一切只为了长期》中明确表示，公司始终以顾客为中心。

资料来源：根据互联网多方资料整理而成。

每一个人都是消费者，从出生直到死亡，人一生不变的角色就是消费者。每个人不管是什么年龄，从事什么职业，以什么样的生活态度来面对人生，都离不开消费这个领域。从这个意义上说，无论是组织还是个人，都应该了解和认识消费者的心理和行为，以便更清楚地认识他人和自己。

市场营销就是一门试图影响消费者行为的学科，这些影响无论是对施加这种影响的企业、被影响的个人还是整个社会，都具有深刻的含义。企业以市场为中心来分析和认识市场，其最基本的对象就是分析和认识消费者行为。在市场营销者看来，市场等同于买者，买者可以是进行个人和家庭消费的买者，我们一般称之为消费者和消费者市场；买者也可以是工商企业从事生产、销售等业务活动以及政府部门和非营利组织为履行职责而购买产品和服务所构成的市场，我们一般称之为组织市场。对买者进行分析的基本出发点是对个人心理的分析，不管是消费者还是组织者都是人，只是他们购买的目的和购买的产品与自己的不一样而已。人的行为受人的心理支配，换句话说就是人有什么样的心理，就会有什么样的行动，所以对消费者的行为分析就是对消费者的心理分析和把握。

这里需要指出的是，本书的消费者分析主要是对个人消费者及消费者市场的分析，但也可以泛指对所有买者的分析，包括组织市场的买者（一般称为顾客或者客户）。

消费者心理和行为的分析主要可以从以下几个方面进行有效的把握：首先是从影响消费者行为的一般心理活动过程来把握；其次是从影响消费者行为的动力倾向来把握；复次是从影响消费者行为的个性特征来把握；再次是从影响消费者行为的社会特征和消费者情境来把握；最后是从企业的营销对策来把握。

1.1 基本概念的界定

1.1.1 消费

消费（consumption）就是消耗、花费的意思。消费是社会经济活动的出发点和归宿。它和生产、分配、交换一起构成社会经济活动的整体，是社会经济活动中一个十分重要的领域。具体地说，消费是人们消耗物质资料和精神产品以满足生产和生活需要的过程。消费既包括生产性消费，也包括生活性消费。消费者行为学研究的主体是消费者,因此必须涉及消费,消费者行为学主要研究生活性消费。

1. 生产性消费

生产性消费是指物质资料生产中消耗的各种原材料、能源、设备、工具及劳动者为此支出的体力和脑力的总和,是生产过程的一部分。

2. 生活性消费

生活性消费是指人们为了自身的生存和发展,消耗一定的生活资料和服务,以满足自身生理和心理需要的过程。

1.1.2 消费体系

消费体系主要包括消费水平、消费结构和消费方式等方面的内容。

1. 消费水平

消费水平是指按人口平均的消费品(包括服务)的数量,反映人们物质文化需要实际满足的程度。它可以用货币表示,如人均消费额、消费支出等。广义的消费水平不仅包括消费品的数量,而且包括消费品的质量。消费水平是一个综合指标,最终表现为人们的健康水平(平均寿命、婴儿生长率、成人生病率、人口死亡率)、科学文化水平和生活享受水平(人均国民收入、人均货币收入)。

2. 消费结构

消费结构是指在一定的社会经济条件下,人们在消费过程中所消费的各种不同类型的消费资料(吃、穿、用、住、教育文化、娱乐等)的比例。

恩格尔系数(Engel's coefficient)是指食品支出总额占个人消费支出总额的比重。19世纪,德国统计学家恩格尔根据统计资料,对消费结构的变化得出一个规律:一个家庭收入越少,家庭收入中(或总支出中)用来购买食物的支出所占的比例就越大;随着家庭收入的增加,家庭收入中(或总支出中)用来购买食物的支出比例则会下降。推而广之,一个国家越穷,每个国民的平均收入中(或平均支出中)用于购买食物的支出所占的比例就越大;随着国家越来越富裕,这个比例呈下降趋势。恩格尔系数是国际上通用的衡量居民生活水平高低的一项重要指标,一般随居民家庭收入和生活水平的提高而下降。根据联合国粮农组织提出的标准,恩格尔系数在59%以上为贫困,50%~59%为温饱,40%~50%为小康,30%~40%为富裕,低于30%为最富裕。

3. 消费方式

消费方式是指人们消耗生活资料和享受服务的方法和形式。个人消费与社会公共消费是消费方式的两种基本形式。

个人消费是指为满足个人生活需要而对各种物质资料、服务和精神文化产品的消费活动。个人消费的经济来源是个人收入。社会公共消费是指满足社会成员共同需要的消费活动。如学校教育、医疗卫生、妇幼保健、公共交通及公共文化、体育、娱乐等。社会公共消费是人们生活消费的重要组成部分。社会公共消费的投入主要由国家来承担。

1.1.3 消费者

消费者(consumer)就是消耗、花费(既是物质的,又是精神的)的人,是生活性消费的实体。消费者包括集体消费者和个人消费者,消费者行为的研究主要是分析个人消费者的心理与行为。

1. 集体消费者

集体消费者是指组织或团体购买的消费实体,不与个人的需求和购买能力密切相关。

2. 个人消费者

个人消费者是指个人或家庭购买的消费实体,与个人的需求和购买能力密切相关。

1.1.4 消费者市场

消费者市场(consumer market)又称最终消费者市场、消费品市场或生活资料市场,是指个人或家庭为满足生活需求而购买或租用商品的市场,它是市场体系的基础。

消费者市场是现代市场营销理论研究的主要对象。消费者市场的购买行为有以下特点:

1. 消费者市场人数众多

人们要生存就要消费,所以消费者市场涵盖了全部人口。

2. 消费者市场的购买具有多样性

消费者由于在年龄、性别、职业、受教育程度、收入、居住区域、民族和宗教等方面的不同,存在各式各样的需求、兴趣、爱好和习惯,对不同商品和同种商品的不同品种、规格、质量、外观、式样、服务和价格等会产生多种多样的要求,而且随着生产的发展和消费水平的提高,消费者的需求在总量、结构和层次上也在不断变化。

3. 消费者市场购买属于小型多次购买

消费者是为个人和家庭的消费而购买商品,通常一次购买数量有限,属小型购买。对于日常消费品来说,消费周期短,购买频率较高。

4. 消费者市场需求一般都富有弹性

消费品市场中的绝大多数商品对价格变动较敏感,需求弹性较大。消费品替代性较大也使需求弹性增大。

5. 消费者市场购买一般属于非专家购买

消费者作出购买决策时受多种因素影响,又属于非专家购买,所作出的决策易变化,往往容易被诱导。消费者市场的这一特点,增加了企业市场营销活动的复杂性和灵活性。

1.1.5 消费者心理

消费者心理（consumer psychology）是指消费者从事消费活动时的一系列的心理活动。它一般包括消费者的认知、情绪、意志等一般心理过程；消费者的需求、动机、兴趣等动力心理特征；消费者的气质、性格、能力等个性心理特征；消费者的文化、政治、经济、角色、家庭、阶层、人际关系等社会心理特征；消费者情境等短暂社会因素。当然，企业营销对策也是一个十分重要的影响消费者心理的社会因素，会对消费者的心理产生重要的影响。

研究消费者行为就必须要认识消费者心理，因为消费者行为是被消费者心理支配的，而要认识消费者心理就先要对人的心理有一个整体的认识。

1. 心理学简介

心理学有一个很长的过去和一个很短的历史。说它有一个很长的过去，因为心理学的一部分源于哲学，而哲学作为一门研究知识、现实和人的本质的学科已经存在许多世纪了。说它有一个很短的历史，是因为心理学从成为一门科学至今不过百余年。在词源上，psychology 的希腊词根"psyche"的意思是心灵或精神，后缀"logos"的意思是讲述。那么合起来，心理学就是讲述心灵的学问。到了19世纪末，科学心理学萌芽时期，心理学被界定为研究心理活动规律的科学。

人的心理活动可以分为个体心理与社会心理两个方面。

人是作为个体而存在，个人所具有的心理现象称个体心理。个体心理现象异常复杂，心理学通常从两个方面加以研究：一是共同的心理过程，即个体心理活动形成及其行为表现的一般过程；二是个性差异，即人与人之间在心理活动倾向性与稳定的心理活动特性上的差异。

个体心理过程包括认知过程、情感过程与意志过程三个方面。个性差异是指个体在心理过程的发展与进程中经常表现出来的比较稳定的心理活动倾向与心理过程特点。个体的心理活动倾向性与个性特征综合在一起，构成了个体完整的个性心理，或简称个性。个体的心理活动倾向性是指人进行活动的基本动力，比如需要、动机、兴趣等。个性特征是指一个人身上经常稳定表现的特征，包括气质、性格和能力等。值得一提的是，我们在日常生活中也经常使用"气质""个性""人格"等概念。例如，我们在日常生活中说一个人有"气质"是指一个人外形美、举止优雅；说一个人有"个性"是指一个人独特、有主见；说一个人有"人格"是指一个人具有品位和尊严，其意义显然与心理学中的科学概念是不完全一样的。

心理过程与个性心理这两个方面是相互制约、相互影响的，个性心理是在心理过程的基础上逐渐形成和发展的，并总是在各种心理过程中表现出来；反过来，已形成的个性心理又影响着心理过程，使个体的心理过程总是带有个性色彩。了解个性心理是为了了解个体的心理过程。心理过程与个性心理的这种相互关系从整体上反映着人的心理活动的共同规律和差异规律的辩证统一，心理学就是要研究并揭示这些心理现象及其规律。

人是社会关系的总和，个人作为社会的成员，总是生活在各种社会团体之中，并与其他人结成各种关系，如亲属关系、朋友关系、师生关系、民族关系、国家关系等。有关人际关系、人际互动、团体的动力与特征、个体社会化等方面的心理现象被称为社会心理。社会心理及其与个体心理的关系，也是心理学的研究对象。

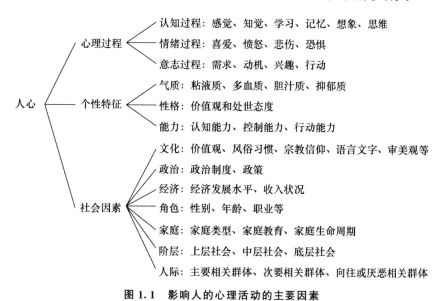

图1.1 影响人的心理活动的主要因素

意识（consciousness）是人类所独有的一种高级水平的心理活动，一般被定义为对外部和内部刺激的觉知（awareness）。意识对事物和活动的指向和集中表现为注意，注意出现在人的各种认知活动和行为中。

人的心理活动除了意识外，还存在无意识（unconsciousness）现象。这是人在正常情况下觉察不到，也不能自我调节和控制的现象。人在梦境中的心理现象主要是在无意识情况下产生的，人不能预先计划梦境的内容，也无法支配梦境的进程。在多数情况下，人难以准确回忆梦境的内容。人在清醒的时候，有些心理现象也是无意识的。人能意识到自己听到或看到了什么，但对听觉和视觉的过程却意识不到。人能有意识地记住自己工作的地点，也能无意识地记住大街上看见的一些建筑物。人的某些动作方式如写字，起初可能受到意识的调节，但在多次反复后，便可转化为自动化的无意识现象，这时，人只觉知到自己写的内容，而觉知不到每个字笔画书写动作本身。在人际交往中，某种意识不到的、潜移默化的影响也是存在的。

在人的正常生活中，大多数心理活动是在意识的支配下进行的，但也存在无意识现象，它对人的行为也有重要作用。只有精神错乱、大脑损伤的病人的行为才失去意识控制，而完全为无意识的欲望所支配。无意识现象也是心理学的重要研究对象。

人的心理活动与行为受其生物学特征（如大脑）与环境的性质（如社会文化）所限制，必然受到生物学规律的支配与社会文化的影响，心理学需要从自然科学角度与社会科学角度来探讨行为和心理活动的规律，因此兼有自然科学和社会科学的双重性质。无论是从自然科学角度还是从社会科学角度,心理学研究的基本任务都是探索心理现象的事实、本质、机制和规律,具体来说,包括描述和测量、解释和说明、预测和控制三个方面。

人类的一切心理活动都是由人的神经系统及神经系统调节下的内分泌系统经过一系列极其复杂的生理变化来实现的,生理机构是心理活动的物质基础。神经系统包括中枢神经系统和周围神经系统。中枢神经系统包括脑(大脑、小脑、脑干、间脑)和脊髓;周围神经系统包括脑神经、脊神经、内脏神经等。大脑是脑最前的部分,是中枢神经系统的中心,占脑总体积的一半以上,重量为脑总重量的60%左右,中间有一沟裂,将大脑分为左右两个半球,左右半球有明显分工(1981年提出),左半球支配词语、数学、逻辑、分析、推理、符号等,是抽象思维中枢;右半球支配想象、节奏、颜色、音乐、空间位置等,掌管着人们感情方面的事情,是形象思维中枢。小脑位于大脑的下方,分成左右两个半球,主要功能是协助大脑控制肌肉的运动,调节身体的平衡和姿势。

2. 消费心理学

消费心理学是应用心理学,其研究的对象是消费者心理活动的产生、变化的规律以及营销活动与消费者心理之间的关系。

人作为消费者在消费活动中的各种行为无一不受到心理活动的支配。例如,消费者是否购买某种商品,购买何种品牌、款式的商品,何时、何处购买,采用何种购买方式,以及怎样使用等,其中的每一个环节、步骤都需要消费者作出相应的心理反应,进行分析、比较、判断和决策。这一过程中消费者所有的表情、动作和行为,都是复杂的心理活动的自然流露。所以说,消费者的消费行为都是在一定心理活动支配下进行的,消费者心理是消费者行为的基础。

1.1.6 消费者行为

消费者行为(consumer behavior)是指消费者从事购买的行动,是以消费者的心理活动为基础的行为。

美国市场营销学会(AMA)把消费者行为定义为:"感知、认知、行为以及环境因素的动态互动过程,是人类履行生活中交易职能的行为基础。"这一定义至少包含了三层重要的含义:消费行为是动态的;消费行为涉及感知、认知、行为及与环境因素的互动作用;消费行为涉及交易。

1. 人的行为

心理学研究人的行为规律,目的是要揭示人的心理活动规律,因为人的行为与人的心理活动是密不可分的,对人的心理活动的探知必须开始于对人的外显行为的观察。

行为(behavior)指机体的任何外显的、可观察的反应动作或活动,如说话、攻击、散步等,从广义上说,行为还包括机体的生理现象,如任何部位肌肉的活动,甚至神经系统的活动。有些行为很容易被观察到,如写字、驾车等,有些行为则需要很复杂的方法和装置才能被观察,如通过脑电仪观察脑电波。

人的行为受其内隐心理活动支配,人的心理活动是在头脑内部进行,不能加以直接观察或度量,但往往有一定的外部表现。例如,一个人哭或笑的行为是由其悲伤或快乐的心理活动支配产生的,所以通过对人的行为的观察和描述,我们可以探讨其内部心理活动。反过来,人的心理活动是在行为中产生,又在行为中得到表现的。一个人哭,是因为受到了打击或失去了所爱而产生了悲伤心理;一个人笑,是因为他在学习中取得了成功或得到了满足而产生了快乐心理。所以通过在一定条件下对人的行为的系统观察和分析,我们可以探讨人的心理活动的原因。

人的行为非常复杂,人的行为的复杂性正是由心理活动的复杂性引起的,具有不同生理条件和社会条件的人,其心理活动有很大的不同,对同一件事情的行为反应也不一样。例如,两人看见桌上有半瓶酒,一人说:"只有半瓶了!"另一人却说:"还有半瓶呢!"显然,前者的心理具有悲观倾向,后者的心理具有乐观倾向。即使是同一个人,在不同的时间对同一件事情的行为反应也可能不同。例如,同一个人,无论其一贯是悲观或乐观的,在不同时机对桌上半瓶酒都可能作出不同反应,如果他正与老友共饮,正在酒兴之上,面对所剩的半瓶美酒,他可能会说"只有半瓶了!"从而加倍珍惜这半瓶酒,细细地品味。但是,如果他在酒席宴上,被人劝酒而喝得半醉,面对必须喝完的半瓶残酒,他可能面有难色地说:"还有半瓶酒!"个人的心理活动及其外显行为受多种共同规律制约,例如,存在相同的对酒以及喝酒情境的感知、理解过程;情绪体验的引发过程;根据认识和情绪体验作出反应的过程等。由于人的内在心理与外显行为之间存在相互依存、相互影响的关系,所以通过对人的外显行为进行系统的观察、描述、测量以及分析,我们可以揭示人的心理活动的规律,在这个意义上,心理学也被认为是研究行为的科学。美国当代著名心理学家戴维·迈尔斯在其《心理学》一书中就写道:"心理学是研究行为和心理过程的科学。"

资料 1.1 精神控制要素

对人的精神控制是一个使人从陌生到怀疑再到认同的过程。在这个过程中,人被某种意识控制,被别人操纵,并且还会认为是自己作出的判断,此时,此人不相信别人与他不一致的意见,会偏激、偏执,失去理智。

要想对人的精神进行有效的控制,就要把握以下几个要素:

(1) 相对封闭的环境:避免多种信息的参与,防止人们的胡思乱想。

(2) 创造一种归属感:有"美好"的目标如友好、大家庭的气氛。

(3) 常处于激情状态:可让人加深印象,理智下降,自主思维能力减弱。

(4) 进行疲劳轰炸:不断重复单调的信息,有意识避免其他信息的加入,使人的大脑活动区域被抑制,从而作出错误的判断。

2. 消费者行为学

消费者行为学是研究消费者购买心理和行为的一门科学，20世纪初诞生于美国。1901年，美国心理学家斯科特首次提出，在广告宣传中运用心理学。他在1903年出版了《广告论》一书，开创了把心理学引入消费者研究的先河。1960年，美国心理学会成立了"消费者心理学分会"，并创办了《广告研究》杂志，以推动消费者行为学的研究。1968年，第一本消费者行为学教材——《消费者行为学》问世。1974年，美国又创办了《消费者研究》杂志，消费者行为学的地位得以确立。消费者行为学伴随着行为科学对营销的介入而产生。

消费者黑箱又称购买者黑箱，是指消费者在受到外部刺激后所进行的心理活动过程。由于它对企业来说是一种看不见、摸不着、不透明的东西，故称之为消费者黑箱。对于企业来讲，对消费者购买行为的分析和研究最重要的恰恰是对消费者黑箱中发生情况的分析和研究，以便安排适当的"营销刺激"，使消费者产生有利于企业的反应。消费者黑箱包括两方面主要内容：

第一是消费者特性，包括消费者的认知过程、动力倾向和个性特征。消费者特性会影响消费者对外界刺激的反应。消费者受外界的刺激主要有两个方面：一是企业所组织的营销刺激，这些因素均是可控制的，它们对购买者的"黑箱"产生直接而具体的影响；二是社会环境刺激，即社会的文化、政治、经济等，这些因素往往是企业不可控制的，它们引起或制约着消费需求。

第二是消费者行为过程，它直接决定了消费者的选择。消费者反应是外部刺激进入消费者"黑箱"后，消费者对产品、品牌、经销商、购买时间、购买数量的选择，以满足其消费的需要。其间，消费者要回答购买什么、为何购买、由谁购买、何时购买、何地购买、如何购买等问题。

根据刺激—反应原理，消费者行为反应过程是：外部刺激影响（企业营销及外部环境）→消费者黑箱（内部影响与消费者行为过程）→消费者反应（产品选择、品牌选择、经销商选择、购买时机与数量）（见图1.2）。

图1.2 外界刺激与消费者反应模式

有国外营销专家把消费者行为分为"5W"和"1H"，相对应的就有6个"O"，从而形成了消费者行为研究的基本框架：

市场需要什么（what）——购买对象（objects）是什么。通过分析消费者希望购买什么，为什么需要这种商品而不是需要那种商品，研究企业应如何提供适销对路的产品去满足消费者的需求。

为何购买（why）——购买目的（objectives）是什么。通过分析购买动机的形成（生理、心理因素的共同作用），了解消费者的购买目的，采取相应的营销策略。

购买者是谁（who）——购买者（occupants）和购买组织（organizations）是什么。通过分析购买者是个人还是组织，购买的产品供谁消费，谁参与了购买，以组合相应的营销策略。

何时购买（when）——购买时间（occasions）是什么。分析购买者对特定产品的购买时间的要求，把握时机，适时推出产品，如分析自然季节和传统节假日对市场购买的影响程度等。

何处购买（where）——购买地点（outlets）是什么。分析购买者对不同产品的购买地点的要求，如消费品种是方便品，消费者一般要求就近购买；选购品要求在商业区（地区中心或商业中心）购买，因为可以同时挑选对比；特殊品往往会要求直接到企业或专业商店购买等。

如何购买（how）——购买行为（operations）是什么。分析购买者对购买方式的不同要求，有针对性地提供不同的营销服务。在消费者市场，分析不同类型的消费者的特点，如经济型购买者对性能和廉价的追求，冲动性购买者对情趣和外观的喜好，手头拮据的购买者要求分期付款，工作繁忙的购买者重视购买方便和送货上门等。

由于消费者心理支配消费者行为，研究消费者心理就等于研究消费者行为，又由于消费者行为受消费者心理支配，研究消费者行为必须研究消费者心理，所以在实际应用中，消费者心理与消费者行为可以不加区别，也可合起来称为"消费者行为"，以作为学科名称，所以"消费者心理学"或"消费者行为学"都是可行的。不过，由于研究消费者心理归根结底是为了把握消费者行为，所以以后者作为学科名称的做法更加普遍。

消费者行为学充分借鉴了心理学、市场营销学等多门学科的理论知识，再结合广告、营销实践，运用科学的研究方法，从作为个体的消费者和作为社会环境下的消费者等多个角度对消费者的心理和行为规律进行大量的分析，包括理论上的拓展和实践上的深入。正因为它具有多学科的理论基础和与实践的紧密结合，因此成为广告、市场营销、企业管理等专业的非常重要的一门学科知识，也让实践中的企业等组织和相关管理者有了相应的理论指导工具。

资料1.2 中国消费者行为研究的主要特点

对中国消费者行为的研究始于市场调查机构的调查。基于20世纪90年代开始对中国消费者的描述性大规模调查，并综合十几年来对中国消费者行为的研究情况，可以归纳出以下几个方面的特征：

第一，对中国消费者的调查始于跨国市场调查公司

最早调查中国内地消费者行为的机构包括AC尼尔森公司以及盖洛普公司。1995年后，中国本土的调查机构开始进入这一领域，例如北京广播学院市场信息研究所（IMI）、零点市场调查与分析公司、原点市场研究有限公司等，这些公司主要是对中国消费者生活方式进行全面调查，目的是对中国消费者有一个系统的了解。一些有实力的广告公司也开始有针对性地进行某一方面的调研，例如奥关广告公司就曾对饮食、女性以及青年消费者行为专门进行过大规模的调查，并且得出了许多有价值的结论。

第二，专门针对中国消费者行为的理论研究成果开始出现

中国国内正在壮大的另一支中国消费者行为研究队伍是高校学者，他们往往从理论的角度，进行中国消费者行为的研究。在学术领域，到1998年之前，在主要的国际性相关刊物中，专门对中国内地消费者行为的研究主要来自香港学者和部分国外学者，比如，香港城市大学的游汉民教授研究了消费者满意度与文化价值观之间的关系，并在1994年发表了他的专著《中国消费者行为——顾客满意度与文化价值观》。内地学者在国际刊物上发表关于中国消费者行为方面的论文还很少。在对中国消费者的研究里，只有5%专门研究女性消费行为。在国内，由北京大学符国群教授编写的《消费者行为学》一书是较早在国内出版的消费者行为学教材。

第三，缺乏针对中国消费者行为的测量工具

描述任何事物，都需要适当的测量工具，研究消费者行为也是如此。测量消费者的生活方式、态度、品牌忠诚度、顾客满意度等，都需要可信度和效果度比较理想的测量工具。目前，国内的研究者主要依靠国外的测量工具。

第四，更好洞察中国消费者的方法创新

从研究的范畴看，对中国消费者行为的研究可视为西方"消费者行为学"和中国人行为研究的交叉，既要比照西方消费者行为学的框架和以实证为主的方法；又要参照中国人行为的研究成果。此前中国人行为研究，主要从社会学、心理学的角度，其方法特点之一是重视人的内在气质的自身研究。中国本土研究概念的创新和测量方法的创新是中国研究者追求的目标。从营销实战的角度看，应发展更多、更有效洞察中国消费者的方法。

资料来源：卢泰宏等编著：《消费者行为学》，中国人民大学出版社2015年版。

1.2 研究意义与方法

1.2.1 研究意义

消费者行为的复杂性、多变性、发展性和层次性大大增加了企业经营管理的难度，不仅成为企业管理者必须研究的一个重要领域，而且也使消费者行为研究成为一门依托于经济学、管理学、心理学、社会学等学科的相对独立的边缘学科。能否从纷繁复杂的消费行为中找出某些有普遍性的现象，分析出其中的规律，以此作为政府部门制定有关经济和产业政策的基础，或作为企业制定经营战略、经营方针和具体销售策略的依据，就成为消费者行为学的主要研究课题。消费者行为学研究的主要问题是：消费什么、为何消费、如何消费及如何营销等问题。

消费者行为决定了一个国家的经济健康状况，有助于政府及相关组织建立起有效的公共政策和规定，消费者行为也决定了每个人的经济健康状况，影响到个人的消费准则，个人消费准则包括如何行动、价值观如何以及如何生活等，消费者行为还决定了企业营销的成败，只有消费者才能解雇企业里的所有人。沃尔玛创始人山姆·沃尔顿就说："唯一能解雇我们所有人的是消费者。"

实践证明，只有加强对消费者心理与行为的研究，根据消费者心理活动的特点与规律制定和调整营销策略，企业才能不断满足消费者的需要，在瞬息万变的市场环境中应付自如，具备较强的应变能力和竞争能力。加强对消费者心理与行为的研究，有助于企业进一步开拓国际市场，对增强企业及产品的国际竞争力也具有十分重要的意义。

1.2.2 研究方法

1. 观察法

观察法（observational method）是通过研究者直接观察记录被测试者的行为活动，来探究两个或多个变量之间存在何种关系的方法。消费者心理研究是通过对消费者在购买活动中的语言、表情、动作等进行观察分析，以了解支配他们行为的心理活动的方法。

观察法主要包括自然观察法和实验室观察法。前者是在完全自然的条件下，在被观察者并不知情的情况下进行的观察。后者则是在人为控制的条件下进行的，被观察者可能知情，也可能不知情。但不管哪一种方法，都不需要去询问消费者在想什么、喜欢什么、打算做什么，而是在消费者购买行为发生的现场，如在商场里、广告橱窗或柜台旁，听消费者说什么，看他们做什么或不做什么，由此获得资料，分析研究他们的心理。

观察法还可根据观察者的身份分为参与观察与非参与观察。在参与观察中，观察者参与被观察者的活动，将所见所闻随时加以观察记录，这种观察通常用于对成年人社会活动的研究。在非参与观察中,观察者以旁观者的身份随时观察并记录其所见所闻。在实施非参与观察时,为了避免被观察者受到干扰,常在实验室设置单向玻璃观察墙,观察者可在玻璃墙的一边观察另一边被观察者的活动,而被观察者看不见观察者在观察自己。无论是参与观察还是非参与观察,原则上要尽量客观,不宜使被观察者发现自己被别人观察而影响观察的效果,为此,一些观察室或教室都安装有监视摄像头来暗中记录被观察者的活动。

观察法的主要优点是被观察者在自然条件下的行为反应真实自然。其主要缺点是观察的质量容易受观察者能力和其他心理因素的影响,而且它只有助于研究者了解事实现象,而不能解释其原因是什么,即只能回答"是什么"的问题,不能回答"为什么"的问题。当然,观察研究作为一种科学研究的前期研究,可以先用来发现问题和现象,供研究者以此为基础采用其他方法进行深入的研究,因此仍然具有重要的使用价值。

观察法一般在研究广告、商标、包装、橱窗和柜台设计的效果,商品价格对购买的影响,新产品的扩张和商店的营销状况等方面加以运用。

2. 访谈法

访谈法(interview method)是指调查者对被调查者进行面对面的提问,然后随时记录被调查者的回答或反应。在对消费者的访谈中,是通过与消费者交谈,了解受访者的心理状态的方法。

访谈法的主要方法包括控制性访谈法(也称结构性访谈法)和无控制性访谈法(也称无结构性访谈法)。

控制性访谈是研究者根据预定目标,事先拟定谈话提纲,访谈时按部就班地向访问对象提出问题,访问对象逐一加以回答的方法。控制性访谈组织比较严密、条理清楚、层次分明,研究者对整个谈话过程也容易掌握和控制,而且节省时间。在访谈过程中,访谈对象犹如回答了一份口头问卷,所提供的资料比较系统。但这种访谈方式使访谈对象显得被动,研究者与访谈对象不容易产生感情沟通,访谈的结果可能因此缺乏深度。

无控制性访谈是研究者与访谈对象之间以自然的方式进行谈话,没有严密固定的程序,结构松散,不拘形式,研究者提出的问题往往涉及较大的范围,对方可以自由地作出回答,双方容易沟通,交谈比较活跃,便于交流感情。但这种访谈方式往往费时较多,研究者对谈话进程不能控制,因而要求研究者必须具备较高的访谈技巧和丰富的访谈经验。

采用访谈方法,既要根据访谈的目标把握访谈的基本内容和方向,又要根据访谈对象的情况,对问题进行适当的调整和有效的引导,而且要注意保持对话过程中轻松愉快的气氛,要尽量取得访谈对象的信任,最后还要表示感谢或赠送一些小礼物等。这样,才能解除受访者的顾虑和疑虑,取得他们的配合。访谈并非要一对一地进行,既可以一个访谈者同几个受访者交谈,也可以几个访谈者同一个受访者交谈,还可以几个访谈者同几个受访者交谈。人数的多少,要看访谈者的水平和技术。随着现代通信技术的发展，访谈调查还可以通过电话、网络进行。

3. 问卷法

问卷法（questionnaire method）是指调查者事先拟好问卷，由被调查者在问卷上回答问题，通过对答卷的分析研究，得出相应结论的方法。

问卷法也称调查表法，是消费者研究最常用的方法之一。问卷的基本形式有两种，一种是封闭式的，另一种是开放式的。

封闭式问卷是让被调查者从所列出的答案中进行选择，类似考试题型中的是非题、选择题的形式。开放式问卷是让被调查者任意写答案，不作限制，问卷上只有测试的问题，类似考试题型中的填空题和简答题或造句、接句题。

问卷既可当场直接发放，让被调查者填写后收回，也可通过邮寄信访、广告征询等方式让被调查者填写后寄回，后一种形式往往影响回收率，而回收率不高会影响调查的精确度和调查的进度。

问卷法是研究消费者行为常用的方法。根据操作方式，问卷法可以分为邮寄问卷法、入户问卷法、拦截问卷法和集体问卷法等。

设计一份问卷有严格的科学要求。首先，要确定研究的目的，在此基础上才能确定问卷的内容和项目，问卷的题目要围绕研究目的设置，调查研究的目的要清楚无误地告诉被调查者，以求得理解和合作。其次，问卷的题目要清楚、明确，不能含混不清或可作多种解释。题目要考虑被调查者的个性心理特征，要回避被调查者所在文化背景下的禁忌，要避免运用有损于被调查者感情的贬义词。再次，问卷设计好后，最好进行预备性的测验，以检查问卷的质量，减少误差。在检测的基础上再进行修改、完善问卷。最后，还要注明填答问卷的要求和注意事项，并预先讲明答卷奖励的办法等。

4. 大数据分析

大数据（big data）指无法在一定时间范围内用常规软件工具进行捕捉、管理和处理的数据集合，是需要新处理模式才能处理的，具有更强的决策力、洞察发现力和流程优化能力的，海量、高增长率和多样化的信息资产。麦肯锡全球研究所给出的定义是：一种规模大到在获取、存储、管理、分析方面大大超出了传统数据库软件工具能力范围的数据集合，具有海量的数据规模、快速的数据流转、多样的数据类型和价值密度低四大特征。大数据分析是指对规模巨大的数据进行分析。

大数据来源于网络和各种传感器对特定对象的记录，它是关于人、组织和物（机器和自然界）在特定时间、地点的行为、过程、事件的事实数据。作为技术，大数据是抓取和分析世界与人们生活的一种数据技术，它使人类具有全过程、全方位记录各种事件和行为的能力，具有透析过去和预测未来的能力。

在大数据时代，任何数据均具有潜在的价值。在过去人们重复利用的数据资源主要是人类观察、思考、创作完成的成果，比如文章、文件、论文、著作等，而如今人们可以利用各种机器运行轨迹、人类活动记录、自然界变化观测等信息。过去需要大量观察访谈、调查统计、测量等方法完成的信息采集，现在可以借助计算机系统、各种数据采集器完成，并通过大数据分析工具实现全样本、自动化处理和分析。在过去没有人在意我们自己的行为轨迹，也无法记录大量的事件和过程。这些信息可以说作为"垃圾"自觉或不自觉地被"扔掉"了,而现在的数据技术使我们具有了变废为宝的能力,因而大数据技术可以说是一种在浩瀚的数据海洋中发现"宝贝"的技术。

想要系统地认知大数据,必须要全面而细致地分解它,着手从三个层面来展开:

第一层面是理论,理论是认知的必然途径,也是被广泛认同和传播的基线。在这里需要从大数据的特征定义理解行业对大数据的整体描绘和定性;从对大数据价值的探讨来深入解析大数据的珍贵所在;洞悉大数据的发展趋势;从大数据隐私这个特别而重要的视角审视人和数据之间的长久博弈。

第二层面是技术,技术是大数据价值体现的手段和前进的基石。在这里需要分别从云计算、分布式处理技术、存储技术和感知技术的发展来说明大数据从采集、处理、存储到形成结果的整个过程。

第三层面是实践,实践是大数据的最终价值体现。在这里需要分别从互联网的大数据、政府的大数据、企业的大数据和个人的大数据四个方面来描绘大数据已经展现的美好景象及即将实现的蓝图

现代的社会是一个高速发展的社会,科技发达,信息流畅,人们之间的交流越来越密切,生活也越来越方便,大数据就是这个高科技时代的产物。阿里巴巴创办人马云就提到,未来的时代不是 IT 时代,而是 DT 时代,DT 就是 data technology 即数据科技,这显示出大数据对于阿里巴巴集团来说举足轻重。

有人把数据比喻为蕴藏能量的煤矿。煤炭按照性质有焦煤、无烟煤、肥煤、贫煤等分类,而露天煤矿、深山煤矿的挖掘成本又不一样。与此类似,大数据并不在于"大",而在于"有用"。价值含量、挖掘成本比数量更为重要。对于很多行业而言,如何利用这些大数据是赢得竞争的关键。

大数据的价值体现在以下几个方面:一是为大量消费者提供产品或服务的企业可以利用大数据进行精准营销;二是"小而美"模式的中小微企业可以利用大数据做服务转型;三是面临互联网压力之下必须转型的传统企业需要与时俱进,充分利用大数据的价值。

资料1.3 实际痕迹测量法

实际痕迹测量法是指调研人员不直接观察消费者的行为,而是通过一定的途径来了解他们的痕迹和行为。例如,某公司为了弄清哪种媒体可以把更多的商品信息传播出去,选择了几种媒体做同类广告并在广告中附有回条,顾客凭回条可到公司去购买有优惠折扣的商品,根据回条的统计数,就可找出适合该公司的最佳的广告媒体。又如,某快餐店推出一套答卷,就本店的产品特色、产品系列和环境特色等请客流群体中愿回答者答卷,根据答对的程度分别给予饮料免费至套餐免费的不同奖励,研究者根据回收的答卷分析店铺在顾客心目中的印象和品牌知名度等情况。再如,某商场为了调查顾客购买电器后的反应,到各维修点调查哪些产品维修最多、哪些部件替换最快、消费者的评价等。此外,国外有家饮料公司还曾根据垃圾站饮料瓶的回收状况来分析消费者的口味偏好。

1.3 本书的结构安排

本书关于消费者行为学体系是这样安排的：

第一，研究消费者行为首先要认识消费者行为的一般心理过程，包括消费者的认知过程、情绪过程和意志过程三个方面，这是研究消费者心理和行为的开端，其中认知过程是研究消费者心理与行为的基础和起点。

第二，对意志过程进一步分析。意志过程包括心动与行动两个部分，这两个部分的内容构成实际的行为。意志过程其实就是人心理的倾向性体现和动力体现，表现为需要、动机等方面的内容。

第三，为什么人的一般心理过程不一样呢？因为人的个性特征是不一样的。个性特征主要体现为气质、性格和能力三个方面，既有先天遗传因素对个性的影响，更有环境因素（自然与社会）对个性的影响。在个性特征中，性格起着核心的作用，是人格的核心。

第四，自我概念、生活方式和消费态度都是人格的具体表现，这些因素都对人的各种行为产生稳定的、重要的影响。

第五，影响个性及人格形成的最重要力量是社会因素。社会因素就是人的社会化的影响因素，主要包括文化、政治、经济、角色、家庭、阶层、人际关系及信息环境等。其中，文化又是影响人的个性的最基本、最广泛和最重要的力量，要认识人的个性及人格因素、一般心理过程、心动和行动，就应该认识到人所处的文化环境及这个文化环境里的价值观。人的基本价值观决定了消费价值观。

第六，提出了消费者在消费时面临的消费者情境因素对其心理的特殊影响，并分析了消费者的购买决策过程及在移动互联网中的购买决策过程。

第七，根据消费者心理和行为采取相应的企业营销对策，企业的营销对策也是影响消费者心理与行为的重要社会因素。企业的营销对策应该具有很强的针对性、系统性和灵活性，是贯彻"以消费者为中心"经营理念的完整体现。

第八，提出消费者在消费中应知道自己的权利和义务，消费者权益不容侵犯。企业在经营过程中一定要真正以消费者为中心，关心消费者的权益，注重企业伦理和营销道德，做到不欺骗、不隐瞒、不强权。企业通过道德营销，为消费者提供出真正优质的产品和服务。

总结以上结构安排，可以得出以下基本结论：形形色色识人心路，认知是心路的起因，情绪是心路的体验，意志是心路的结果，个性定命运，社会化人心，人心即文化，人文显和谐，得心才应手。

本章总结

消费者行为学是研究消费者购买心理和行为的科学。消费者心理和行为是一个动态的过程，涉及消费者的一般心理过程及其动力倾向、个性特征和社会因素，消费者内在因素和外在因素的互动影响形成了研究消费者心理与行为的较为完整的体系。内在因素包括消费者的一般心理过程、动力倾向、个性特征，外在因素包括人的社会化的主要因素、消费者情境及企业营销，消费者行为学是把心理学、经济学、社会学、社会心理学、市场营销学等多种学科综合应用于消费者行为研究的一门边缘学科。

认知是心理过程的基础，也是行为的基础。人的行为归根结底由人的认知决定，认知决定了情绪和意志。人的个性不一样，就导致人的认知不一样。而人不一样的个性既受先天因素影响，更受后天社会环境影响。

消费者行为学可以采用观察法、访谈法、问卷法及大数据分析来对消费者行为进行分析和研究。

本章关键词

消费者　消费者市场　消费者心理　消费者行为　消费者行为学　大数据分析

思考题

1. 影响消费者购买行为的心理因素是什么？
2. 消费者的行为模式包括哪些内容？
3. 消费者市场的特点是什么？
4. 研究消费者行为的意义何在？
5. 研究消费者行为的主要方法是什么？
6. 大数据及大数据分析的作用有哪些？

第2章
消费者行为的心理过程

开篇案例 拼多多呼啸而来

2015年9月，拼多多公众号正式上线，拼多多在不到3年时间里，不仅在淘宝、京东、苏宁等电商巨头的夹击下开创了一个新的细分商业模式，并迅速突围，坐拥"3亿活跃用户"，成为电商三强之一，而且还在美国纳斯达克成功上市。"存在即合理"，拼多多在一片红海、寡头垄断的市场环境下突围，意义非凡。创立3年，拼多多平台已汇聚4.185亿年度活跃买家和360多万活跃商户，平台年交易额超过4716亿元，迅速发展成为中国第三大电商平台。

首创电商拼团模式，一炮走红

拼多多的拼团模式是首创，在这之前，中国电商行业是没有这种模式的。这个小小的创新是促使拼多多快速成长的重中之重。由此可见，拼多多创始团队具有锐利的洞察力。

如果是在京东、淘宝上买东西，你是不是经常一个人孤孤单单买完就完事了？若有人陪你网上购物、砍价，那岂不是很有意思？拼多多的购物逻辑主要就是围绕拼团模式设计，用户可以选择一件开团，也可以单独购买，单独购买优惠力度肯定没有拼团大；若是选择多人合伙买东西，价格就优惠不少。因此，拼多多在价格上的对比鼓励了用户选择拼团模式。每次有人开团，在APP界面左上角的位置都会显示"×××1秒前开团了"的通知，这样实时显示的开团信息可以营造团购气氛，增加买家"剁手"的欲望。

因此，在拼多多几乎没人会选择单独购买。本来就已经比市面普通价格便宜的大蒜，在拼团后居然又便宜了1元。对于买家来说，还有啥好犹豫？当然是凑热闹，拼啊！若无法满足拼团要求，拼团失败，付款金额也将返回给用户，没什么损失。

帮砍价，实现"0元购"，小钱换取超大流量

拼多多切入电商时，推出了一个"内行人"看起来挺"low"挺俗的团购模式——"0元购"。初入拼多多的新用户有两三次"0元购"机会，只要凑齐一定数量帮忙砍价的微信朋友，就能获得免费且包邮的货品，金额从几元到几千元都有，能不让人心动吗？

该方案初推行时，有很多人都不相信"0元购"，说这是骗局、病毒链接。但是事实是真的能免费拿到东西，还是包邮的。只是过程有些劳心劳力，用户需要求助一定量的微信朋友帮你"砍价"，而且还得是拼多多APP新用户。不过，过程虽辛苦，但也有点刺激，能赢得一两百元礼物还算不错。

很多人认为，"0元购"很明显是一笔赔本的买卖，但拼多多不这样看。以小钱换取大流量，通过社交网络实现了流量的裂变和变现，这是拼多多低价团购的核心价值所在。如果团购成功了，用10元的成本换来上百名帮忙砍价的新用户，这是值得的。即使团购失败了，也至少可以换来几十个用户。"0元购"的本质，就是吸引用户注意，为未来的流量变现筑好城墙。事实证明，拼多多只用短短3年，就"拼"来3亿多的活跃用户，而这个数量，淘宝、京东用了10年。

借助微信分享，实现简单、快捷、病毒式的营销模式

拼多多的脱颖而出和快速成长，主要得益于其独创的社交电商模式。它成功地把网购和微信等社交媒体紧密结合起来，以拼单获取低价为目的，利用微信这样的社交媒体实现了用户数和销售额的爆炸式增长，有人说这是一种类似于"病毒式"的营销。

腾讯这么多年也一直在研究电商，但是就是没有研究出社交电商这样一种模式，而拼多多却成功开通公众号及后来的小程序，促使社交电商飞速发展，堪称一个创举。

拼多多通过降价这种最直接、最具吸引力的方式，鼓励买家通过微信将APP推广给更多人，付款后也可以一键分享到微信朋友圈，从下单到支付，再到最后离开拼单页面，每一个关卡都可通过号称拥有10亿用户的微信，暗示、引导买家"分享"。在完成拼团之后，拼团发起者还有机会获得免单券，也算是另一个变相鼓励分享的方式。

这个看似简单的分享、拼团模式，恰恰就是拼多多崛起的关键，也可看出拼多多所依靠的后台选对了。拼多多在2018年4月完成新一轮融资，金额在30亿美元左右，投资方包括腾讯、红杉，腾讯作为领投方。有了腾讯的支持，拼多多如鱼得水，可以敢想敢干。

拼多多拼团砍价其实就是批发和微分销的概念。便宜的价格，再借助微信流量的"助攻"，有了分享的平台（微信社交圈传播），还都是同学、同事、朋友、亲戚之间的分享，也有了信用背书（诱导用户产生裂变效应消费）。如此，拼团的成功率也大大提高，进一步扩大了影响。

同时，在各式各样的人物推动下，各种拼多多的砍价互助群也应运而生，活脱脱构成一个完整的生态链。这样，不火也难了。

目标用户超级精准，超低价打赢三四线中低端市场

目前，中国的人口增长率逐年下降，老龄化社会近在咫尺，电商巨头日感焦虑，包括阿里、京东、苏宁、网易等巨头认为中低端的消费客群增长很难持续，中低端市场已经饱和，所以要进行消费升级，都往高端发展。于是，阿里开始专注天猫，京东搞起了"会员PLUS"。

然而这些巨头判断出现重大错误，中低端消费市场仍是当前中国真正的消费主流。中国互联网络信息中心的数据显示：第一，80%的中国家庭，人均月收入不超过3000元；第二，贫困地区人口，穷得超乎想象；第三，拥有大学本科学历的中国人，不超过6%。拼多多不同于阿里、京东、苏宁、网易等巨头对中低端的不适，非常看重中低端市场的巨大空间与潜力。

这两年，拼多多走低价路线，全力瞄准三四线中低端的消费客群，把营销重心放在三四线及以下的乡镇市场，以低价大量拉取用户。"超低价＋精准目标用户＋拼团式裂变"模式，让拼多多花费两年零三个月就拿下电商第三的位置，以几乎梦幻的速度走完了淘宝、京东苦心经营了十多年才走完的路。如今对于三四线城市甚至乡镇的中老年人来说，是拼多多让他们蹭上了网购的快车。

C2M极致压缩供应链条，短平快取胜

拼多多的超级供应链可以概括如下：（1）打造"Costco＋Disney"结合体。在供应端，通过C2M极致压缩供应链条，省去中间环节；在消费端，通过"人以群分"，打造边逛边买、社交拼单的乐购方式。（2）打造柔性供应链。拼多多采用平台数据赋能工厂，提升库存周转率，用数据指导供应商提供更懂消费者的"爆款"商品，提前调整产能。（3）进行颗粒度运营。首页展示商品流，少SKU、高订单、短爆发，工厂更注重库存深度，集中资源打造"爆款"；而分布式AI，利用商品流模式，将分散需求用社交拼单连接集合，让商品卖得更快更好。

值得指出的是，为了吸引商家入驻，拼多多同样用了很多办法。免佣金、免费上首页，这些都是现阶段淘宝、京东给不到的优惠，这让大量的商家涌入拼多多平台。

资料来源：吴勇毅：《拼多多何以能在寡头垄断的红海中突围？》，载《销售与市场》（杂志管理版）2019年第2期。

人的心理活动（心路历程）构成人心的共性部分，是人的行为基础，探讨这一过程所包含的认知过程、情绪过程和意志过程，以及其中的感觉、知觉、注意、学习、记忆、想象、意志、思维和情绪等心理机能与要素，可以揭示出不同消费者心理现象之间的共性及其外部行为的共同心理基础。

2.1 认知过程

认知（cognition）过程是人认识现象和本质的过程。人的认知过程是人意识过程的体现，是人的头脑对客观事物的反映，包括感性认识过程和理性认识过程。

2.1.1 感性认识过程

感性认识过程是认识的形成阶段，是对事物的表面认识和最初认识，由感觉和知觉组成。

1. 感觉

感觉（sensation）是一种最简单的心理现象，是人脑对直接作用于感觉器官的外界事物的个别属性的反映，是人类认识的起点和对事物的表面认识。主要的感觉包括视觉、听觉、嗅觉、触觉、味觉、肤觉、运动觉、平衡觉、机体觉（内脏感觉与饥渴等状态）等。

任何感觉的产生都需要两个基本的条件：一是刺激物，也就是直接作用于人体，能够引起人们感官活动的客观事物。刺激物对有机体施加的影响称为刺激。刺激物作用于人体并非都能引起感觉，只有达到一定强度时人才能感觉出来，其他具有一定能量但强度不够、不能引起感觉的刺激称为阈下刺激。二是感觉器官，也就是能把客观刺激物变为主观映象的生理装置。人们通过各种不同的感觉器官获得来自外界或自身的各种信息。在感觉器官中，直接接受刺激产生兴奋的装置叫作感受器，它是生物换能装置，能将各种刺激能量转换为神经冲动。各种刺激信息只有经过感受器的这种换能过程，才能通过神经传导到达大脑，形成感觉。

心理学研究表明，人头脑中85%的信息是通过感觉中的视觉获得的，而15%的信息是通过包括听觉在内的其他感觉获得的。

感觉的特性体现在：

一是感觉的适应性。适应性是指刺激物持续不断地作用于人的感觉器官，从而产生顺应的变化，使感觉阈限升高或降低。

心理学把能够引起感觉持续一定时间的刺激量称为感觉阈限。其中，能够引起感觉的最小刺激量叫绝对阈限，能够引起差别感觉的刺激物的最小变化量叫差别阈限。感觉要受到感觉阈限的制约，感觉阈限也受到人们适应性的影响。

由于感觉的适应性有视觉适应、嗅觉适应、听觉适应、味觉适应和触觉适应等，因此在企业营销活动中，企业有关人员要经常运用感觉的适应性特性，利用各种手段增大商品对顾客的刺激，引起顾客对商品的注意，达到促进商品销售的目的。

二是感觉的对比性。对比性是指同一感官接受不同刺激会产生感觉的对比现象。不同感觉器官之间的相互作用，会引起感觉的增强或减弱。属性相反的两个刺激在一起或者相继出现，在感觉上都倾向于加大差异，即所谓"黑白分明""红花还需绿叶衬"。

在广告设计或商品陈列中，亮中取暗、淡中有浓、动中有静等手法正是对比效应的应用，它有助于吸引消费者的注意力。

三是感觉的补偿性。补偿性是指某种感觉有缺陷，可以由其他感觉来弥补的情况。苹果看上粗糙，但吃起来很甜，可以弥补其外观上的缺陷。

这一现象可以运用于商品销售策略上，如果商品存在某种缺陷，企业应该正确面对商品的优缺点，可以强调商品其他更多、更重要的优点，增强消费者的购买信心，"以优补缺"。

四是感觉的联觉性。联觉性是指一种刺激产生多种感觉的心理现象。例如，人们对色彩最容易产生联觉。颜色之所以分冷色和暖色，并非颜色本身有温度，而是因为人们对颜色的主观感觉存在差异。类似的还有因颜色不同而产生的远近感、轻重感等。比如，冷色引起寒冷的感觉（蓝、青、紫等色），暖色引起温暖的感觉（红、橙、黄等色）；远色有远去的感觉（蓝、青、紫等色），近色有接近的感觉（红、橙、黄等色）；轻色引起轻盈的感觉（白、淡黄、浅绿等色），重色引起沉重的感觉（黑褐、深蓝等色）。另外，颜色还有象征意义及感觉。比如，红色象征革命、热烈、喜庆、血腥；绿色象征生机、和平、生命、安全；黄色象征温暖、富贵、豪华；蓝色象征晴朗、豁达、深远；白色象征纯洁、轻快、真挚；黑色象征沉重、神秘、悲哀等。

消费者在同时接受多种消费刺激时，经常会出现由感觉相互作用引起的联觉现象。在幽雅柔和的音乐声中挑选商品，对色泽的感受力会明显提高；进餐时色泽鲜艳的菜肴会使味觉感受增强。企业要注重颜色对消费者心理的影响，它不仅能强烈地吸引人的注意力，而且很容易引起人的联想，诱发人的情感，对人们的消费行为产生重要影响。在营销活动中巧妙利用消费者的联觉性特征，可以有效地对消费行为进行调节和引导，使之能快速从一般性的感觉进入注意性的知觉。

感觉在消费者购物中的作用体现在：

一是消费者对商品的认识都是从感觉开始的。感觉是消费者认识商品的起点。消费者在选择商品时，往往先用眼睛观察商品的外表，了解商品的外形、颜色等个别属性和特征，从而对商品产生美观、漂亮、新奇、质地优良等感觉和认识，吸引其购买商品。

二是不同的感觉会引起消费者不同的情绪体验。消费者在购物时首先接触的是购物环境和营销人员的服务水平。购物环境的优劣、商品陈列造型和颜色搭配、灯光和自然光的采用、营业员的仪表仪容和服务态度等，都会给消费者以不同的感觉，从而引起消费者不同的情绪体验。良好的第一印象可以产生惠顾心理；相反，会引起消费者的不满情绪，就等于把消费者拒之门外。

三是消费者的刺激不能超出适宜的感觉阈限。企业及营销人员对消费者发出的刺激信号的强度要适应人的感觉阈限。做广告、调整价格、介绍商品时，如果对消费者发出的刺激信号过弱，不足以引起消费者注意；但是如果刺激信号过强，则又会使消费者承受不了，产生逆反心理，反而走向企业期望的反面。

2. 知觉

感觉是对刺激的觉察，知觉则是将感觉信息组成有意义的对象，是对刺激的解释。感觉是知觉的基础。知觉（perception）可以被看作人脑对直接作用于感官的客观事物整体属性的反映。知觉如果与感觉同时发生，则被称为感知。知觉是对离散的感觉进行选择、组织、解释，与个人的需要、知识、经验等因素密切相连。

知觉一般可以分为空间知觉（形状、大小、方位、深度）、时间知觉、运动知觉和超感知觉。超感知觉是指不凭感觉器官即可获得知觉经验的特异现象。

知觉的特征体现在：

（1）知觉的选择性。在日常生活中，作用于我们感觉器官的客观事物是多种多样的，但是在一定时间内，人不能感受到所有的刺激，只能感受能够引起注意的少数刺激，此时，注意的对象好像从其他事物中凸出来一样，出现在"前面"，而其他事物则退到"后面"去。前者是知觉的对象，后者成为知觉的背景，在一定的条件下，对象和背景可以相互转换。

人们之所以会对同一刺激物产生不同的知觉，是因为人们要经历三种知觉过程：

一是选择性注意。人们会更多地注意与当前需要有关的刺激物，更多地注意期待的刺激物。

二是选择性曲解。这是指人们将信息加以扭曲，使之合乎自己的意向。受选择性曲解的作用，人们会忽视所喜爱的人或者事物的缺点和其他人或者事物的优点。知觉的理解受到人们知识、经验的影响。对事物的理解是知觉的必要条件。因为人的理解不一样，所以知觉到的事物也是不同的。

三是选择性保留。这是指人们倾向于保留那些能够支持其态度和信念的信息。选择性保留也体现出知觉的稳定性特点，知觉往往并不随知觉条件的变化而改变。

图 2.1　知觉的选择性

选择性注意提醒企业，消费者的知觉能力是有限的，具有负荷功能，人不可能注意到所有感觉到的信息和事物。一般来说，人平均每一次所能考虑的项目难以超过 7 个。一个消费者在对某种商品作出购买决定时，尽管有很多可供选择的品牌，但一般也只能考虑 5 个甚至更少的商品品牌。对广告的知觉也是一样。1969 年，美国广告公司协会与哈佛大学联合进行过一次全国范围的调查，了解消费者在半天内实际看到广告的情况。结果表明，大多数接受调查的消费者半天内只注意到 11—20 幅商品广告，而一般成年人在半天内遇到的广告可能有 150 幅，这说明看到广告和知觉到广告是两回事。营销者在给消费者的感性认识中，不但要让消费者感觉到，更应该让消费者知觉到,仅仅只是让消费者感觉到,就意味着没有让消费者注意到,这样的认识效果就不佳。

选择性曲解则提醒企业,必须有效地把产品信息传递给消费者,同时在传递信息给目标市场的过程中需要选用戏剧性手段和重复手段。

选择性保留则提醒企业,由于人们不愿意放弃自己使用习惯的商品或者某种兴趣爱好,所以知觉的稳定性保留往往可以成为消费者购买和连续购买某种商品的一个重要因素。企业可以通过名牌商品带动其他商品的销售,但知觉的选择性保留也会阻碍消费者接受新产品、新品牌,这样就对新产品、新品牌的推广带来不利。

表 2.1 刺激与认知的关系

刺激物的特征	容易引起认知	不易引起认知
规模	大	小
位置	显著	偏僻
色彩	鲜艳	暗淡
动静	运动	静止
反差(对比)	明显	模糊
强度	强烈	微弱

(2)知觉的整体性。我们感知一个熟悉的对象时,只要感觉到它的个别属性或主要特征,就可以根据以往的经验对它进行识别,把它作为一个整体进行反映。如果感知的对象是没有经验过的或不熟悉的话,知觉就会以感知对象的特点为转移,将它组织成具有一定结构的整体。这种现象也叫作知觉的组织化。任何客观事物都具有很多属性,并且都是由不同的部分组成的,当客观事物作为刺激物与人发生作用时,是它的各个部分或各种属性分别作用于人的感官。但是,人在知觉时却是把它们联系在一起作为一个整体来知觉的。

消费者在商品知觉过程中,总是把商品的名称、包装、颜色、价格、质量等综合在一起,形成对商品的知觉。如果被知觉商品符合消费者的需要,引起消费者的兴趣,消费者就会作出购买决定。根据这一点,企业在广告中要针对购买对象的特性,在向消费者提供信息时,其方式、方法、内容、数量必须与消费者文化水准和理解力相吻合,使信息迅速、准确地被消费者理解、接受。消费者在认识事物时,只要抓住了主要特征就可以作出整体性的反应,从而可以节省时间和精力。

(3)知觉的联想性。联想性是指由某事而联系到另一事的心理活动。联想一般包括:

① 对比联想:通过对某一事物感知或回忆,引起对具有相反特点的事物的感知或回忆的心理状态。如机械操作与手工操作相对比、现在与过去相对比等。

② 相似联想:通过对某一事物的感知或回忆,引起对性质上与之接近或相似的事物的感知与回忆的心理状态。如长寿与仙鹤、绿色与生命等。

③ 接近联想:人对在时间或空间上接近的事物形成的联想。如闪电与下雨、送礼与节日等。

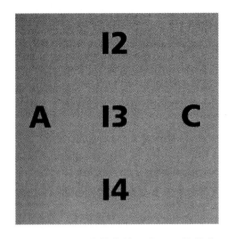

图 2.2　知觉的整体性：字母还是数字

④ 关系联想：由于事物之间的某种联系而形成的联想。如名人与品牌、茶叶与减肥、性格与行为等。

⑤ 特殊联想：由一种事物联想到另一种事物的时候，不一定是按以上的规律进行的，事物之间不存在必然的联系，而是由消费者所经历过的某些特殊事件造成的，消费者见到一种事物时就会自然地联想到另一种事物。如一位顾客在购买商品时获得了良好的服务，以后他每一次对服务十分满意的时候都会想到那位热情的服务员。

联想的主要表现形式有两种：一是色彩联想。由商品、广告、购物环境或其他各种条件给消费者提供的色彩感知而联想到其他事物的心理活动过程，叫作色彩联想。色彩联想有多种形式，如从色彩联想到空间、从色彩联想到事物的温度、从色彩联想到事物的重量等。此外，服饰方面的色彩还可以使人联想到这个人的性格特点。二是音乐联想。音乐给人的联想形式较多，如单纯的音乐给人的联想，音乐的题材和内容给人的联想，音乐的音量和音质给人的联想。

联想可以由当时的情境引起，如当时注意、感知到的事物，也可以由内心回忆等方式引起。在消费心理的研究中，主要着重于注意、感知等因素所激发的联想。因此，企业开展营销活动时，可以通过控制消费者所处的购物环境，使用各种各样的沟通方法来激发消费者，形成有利于企业的消费者联想。

错觉是指知觉被外在事物所蒙蔽，知觉的结果与实际情况不符的心理状态。它与幻觉不同，幻觉是指在没有外界刺激下产生的，是人的一种虚幻的知觉，而错觉是在外界刺激下产生的对刺激物的主观歪曲的知觉。最常见的错觉是视错觉。人的知觉中的错觉有两种表现形式：一种是相反的错觉，小的物体如果与大物体比较，看到的结果会比实际的物体更小；另一种是群体或同化作用的错觉，小的物体看上去大于与它相似的更大的物体。错觉产生的原因很复杂，往往由生理和心理等多因素引起。各种知觉中几乎都有错觉发生，常见的错觉有图形错觉、大小错觉、方位错觉、形重错觉、运动错觉、时间错觉等。

错觉已经被广泛地运用于组织或者人的许多活动和行为中。比如，胖子穿什么样款式和颜色的衣服来给别人一种不胖的感觉；在水果、糕点柜台旁挂一面镜子，就会显得货物丰盛、鲜亮；在包装设计中，将相同容积的两个小盒，分别设计为棱形和正方形，利用错觉效果，棱形显得比正方形大一些，而不同形状的包装又能激起消费者的购买欲望。可口可乐的瓶子外观别致，设计成曲线形状，不仅线条优美，而且也可以让里面所盛的液体看起来比实际的分量多。

错觉也容易让人们被蒙在鼓里，让消费者上当受骗。一些不法企业或者个人也会利用消费者的错觉来达到以次充好、以假乱真的目的。

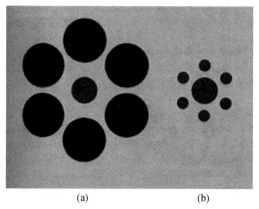

图 2.3　知觉错觉：中心圆点一样大吗？

注意（attention）是心理活动对一定对象的指向和集中，指向性和集中性是注意的两个基本特征。注意选择的中心是清晰的，而周围却是模糊的，注意的广度有限。注意不是独立的心理活动，而是贯穿于感性认识和理性认识之中。

注意分为无意注意和有意注意。无意注意是无目的的随意注意。引起无意注意的原因主要有：刺激物的特点，如刺激物的强度、刺激物之间的对比、刺激物的活动和变化、新异的刺激物等；人的主观状态，如人的需要和兴趣、情绪状态等。有意注意是有计划、有目的的注意。有意注意是在社会实践中发生和发展起来的，是人所特有的一种心理现象，引起和保持有意注意的方法有：对活动进行深入的理解、培养间接兴趣、合理组织活动等。注意可以从最初的无意注意发展到有意注意。

在注意某一个事物时，眼睛是以不断地注视、跳动、再注视的方式观察事物的。在引起注意的方法上，一般都是反常比正常显眼、对比比单一显眼、反复比一次显眼、大物比小物显眼、活动比静止显眼、彩色比黑白显眼、圆形比方形显眼、左面比右面显眼、上面比下面显眼、中间比四周显眼、人的表演最显眼。

人的注意既有顺序，又有限度，图 2.4 表现了眼睛的注意顺序，是一个人在注意观察汽车时眼睛运动的扫描路线，从 A 到 G 依次进行。图 2.5 表明眼睛注意的广度有限。

在企业经营销售中，利用有意注意和无意注意的关系，可以创造更多销售机会。在实际活动中人的无意注意和有意注意是相互联系、相互转换的。消费者在购物时，企业可以运用多种手段使消费者的购物活动，时而有意注意，时而无意注意，时而忙于采购，时而消遣娱乐，使消费者自然而然地进行心理调节，感到购物是一件轻松的

图 2.4 眼睛的注意顺序

图 2.5 眼睛注意的广度有限

乐事。正确地运用和发挥注意的心理功能,可以使消费者实现由无意注意到有意注意的转换。许多消费行动就是在无意注意状态中被强烈的广告或者宣传所刺激,之后引起了有意注意,最终导致了消费。

案例 2.1 拐弯处的发现

有位年轻人乘火车去某地。火车行驶在一片荒无人烟的山野之中,人们一个个百无聊赖地望着窗外。在一个拐弯处,火车减速,一座简陋的平房缓缓地进入他的视野。也就在这时,几乎所有乘客都睁大眼睛"欣赏"起寂寞旅途中这特别的风景。有的乘客开始窃窃议论起这座房子。

年轻人的心为之一动。返回时,他在中途下了车,不辞劳苦地找到了那座房子。房屋主人告诉他,每天,火车都要从门前隆隆驶过,噪音实在使他们受不了,很想以低价卖掉房屋,但多年来一直无人问津。

不久,年轻人用 3 万元买下了那座平房,他觉得这座房子正好处在转弯处,火车经过这里时都会减速,疲惫的乘客一看到这座房子精神就会为之一振,用来做广告是再好不过的了。

很快,他开始和一些大公司联系,推荐房屋正面是一面极好的"广告墙"。后来,可口可乐公司看中了这个广告媒体,在三年租期内,支付年轻人 18 万元租金……

这是一个真实的故事,它告诉我们:在这个世界上,善于发现就是成功之门。

感性认识是认知事物或他人的第一感受,感性认识的强弱与好坏直接影响着人的理性认识,如果感性认识强烈,不但会引起感觉,还会引起知觉,形成感知,那人就会进一步进入理性认识。知觉也可以说是被注意到的感觉。知觉的引起可以通过以下一些特别的感觉来实现:奇感、美感、动感、新感、性感、伤感、喜感、丑感、神秘感、恐惧感、惊险感等。

品牌营销专家马丁·林斯特龙说:"五感协调作用,提升品牌附加值。"以"色"悦人,以"声"动人,以"味"诱人,以"情"感人。

2.1.2 理性认识过程

理性认识是认知的发展阶段,是对事物深入和本质的认识,主要由学习、记忆、想象和思维组成。想象和思维为人类所独有,思维是理性认识的最高阶段,理性认识是决定人的情绪及其行为的最根本、最持久力量。

1. 学习

学习(learning)是指人通过各种途径和方式,直接或间接认识各种能满足自己需要的知识、经验和思想的过程。

学习是人之所以为人的基本需要,是人生命的本性。古人云:"玉不琢,不成器,人不学,不知义。"学习是学习者通过获得经验而产生的某种稳定的变化,学习是学习者适应环境的生命活动。教育就是为了帮助人们更好地学习,终身学习的理念决定了教育活动也是终身的。一个人的学习是通过驱使力、刺激物、诱因、反应和强化的相互影响而产生,行为改变是学习的必然结果。中国的儒家文化就特别强调学习的重要性,认为学习可以完全改变一个人的心理与行为,可以抑恶扬善,实现在现实中郑重的生活。

一般根据学习的目标,可以将学习分为认知学习、情感学习和动作技能学习三大领域。而根据学习材料与学习者原有知识结构的关系,可将学习分为机械学习与意义学习。

机械学习是指将符号所代表的新知识与人们认知结构中已有的知识建立人为性的联系。学习者并未理解符号所代表的知识,只是依据字面上的联系,记住某些符号的词句或组合,是一种"生吞活剥式"的学习。消费者对一些不知道意义的外国品牌的学习,很多就属这种类型。

意义学习是将符号所代表的知识与消费者认知结构中已经存在的某些观念建立自然的和合乎逻辑的联系。意义学习看重想象力的激发和理解性学习,学习贵在理解,也看重感悟。比如,用"健力宝"做饮料商标,消费者自然会产生强身健体之类的联想;用"飞鸽"做自行车商标,则会使消费者将自行车与"轻盈""飘逸"等美好的遐想相联系。消费者对这一类内容的学习,不需要借助外在的和人为的力量,属于意义学习的范畴。

资料 2.1　巴甫洛夫的经典条件反射理论

经典条件反射学习理论是由俄国生理学家巴甫洛夫（Ivan Pavlov）提出的，是运用刺激与反应之间某种既定的关系，使个体学会对不同的刺激产生相同反应的过程。

该理论认为，借助某种刺激与某一反应之间的已有联系，经由练习可以建立起另一种中性刺激与同样反应之间的联系。这一理论是建立在著名的巴甫洛夫的狗与铃声的实验基础上的。

实验是这样的，在每次给狗喂食之前都要打铃（称为中性刺激或条件刺激），于是在狗的大脑皮层上出现一个兴奋中心，紧接着给狗吃食物（称为无条件刺激），由于食物对舌头神经末梢的刺激，狗便分泌唾液（称为无条件反射），同时在狗的大脑皮层相应部位出现一个兴奋中心，经过多次反复后，狗听到铃声就会分泌唾液（称为条件反射）。这时，学习或条件联系便产生了，具体说，铃声由原来是一个中性的刺激物变成了食物的信号。

由这个实验可以得出一个结论，学习就是学会用一种新的方式对以前无关的刺激作出反应。同时，巴甫洛夫还提出，没有强化根本不会发生条件反射，即便条件反射建立之后，这种神经联系也是有条件的，所以被称为暂时联系，不仅暂时联系的形成依赖于强化，而且它的巩固也依赖于强化，如果无条件刺激不再同条件刺激结合，那暂时神经联系就会消失，狗听到铃声也就不再流出唾液来了。狗可以通过强化，把无关联的两个事物条件反射地变为有关联，更不要说人了。

把需求与品牌相关联，品牌与形象相关联，通过强化和反复刺激，最终把需求与形象相关联，形成意义学习和记忆。在企业的品牌战略中，最先需要消费者学习和记忆的就是品类、品名和定位，需求就是品类，品牌名称就是品名，形象就是定位。

资料 2.2　斯金纳的操作性条件反射理论

美国心理学家斯金纳（B.F.Skinner）认为，人类行为主要是由操作性反射构成的操作性行为，操作性行为是作用于环境而产生结果的行为。在学习情境中，操作性行为更有代表性。斯金纳认为，人的一切行为几乎都是操作性强化的结果，人们有可能通过强化作用的影响去改变别人的反应。

斯金纳在对学习问题进行了大量研究的基础上提出了强化理论，强调强化在学习中的重要性。强化就是通过强化物增强某种行为的过程，强化物是增加反应可能性的任何刺激。他认为人的行为是对其所获刺激的函数。如果这种刺激对人自身有利，则这种行为就会重复出现；若对自身不利，则这种行为就会减弱直至消失。因此，管理者要采取各种强化方式，使人们的行为符合组织的目标。根据强化的性质和目的，可以将强化分为正强化和负强化两大类型。

案例2.2　万宝路的广告

运用经典性条件反射理论的经典成功案例是万宝路广告。它把企业的品牌形象与消费者建立起积极的联系。万宝路曾有过一个牛仔广告，而在美国，人们普遍把牛仔当作力量、阳刚之气及诚实正直的化身，牛仔激起的积极感受（力量、阳刚之气、英雄气概）是非条件反射。消费者通过以下两方面把万宝路与牛仔结合起来：反复的广告；非条件和条件刺激结合（牛仔总是与万宝路相联系），接下来产品就变成了条件刺激，因为它可以像牛仔那样激起消费者相同的积极感受。万宝路广告运作的成功，正是因为这种积极的联想，因为牛仔形象而影响了消费，使消费者购买万宝路，而对万宝路的回味又使消费者再次购买，这让品牌购买成了一种条件反射，消费者不但是在消费产品，而且是在消费一种象征和情怀。

对学习特点的把握是人们有效学习的策略要点。

（1）学习强度是指如何形成人们强烈和持久的行为反应。人们的学习强度受到四个因素的影响：重要性、强化、重复和意象。

① 重要性是指所学信息对于自己的价值。学习某种行为或信息对个人越重要，个人的学习过程越有效。遗憾的是，营销者面对的往往是处于低介入学习状态的消费者。一般而言，在高介入情形下，消费者会主动获取信息，因此，此时所获得的信息较低介入情形下更为完整。如何使企业的信息传播更切中要害，更能满足消费者的需要，如何采取有效手段引起消费者对学习对象的注意和重视，是企业营销中一定要解决的问题。

② 强化是指能增加特定反应在未来发生可能性的任何事物或活动。虽然学习经常是缺少强化（或惩罚）的，但强化能极大地影响学习的速度和效果。强化的反面就是惩罚，惩罚是能减少特定反应在未来发生的可能性的任何事物。

企业在营销中，对促销信息一定要保证适当的强化，如采取体验营销，采取更优惠、更激励、更保障的措施等，保证产品能满足消费者的目标，使消费者觉得物有所值甚至是物超所值。正强化或负强化激励人们重复某种行为或避免某种行为。由于市场营销环境不断变化，新产品、新品牌不断涌现，消费者的购买行为必须经过多方收集有关信息之后，才能作出购买决策，这本身就是一个学习、强化的过程。

③ 重复（练习）能增加学习的强度与速度。接触某种信息的次数越多，人们掌握它的可能性就越大。坚持不懈、坚韧不拔、坚持到底、锲而不舍等成语都是讲行动需要不断重复，才能达到最后的成功。人们许多好的学习结果是通过重复就可以达到的，比如学习英语，就是要不断重复才能学好。重复的效果也直接与信息的重要性和

所给予的强化有关,如果所学的内容很重要或者有大量强化相伴随,重复就可以减少。

"谬误重复千次也会变为真理",这是讲重复可怕的潜移默化的力量。所谓"三人成虎",只要有了足够的重复次数,人们就可能在潜移默化中接受某样事物或者主张,甚至被"洗脑"。所以,单向的信息如果再加上不断的蛊惑人心的重复,就可以让学习者被蒙在鼓里还浑然不知,不知不觉地接受所谓正确的选择。

重复营销就是把与消费者相关的信息持续地传递给消费者的传播活动,目的是引起消费者的注意并使其学习和记忆。重复多少次呢?只要目标是准确的,重复就可以一直持续,直到成功为止。广告理论上说重复7次左右就可以决定消费者是否购买,但现实并非全部如此。因为信息社会里充满了大量的信息,所以企业在信息传播中需要进行不断重复才可能奏效。重复也是一种投资行为,它的效果可能会在未来才能体现出来,企业要有这样的远见和魄力。

根据行为心理学的研究,一个习惯的形成至少必须重复21次。不断重复自然会产生关联。由于许多广告内容在当前对于消费者并不是很重要,也不能提供直接的激励与强化,重复就成为促销过程中的关键因素。重复广告不但是要影响消费者的意识,更是要影响消费者的潜意识,潜意识才是人行为的原动力。现在市场竞争激烈,营销者往往需要通过足够的重复,才可能最终影响消费者的购买行为。重复有其正面的意义,但也会有负面的影响,消费者很容易被单向的、重复的、虚假的信息所引导和蒙蔽。一些非法传销组织非常重要的沟通手段就是让消费者不断学习,改变消费者的理念,利用重复来不断强化不明真相消费者的意识,让消费者最终被"洗脑",变为偏信的传销者。巴甫洛夫模式就认为广告是一种重要的诱因,重复广告对消费者购买行为的影响不可低估,人们往往受到诱因重复和强化的刺激后,才会产生某种反应行为。若广告只出现一次,是弱诱因,无法将人们的驱策力激发到采取购买行为的必要程度上,若广告重复出现,不仅使消费者难以忘记,而且能够起到强化作用,刺激消费者购买或重复购买某种品牌的商品。

④ 意象是指在人们头脑中形成的某种形象。无论是品牌名称还是公司的口号,均能产生一定的意象。如"熊猫""仙鹤"这样的品牌名称能激起感觉上的意象或大脑中清晰的图像,这有助于消费者学习。形象化的语言更容易学习和记忆。意象效果背后的理论是,高形象化语言有双重编码,它能同时以语言和形象两种方式存储于人的记忆中,而低形象化语言只能以语言的形式加以编码,高形象化品牌比低形象化品牌更容易被记住。同样,如果广告形象与广告名称是一致的,那么这种广告就容易被记起。因此,一则广告的关键沟通点应该是在它的图形部分所激发的意象里面,原因是消费者对这种意象记得更快、更牢。有证据表明,声音记忆,包含语言声音的记忆,具有与视觉记忆不同的特点,与语言的信息意义相一致的背景音乐也能增进学习效果。

（2）消退是指撤销对原来可以接受的行为的正强化，即对这种行为不予理睬，以表示对该行为的轻视或某种程度的否定。心理学的研究证实，一旦对于习得的反应所给予的强化减弱，习得的反应不再被运用或不再被提醒作出，消退或遗忘就会发生。

遗忘发生的速度与最初的学习强度呈负相关关系。也就是说，学习的内容越重要、强化越多、重复越多、意象越强，学习对遗忘的抵制就越强。

有时，营销者和政府监管机构希望加速遗忘的进程。企业希望消费者忘记不好的公众形象或过时的产品形象，矫正性广告就是要让企业消除其过去广告所造成的错误影响的一种广告，希望消费者能忘记过去，接受一种新的形象。

（3）刺激泛化是指由某种刺激引起的反应，可经由另一种不同但类似的刺激引起。这是一种联想的作用。如消费者认为海尔的冰箱不错，进而就可能认为海尔的洗衣机、空调也不错。企业可以运用这一原理来进行品牌延伸。

（4）刺激辨别是指人们将某一刺激与另一类刺激相区分的学习过程。刺激的辨别与刺激的泛化是具有紧密内在联系的学习现象。人们对新刺激的反应最初通常接近于对以往类似刺激所作的反应。只有经过这样一个泛化阶段以及随之而来的对有关线索的学习之后，人们才会开始学会将新刺激与旧刺激相区别。

营销者可以在同消费者的沟通中，清楚地指出本企业、本品牌或本产品与其他竞争对手的差异，从而让消费者的学习产生刺激辨别。

资料2.3　试误法的学习

试误法又称尝试—错误法，这个概念由美国心理学家桑代克（E. L. Thorndike）提出。它是指消费者通过尝试与错误，从而在一定的情境和一定的反应之间建立起联结。

在数学上，试误法是寻觅数学模式最佳解的方法之一，其做法是设定一些决策问题的可控制变量值，检验其能否满足各限制式，若能满足才推算其目标函数值；若不能满足各限制式，则寻觅另一组可控制变量值测试之，最后挑选最佳目标函数值的可控制变量值即得最佳解。

在营销学领域，试误指消费者在学习过程中，最初总是要经历一些错误的尝试动作，以后随着动作的不断反复，错误的动作逐渐减少，成功的动作逐渐增多，最后完全获得成功。

消费者在渴了的时候，可以喝茶、咖啡、可口可乐、矿泉水等，也就是说可以作出许多不同的反应，但经过多次尝试，发现作出某种特定反应能获得最满意的效果，于是该种反应与口渴这一情境的联结就会得以保存。如果在今后的行为练习中，作出此种反应之后总是伴随着满足，则联结的力量会增强；反之，若作出反应之后伴随的是不满和烦恼，那么联结的力量将减弱。

（5）反应环境其实就是指最初的学习环境与后来面临的学习环境之间是否能产生反应和回忆的环境。

在现实中常常出现这样的情况，在需要的时候我们找不到存储在记忆中的相关信息。影响信息提取能力的因素是：最初的学习强度与回忆时所处的环境是否与最初的学习环境具有相似性。最初学习的强度越大，在需要的时候，提取相关信息的可能性就越大；在回忆时提供越多与最初学习该信息时相似的环境线索，回忆就越有效。

反应环境对消费者的品牌学习有着重要的意义。利用反应环境有助于唤醒和强化品牌记忆。企业利用反应环境强化品牌记忆时，首先要研究消费者的购买习惯，了解他们购买决策发生的时间与地点，营造出能唤起消费者记忆的环境线索。如"雪碧"最初的广告画面，是由绿色和清凉、清爽构成的，那么在随后的反应环境里，就应该在购物点及其包装上反映出最初广告画面里看到的主要内容和色彩，这样就容易激发消费者的回忆，引发关注。

学习可以帮助消费者获得必要的消费知识，消费者知识是指与履行消费者功能相关的那些信息。消费者知识并不必然与消费者所受的教育成正比，一个受教育程度很高的人，在某些消费产品的购买、使用上的知识可能远不及一个受教育程度低的人。消费者购买行为的特征之一就是非专家购买，一般消费者对其购买的产品知识等知之甚少，甚至完全无知。消费者知识是要通过消费者的学习才能得到的，这方面的知识主要包括产品知识、价格知识、购买知识和使用知识等。

知识营销是企业通过有效的知识传播方法和途径，将企业所拥有的对用户有价值的知识（包括产品知识、价格知识、购买知识、使用知识、专业研究成果、经营理念、管理思想以及优秀的企业文化等）传递给潜在的消费者，使之知其然，还知其所以然，让消费者理解企业传递的信息，让消费者学会鉴别，获得理性的认识，逐渐形成对企业品牌和产品的认知，并将潜在消费者最终转化为用户过程中的各种营销行为。

2. 记忆

记忆（memory）是过去经验在人脑中的反映。人脑感知过的事物、思考过的问题和理论、体验过的情感和情绪、练习过的动作，都可以成为记忆的内容，记忆是人对自身经验的识记、保持和提取的心理过程。

从记忆的内容看，记忆可以分为形象记忆（以感知事物的形象为内容的记忆）、情绪记忆（以体验某种情感为内容的记忆）、逻辑记忆（以概念、公式和规律等为内容的记忆）和运动记忆（以做过的运动或者动作为内容的记忆）。从记忆的时间长短看，记忆可以分为瞬时记忆、短时记忆和长时记忆。从记忆的有无目的看，可以分为无意记忆和有意记忆。

资料2.4　激发人的情绪记忆

美国马奎特大学（Marquette University）的研究人员发表研究报告称，兴奋度的高低对于记忆的形成有很大影响，兴奋度越高，记忆越深刻。如果在记忆的过程中增加兴奋刺激，那么记忆的效果就会更好，这种方法甚至能够用来帮助学生或老年人增强记忆。

据负责这项研究的马奎特大学克里斯蒂·尼尔森教授称，虽然情感与记忆的关系早已被人熟知，但兴奋度与记忆的微妙联系却一直不被人重视。尼尔森教授为此做了一个有趣的实验：她让32个人记忆一组毫无关联的单词，然后她把接受实验的人分成两组，每组16人，其中一组观看医生拔牙的全过程，包括血淋淋的牙齿和刺耳的钻孔声；而让另一组人观看枯燥的洗牙录像。24小时以后，尼尔森教授让他们回忆单词，结果发现，在拔牙现场感受刺激的那一组实验对象比另外一组实验对象多回忆出了10%的单词。尼尔森据此认为，做一些能够使人兴奋的事情将有助于记忆。

资料2.5　神秘的记忆广度

短时记忆的容量有限。短时记忆的容量又称为记忆广度，指信息短暂出现后被试所能呈现的最大量。研究表明，人类记忆广度为7±2，即5—9个项目，其平均数为7，它不分种族文化，是一般承认的短时记忆平均值。美国心理学家G.米勒1956年发表的论文《神秘的七加减二》（The Magic Number Seven Plus or Minus Two）明确指出，短时记忆容量为7±2个项目。

遗忘（forgetting）是指经历过的事物不能重现和再认或者是错误地重现和再认现象。遗忘的原因很多，可能是因为记忆痕迹的消退造成的，也可能是因为与新记忆中的信息发生干扰而产生了抑制。遗忘可以分为暂时性遗忘和永久性遗忘。遗忘是有规律的，即遗忘的进程先快后慢。

记忆是消费者行为和决策的重要组成部分。虽然从理论上讲，消费者的记忆容量很大，对信息保持的时间也可以很长，但在现代社会里，消费者接触的信息实在太多，能够进入其记忆并被长期保存的实际上只有很小的一部分，正因为如此，企业才需要对消费者的记忆予以特别的重视。一方面，要了解消费者的记忆机制，即信息是如何进入消费者的长时记忆的，有哪些因素影响消费者的记忆，进入消费者记忆中的信息是如何贮存和提取的；另一方面，要了解已经进入消费者长时记忆的信息为什么和在什么条件下可能被遗忘，企业在防止或阻止消费者遗忘方面能否有所作为。

那么，企业如何才能帮助消费者记忆呢？方法主要有以下几种：

（1）企业要努力促成消费者的有意记忆，通过强调特色、独特性和需求来获取消费者更多的注意,增强消费者的记忆力。

(2) 通过各种情感诉求和举办各种消费者的参与活动来让消费者心情愉快或者紧张,以增强消费者的记忆力。

(3) 不断地重复表达,通过反复强调来避免消费者遗忘,影响消费者的潜意识,增强消费者的记忆力。

(4) 利用完形原理来增强消费者的记忆力。完形心理学(gestalt psychology)是指人们在理解刺激时如何将其组织整合成一个有意义的整体。如利用知觉的整体性特点来突出某种知觉而产生其他知觉要素的联想,形成完整的知觉倾向。

(5) 利用提示物,提醒消费者注意企业想要其记住的内容,这也是帮助消费者记忆的一种明显方式。如医院可以通过电话提醒人们参加一年一度的体检,企业可以通过寄邮件等方式提醒消费者要做某些产品的定期保养或者某些服务的延续性等。

3. 想象

想象(imagination)是人所特有的一种心理活动,是在知觉和记忆的基础上,对过去经验中已经形成的联系再进行组合,创造出并没有直接感知过的事物的新形象。如果没有想象,一切都会变得苍白。幻想是一种与生活愿望相结合,并指向于未来的想象。

想象力是一种创造力的体现,富有创造力的心理特征包括:有高度的自觉性和独立性,不与他人雷同;有旺盛的求知欲;有强烈的好奇心,对事物运动的机理有深究的动机;知识面广,善于观察;工作中讲求条理性、准确性与严格性;有丰富的想象力、直觉敏锐、喜好抽象思维,对智力活动与游戏有广泛的兴趣;富有幽默感,表现出卓越的文艺天赋;意志品质出众,能排除外界干扰,长时间地专注于某个感兴趣的问题。

现代心理学认为,每个人都具有先天性的创造潜能,但这种潜能的实现依赖于个体所处的环境。民主、和谐、宽松的环境,能激发个体的创造性思维,促进创造潜能转化为现实的创造才能;而在相反的情况下,则会扼杀个体创造性的萌芽。影响个体创造力发展的环境主要包括社会文化气氛、家庭气氛和学校教育机制。

根据想象是否有目的性,想象可分为无意想象和有意想象。无意想象又称随意想象,是指没有预定目的、不自觉的想象。无意想象是想象中最简单、最初级的形式。有意想象又称不随意想象,是指有预定的目的、自觉的想象。

根据想象内容的独立性、新颖程度和创造性的不同,想象可分为创造想象和再造想象。创造想象是根据任务和目的,不依赖现成的描述而独立地创造出新形象的过程,具有首创性和独立性等特点,创造想象在开发完全创新产品时有重要作用。再造想象是根据语言文字的描述或条件的描绘(如图样、图解、符号记录等),在头脑中创造出相应的情景和形象的过程。

消费者在评价商品时,常伴随着想象活动的参加。消费者形成购买意向,选择和评价商品的各个阶段,都离不开想象。他们会将购买对象与想象所追求的对象相对照,并以二者吻合的程度作为评价商品的依据之一,在购买那些满足人们社交需要、尊重需要和自我实现需要的商品时，更是如此。

营销者在营销过程中，可以根据消费者的想象，通过采取灵活的品牌策略及促销策略，来影响消费者的想象，给其美好的想象。如在房地产营销中，企业往往就通过模型、广告词及文案，还有销售人员对未来的描述，来给消费者一个美好的想象，并让消费者认为这样的想象是和未来的现实吻合的。

4. 思维

思维（thinking）是人脑对客观事物本质特征的间接的和概括的反映，所反映的是客观事物共同的、本质的特征和内在联系。而感觉和知觉是对客观现实的直接反映，所反映的是客观事物的外部特征和外在联系。思维是影响人的行为的最持久的理性力量。

人的思维属理性认识的高级阶段，是更复杂、更高级的认知过程。人的个性主要体现在人的性格上，性格是为人处世之道，是思维、思想的反映。思维的最高阶段就是思想。人没有思想就会迷信权威，追求感官刺激，认知不够全面和深刻，容易被忽悠和欺骗，容易偏激和被利用，容易麻木和盲目，也容易忍受和满足。

思维过程包括分析、综合、比较、抽象、概括和具体化等。其中，分析与综合是思维的基本过程，其他过程都是从分析、综合过程中派生出来，或者说是通过分析、综合来实现的。

思维过程是发现问题、分析问题、解决问题的过程。问题包括普遍性和特殊性两个基本特征，特殊性表现出现象、具体、万象等特点，普遍性表现出抽象、本质、规律等特点，分析、解决问题就是要看到问题的普遍性和特殊性，分析特殊性并深入发现普遍性，把握普遍性且彻底解决特殊性。日本著名的企业家稻盛和夫说："究明一个事物，就可以理解一切事物。在一切事物的深处，都隐藏着普遍的真理。"深度思维就是不断接近问题本质的思考，是知其然并知其所以然的思考，并能大道至简，用言简意赅的文字或言语表达出来。具有深度思维的人不论对概念还是问题都会有持续的思考，这种习惯也会迁移到对自己的认知中来，从而拥有更深刻的自我认知。深度思维可以给人带来巨大的成就感。如果人的思维只停留在表面，那还是为现象所左右，不能发现现象背后隐藏的规律，这样的人显然缺乏深度思维的能力。

思维品质是思维的个性特征。思维品质反映了个体智力或思维水平的差异，主要包括深刻性、灵活性、独创性、批判性、敏捷性和系统性六个方面。有疑问、有批判才会有辩证的思考；有自剖、有自省，才会有清醒的智慧。戴维·迈尔斯在其《心理学》一书中说："明智的思维就是批判性思维。"

根据思维过程中思维形态的不同，可以将思维分为形象思维、抽象思维和动作思维。形象思维是用表象来进行分析、综合、抽象、概括的过程。这种思维在幼儿期有明显的表现；抽象思维以概念、判断、推理的形式来反映客观事物的运动规律，是对事物的本质特征和内部联系的认识过程；动作思维是在思维过程中以实际动作为支持的思维。

根据思维的独创性不同，可以将其分为常规思维和创造性思维。常规思维又称习惯性思维，它是用常规方法来解决问题的一种思维；创造性思维是创造活动中的一种思维，它是用新的方案或程序，创造新的思维产品的思维活动。

思维方式是人大脑活动的内在程式，它对人们的言行起决定性作用。思维方式是看待事物的角度、方式和方法。不同国籍、文化背景的人看待事物的角度、方式不同，便是思维方式的不同。思维方式有良好思维方式和不良思维方式之分，可以从不同的角度、广度、深度等方面去判断。不良思维方式表现为负面（恶意、消极）思维、片面（偏听）思维、表面思维、碎片思维等特征，让人迷惑和偏激；良好思维方式表现为正面（善意、积极）思维、全面（兼听）思维、深度思维、系统思维等特征，让人觉悟和智慧。建立良好思维方式的基础是静、慢、朴、真、善的心态。

思维方式要解决的基本问题就是交换问题，感悟交换，找到人生价值是思维的根本。稻盛和夫对人的思维方式也特别重视，认为决定人生结果最关键的因素就是思维方式，他有一个著名的公式：

$$人生/工作的结果 = 思维方式 \times 热情 \times 能力$$

他认为热情和能力的取分值在 0—100 之间，只有思维方式在 -100—+100 之间，这意味着唯有思维方式有负数，会产生负面思维和负面结果。

人们在工作、学习、生活中每逢遇到问题，总要"想一想"，这种想就是思维能力。人类的一切发明创造活动，都离不开思维能力，思维能力是能力的核心。一个人的能力表现主要包括：思维能力、沟通能力、表达能力、控制能力、策划能力、领导能力、专业能力等。思维能力包括理解力、分析力、综合力、比较力、概括力、抽象力、推理力、论证力、判断力等能力，它是整个智慧的核心，参与、支配着一切智力活动。一个人聪明不聪明，有没有智慧，主要就看他的思维能力强不强。分析能力（全面、深入）强，鉴别能力才会强，才不会上当受骗；综合能力（总结、提炼）强，才能大道至简，透过现象看到本质。

认识人心就是认识人的思维状况，是认识人的思维方式及思维能力，其中最根本的是认识人的思维方式。思维方式是面对世界、人生及事物应有的基本性格特征及方式、方法；思维能力是面对世界、人生及事物应具备的具体处理、解决问题的能力。

消费者对商品的认识是从表面特征开始的，通过分析、综合、比较、抽象、概括和具体化等基本阶段来完成。消费者的思维能力受到他在社会中已经形成的一般思维能力的基础影响。如果消费者的思维能力强，消费就会比较理性，不会轻易被忽悠和欺骗；如果消费者思维能力不强，在消费中就会表现为肤浅、轻信和冲动，追求感官刺激。消费者也会因为思维片面，对企业产生片面认识，因为偏信影响企业对消费者认识的改变。

针对消费者的思维能力不强，企业有多种应对之策：企业可以引导消费，提高消费者的思维能力，让消费者明明白白消费、理性消费；企业也可以从感官上使消费者满足，不去在理性上深究；有些企业还会利用消费者的肤浅，通过各种表面的感性诉求和片面的理性诉求，达到控制消费者的目的；消费者如果表现为轻信和相信权威，那么营销者就可以开展权威营销，即通过寻找权威组织或权威人物来影响消费者行为的营销方式。

消费者的思维方式主要表现在消费者的价值观和生活方式上，包括消费者的人生价值观、消费价值观及消费者面对生活采取什么样的生活方式等。如何看待消费就是消费者面对消费的思维方式，如果消费者主张豪华的价值观和生活方式或者简朴的价值观和生活方式，那企业所提供的产品、服务及其宣传、卖点都要随之发生重大的变化。

企业营销是有关如何实现交换的思维方式，营销的思维方式首先是一种战略思维，其次才是战术与技巧。企业的营销活动不但要影响消费者的感性认识活动，更要影响消费者的理性认识活动，最后落实到要反映或影响消费者的思维方式。消费者对企业、产品、服务的思维方式才是影响消费者认识的最持久的理性力量。企业最期待的消费者忠诚是由消费者的思维状况决定的，影响消费者的感性认识往往不可靠，最可靠的是影响消费者的理性认识和思维状况。

认知过程是人心理过程的基础和出发点。通过对消费者认知过程的把握和理解，企业可以从认知方面去分析消费者的心理活动。消费者的消费可以是理性消费，也可以是感性消费。感性消费是指消费者重视商品或服务是否能带来个性满足、象征意义、时尚及价值观念等。消费者在购买商品时，更加重视消费过程中获得的精神的愉悦、舒适及优越感。这种消费模式的特征就是消费者凭着感觉、情绪、气氛及象征来购买商品和体会服务，感性消费的标准是喜欢、情感和享受，商品的功能和价格则退居其次。理性消费是指消费者在消费过程中重视理性认识的心理特征，这种消费的标准是商品的功能、价格和实用性，讲求分析、比较、不急不躁。

从性别来看，一般女性消费者更重感性消费，男性消费者更重理性消费；从年龄来看，一般青少年、青年消费者更重感性消费，中年、老年消费者更重理性消费；从价格来看，一般中低价商品更感性消费，高价商品更重理性消费；从品种来看，一般服装、饮食、手表、金银首饰、旅游、娱乐等商品更重感性消费，电器、交通工具、住房、保险、股票等商品更重理性消费。

感性营销作为随着感性消费应运而生的一个营销新概念，如今已被越来越多的营销者所理解和接受。所谓感性营销，是指企业的营销活动情感化，将"情感"这根主线贯穿于其营销活动的全过程。它主要有两方面的含义：一是要研制开发出富有人情味的产品或服务；二是要采用充满人情味的促销手段，影响消费者的感性认识。感性营销的突出特点是一开始就以情动人，感性营销可以不需要理由或是逻辑。

理性营销的特点是强调构成购买行为的理由与逻辑，而且消费者往往需要证明。这种营销就要从产品本身的使用性能或是品质上寻求差异，进行一种理性的思维诉求，让消费者产生比较、分析、综合、判断等心理活动，进而影响消费者的购买行为。

1898年，美国广告学家E.S.刘易斯提出了著名的AIDMA消费者购买法则，即：attention（引起注意）、interest（产生兴趣）、desire（激发欲望）、memory（形成记忆）、action（促成行动）。这个法则是指消费者从看到广告到发生购买行为之间，被动态式地引导心理过程，并将这一顺序模式化的一种法则。其中，从 A 到 I 的过程（感性认识）最难，有时 A 到 I 后直接就到达 D（促成行动）。感性的诱惑比理性的说服更为重要，因为理性的说服是后天学习的成果，而感性的诱惑是先天的本能。感性营销和理性营销可以相互作用，一起影响消费者的认知过程。

案例 2.3 ▶ 消费"劳力士"

"劳力士"初创于1905年，由德国人汉斯·威斯道夫与英国人戴维斯合伙创办于英国伦敦，他们于1908年注册了"劳力士"（Rolex）商标。1919年，表厂转移至瑞士日内瓦。在两位合伙人的通力合作下，"劳力士"于1914年和1915年两次荣获英国天文台颁发的走时精确A级证书。劳力士表是瑞士产的名贵手表，它的设计、制作始终保持传统的风格。它的性能包括全自动、单历、双历、防水、防尘等，做工精益求精。劳力士手表拥有血统纯正的瑞士原装机芯、独特的蓝宝石镜面、18K金镶嵌表盘、标志性的皇冠LOGO，以及顶级奥地利水钻的点缀，每一个细节都尽善尽美，天衣无缝，堪称一款上乘的典藏之作，绝对能突出佩戴者卓尔不凡的时尚和尊贵品位，让其在不经意间成为人们注意的焦点。

在国际市场上，一块普通劳力士手表的价位从1000美元到15000美元不等，虽然价格不菲，但人们还是认为物有所值，这不仅由于劳力士的品质精良，而且因为它具有独特的投资价值，劳力士古董表的"抗跌"能力极强。

2.2　情　绪　过　程

情绪（emotion）是人在认识事物过程中产生的内心感受和主观体验。情绪是心路的体验。

情感（feeling）和情绪是既有区别又有联系的两个概念。情绪一般由当时特定的条件所引起，并随着条件的变化而变化。所以情绪表现的形式是比较短暂和不定的，具有较大的情境性和冲动性。情感是与人的社会性需要和意识紧密联系的内心体验，包括理智感、荣誉感、道德感、审美等。它是人们在长期的社会实践中，受到客观事物的反复刺激而形成的内心体验，因而与情绪相比，具有较强的稳定性和深刻性。情绪是情感的外在表现，情感是情绪的本质内容，在实际生活中二者经常作为同义词被使用。

2.2.1　情绪的内容

情绪的内容一般包括四种基本形式：快乐、愤怒、悲哀和恐惧。中国人常说的七情六欲，就把情绪分为七种形式，"七情"是指喜、怒、哀、惧、爱、恨、怜，"六欲"是指求生欲、求知欲、表达欲、表现欲、舒适欲、情欲。

1. 情绪的分类

根据情绪的表现方向，一般可以把情绪分为积极、消极和双重的情绪。积极的情绪体现为喜欢、满足、快乐、爱等；消极的情绪体现为厌烦、不满、恐惧、愤怒、悲哀等；而双重的情绪体现为既喜又悲、既爱又恨等。在大多数情况下，人们希望获得正面、积极的情绪，但也有例外。例如，悲剧性的电影使观众伤心落泪，但是人们仍喜欢这样的电影。

情绪总是由某种刺激引起的，如自然环境、社会环境以及人自身。引发情绪刺激的前提条件是这些刺激必须是认识的对象，由于认识对象会引发人的需要，进而就产生了人对认知对象的不同感受或态度，因此情绪与需要总是相关的，需要是情绪产生的重要基础。根据需要是否获得满足，情绪具有肯定或否定的性质。凡是能满足已激起的需要或能促进这种需要得到满足的事物，便会引起积极的情绪，如喜爱、愉快等；相反，凡是不能满足这种需要或可能妨碍这种需要得到满足的事物，便会引起消极的情绪，如憎恨、苦闷、不满意等。情绪总是在一定的环境中产生的，在不同的环境中情绪会表现出不同的体验特质，愤怒、愉快、悲哀往往是对一系列外在环境的反应。当人产生消极情绪时，可以采取愤怒不见人、见人不说话、说话不议论、议论不决定、决定不行动的方式来有效地控制消极情绪的进一步扩大和升级。

情绪还伴随生理变化，这些变化通常包括：瞳孔扩大、流汗增加、呼吸加速、心率和血压升高、血糖水平升高。情绪状态所伴随的生理变化与行为反应，往往是当事人无法控制的。研究表明，人在愤怒时，呼吸每分钟可达40—50次（平静时每分钟20次左右）。人在愤怒时，除去呼吸的变化，循环系统也会产生变化，如出现心跳加速、血压升高、血糖增加、血液的化学成分（如血氧含量）产生变化等。

通过人外部表情的变化可以了解一个人的情绪状态，主要表现在面部、身体姿态和言语声调等方面，即所谓的面部表情、肢体语言和言语表情，其中面部表情最能够表现出一个人的情绪状态。美国心理学家艾克曼（P. Ekman）通过实验证明，人的面部不同部位对表情方面的作用是不同的，例如，眼睛对表达忧伤最重要，嘴对表现快乐与厌恶最重要，眼睛、嘴和前额对表现愤怒情绪都重要（见表2.2）。

表2.2 不同情绪的面部表情

情绪	面部表情
兴趣与兴奋	眉眼朝下、眼睛追着看、倾听
愉快	笑、嘴唇朝外朝上扩展、眼笑
惊奇	眼眉朝上、眨眼
悲痛	哭、眼眉拱起、嘴朝下、有泪、有韵律的抽泣
恐惧	眼呆滞、脸色苍白、脸出汗、发抖、毛发竖立
羞愧与羞辱	眼朝下、头低下
轻蔑厌恶	冷笑、嘴唇朝上
愤怒	皱眉、咬紧牙关、眼睛变狭窄、面部发红

2. 消费者情绪表现

消费者在消费购买过程中，既有在认识某产品或者服务之前的情绪，也有因为受到企业营销的影响而产生的情绪。一般而言，企业应该努力让消费者产生积极的情绪，这样就更容易让消费者最终产生购买行为。当然，消费者在实际的消费购买过程中，往往是伴随着双重情绪状态的，比如对某种商品从品牌、质量、外观方面体现出喜欢等积极的情绪，但因为对价格的过高而产生厌烦等消极的情绪。在实际中，企业有时也可以利用消费者的消极情绪来达到最后的销售目的，比如企业通过广告的内容让人感到担心、害怕甚至恐惧，以便让消费者关注或购买某一能解除以上消极情绪的产品等。

人处于欢喜的情绪时，其他心理活动也会变得带有愉快的色彩，人会变得活跃，容易与别人交往，热情也比较高，待人接物时容易考虑对方、理解对方，这会对消费行为产生积极的作用，推动消费行为的进行，消费者的愉快情绪会增加他的勇气，并克服购买行为中可能会出现的各种困难。例如，黑人牙膏广告就很注意让欢乐的情绪洋溢其中。一开始是阳光明媚的清晨，一个满口泡沫的小男孩蹑手蹑脚地走向他熟睡的父亲，逗他笑，然后画面转为穿着亮丽的白领相互问候，拉拉队员们欢呼雀跃……整个广告充盈着欢声笑语，又离不开一个主题：口气清新。再如，有些高雅的商店里，谦虚的服务员细声细气地跟顾客说话，微笑着向顾客问好，顾客心情自然变得很好，不但本次消费增加，而且下次可能还会光顾同一个商店。

反过来，不愉快的情绪、不喜欢的情绪体验，一般会对消费行为起消极作用。这种情绪可能来源于三个方面：商品、购物场所以及销售人员。如果不良情绪来自商品，消费者会拒绝购买这种商品；如果不愉快的情绪来源于购物场所，消费者会尽快回避这种令他不愉快的场所；如果不愉快的情绪来源于销售人员的话，有的消费者则会尽量躲避这位令他不愉快的销售人员，有的消费者会与销售人员发生矛盾与冲突。

消费者在每次购物过程中，一般表现为情绪性的反应，而在长期购物过程中，会形成一种稳定的情感体验。这些情感体验以及相应的态度反过来又带到每一次的购物行为中去。因此，消费者每一次的购物行为既表现为当时的情绪，又带有他本人的情感特点和相应的态度。

2.2.2 情绪的状态

根据情绪发生的强度、速度、持续时间与稳定性来分析，情绪一般有心境、热情、激情和应激四种状态。最持久的情绪就是心境（心情、心态），最积极的情绪就是热情，最激烈的情绪就是激情。心境最终决定热情和情商的高低，心境和热情受理性的影响，而激情是非理性的。

1. 心境

心境是一种比较持久而微弱的情绪状态，往往在很长时间内影响人的言行，具有深刻性、弥散性、持续性和感染性的特点。稳定的心境会影响人的全部生活，使语言和行为都染上某种色彩。心境也可以被称为心态或者心情。心境的状态是人理性认识的结果，是人思想的反映。积极的良好的心境会使人乐观地面对生活，在生活和工作中振奋、有效率并有益于健康。而消极的不良的心境会使人颓丧、降低活动效率并有损健康。心境的好坏在根本上是由思维方式决定的，什么样的思维方式决定了什么样的心境。

消费者的心境首先是性格意义上的心境，是人的世界观、价值观的体现。有着积极乐观心态的人往往对外界事物更感兴趣，心态往往比较轻松，对人也比较有善意。而营销者也会比较容易与心态好的消费者沟通。

营销的目的就是努力让消费者形成和保持对企业或者品牌的积极心境。当然，这种积极的心境，即喜爱、快乐的心境不是一日形成的，而是要通过消费者一系列的认知过程，特别是思维活动才能得到。营销者要清楚地知道，通过影响消费者的思维来最终形成消费者对企业有利的心境，才是企业得到消费者支持和忠诚的最根本途径。

2. 热情

热情是一种比较稳定而且热烈的情绪状态，比心境反应强烈。热情是一种积极情绪的体现，热情具有深刻性、稳定性和行动性特点，它能推动人们为实现目标不断地努力。热情一般是良好的心境产生的更热烈的情绪反应，对人们从事各种活动能起到积极的促进作用。

热情可以由良好的思维方式决定，也可以由不良的思维方式决定。热情也可能是由一面之词和相对封闭的环境及教育产生的盲目理性认识。但拥有这种热情的人的思维显得单一、局限甚至偏颇，而这时候的热情其实是不长久的，一旦热情的对象被人认知清楚，对原对象的热情就会大大降低或者消失。

消费者的热情首先是性格意义上的热情，热情洋溢的人对商品或者服务往往怀有更多的兴趣，是企业进行品牌、产品推广所期待的情绪状态。营销者要通过努力，让消费者在购买某种商品或服务后满意，焕发和维护消费者的热情，因为消费者如果对企业有了热情，就会对企业愈加关注，并具有相对的稳定性。

3. 激情

激情是一种迅速、强烈、短暂的情绪状态，如狂喜、暴怒、恐怖、绝望等都属于激情。激情具有瞬间性、冲动性和不稳定性的特点，激情爆发时，人往往失去理性，并伴有明显的外部表现，如咬牙切齿、面红耳赤、捶胸顿足等，有时还会出现痉挛性的动作或言语紊乱。

激情的发生主要是由生活中具重要意义的事件引起的。此外，过度的抑制和兴奋，或者相互对立的意向或愿望的冲突也容易引起激情状态。激情有积极与消极之分，消极的激情具有破坏性和杀伤力。

消费者的激情往往是被企业某种营销手段点燃的。消费者处于激情状态时，心理活动和行为表现会出现失常现象，理解力下降，自控能力减弱，容易作出非理性的冲动式购买行为。

营销者一方面应努力避免消费者消极激情的产生，焕发其积极的激情，因为消极的激情往往会阻碍消费者的购买行为，积极的激情则会让消费者迅速作出购买决策；

另一方面,营销者在调动消费者激情时,应注意不要欺骗和忽悠消费者,不要只为了一时之利而不择手段,让消费者冲动购买,遭受损失。

4. 应激

应激是一种在出乎意料情况下的情绪状态。如遇到突然发生的火灾、水灾、地震等自然灾害时,或者遇上战争、死亡、抢劫等人为因素时,人的心会瞬间处于高度紧张的状态之中,此时的情绪体验,就是应激状态。

应激状态要求人们迅速地判断情况,瞬间作出选择,同时还会引起机体一系列的明显的生理变化,心跳、血压、呼吸、腺体活动以及紧张度等都会发生变化。适当的应激状态,使人处于警觉状态之中,并通过神经内分泌系统的调节,使内脏器官、肌肉、骨骼系统的生理、生化过程加强,促使机体能量的释放,提高活动效能。而过度或者长期处于应激状态之中,会过多地消耗身体的能量,以致引起疾病和导致死亡。

人处于应激状态时,一般会出现两种不同的表现:一种是急中生智,沉着镇定;另一种是手足无措,呆若木鸡,有些人甚至会发生临时性的休克等症状。在应激状态下人们会出现何种行为反应与每个人的个性特征、知识、经验以及意志品质等密切相关。

营销者可以利用应激状态来做一些出其不意,让消费者感到惊喜的活动。消费者应激状态一般会出现在企业出其不意的促销活动上,突然性的采访、大降价、偶然的中奖往往会让消费者感到手足无措或惊喜万分。

但只影响消费者的激情是不可靠和不长久的,因为激情是非理性的;只影响消费者的热情也是不可靠和不长久的,因为让对方产生热情的活动,表面看是诉求了理性,但其实往往只是给了消费者一面之词。不少营销者在进行营销活动时影响的就是消费者的这两种情绪状态。而影响消费者情绪状态最重要的是让消费者对组织或者人产生良好的心境,心境是由消费者全面的思维决定,这才是可靠持久的保证。

2.2.3 影响情绪的因素

情绪的好坏受到生理状态、环境因素和认知过程的影响。具体而言,影响情绪的因素主要有以下几个:

1. 认知

认知过程是产生不同情绪的核心。人的不同认知与思想会对情绪产生深远而持久的影响。所以说人的心理活动中,认知过程是基础,不同情绪过程往往是认知的反应。反之,不同的情绪反应也会影响认知过程,影响感性认识,也影响理性认识。

首先,感觉是诱发情绪的首要条件。其次,记忆和想象也是情绪表现的主观条件。最后,注意和思维决定了情绪的产生与表现。

消费者的认知过程决定了消费者的情绪,这些认知既有从社会中获得的,也有从企业中获得的,两者对消费者的情绪起着决定性的影响。所以,企业要想让消费者产生对其有利的情绪状态,关键是要让消费者产生对企业及其品牌、产品的有利认知。

2. 压力

压力是一种由威胁性刺激引起的情绪变化，包括生活变故（亲人死亡、离婚、患病、失业、坐牢、受伤、残疾、退休等）和生活琐事（结婚、收入、家庭开支、职业状况、生活周边环境、考试、职称等）等。压力往往造成人的不良或者消极的情绪，不良或者消极情绪不但会引起人的心理变化从而影响其行为，还会引起人无法控制的生理变化，导致其免疫力下降、食欲减退、消化不良等。

人们面对压力会产生不同的行为，一般包括攻击、发泄（哭、叫、诉说）、替代、等待、合理化、宽容和奋进等。不同的行为体现不同的认知结果，认知决定了面对压力是采取积极的行为还是采取消极的行为。

消费者面临着许多生活的压力，现代社会的节奏和环境对人们的日常生活和消费都产生了巨大的压力。这些压力影响了消费者的情绪，对消费者就某个品牌或者产品的认识产生直接的或者潜移默化的影响。营销者应该善于发现和分析目前消费者所面临的压力状态，既可以直接提供缓解甚至消除压力的产品，也可以间接地提供各种精神和物质消费来营造一个相对轻松的情绪。

3. 挫折

挫折是人在从事有目的的活动过程中遇到的障碍或干扰，是个人需要得不到满足时所产生的消极情绪反应。工作、学习、恋爱、消费等领域都会遇到挫折，一般会带给人不满、消沉、反抗等不良情绪反应，甚至会影响身心健康。引起挫折的原因有外在因素和内在因素，外在因素主要是指政治、经济、风俗、道德、家庭、组织、教育、自然灾害等；内在因素主要是指生理缺陷、健康、自我估计不当、抱负水平过高、动机冲突、不公平感等。

挫折会使人产生紧张不安的情绪，这时，人的下丘脑会过度兴奋，影响脑垂体和内分泌系统，人体会分泌大量的肾上腺素，以增加抗紧张激素，从而破坏消化系统、血液循环系统的正常运行，使人身体虚弱，给疾病以可乘之机。尤其是人遭遇挫折以后，由于心理上的紧张和不安，还会导致行为异常，如不及时调整，会带来严重的不良后果。

挫折和一个人的抱负水平也有很大的关系。抱负水平是指一个人对自己所要达到的目标规定的标准。一般来说，人的抱负水平越高，往往遇到的挫折就会越多，挫折感就会越强；反之相反。

人们面对挫折也会产生不同的行为，这些行为和面对压力时产生的行为基本是一样的，有攻击、发泄（哭、叫、诉说）、替代（转移注意力）、等待、合理化、宽容和奋进等。而不同的行为同样是被认识决定的，认识决定了人是用积极的行为还是消极的行为来面对挫折。

消费者情绪的好坏同样会受到挫折的影响，这样的挫折既可以是在消费购买之前本来就存在的，比如失恋或者失业，也可以是消费者在消费购买过程中产生的，比如没钱购买、被人看不起等，需求受挫往往会让消费者攻击企业或者产品，向企业或者相关人员发泄，因为买不起而寻找替代品或者只是等待。营销者在营销过程中必须注意和留意消费者可能面临的挫折,要努力避免消费者因为企业而产生需求受挫的情绪状态。

4. 场所

情绪还会受到具体直接接触场所的影响,比如生活、工作、购物、娱乐、休闲等场所环境。这些场所的风格、装饰、色彩、音乐、功能等都会对人的情绪造成影响。

消费者的情绪既受到生活、工作等场所的影响,也受到购物环境的影响。从消费者购买活动来分析,直接刺激消费者感官引起其情绪变化的主要有购物现场设施、照明、温度、声响以及销售人员的精神风貌等因素,即消费者情境。购物场所如果宽敞、明亮、整洁、环境优雅、销售人员服务周到热情,会引起消费者愉快、舒畅、积极的情绪体验;反之,会引起消费者厌烦、气愤、不满的情绪体验。良好的购物环境可以让消费者身心愉悦,不但可以增强消费者原有的积极情绪,甚至也可以改变消费者原有的消极情绪。

5. 组织与他人

人的情绪还会受到自己所处组织及他人的影响。自己身处在什么组织里,与什么人在一起,都会直接或者间接地影响人的情绪,使人或高兴、或紧张、或压抑、或痛苦。

消费者的情绪也会受到企业组织形象的影响,当然还会受到他人意见的影响。他人的意见既包括企业方面人员的意见,也包括其他消费者当时的意见。企业人员提供的服务、对他们的赞扬或者指责等都会影响消费者的情绪状态。

2.3 意 志 过 程

意志(will)是指人决定达到某种目的而产生的心理状态,是有明确的目标,努力克服干扰和困难的有选择的自觉行动。意志过程是一个心动及行动的过程,由语言和行动表现出来。意志具体要探讨的其实是人的需要、动机及行动的动力倾向和结果。意志是心路的结果。

2.3.1 意志的特征

1. 目的性

意志的开始就是心动,心动就是有需要、有目标、有目的。意志第一层次解释就是意愿和志向。意志的目的性可以由生理产生,但社会化以后更多的由心理产生,社会性目的是意志的最重要特征。社会化意志过程的基础还来自人的认知过程,来自人的思维和思想。

消费者在购买过程中的意志活动以明确的购买目的为基础,在有目的的购买行为中,消费者的意志活动体现得最为明显,通常为满足自身的特定需要。消费者经过认识后预先确定了购买目标,然后自觉地、有计划地按购买目的去支配、调节和实现购买行动。

2. 克服困难

困难有外部困难和内部困难两种，外部困难是指客观条件的障碍，如缺乏必要的工具和工作条件或来自他人的讥讽、打击。内部困难是指人在行动时，受相反的要求和愿望的干扰。外部困难必须通过内部困难而起作用。意志主要表现在克服内部障碍上，外部障碍只有变成内部障碍，才能引起意志努力。如有件事没办完，虽然感到既困又累，还不能睡，这时外部障碍就转化为内部障碍了。

消费者为达到既定目的而需要排除的困难是多方面的。例如，时尚与个人情趣的差异，支付能力有限与商品价格昂贵的矛盾，销售人员或者产品的服务质量差异所造成的障碍，申请消费信贷与贷款利息高的矛盾等，这就需要消费者在购买活动中，通过自己的意志努力来排除思想方面的矛盾、冲突和干扰，克服外部社会条件方面的困难。

3. 行动性

意志不但是心动的过程，还是一个行动的过程，如果只有心动没有行动，那这样的意志是不完整的，也没有结果。不管结果如何，意志强调行动，有行动才能有结果。一个人的意志品质最重要的特征就是他的行动性如何。没有行动的人则是"语言上的巨人，行动上侏儒"。坚韧不拔、锲而不舍、意志坚定等都是在讲一个人的意志力，意志力是一种行动力，意志力越强的人行动力越强。心动不如行动，而行动贵在坚持，有些人行动可以很快，但因为没有持久性，这样的行动往往会是昙花一现或者最终功亏一篑。

营销者最终的目的就是要让消费者对企业某种产品或服务产生购买的行动，让消费者产生完整的意志过程，通过营销者的努力，不但要让消费者心动，更应该让消费者尽快产生行动，而且最好是一经购买，就产生对某种产品或者某种品牌的忠诚，实现意志过程的持久性，达到企业最期待的消费者忠诚状况。

营销者可以通过确定独特的市场定位，采取分期付款、限制销售、强调机会、降价等特别的促销措施满足消费者的意志过程，来让消费者加快产生购买的行动；营销者还可以采取良好的服务和顾客关系管理等措施，让消费者不但行动，而且忠诚。

2.3.2 意志品质

意志品质是人意志的具体表现，良好的意志品质体现在：

1. 自觉性

人的意志品质的高低首先体现在自觉性上。良好的意志品质是人在做某事时能头脑清醒，在行动中有明显的目的性，能充分认识所采取的行动的意义，使自己的行动服从于一定的要求。一旦设立了目标，自己的行动就不是被迫的，不是被别人赶着去做，而是自觉自愿地去做。比如学生的学习，应该是自觉地学习，而不应该是被老师或者家长逼着学习。一旦做事有了自觉性，目标实现的可能性就大大增加了。

自觉性意志品质能独立地支配自己的行动，不轻易受外界影响，目标一旦认定，便义无反顾地为实现自己的既定目标而努力。同时，对于一切有助于目标实现的建议和批评也会欣然接受。自觉性是良好意志品质的首要特征，它反映着一个人的坚定立场和信仰，是人的意志行动的力量源泉，贯穿于意志行动的始终。

被迫性、暗示性和独断性是与自觉性相反的意志品质特征。被迫行动或者容易受暗示的人，只能在得到提示、命令、建议时才表现出积极性和主动性，而且很快就屈从于别人的影响，不假思索地接受他人的意见或者思想。行为具有独断性品质的人，表面上似乎是独立地采取决定、执行决定，但实际上从不考虑自己采取的决定是否合理，执行决定时也听不进任何意见，固执己见，一意孤行，绝非良好的意志品质。

消费者的自觉性意味着消费者的目标明确，而且愿意主动去做。企业应该建立起消费者的自觉性消费，而不是通过一些手段让消费者被迫消费。

2. 果断性

人的意志品质的高低还体现在果断性上。意志的果断性是指在明辨是非的基础上，迅速而合理地作出决定和执行决定的品质。与之相反的则是瞻前顾后、优柔寡断、草率决定等不良品质。具有果断性意志品质的人，应该是既能全面考虑行动的目的和达到目的的方法，又能清楚地了解自己作决定的重要性及其后果，在行动上能当机立断，不左右摇摆、犹豫不决。果断性不仅表现在能抓住有利时机，顺利实现决定的行动上，而且也表现在一旦情况出现变化能立即决定继续还是终止正在进行的行动上。果断性一般以正确的认识为前提，以深思熟虑和大胆机敏为条件，果断性离开了这两条，可能就成草率，需要克服。

营销者希望消费者在消费时能果断地作出对企业有利的行动，不要左右摇摆，拿不定主意。消费者产生果断性的购买，一方面由消费者的意志品质决定，另一方面也和企业的营销策略密切相关。

3. 坚韧性

意志的坚韧性是指那种坚持不懈，在行动中能以坚忍不拔的毅力克服种种困难而坚持到底的良好品质。具有这种品质的人能够在活动中持之以恒，具有锲而不舍、不达目的决不罢休的决心，做事不浅尝辄止。这种人不怕困难与失败，在困难、艰苦的条件面前不犹豫、不动摇、不停滞，一鼓作气，善始善终，并能自觉地抵制一切不合目的的主客观诱因的干扰，具有顽强进取的精神。

消费者如果具有这样的意志品质，那当他决定需要消费购买某种产品的时候就会显出不达目的决不罢休的精神。营销者应该努力促使消费者相信本企业的产品，并为此坚持不懈。而有些产品的消费恰恰需要消费者有这样的品质才能坚持到底，比如说健身运动，有坚韧性的消费者往往会成为企业长久的客户。

4. 自制性

意志的自制性是指那种能够完全自觉、灵活地控制自己的情绪，以约束自己产生与完成任务相反行动的良好品质。自制力反映着意志的抑制功能，自制力强的人，善于控制和调节自己的行为，能够克制自己不应有的情绪冲动和冲动性行为，抗拒来自外部和内部的诱因干扰，自觉遵守纪律，执行决定，不论是胜利还是失败，都能激励自己前进。因此，自制力强的人，往往组织性、纪律性较强，情绪稳定，行动时注意力能高度集中。

消费者的自制力特征可以帮助营销者考虑如何通过有效的措施来努力建立消费者忠诚，让消费者不朝三暮四，见异思迁。

2.3.3 消费者意志过程

消费者的意志过程是一个心动、行动及体验的过程。

（1）作出购买决定阶段。这是消费者购买活动的初始阶段，即心动阶段。这一阶段包括需要的确立、购买动机的取舍、购买目的的确定、购买方式的选择和购买计划的制定，实际上是购买前的准备阶段。消费者从自身的需求出发，根据自己的支付能力和商品供应情况，分清主次、轻重、缓急，作出各项决定，即是否购买和购买的顺序等。消费者的认知过程是这个阶段的基础和出发点。

（2）执行购买决定阶段。在这一阶段，购买决定转化为实际的购买行动，即行动阶段。这个阶段是消费者动机形成的阶段，消费者最终通过一定的方式和渠道行动起来，购买到自己所需的商品或劳务。当然，这一转化过程在现实生活中不会是很顺利的，会遇到一些障碍需要加以排除，所以，执行购买决定是消费者意志活动的中心环节。

（3）体验执行效果阶段。完成购买行为后，消费者的意志过程并未结束。消费者通过对商品的使用，还要体验执行购买决定的效果，如商品的性能是否良好、使用是否方便、外观与使用环境是否协调、实际效果与预期是否接近等。在体验的基础上，消费者将评价购买商品这一行动是否明智，这种对购买决策进行检验和反省，判断对今后的购买行为是否有重要的参考意义，它将决定消费者今后是重复购买还是拒绝购买、是扩大购买还是缩小购买该品牌或该产品。

在买方市场上，消费者的意志过程可以迟迟不发生或不完全发生（心动但不行动），这可能是因为消费者对产品或服务还没有真正认识，或者还有很大的选择余地，或者在等待企业进一步让利，所以消费者会多方比较，持币观望。企业这时需要做的是要深入影响消费者认知，采取更有效的促销策略，让消费者产生购买行为，心动马上行动。

针对消费者的一般心理活动过程，企业在营销中可以通过有效的定位、广告与宣传沟通，影响消费者的认知过程；通过精彩的广告画面、广告创意、人员形象、售点装饰、服务语言等，影响消费者的情绪过程；通过独特的让利促销措施，影响消费者的意志过程，最终达成企业期待的交换。

资料2.6 心理不健康表现

心理健康是指人的内心世界能够保持平静,乐观向上,面对各种压力和挫折能保持心理平衡,做事态度积极,充满活力的心理状况。心理健康表现为:能正确认识自我、具有良好的适应能力、人际关系和谐、保持积极心境、行为与年龄相符、有坚强的意志。心理健康出现问题时,会有以下表现:

(1) 心理脆弱:具有紧张过度、过分敏感、自卑、怯懦、多疑、暴躁等情绪和行为表现。

(2) 人格障碍:一个人典型的、惯常的行为模式所反映出来的、异于常人的心理活动。主要的人格障碍包括:偏执型,其主要特点是敏感多疑、固执、心胸狭隘、好妒忌、易冲动、报复心强;强迫型,其主要特点是过分自我克制、要求完美、做事仔细、放心不下、常常紧张苦恼;自恋型,其主要特点是以自我为中心、自我欣赏、难与人沟通;反社会型,其主要特点是行为有悖社会规范,伤害他人、社会的利益。

(3) 神经症:由心理作用所引起的精神和身体的一种比较固定的功能障碍。如强迫症、恐惧症、疑病症、窥视症、焦虑症、虐待症、神经衰弱症等。

(4) 精神病:最严重的心理疾病,包括精神分裂症(精神活动与现实脱离,思维、情感与意志脱离,生活懒散,思维混乱,语言行动怪僻,不注意清洁卫生,会产生幻觉、妄想,缺乏自制力)和情感型精神病(躁狂症、抑郁症等)。

心理疗法主要包括催眠疗法、休闲疗法、音乐疗法、大笑疗法和色彩疗法等。

本章总结

认识人的一般心理过程是认识整个人的心理特征和行为的基础,人的一般心理过程包括认知过程、情绪过程和意志过程。这三个子过程的相互作用构成了一个完整的从心理的产生到心理的发展和相对结束的心理过程。其中,认知过程是基础,认知过程一般就决定了情绪过程和意志过程。当然,情绪过程和意志过程反过来又会影响认知过程,它们相辅相成,揭示了人心理活动的规律。

识别人心的关键是识别其认知,识别其思维,识别其思维方式。良好的认知是善意和思想,良好的情绪是乐观和豁达,良好的意志是坚定和坚持。思维决定行为,思路决定出路,脑袋决定口袋。

消费者的心理活动过程同样包括认知过程、情绪过程和意志过程。其中,认知过程分析了感觉、知觉、注意、学习、记忆、想象、思维等概念及其对消费者心理的影响以及在市场营销中的运用。情绪过程分析了情绪的概念、分类、状况及其对购买行为的影响。意志过程分析了意志的概念、特征及其对消费者购买行为的影响。上述三个过程是密切联系和互相渗透的,要从总体上把握它们之间的相互关系和活动规律。

把握消费者的一般心理过程是认识消费者心理与行为的基础,企业的一切努力都是为了让消费者发生认知、情绪和意志,其结果是让消费者不但要心动,更要行动。

 本章关键词

感觉　知觉　错觉　注意　学习　记忆　想象　思维　情绪　意志

 思考题

1. 消费者的认知过程包括哪些内容?对企业营销有何启示?
2. 情绪一般包括哪些状况?企业应如何调动消费者的购买情绪?
3. 影响情绪的因素主要是什么?对企业营销有何启发?
4. 意志的特征是什么?企业应采取哪些措施影响消费者的意志过程?

第3章
消费者行为的动力倾向

开篇案例 云南白药牙膏

2005年,一支特立独行的牙膏以超凡的胆识和魄力、以势如破竹的姿态,在中国牙膏市场中掀起了一场风暴。这支牙膏的名字就叫云南白药牙膏。2006年年底,云南白药牙膏的市场销售额已累计飙升至3个亿,成功开拓了功能性牙膏高端市场的"新大陆",确立了中国功能性牙膏的品牌地位。目前,我国牙膏市场规模约为180亿元。根据云南白药公布的2018年中期业绩报告,截至2018年5月,云南白药牙膏市场份额为18.1%,在国内品牌中排名第二,同比增幅达11%。据称,从问世到冲出外资品牌的包围、跃居行业前列,云南白药牙膏只用了10余年的时间。而根据云南白药官网公布的信息,2018年8月13日,云南白药牙膏通过国际权威第三方认证机构SGS——通标标准技术服务有限公司审核,获得美国FDA GMPC认证证书。这标志着,云南白药牙膏的管理体系符合美国FDA《化妆品良好生产质量管理规范》的要求。公司认为,获得美国FDA GMPC认证证书,将为云南白药牙膏开拓海外市场提供更有力的支持和保障。

云南白药这一品牌享誉中外,是中国止血愈伤、消肿止痛、活血化瘀类产品的百年品牌。云南白药牙膏则是以牙膏为载体,借鉴国际先进口腔护理、保健技术研制而成的口腔护理保健产品。它选用高档软性洁石磨料和高级润湿剂,膏体细腻,清新爽口,能有效祛除口腔异味。在日常刷牙中可使牙龈、牙周、牙齿和口腔其他组织得到专业的护理、保健,令口腔更健康,牙齿更坚固,是新一代口腔护理、保健产品。

从马斯洛需求模型分析,消费者想治疗牙病是生理需要,云南白药牙膏很容易使人联想到云南白药的药物品牌,恰到好处地将治疗牙病这一隐性动机通过意识引导变为显性动机。另外,消费者收入的变化会引起消费者需求重心的改变。随着人们收入的增加,人们会将需求重心向健康、舒适、方便侧重,对于产品的质量要求也越来越高。云南白药牙膏集团正是立足于这一点推出新一代口腔护理、保健牙膏,以牙龈、牙周、牙齿和口腔其他组织得到专业的护理、保健为特色。最后,云南白药牙膏以高质量、高价格走牙膏高端路线,也满足了人们对于产品高质量要求的心理。

> 购买牙膏是一种低风险、不断重复的消费行为，具有参与度低的决策特点，因此品牌信念就变得很重要。云南白药充分利用了消费者的品牌知觉，通过品牌延伸形成了泛化的刺激。在购买决策模型中，消费者要经历对品牌的识别，这时消费者对于品牌的信心和态度至关重要，会直接影响其购买动机。云南白药牙膏就是利用会联想到云南白药的良好品质和悠久历史，取得消费者的充分信任。

心理学认为个性包括个性的倾向性和个性特征两个部分。个性的倾向性是指人的行为的动力倾向，包括需要、动机等主要因素。个性的倾向性也是人一般心理活动中的意志过程的具体体现。人行动就需要有心动，心动了一般就会行动。但人的社会性特征往往会造成人即使心动了也不一定会行动。道德、法律或者有许多的选择等因素都会让人心动但就是不行动。探讨心动与行动的心理因素主要可以通过分析人的需要、动机和兴趣等心理倾向来进行，这些倾向因素回答了人需要什么和为什么需要等关键性问题。

意志是心路的结果。站在企业角度，企业所有的对消费者认知及情绪的影响策略，最终的目的就是期望消费者产生对企业的意志过程，即形成需要和动机，并最终产生购买行为。

3.1 需　　要

需要（need）是指人们在个体生活和社会生活中感到某种缺乏而力求获得满足的一种心理状态。需要是个体和社会的客观要求在人脑中的反映，它通常以意识到的缺失而产生一种不满足之感被体验着，是个体心理与行为活动的基本动力。

需要就是期望，就是心动，心动包括欲动和愿动。欲动是生理性的，是需要的原动力，主要包括食欲、性欲、占有欲、支配欲、破坏欲等。愿动是社会性的，是人的期望与愿望。愿动也是欲动的进一步延伸或者限制，愿动要么丰富欲动，要么限制一些欲动，要么去除一些欲动，要么是欲动的代言人。

人既是生物实体，又是社会实体。在社会生活过程中，人为了维护个体的生命延续和种族发展，总要对客观事物有一定的需要，如对衣服、食物、房屋、睡眠、配偶、防御侵害等方面的要求。同时，人作为社会实体，不能离开群体和社会独立生活，为了延续和发展个体所属的社会，于是劳动、生产、工作、交往、学习、创造、道德、文化等就成了人的必然要求，这些生理和社会的要求反映到人脑中就是人的需要。所以，需要是人脑对个体生理和社会要求的反映。

需要是在一定生活条件下人对客观事物的欲望或愿望。正是个体的这种或那种需要，才推动人们在某个方面进行积极的活动。人所体验到的需要越强烈，由它所引起的活动就越有力，行为就越迅速。

3.1.1 需要的特征

需要作为一种心理状态，一般具有以下特征：

1. 需要的对象性

人的需要总是指向一定具体的事物或对象。如对衣、食、住的需要，对运动和休息的需要，对劳动和交往的需要以及对文化和政治生活的需要等，都指向某种具体的事物或活动。抽象的、无所指的需要是不存在的。

2. 需要的紧张性

一种需要往往是由于意识到某种事物的欠缺而出现的。需要一旦产生就有追求满足的心理趋向。当力求满足而未达目的时，人们常常会产生一种特有的身心紧张感、不适感。

3. 需要的驱动性

当人们产生某种需要时，心理上就会产生不安与紧张的情绪，这种情绪就构成了一种内在的驱动力量，推动人去从事某种活动。正是在这个意义上，需要才被称为推动人从事各种活动的源泉或根本动因。

4. 需要的周期性

人的许多需要周而复始，具有一定的起伏性。这是因为，已形成的需要一般不会因需要的暂时满足而消失，它会随需要的满足而暂时潜伏下来，随着时间的推移和条件的变化，反复出现。如人的饮食、排泄、运动、休息等需要就是这样循环往复的。

5. 需要的社会性

人的需要为其所处的社会环境和生产条件所决定，因此需要会随着社会的发展而发展。古人与现代人对衣、食、住的需要迥然不同就说明了这一点。另外，人的需要并不会因为一次获得满足而终止，而是在前次需要得到满足的基础上产生新的需要。随着社会生产力水平、科学技术等方面的发展，人们需要对象的范围不断扩大，需要满足的方式也不断改变，人类的需要也不断得到丰富和发展。

6. 需要的年龄性

个体的需要会随着年龄的增长而处于不断的发展变化之中。如幼儿需要玩具和游戏，少年需要知识和学习，中年需要工作和成就，老年需要安逸和健康，等等。

3.1.2 需要的种类

根据不同的标准，一般可以对需要作如下分类：

1. 根据需要的起源，可把需要分为生理需要和社会需要

生理需要是与维持个体生长发育及种族延续有关的需要，如饮食、睡眠、御寒、避险等。生理需要也叫天然需要，是人类最原始、最基本的需要，它是人和动物所共有的，而且往往带有明显的周期性。社会需要是与人的社会生活相联系的需要，如求知需要、成就需要、尊重需要、交往需要、劳动需要等。它是在人的生理需要的基础

上，在社会实践和教育条件下形成和发展起来的，受社会生活条件的制约，具有社会历史性。社会需要是人类所特有的，是社会发展的基本动力。

2. 根据需要对象的性质，可把需要分为物质需要和精神需要

物质需要是指人对社会物质产品的需要，如对衣、食、住、行等有关物品的需要，对劳动、学习、科研等用品的需要。人的物质需要既包括生理需要，也包括社会需要。随着生产力的发展和社会的进步，人的物质需要也会不断地发展。精神需要是指人对社会精神生活和精神文化产品的需要，如交往需要、道德需要、学习需要、美的需要、尊重的需要等。交往需要是个体心理正常发展的必要条件，在精神需要中占有重要地位，长期缺乏社会交往会导致个性变态。精神需要是人们在认知、审美、交往、道德、创造等方面的需要，这类需要主要由心理上的匮乏感所引起。叶茂中从消费者需要角度总结了精神层面需要的8个方向：自由、掌控、地位、保护、释放、归属、冒险、不朽。

上述需要的分类只具有相对的意义，实际上有些需要很难简单地归为某一类。如一个人对衣物的需要是生理需要，但对衣服式样的追求则既是精神需要，又是社会需要，同时还属于物质需要。

3. 根据需要的高低层次，可把需要分为生理需要、安全需要、归属与爱的需要、尊重需要和自我实现需要

需要层次论是由美国心理学家亚伯拉罕·马斯洛（Abraham H. Maslow）于1943年在其《人类动机理论》一书中提出的，他将人的需要层次由低向高分为五个层次，即生理需要、安全需要、归属与爱的需要、尊重需要、自我实现的需要，如图3.1所示。前四个层次的需要是人的基本需要，是因缺乏而产生的需要，基本需要有一个特征，那就是一旦获得满足，其需要强度就会降低，因为个体在某一特定时刻所需要的目的物是有限的。无论个体饿到什么程度，两碗饭下肚之后，很快就会解除饥饿。最后一个层次的需要是人的发展需要，是个人存在的价值。发展需要虽然以基本需要为基础，但它同时对基本需要具有引导作用。发展需要不是维持个体生存所绝对必需的，但满足这种需要能促进人的健康成长。居于顶层的自我实现需要，对下面各层需要均具有潜在的影响力量。与基本需要不同的是：发展需要不但不随其满足而减弱，反而因获得满足而增强，即在发展需要之下，个体所追求的目标是无限的。无论是求知，还是审美，都是永无止境的，这是人类异于禽兽之处，这也是马斯洛需要理论的超越之处。以下为需要层次论的具体内容：

（1）生理需要：级别最低的需要。如食物、水、空气、性欲、健康。缺乏生理需要的特征是：什么都不想，只想让自己活下去，思考能力、道德观等明显变得脆弱。

（2）安全需要：同样属于低级别的需要。如人身安全、生活稳定以及免遭痛苦、威胁或疾病等。缺乏安全感的特征是：感到自己受到身边事物威胁，觉得世界是不公平或是危险的，变得紧张、彷徨不安，认为许多或一切事物都是"恶"的。

（3）归属与爱的需要：属于较高层次的需要。如对友谊、爱情以及隶属关系的需要。缺乏这方面的需要会因为没感受到身边人的关怀，没有人情味和温暖感，没有

爱情，而认为自己没有活在这世界上的价值。

（4）尊重需要：属于较高层次的需要。如自尊、成就、名声、地位和晋升机会等。尊重需要既包括对成就、自尊或自我价值的个人感觉，也包括他人对自己的认可与尊重。缺乏尊重需要的特征是：爱面子，很积极地用行动来让别人认同自己，也很容易被虚荣所吸引。

（5）自我实现需要：属于最高层次的需要，是希望得到真善美至高人生境界的需要。具体包括认知、审美、创造、发挥潜能等。自我实现需要一般在前面各层次需要都能满足后才会产生，是一种衍生需要。缺乏自我实现需要会让人觉得自己的生活被空虚感推动着，没有使命感，特别需要有能更充实自己的事物，尤其是让一个人深刻地体验到自己没有白活在这世界上的事物。人在这时相信，对价值观、道德观等精神境界的追求胜过金钱、权力、财富等物质。

图 3.1 马斯洛的需要层次论

马斯洛认为，首先，人类的需要是有先后程序的，一般只有低级需要得到满足，然后才会进一步追求较高层次的需要，即需要是由低级需要向高级需要发展的；其次，人在同一时间内有很多需要，但其中必有主导性需要，人的行为是由主导性需要所决定的。最后，人的需要很难全部得到满足。

马斯洛还认为，人类的需要与个体的生长发育密切相关。婴儿期的主导需要是生理需要，然后才逐渐产生安全需要、归属需要；到了少年期和青春期，爱情、自尊等需要才日益增强；青春期以后，自我实现需要才得到发展。

但是，此理论并不能用于解释人的所有需要。这一理论也不能作为划分需要顺序的绝对标准。尽管马斯洛的划分方法符合大多数人的需要顺序，但它显然无法反映每个人在所有情况下的需要顺序。有时，人们会忽略较低层次的需要，而追求较高层次的需要。例如，当孩子生命处于危险时，母爱会使一位母亲不顾个人的安危；又如，有些人为了满足其成就感的需要选择追求事业而牺牲爱情，还有的人会自愿过着贫寒的生活等。

美国人德鲁·埃里克·惠特曼在其《吸金广告》一书中总结了八大生命原力，即人类与生俱来的八种欲望，它们分别对应我们左右脑的需求，包括：生存，享受生活，延长寿命；享受食物和饮料；免于恐惧、痛苦和危险；寻求性伴侣；追求舒适的生活条件；优越感，赢过别人，与人攀比；照顾和保护自己所爱的人；获得社会认同。

3.1.3 消费者需要

消费者需要指消费者对以商品和服务形式存在的消费品的要求和欲望。消费者需要是包含在人类一般需要之中的。在现实生活中，消费者的需要丰富多彩，纷繁复杂，并随着社会经济和时代的发展而不断丰富和变化。

需要是消费行为的基础，需要是消费行为的根本动力，没有需要就不会产生相应的消费行为。在理解这个概念时需要特别指出，需要也称为需求，一般来说，这两个概念没有实质上的差别。需求（demand）是指针对特定产品或服务具有货币支付能力的欲望或者愿望。需求必须具备两个条件：第一是有支付能力，第二是愿意购买。消费者的需要主要是指一种心理活动，这种心理活动会强烈地推动消费者去行动。而消费者需求主要是从营销手段或营销策略上说的，对市场上已经存在了的产品或服务，营销者正在考虑使用什么样的手段才能把这些产品或者服务销售出去时，更经常地使用"需求"一词。

在营销活动中，影响因素的复杂性决定了消费者需要是由各种相关因素构成的组合体，具体包括：需要的消费者构成，即产生需要的消费者总体数量、性别、年龄、职业、消费习惯、收入水平等基本特征；需要的消费品种类与总量；需要的市场区域；需要的时机与时期；需要的实现方式和需要的市场环境。

营销者认为，市场就是某种产品或服务的现实购买者与潜在购买者需求的总和。也就是指具有特定需求，并具有购买力，使得这种需求得到满足的消费者群体。

1. 消费者需要的特征

消费者的需要有共同的趋向性和规律性，这些共同的趋向性或规律性体现在消费者的基本特征中，具体表现为：

（1）多样性。这是指消费者由于个性、社会、自然等因素影响而造成的对事物（消费、工作、情感等）千变万化的需要。这是消费者需要的最基本的特征。由于消费者的收入水平、文化程度、职业、性格、年龄、民族、生活习惯等的不同，自然会有多种多样的爱好和兴趣，对于商品和服务的需求也必然千差万别和丰富多彩。

消费需要的多样性不仅表现在同一消费者的需要是多方面的，既有吃、穿、用、住的需要，又有娱乐消遣的需要；而且还表现为同一消费者对某一特定消费对象常常同时兼有多方面的要求，例如，既要求商品质量好，又要求其外观新颖美观，具有时代感，能满足身份要求等，这就决定了市场的差异性。消费者需要的多样性是企业进行市场细分和选择目标市场的基础。

（2）共同性。需要既有多样性、差别化的一面，也有共同性的一面。人们都希望能展示自己的优点，如英俊、机智、幽默；掩盖自己的缺点，如肥胖等；希望获得情感体验和美感经验；希望获得快乐感和安全感；希望逃避惩罚；希望能去爱他人，同时也被别人爱；希望自己能有成就，能有创造力，能有支配力；希望被人了解；希望延缓衰老与死亡等。

（3）层次性。消费需要尽管是多样的，但还是有先后顺序和高低的，在消费中的这种高低先后顺序主要由消费者的收入、认知和所处的社会环境决定。一般来说，人的消费需要总是由低层次向高层次逐渐发展和延伸，即低层次的、最基本的生活需要得到满足以后，就会发展更高层次的需要。但在特殊情况下，需要的层次顺序也可能发生变化。有些人在高层次需要得到相当程度的满足之后，转而去寻低层次需要的满足。

由于消费者的需要还存在不同的优先顺序，因此企业应当了解并根据这些因素来进行市场细分。利益细分就是其中的一种方法。利益细分（benefit segmentation）是根据在产品购买和消费过程中所寻求的利益（如首先需要满足安全还是交往，还是精神享受等）的不同，将消费者划分为不同的细分市场。利益细分之后，企业就可以根据细分市场的需要制定更有效的营销策略。例如，一家瓶装水企业针对关注健康需要的细分市场所定制的营销策略，与针对关注珍爱环境的细分市场所制定的营销策略是不一样的。

（4）伸缩性。人们的消费需要受外因和内因的影响。内因包括消费者本身需要的特征、程度和货币支付能力等；外因主要是商品的供应、价格、广告宣传、销售服务和他人的实践经验等。两个方面因素都可能对消费者产生促进或抑制作用。这就使消费需要只能是有限地得到满足，表现出一定的伸缩性，即并非只能增加不能减少。在特定的情况下，人们可能为满足某种需要而放弃其他需要。一般地说，基本日常生活必需品的消费需求弹性较小，而非生活必需品或中高档消费品的消费需求的伸缩性较大。

（5）互联性。这是指消费需要的某些商品具有互相联系的特点。如购买钢笔时可能同时需要购买墨水，购买自行车时可能同时需要购买打气筒和修理工具。香烟店里，也可以同时销售打火机、烟灰缸。经营互有联系和补充性的商品和服务，不仅会给消费者带来方便，还能扩大商品和服务的销售额。

（6）可诱性。消费需要是可以加以诱导、引导和调节的，即可以通过环境的改变或外部诱因的刺激，诱发消费者需求发生变化和转移。企业可以通过卓有成效的营销活动使无需求转变为有需求，使潜在的需求转变为现实的需求，使企业由被动地适应、迎合消费者的需求转化为积极地引导、激发和创造消费者的需求。

2. 消费者需求的状态

消费者在市场上的需求状态是不断变化的，具有以下九种典型的需求状态：

（1）负需求。这是指大多数人对某个产品或服务感到厌恶，甚至愿意出钱回避它的一种需求状况。营销者就要分析消费者为什么不喜欢这种产品，不喜欢可能是因为观念。此外，性格、价值观念、风俗习惯等原因都可能造成负需求的出现。比如，我国20世纪80年代初，许多人认为穿牛仔裤是不良形象的体现，许多人拒绝消费此产品。企业可以考虑引导消费者改变原有的消费观念，进而产生购买行为。负需求的产生也可能是产品本身出现了问题，这时企业可以考虑通过改变产品、替换产品或者积极促销来改变消费者的负需求状况，将负需要转变为有需求。

（2）无需求。这是指消费者对产品或服务毫无兴趣或漠不关心的一种需求状况。在买方市场上，许多企业，特别是中小企业所提供的产品和服务往往就处于消费者的无需求状况。企业一方面要通过不断重复的促销和沟通来刺激消费者需求，影响消费者的潜意识，努力将产品所能提供的利益与人的需要和兴趣联系起来；另一方面要努力使自己的产品或服务有特色，在市场上能独树一帜。当然也可以通过借势（巧借组织和个人之势）来实现"借力使力不费力"的效果。

重复营销是企业针对营销目标，不断地把有关产品或服务信息传递给顾客的过程。重复内容既可以是产品或服务的介绍和陈述，也可以是一种新观念的引导，还可以是一种担心的解除。重复能够产生营销的力量。许多营销不成功，重要的原因之一就是没有进行足够的重复。重复的次数应该是多少呢？这是个相对的概念，没有绝对的次数，只要目标是准确的，那么重复至少要进行到消费者由此产生了购买行为。"水滴石穿""锲而不舍，金石可镂"等典故都是在讲行为中重复的价值。企业营销中的重复行为就是为了加深消费者的潜意识，进而让消费者产生最终的购买行为。

（3）下降需求。这是指消费者对一个或几个产品或服务的需求呈下降趋势的一种需求状况。企业应分析需求衰退的原因，进而开拓新的目标市场；或进一步改进产品，建立特色；或采用更有效的沟通手段来重新刺激需求，使旧产品开始新的生命周期，以扭转需求下降的趋势。

（4）不规则需求。这是指某些产品或服务的市场需求在一年不同季节或一周不同日子甚至一天不同时间，上下波动很大的一种需求状况。企业可以通过灵活定价、大力促销及其他刺激手段来改变需求的时间模式，使产品或服务的市场供给与需求在时间上协调一致。企业也可以通过增加新产品来协调不规则的需求。比如，做冷饮的企业可以通过增加热饮来协调顾客因为季节的不同而在需求上的不同。

（5）充足需求。这是指某种产品或服务的目前需求水平和时间正好等于预期的需求水平和时间的一种需求状况。企业可以通过保证产品质量，经常测量消费者满意程度；通过降低成本来保持合理价格，并激励推销人员和经销商大力推销，千方百计维持目前需求水平。维持市场营销可以是静态的产量和消费量都不变的维持，也可以是动态的产量和消费量都发生变化的维持。

（6）过量需求。这是指某种产品或服务的市场需求超过了企业所能提供或所愿提供的水平的一种需求状况。企业面对这种需求状况可以通过提高价格、合理分销产品、减少服务和促销等措施，暂时降低市场需求水平；或者设法降低盈利较少或服务需要不大的市场的需求水平。这样的措施是让需求暂时降低，但随后企业还是要通过扩大再生产来满足市场的需求。

企业面对这种需求状况的另一种做法是进行饥饿营销，有意识地保持提供水平，有意让顾客消费此产品或服务时有"饥饿感"，以此来树立企业"物以稀为贵"的形象,但这种策略的运用一般需要企业已经有独有的、被市场认可的品牌或技术、秘方等。

还有一种面对过量需求的营销对策就是进行联合营销。供应者通过迅速、有效的联合,让大家一起来赚钱。企业的联合营销可以通过贴牌、合同、资本入股甚至被联合等方式进行,这样可以帮助产生过量需求的企业迅速做大做强,从而迅速提高自己的实力。

(7) 有害需求。消费者的有害需求是指消费者对某些有害产品或服务的需求。比如对毒品、枪支、黄色产品或者服务、烈性酒和香烟等产品的需求。消费者的这些需求可能会对社会和个人产生有害的影响。

有害需求往往是欲望的表现:食欲的贪婪会让许多动植物遭殃;色欲的强烈会让许多人受到伤害;人既有生的本能,也有死的本能,破坏欲和谋杀等都是死的本能的表现,能让自己快乐,但却让别人或者自然蒙难;支配欲和权力欲让人得到高高在上的满足,却可能让别人感到压迫甚至遭到迫害。

一般认为,面对有害需求,社会和企业应该劝说喜欢有害产品或服务的人放弃这种爱好和需求、大力宣传有害产品或服务的严重危害性、大幅度提高价格,以及停止生产供应等。

"人一半是天使,一半是魔鬼。"人心中既有所谓好的、善的一面,也有所谓坏的、恶的一面。事实上,不少企业会利用人心中有害需求的状态,通过暗地供应,打"擦边球",或者通过替代品等多种供应和促销方式来吸引消费者对某产品或服务的注意力和关注度,进而让消费者产生消费行为。例如,暴力游戏软件就是直接凶器的替代品,它满足了消费者对枪支、暴力及死亡等的需求,在虚拟的世界里,玩家可以尽情地杀人放火,成为主宰者。此外,更有铤而走险的某些组织或者个人,直接去满足消费者的有害需求。

(8) 现实需求。现实需求就是指消费者已经具备对某种商品的实际需要,且具有足够的货币支付能力,而市场上也具备了此类商品,消费者需要可以随时转化为现实的购买行动。现实需求是消费者的购买愿望、愿望产品存在及有购买能力三者的统一,是马上可以实现的需求。

营销者面对这样的需求状态的对策应该是具体问题具体分析。可以"赶早",在某种消费者现实需求的产品或服务还处在产品生命周期的导入期或者成长期时,可以进入这个市场,提供和销售某种已经是现实需求的产品或者服务。也可以"不碰",尽量避免进入这样的市场。因为如果这个市场是成熟期的市场,本来的提供者已经很多,尽管消费者对这种产品或者服务是有需求的,但因为市场上已经有了很多提供者,是一个现实需求的市场,所以新企业如果没有特别的实力和特色而进入市场,往往不会有好的市场销售效果。

(9) 潜在需求。潜在需求是指消费者未来一定时间内可能产生的对某种产品或服务具有货币支付能力的需要。潜在需求就是消费者的购买愿望、愿望产品及购买能力三者不能完全统一的状况,是不能马上实现的需求。

潜在需求一般可表现为三种情况：

一是消费者有购买愿望，也有符合愿望的产品或服务，但暂时没有现实购买力，从而造成需求潜在心里，不能马上得以实现的心理状况。如现在许多消费者对住房的消费心理就是这样一种潜在需求。面对这种潜在需求，营销者可以采取"及时营销"的对策，即营销者可以通过采取分期付款或者赊账等方式来解决消费者这样的潜在需求状态，让消费者心中原来的"期货"迅速变为一种"现货"。

二是消费者有购买愿望，也有购买力，但暂时没有符合愿望的产品或服务的状况。这时消费者对企业的已有产品或服务感到不满足，希望企业能提供更符合自己愿望的产品或服务，比如对环保住房的需求，就是潜在需求。面对这种潜在需求，营销者可以采取"调查营销"的对策，即营销者通过有效的市场调查来认识消费者内心真正的想法，认识消费者更进一步的要求，进而提供真正适销对路的产品或服务。

三是消费者暂时没有购买愿望的心理状况。也就是说在企业的某种新产品或新服务没有进入市场之前，消费者并没有意识到自己还需要这种新产品或新服务，而在新产品或新服务进入市场后，经过企业的宣传及引导，消费者才感到对这种产品或服务的需求。面对这种潜在需求，营销者可以采取"创造营销"或"超前营销"的对策，即企业超消费者的意识之前，进入消费者的潜意识领域，努力去发现消费者自己没有意识到的但却存在于他们内心深处的需求。消费者不知不觉，营销者却要先知先觉。这时营销者的行为比消费者领先了一步，发现的是消费者暂时没有发现的，存在于他们内心深处的潜在需求，这种需求是被企业先发现并刺激出来的。比如微波炉、随身听等产品，都是企业率先把产品制造出来，再进一步影响、引导消费者的需求，将潜在需求变为现实需求，最终让消费者产生了购买行为。

在对消费者需求的认识和理解中，理解创造需求的真正含义十分重要。创造需求是要努力去发现消费者广阔的潜意识领域，并开发消费者的潜意识领域。创造需求让营销者的观念从"我跟市场走"进一步提升为"市场跟我走"。市场为什么会跟"我"走呢？因为"我"发现了消费者潜意识领域的需求，所以归根到底，"我"还是跟市场走的，只是"我"是跟着消费者潜意识走的。市场营销就是创造和传递一种新的生活标准给社会和个人。这是西方营销界的一个重要观点，把握这个观点的切入点就是要认识到消费者的潜在需求。

3. 消费者需求的基本内容

消费者需求都是对以物质和精神为表现形式的产品的需要。消费者需求的基本内容主要包括以下方面：

（1）对商品基本功能的需求。基本功能指商品的有用性，即商品能满足人们某种需要的物质属性。商品的基本功能或有用性是商品被生产和销售的基本条件，也是消费者需求的最基本内容。在正常情况下，基本功能是消费者商品诸多需求中的第一需求。

消费者对商品基本功能的需求具有如下特点：要求商品的基本功能与特定的使用用途相一致，即功为所用；要求商品的基本功能与消费者自身的消费条件相一致。评判的标准只能是与消费者自身消费条件的适应程度。消费者对商品功能要求的基本标准呈不断提高趋势。基本标准是指商品最低限度应具备的功能。

（2）对商品质量性能的需求。质量性能是消费者对商品基本功能达到满意或完善程度的要求，通常以一定的技术性能指标来反映。就企业而言，质量体现在企业执行的标准上，标准一般有国际标准、国家标准、行业标准和企业标准。只要符合了某种或某几种标准，就意味着质量过关。质量是以标准为基本依据，而不是以使用的时间长短或者是否耐用为依据。就消费需求而言，商品质量有其要求与标准的一致性表现，也有其要求的习惯性表现。商品质量不是一个绝对的概念，而是具有相对性。构成质量相对性的因素，一是商品的价格，二是商品的有用性。消费者一般会认为，商品价格低，商品的质量档次就低；商品的有用性低，商品的质量档次也就低；反之则相反。

（3）对商品安全性能的需求。消费者要求所使用的商品卫生洁净、安全可靠，不危害身体健康。这种需要通常发生在对食品、药品、卫生用品、家用电器、化妆品、洗涤用品等商品的购买和使用中，具体包括：商品要符合卫生标准，无损于身体健康；商品的安全指标要达到规定标准，不隐含任何不安全因素，使用时不发生危及身体与生命安全的意外事故；商品要具有保健功能，要有益于防病祛病，调节生理机能，增进身体健康。

（4）对商品消费便利的需求。这一需求表现为消费者对购买和使用商品过程中便利程度的要求。一方面，消费者要求商品要使用、维修起来便利、简单；另一方面，消费者要求以最少的时间、最近的距离、最快的方式购买到所需商品。同类商品，质量、价格几近相同，其中购买条件便利者往往会成为消费者首先选择的对象。

（5）对商品审美功能的需求。这一需求表现为消费者对商品在工艺设计、造型、色彩、装潢、整体风格等方面审美价值上的要求。对美好事物的向往和追求是人类的天性，它体现在人类生活的各个方面。在消费活动中，消费者对商品审美功能的要求，同样是一种持久、普遍存在的心理需要。当然，由于社会地位、生活背景、文化水平、职业特点、个性特征等方面的差异，不同的消费者往往具有不同的审美观和审美标准。

（6）对商品情感功能的需求。这是指消费者要求商品蕴含浓厚的感情色彩，能够外现个人的情绪状态，成为人际交往中感情沟通的媒介，并通过购买和使用商品获得情感上的补偿、追求和寄托。情感需要是消费者心理活动过程中的情感过程在消费需要中的独立表现，也是人类所共有的爱与归属、人际交往等基本需要在消费活动中的具体体现。

许多商品能够外现某种感情，因而成为人际交往的媒介和载体，或因具有独特的情感色彩起到传递和沟通感情、促进情感交流的作用。

（7）对商品社会象征性的需求。商品的社会象征性是消费者要求商品体现和象征一定的社会意义，使购买、拥有该商品的消费者能够显示出自身的某些社会特性，如身份、地位、财富、尊严等，从而获得心理上的满足。

社会象征性并不是商品本身所具有的内在属性，而是由社会化了的人赋予商品特定的社会意义。通常,出于社会象征性需要的消费者,对商品的实用性、价格等往往要求不高,而特别看重商品所具有的社会象征意义。

(8) 对享受良好服务的需求。在对商品实体形成多方面需要的同时,消费者还要求在购买和使用商品的全过程中享受良好、完善的服务。良好的服务可以使消费者获得尊重、情感交流、个人价值认定等多方面的心理满足。对服务的需要程度与社会经济的发达程度和消费者的消费水平密切相关。消费者在消费中主动权越大,那么其对服务的要求也就越高。在一个消费者有充分选择权的市场上,企业服务的好坏已经成为消费者选择购买商品的主要依据,是消费者需求中不可缺少的一部分。

案例 3.1 汰渍的消费者需求研究

汰渍的目标市场锁定大众,于是"领干净、袖无渍"这样的功能性需求就必然成为有效的、可感知的诉求点。作为一个生产、销售了近60年的产品,汰渍洗衣粉至今仍是宝洁公司最赚钱的产品之一,汰渍进入中国市场已有十几年的历史,从汰渍第一代到柠檬汰渍再到第三代加强型,短短数年里汰渍经历了几次升级。早在进入中国的第5个年头,汰渍就成了中国第一洗衣粉品牌,年销售额20亿元左右,是中国洗衣粉市场上的龙头品牌之一。

汰渍多年畅销的背后,是依靠宝洁长期监控消费者需求的体系。消费者的需求不是一成不变的,凭借科学的市场研究模型,宝洁持续对消费者需求进行观察和研究,并作出反应。权威统计数据显示,全球市场研究模型中的50%是宝洁发明的。市场研究模型中最重要的是关心消费者的需求究竟是什么。宝洁对顾客需求作了很多研究。消费者需求通常分为四个层面,层次越低,需求越具体,最高层次的需求叫消费者价值需求,例如"我需要适合我的",然后层次逐渐下降,最低层次是消费者的利益需求。

作为厂商应该关注消费者哪种层次上的需求呢?宝洁认为,人们需要的东西都是现时现刻重要而未能得到满足的需求。这种需求可以作为长期发展产品的信息。汰渍推出"三重亮白",就是因为这是消费者当前最重要的需求。所以汰渍一贯宣传洗衣效果,而不多在价值层面上做文章。

雕牌的"只买对的,不买贵的"这一口号,以及下岗女工的故事,从精神层面打动了消费者。雕牌宣传以价值为基础,雕牌正是在价值需求层面上突破了宝洁,尽管这跟产品本身没有关系。但对洗衣粉这种使用性强的产品来说,消费者的价值需求这种精神层面的东西并不为宝洁所看重。事实证明,宝洁从管理上将汰渍定位为一个以利益需求为基础的品牌是正确的。尽管在短期内雕牌给了汰渍很大的压力,但对洗衣粉来说,消费者看重的还是产品的实际利益,洗干净和洗白是最重要的。这就是为什么后来汰渍一降价,便大量收复失地的原因。

3.2 动　　机

动机（motivation）是引起个体活动，维持已引起的活动，并促使活动朝向某一目标进行的内在直接动力，是人从事某种行动的机缘和理由。

动机具有发动、指向、维持和强化人的心理与行动的作用。发动作用意味着动机是人产生行为的内在直接动力；指向作用意味着人的行动具有一定的方向和目标；维持作用意味着动机贯穿于某一具体行动的始终，具有一定的时间过程；强化作用意味着动机引发的行为结果对该行为的再次发生具有加强或者减弱的作用，是行为结果对动机的反馈。满足动机的结果能够保持和巩固该行为，称为正强化；反之，则中断或者减弱该行为，称为负强化。

引起动机的内在条件是需要，引起动机的外在条件是诱因。驱使人们产生一定行为的外部因素称为诱因。凡是个体趋向诱因而得到满足，则这种诱因称为正诱因；凡是个体因逃离或躲避诱因而得到满足，则这种诱因称为负诱因。动机是由需要与诱因共同组成的，因此，动机的强度或力量既取决于需要的性质，也取决于诱因力量的大小。

需要是行为的最基础动力，而动机是行为的最直接动力。有需要不一定形成行为的动机，比如人的有害需要是存在于内心的，但因为道德、教育或者法律等因素，许多人就没有产生形成有害需要的动机，不产生动机，就不会产生行动。有动机也不一定是由原来的需要产生的，但又是另一种需要让人形成了动机和行为，所以人的动机都是需要的具体表现。

只有形成了动机，才会构成行为。动机本身不属于行为活动，它是行为的原因，不是行为的结果。动机是人的活动的推动者，它体现着所需要的客观事物对人的活动的激励作用，把人的活动引向一定的、满足他需要的具体目标。

一种动机可以由多种行为体现出来，而一种行为也可以是不同动机的结果。比如，一种要锻炼身体的动机，既可以导致打球的行为，也可以导致游泳的行为，还可以导致跑步的行为，等等。而不同消费者购买钢琴的同种行为，背后的动机可能完全不一样，消费者也许是因为自己的爱好而购买了钢琴，也许是为了孩子而购买了钢琴，也许只是为了装饰而购买了钢琴，等等。当然，一个消费者购买钢琴的行为往往是由多种动机得到满足才产生的，比如消费者产生购买钢琴的行为是因为既是自己喜欢，也是价格合适，还是喜爱某种品牌的作用等。

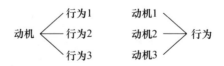

图 3.2　动机与行为的关系

动机可以由当前的具体事物所引起，如感到寒冷的人有取暖的需要，附近的木柴、引火物等能引起他产生烤火的动机。但是引起动机的，远不限于当前的事物，还可以是事物的表象和概念，甚至是人的信念和道德理想等。例如，对真理和正义的坚信和热爱，个人的责任感或事业心，在一定条件下都能成为推动人去从事活动的动机。

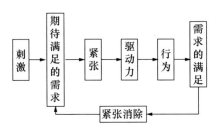

图 3.3　需要和动机过程模型

3.2.1　动机的类型

从动机的起源看，动机的类型包括生理性动机和社会性动机。

1. 生理性动机

生理性动机又称为原发性动机，是由于人的生理上需要而产生的内在直接动力，主要包括饥渴动机、性动机、占有动机、支配动机、排泄动机、睡眠动机、母爱动机等。

企业营销中，许多动机的诉求其实是要焕发消费者的生理性动机。比如，购买许多食物其实是消费者饥渴动机的实现；自由驾驶汽车实际上是消费者支配动机的实现。

2. 社会性动机

社会性动机又叫继发性动机和心理性动机，是以社会需要为基础的动机。社会动机的内容十分丰富，如兴趣动机、成就动机、交往动机、权利（支配）动机、储蓄动机、投资动机等都属于社会性动机。

(1) 成就动机。成就动机指个体在完成某种任务时力图取得成功的动机。每个人的成就动机都不相同，但都处在一个相对稳定的成就动机水平。人在竞争时会产生两种心理倾向：追求成就的动机和回避失败的动机。

成就动机受多种因素影响。例如，成就动机的高低与童年所接受的家庭教育关系密切；教师的言行影响学生成就动机的强弱；经常参加竞争和竞赛活动的人比一般人的成就动机强；学生的学习成绩与其成绩动机呈正相关关系；个人对工作难度的看法影响成就动机；个性因素影响成就动机；群体的成就动机的强弱与自然环境和社会文化条件有关。

在企业营销中，利用消费者的成就动机进行营销是一种常用的策略和手段。比如，比较贵重的商品或者服务可以和实现个人的某种成就联系在一起，可以给消费者以联想并让消费者在消费中感觉实现了某种成就。

(2) 交往动机。交往动机指个人愿意与他人接近、合作、互惠，并发展友谊的动机。当交往动机能够正常实现时，人们就会获得安全感、归属感，增添对于生活的勇气；反之，当交往动机受到阻碍或剥夺时，人们就会感到孤独、寂寞，甚至焦虑和痛苦。

在企业营销中，利用消费者的交往动机进行营销也是经常需要采取的策略和手段。比如，通过提供商品来满足人们之间相互交往送礼的需要；通过提供各种服务或者平台（如互联网等）来满足人们交流感情、结交朋友的需要等。

（3）权力动机。权力动机是指人们具有某种支配和影响他人以及周围环境的动机。较强的权力动机，常常表现为主动参与社会事业，并试图在其中起到支配和领导作用；较弱的权力动机，虽然也能参与社会事业，但主动性不强，也缺乏在群体中起支配、领导作用的愿望。

权力动机又可分为个人化权力动机和社会化权力动机。具有个人化权力动机的人，积极参与社会活动是为了表现自我，满足个人的私欲或利益，权力、地位被他们当成获利的手段。而具有社会化权力动机的人，他们寻求权力的目的是为他人。他们以个人的知识、智慧、才干、人格去影响他人，如作家以自己的作品或精神产品去影响他人，影响社会。总之，具有社会化权力动机的人，把权力看成是能更好为他人谋利、为人类做贡献的手段。

在企业营销中，同样可以利用人们的权力动机来进行有效的营销活动，让消费者通过消费一些产品或者服务，来实现消费者的支配欲或者占有欲。比如，通过拥有电子游戏和操作游戏，来满足消费者的一种占有欲和支配欲。

资料3.1　归因理论

归因理论的最早提出者是美国社会心理学家海德（F. Heider）。他认为，人们都有理解世界和控制环境这两种需要，使这两种需要得到满足的最根本的手段就是了解人行为的原因，并预测人们将如何行为。他认为，对行为的归因有两种，一种是环境归因，如将行为的原因归为他人的影响、奖励、工作难易等。把行为原因归为环境，则个人对其行为结果不负什么责任。另一种是个人归因，如将行为的原因归为人格、动机、情绪、态度、能力、努力等的影响。如果把行为原因归于个人，则个人对其行为结果应当负责。一般人在解释别人的行为时，倾向于个人归因；在解释自己的行为时，倾向于环境归因。

美国心理学家韦纳（B. Weiner）在吸收海德等人理论的基础上对行为结果的归因进行了系统的探讨，并把归因分为三个维度：内部归因和外部归因，稳定性归因和非稳定性归因，可控归因和不可控归因。同时将人们活动成败的原因即行为责任归结为六个因素，即能力高低、努力程度、任务难易、运气（机遇）好坏、身心状态、外界环境。

3.2.2 动机的特征

人的需要多种多样，产生行为的动机也一定是多种多样的，因为人是在一定的社会背景下生存和发展的，所以动机的特征有多方面的表现：

1. 多样性

需要的多样性一般指人们对各种事物的需要，是"要什么"的多样性；而动机的多样性一般指对某一事物如果要产生行动的理由的多样性，是"为什么要"的多样性理由。

一方面，当某人同时出现的几种动机在最终目标上基本一致时，人会将这些动机联合起来推动个体的行为；另一方面，如果某人在准备行动时，自己的选择余地很大，则会更体现出要求满足多方面的动机。比如，一位美女找对象，因为她的选择余地很大，所以她往往就会对对方要求很多，要求也比较全面。她可能既需要对方满足她财富的要求，又需要对方满足她才华的要求，还可能有学历、长相、身高、家庭背景、爱好、职业等方面的要求。当然，如果某人的选择余地不大，甚至无人愿意选择他时，他的动机的多样性和全面性就会大大减少。

消费者购买动机的多样性和全面性在买方市场上是很明显的，因为消费者对消费品具有很大的选择余地，所以他在消费中的要求也会增多，行动要满足的理由也会增多。因此，营销者更要努力满足消费者多样性动机的要求，尽量能全面满足消费者对某一商品或服务的多种消费理由。

消费者购买动机的多样性还体现在其动态变化性上。消费者目前的购买动机和其将来的购买动机也许会不一样。比如人们去看牙医，最初是为了获得健康，但现在许多看牙医的人是为了让自己的笑容更加甜美。消费者动态的变化对商家来说各有利弊：如果变化使某一特定需要对消费者来说更加重要了，那么服务于这一需要的企业就能获益；相反，如果变化造成某一需要不再重要了，那服务于这一需要的企业则可能受损。

2. 主导性

在多样的动机中，强度最大的就是主导动机，它对其他动机具有调节作用，这种调节作用主要表现为当人们的多样性动机并不能得到全部满足时，主导性动机对人的行为就会产生决定性的影响。仍然以一位美女找对象为例，她可能对对方有十个条件，但无人能完全满足她，这时主导性动机是什么就会决定她的行为可能是什么，其他动机都可以退居其次。如果她的主导性动机是财富，才华只是非主导性动机，那么一个有才华而没有财富的人往往就会被她拒绝，而另一个有财富而没有才华的人就会被她接受。理解动机的这一点十分重要，这意味着人产生的许多行动并不完美，甚至可能情非所愿，但就是因为某种原因而发生了。比如，一位女性可以和一个不爱他的人结婚，因为她的主导性动机就是金钱。在现实生活中，人对某一事物或者人的多样性动机往往不能被全面满足，因此主导性动机才是最经常让人产生行动的关键动机。

消费者购买动机的多样性和全面性往往并不能被完全满足，这时消费者的主导性动机就会对消费者行为产生决定性影响。比如，消费者对某种商品的要求包括质量、外观、服务、功能全面、价格、品牌等因素，而提供这种商品的企业并没有全面满足他多样性动机的要求，这时就要看这位消费者的主导性动机是什么，如果他的主导性动机是价格，而企业的价格不能符合消费者的要求，那么其他的质量、外观、服务、功能、品牌等要求都不能最终让消费者产生购买行为。而如果这种商品的价格是符合他的主导性动机的，那么商品的质量、外观、服务、功能、品牌等就并不十分重要。所以善于发现和准确把握消费者的主导性动机是十分重要的，不然就会没抓住主要矛盾，或是没有抓住主要矛盾的主要方面。

3. 内隐性

动机的内隐性一般指人表面上说出来的理由并不是推动其产生行为的真正理由或者不是主导性理由，真正的理由是存在于其内心深处秘而不宣的。秘而不宣是因为有各种各样生理或者社会的原因，这些理由有些是人意识里知道的，但就是不说，也有一些是个人自己也没有意识到的，在人的潜意识领域。

对一个人认识不清就是指没有真正认识到这个人的真实动机。动机不纯的人一般不会告诉对方真实的行动理由，他把理由隐藏在内心深处，用一些冠冕堂皇的话语来说明行动，所以从这个意义上说，太高尚的理由可能就是欺骗的话语，往往不可信。认识人的内隐性特征对深刻地认清一个人往往具有决定性的意义。说一个人的城府很深或者隐藏得很深，就是说人们往往看不清也摸不透这个人内心真正的想法和行为的真正动机。

了解消费者动机必须走出一个误区，即认为引起消费者购买行为的原因是"显而易见"的。其实，了解消费者的行为动机是一项极具挑战性的工作，其中一个原因就是消费者可能不愿意透露行为背后的真实动机，向他人透露自己那样做的原因可能会让他感觉很不自在。例如，购买"越野车"的男人可能不愿承认，购买这种汽车是为了让自己更具阳刚之气。类似地，又有多少慈善捐款者会承认，他们捐赠是为了展示其财富呢？

如果消费者认为他们如实回答某个问题可能会影响不好时，就可能不说实话，而给出一些社会上普遍认可的答案。一项很有说服力的证据是：当调查人员请消费者报上其牛奶和酒类的消费量时，很多消费者没有如实汇报。调查人员将消费者回答的数量与其垃圾桶里的牛奶和酒类的空瓶、空盒数量相比较发现，很多消费者高报了其牛奶消费量，而低报了酒类消费量。

消费者动机内隐性说明也许连消费者自己也无法说清楚为什么那样做。20世纪初，弗洛伊德及其追随者提出了潜意识动机（unconscious motivation）这一概念，即人们没有意识到的其行为的真正动机。动机研究专家欧内斯特·迪希特（Ernest Dichter）认为："了解一个人的内在动机是非常困难的，因为我们常常试图将其合理化。我们绝大多数人都会试着用理智的方式来解释自身的行为，而在很多时候，我们的行为并不是理性的。"动机研究人员一直都在探索消费者的心理。迪希特很久以前曾提出过，女人在约会前使用象牙香皂是为了洗去原罪；他还说过，敞篷车是性欲受挫的男人的替代情人。动机研究人员曾提出过这样一个问题："女人为什么喜欢烤蛋糕？"其中一些研究者认为，女人烤蛋糕是由于其潜意识中渴望生育，也许正是由于这个原因，有公司专门推出了著名的"面团宝宝"玩偶。

4. 实践性

人的行为由一定的动机引起，动机能够唤起或是引起人们的某种行为并驱使人们去行动。动机不是朦胧的意向，它已经与一定的作用对象建立了心理上的联系，所以动机一旦形成，必将导致行为。人们可能采取不同的动机方法达到目的，但人的行为都是在动机的驱使下进行的。

消费者的购买动机一旦形成，就会导致消费行为的发生。需要是消费活动的最根本的动力，动机是消费活动的最直接的动力。

3.2.3 动机强度与动机冲突

1. 动机强度

动机强度就是指要满足某一特定需要的强烈程度。有时，满足某一需要的动机非常强烈，就需要优先满足它。从这个意义上说，动机就是具有足够强度的需要。而有时，需要的强度不够，所以动机强度也就微弱。

（1）动机强度取决于个人的现实需要状态（现在的处境）与期望状态（希望达成的目标）之间的差异程度。需要没有被满足的程度越高，动机强度也就越强。例如，24小时没有吃饭的人想要填饱肚子的动机是非常强烈的。

（2）动机强度还取决需要的重要程度。人们满足其最重要需要的动机往往更加强烈。

（3）动机强度还取决于人们的介入程度。介入是某一对象或行为与个人的相关程度。消费者认为某一对象或行为满足其重要需要的程度越高，则该对象或行为与个人的相关程度就越高；消费者想要满足其需要的动机越强烈，则对满足这些需要的潜在来源的介入也越高。例如，想要建立良好的社会形象的消费者就比不具有此动机的消费者，对能够满足这一需要产品的介入会更高。同理，引起较高介入（即与我们个人需要的相关程度较高）的产品会增强消费者获得和消费该产品的动机。例如，企业可以通过宣传公益，并举办公益活动来让消费者积极介入，进而让消费者产生购买动机和购买行为。

介入和动机强度非常重要，因为它们决定了消费者设法满足其需要过程中付出努力的程度。随着动机强度和介入的提高，消费者会更努力满足其需要。他们会更关注各种相关信息，仔细地考虑说服性广告所传达的信息，并作出不同寻常的反应，还会搜寻更多的外部信息，为了满足需要而考虑更多的选择方案。

2. 动机冲突

动机冲突或动机斗争是指在同一时间内出现的彼此不同或相互抵触的动机，因不可能都获得满足而产生的矛盾心理。动机冲突在每个人的日常生活中都会经常发生。人的需要会形成多种多样的动机，但是在某一特定的时空条件下，这些同时并存的动机不可能同时获得满足，人们不得不从众多的动机中选择某个或某些动机而放弃其他动机，这样人在心理上就产生了动机冲突或动机斗争。

(1) 动机冲突按性质和内容，可以分为原则性动机冲突与非原则性动机冲突。原则性动机冲突是指个人愿望与社会道德标准相矛盾的动机冲突。如公与私的冲突，个人利益与集体利益的冲突。非原则性动机冲突是指与社会道德标准不矛盾，只涉及个人兴趣、爱好取舍的动机冲突。如周末既想去看电影，又想复习功课。

(2) 动机冲突按表现形式，可以分为双趋动机冲突、双避动机冲突和趋避动机冲突。双趋动机冲突是指同时面临两个具有同等吸引力的目标，又不能同时达到，必须选择其一时产生的动机冲突。《孟子》里说，"鱼，我所欲也；熊掌，亦我所欲也。二者不可得兼，舍鱼而取熊掌者也"，正是双趋动机冲突。

双避动机冲突是指面临两个具有威胁性的目标都想避开，但必须接受其一时而产生的动机冲突。比如又怕学习辛苦，又怕老师批评，两者都想回避，但须接受其一的动机冲突。汽车更换滤油器的广告"要么现在付，要么以后付更多"就是利用这种冲突进行营销。

趋避动机冲突是指对同一目标，同时产生的既好而想趋之，又恶而想避之的动机冲突。比如，学生想去做"义工"，又怕误学习时间。如果既想晒日光浴，又不想被太阳灼伤，那么防晒霜就可以解决这一冲突。

动机冲突与目标确立是同步进行的。动机冲突就是为选择目标而产生的，动机冲突的过程就是目标确立的过程。某人会有动机冲突就是因为在他的心目中可能有两种或多种目标，动机冲突的过程就是对众多目标利弊、优劣以及实现的可能性进行权衡，进而决定取舍的过程。由此可见，行动目标的确立不在动机冲突的开始，而在动机冲突的最后，动机冲突停止的同时，目标也就确立了，所以说目标确立是动机冲突的结果。目标一旦确立就可以拟定行动方案付诸实践了。

消费者在消费过程中，产生动机冲突是不可避免的。既可能涉及原则性的动机冲突，比如个人想消费的某种产品或服务是和社会道德甚至法律相冲突的；又可能涉及非原则性冲突，比如在某一段时间里，想去黄山旅游，也想去泰山旅游，两者必须选择其一。

消费者在消费过程中产生动机冲突也是常见的。双趋冲突（利利冲突）意味着两样或者更多的事情都想做，但只能选择其一。比如，消费者到某一娱乐消费场所，既想看电影，又想打游戏。双避冲突（害害冲突）意味着面对都对自己不利的情况的选择。比如，消费者到了一个旅游购买场所，要么选择购物，要么选择等待，其实两者消费者都不想做，但必须选择一种。趋避冲突（利害冲突）意味着消费者对消费的某一产品或者服务既喜欢又害怕、担心的心理状态。比如，一些消费者既喜欢某些美食，又害怕身体发胖，品尝美味佳肴的动机与避免体重增加的动机之间就经常发生趋避冲突。

3.2.4 消费者具体的购买动机

消费者的购买行为都是由购买动机推动，但是消费者的购买动机是复杂、多层次的，在消费者的购买活动中产生影响作用的常常不只是一种动机，而是多种动机综合作用。对于企业经营者来说，深入地了解消费者形形色色的购买动机，了解消费者购买动机的多样性和主导性，对于把握消费者购买行为的内在规律，并将其用于企业的营销实践具有现实、具体的指导意义。常见的消费者具体购买动机有：

1. 求实动机

求实动机是指消费者以追求商品或服务的使用价值为主要目的的购买动机。在这种动机的支配下，消费者在选购商品时，一方面会特别重视商品的质量、功效，要求一分价钱一分货，讲求耐用，强调具有明确的使用价值；另一方面也会比较重视所购买商品能为使用者带来更多的实用利益，如方便、实用、省时省力、节约时间等。相对而言，消费者对商品的象征意义，所显示的"个性"，造型与款式等就不是特别强调。一般而言，富有理性的人及中老年人更多体现出这样的购买动机。

2. 求新动机

求新动机是指消费者以追求商品或服务的时尚、新颖、奇特为主要目的的购买动机。在这种动机支配下，消费者选择产品时，特别注重商品的款式、色泽、流行性、独特性与新颖性，喜欢别出心裁、标新立异、与众不同的产品。相对而言，产品的实用性、耐用性、价格等成为次要的考虑因素。一般而言，在收入水平比较高的人群以及青年群体中，求新的购买动机比较常见。

3. 求美动机

求美动机是指消费者以追求商品欣赏价值和艺术价值为主要目的的购买动机。在这种动机支配下，消费者选购商品时特别重视商品的颜色、造型、外观、包装等因素，讲究商品的造型美、装潢美和艺术美。求美动机的核心是讲求赏心悦目，注重商品的美化作用和美化效果。这类消费者对商品价格的高低及实用价值方面往往并不注意。一般而言，求美动机在受教育程度较高的群体、具有艺术气息的群体以及从事文化、教育等工作的人群中是比较常见的。

4. 求名动机

求名动机是指消费者通过追求名牌、高档商品，以显示或提高自己的身份、地位而形成的购买动机。这类消费者特别重视商品的品牌、产地、企业声誉、象征意义等因素。崇尚名牌产品已成为现代消费市场的一大趋势。求名动机在一些中高收入层、中高校学生中比较明显。求名动机形成的原因实际上是相当复杂的，购买名牌商品，除了有显示身份、地位、富有和表现自我等作用以外，还隐含着减少购买风险、简化决策程序和节省购买时间等多方面考虑因素。

5. 求廉动机

求廉动机是指消费者以追求商品或服务的价格低廉为主要目的的购买动机。在求廉动机的驱使下，消费者选择商品以价格为第一考虑因素。他们愿意多花体力和精力，多方面了解、比较产品价格差异，选择价格便宜的产品。相对而言，求廉动机的消费者对商品象征意义、附加值、包装、品牌等不是十分挑剔，而对降价、折让等促销活动怀有较大兴趣。一般而言，收入低的消费者多以求廉动机为购买的主导性动机，收入高而节俭的人，也会有这样的主导性动机。

6. 求便动机

求便动机是指消费者以追求商品购买和使用过程中的省时、便利为主要目的的购买动机。在求便动机支配下，消费者对时间、效率特别重视，对商品本身则不甚挑剔。他们特别关心能否快速方便地买到商品，讨厌过长的候购时间和过低的销售效率，对购买的商品也要求携带方便，便于使用和维修。一般而言，成就感比较高的人，时间机会成本比较大的人，或者时间观念比较强的人，更倾向于在购买中以求便为主导性的购买动机。

7. 从众动机

从众动机是指消费者在购买商品时会自觉不自觉地模仿他人的购买行为而形成的购买动机。模仿是一种很普遍的社会现象，其形成的原因多种多样。有出于仰慕和希望获得认同而产生的模仿；有由于惧怕风险、保守而产生的模仿；有缺乏主见，随大流或随波逐流而产生的模仿。不管何种缘由，持从众模仿动机的消费者，其购买行为受他人影响比较大。一般而言，普通消费者的模仿对象多是社会名流或其所崇拜、仰慕的偶像。电视广告中经常出现某些歌星、影星、体育明星使用某种产品的画面或镜头，目的之一就是要刺激受众的模仿、从众动机，促进产品销售。从众动机有时使消费者在消费时不顾及自身的特点、实际需求和条件，所以会表现出消费者不成熟或者盲目不理性的一面。

8. 癖好动机

癖好动机是指消费者以满足个人特殊兴趣、爱好为主要目的的购买动机。其核心是为了满足某种嗜好、情趣。具有这种动机的消费者，大多出于生活习惯或个人癖好而购买某些类型的商品。如有些人喜爱养花、养鸟、摄影、集邮，有些人爱好收集古玩、古董、古画，还有人好喝酒、饮茶等。在癖好动机支配下，消费者选择商品往往比较理智，比较专业，比较挑剔，不轻易盲从。这类消费者以获取喜爱的或者稀有的东西为最大的满足和享受，为此甚至可以约束正常消费或是压缩生活中必要的消费品。

9. 逆反动机

逆反动机是作用于个体的同类事物超过了所能接受的限度而产生的一种有意识的相反心理倾向。消费者在从事消费活动时，会不断接受来自商品本身、广告以及厂商各种各样的消费刺激的影响，倘若某种刺激持续的时间过长，刺激量过大，超过了消费者所能承受的程度，就会引起相反的心理体验，产生逆反心理。企业面对这种逆反心理，更要做到不能让消费者产生本来要买，现在因为企业的某种行为而不购买了的心理。企业应该想办法让消费者产生你不让我这样，我偏要这样的逆反动机。比如，《水浒传》中的"三碗不过岗"就是很典型的让一些人产生逆反动机的手段。另外，还有一则企业的广告是这样做的："本裘皮大衣的唯一特点就是价格太高。"这样的广告就会让一些消费者产生逆反动机：你说价格高好像在说我买不起，那我就偏要买。

10. 自我表现动机

自我表现动机是指消费者以显示自己的象征、地位、威望和富有为主要目的的购买动机。消费者不太注重商品的使用价值，而是特别重视商品所代表的社会象征意义。现代社会强调自我表现，强调个性，所以消费者的自我表现意识也比较强。企业在这方面如果能把产品或服务与某种象征意义联系在一起，与地位、威望或富有联系在一起，就可能得到喜欢自我表现的人的青睐。比如，可口可乐把产品与年轻、活力联系在一起，这样的象征意义博得了许多年轻人的心；而劳斯莱斯把汽车与地位、富有联系在一起，同样取得了很好的销售效果。这类消费者在消费中往往更注重感性消费，企业面对这类消费者重点就要进行感性营销。

以上列举的消费者购买动机只是消费者在购买活动中的常见动机。此外，还有健康动机、绿色消费动机、惠顾动机、储备动机、纪念动机、馈赠动机等许多消费购买动机。消费者的购买动机在消费时首先体现出多样性，是一个复杂的动机体系。实际过程中消费者的消费行为往往不是由一种动机引发的，而常常是多种动机共同作用的结果。同时，消费者还有不愿说或根本说不清的购买动机。而当多种动机不能全部实现时，消费者的主导性动机是什么及其是否能得到满足将决定消费者是否会产生最终的行动。

企业在营销过程中可以通过有效的激励措施来达到激发消费者购买动机的目的。比如说金钱激励、价值激励、促销激励等，都可能让消费者尽快形成购买动机，产生购买行为。

资料 3.2　赫茨伯格的双因素理论

美国心理学家弗雷德里克·赫茨伯格在 1959 年提出了动机双因素理论（two-factor theory），这个理论对不满意因素（引起不满意的因素）和满意因素（引起满意的因素）进行了区分。只消除不满意因素是不够的，还必须主动积极地展现满意因素。

导致对工作满意的因素主要有五个：成就、认可、工作本身的吸引力、责任和发展；导致对工作不满的主要因素有：企业政策与行政管理、监督、工资、人际关系及工作条件等。赫茨伯格将导致对工作不满的因素称为保健因素，将引起工作满意感的因素称为激励因素。保健因素，诸如规章制度、工资水平、福利待遇、工作条件等，对人的行为不起激励作用，但这些因素如果得不到保证，就会引起人们的不满，从而降低工作效率。激励因素，诸如提升、提职、工作上的成就感、个人潜力的发挥等，则能唤起人们的进取心，对人的行为起激励作用。要使人的工作效率提高，仅仅提供保健因素是不够的，还要提供激励因素。

赫茨伯格双因素理论运用于消费者动机分析，亦具有多重价值与意义。赫茨伯格的动机理论有两层含义：第一，卖家要尽可能避免不满因素的出现（如不合格的说明书或不完善的服务政策）。尽管这些因素不能令你成功地卖出商品，但是它们却能轻易地毁掉这宗交易。第二，在市场上，卖家要清楚地知道自己的产品优势是什么，或者知道什么是驱使消费者购买自己产品的满意因素，并使自己的产品具备这些因素。

3.3　兴　　趣

兴趣（interest）是人们力求认识某种事物和从事某项活动时的心理倾向。它表现为人们对某件事物、某项活动的积极性认识倾向和积极的情绪反应。兴趣可以使人产生巨大的积极性，获得某种肯定的情感体验。在学习和工作中，个人一旦有了浓厚的兴趣就会刻苦钻研、废寝忘食。兴趣是推动人们进一步认识事物、探求真理的社会性动机。

当兴趣不是指向认识的对象而是指向某种活动时，这种动机叫爱好。如对足球的爱好，对音乐、美术的爱好等。兴趣与爱好都是和人的积极的情绪体验联系在一起的。

兴趣的产生和发展以需要为基础，兴趣也是动机的表现形式，有了兴趣的参与，更容易形成行动或强化已经形成的行动。人们若对某件事物或某项活动感到需要，他就会热心于接触、观察这件事物，积极从事这项活动，并探索其奥秘。兴趣又与认识和情感相联系，若对某件事物或某项活动没有认识，也就不会对它有情感，因而不会对它有兴趣。反之，认识越深刻，情感越炽烈，兴趣也就会越浓厚。

兴趣和爱好受遗传的影响，兴趣更受社会环境的影响。人们受不同的时代、不同的物质和文化条件、不同的职业等因素的影响，兴趣和爱好都会不一样。父母的兴趣和爱好会对孩子有直接的影响，年龄的变化也会对人的兴趣产生直接影响。少儿时期的人往往对图画、歌舞感兴趣，青年时期的人会对文学、艺术感兴趣，成年时期的人往往对某种职业、工作感兴趣。它反映了一个人随着年龄的增长、知识和经验的积累,兴趣的中心在转移。

兴趣在人的实践活动中具有重要的意义。兴趣可以使人集中注意,产生愉快紧张的心理状态,注意力越集中,记忆的效果就越好;兴趣可以对人的认识和活动产生积极的影响,有利于提高工作的质量和效果,能够让人积极主动地寻找答案;兴趣能够让人更多地接触该领域的内容;兴趣能够让人在不知不觉中复习和重温,让人不容易疲倦;兴趣能够激活思考,在很多时候就是学习的方向。"兴趣是最好的老师。"没有兴趣地去学习,不但浪费时间、浪费精力,还达不到好的效果,而如果是有兴趣地去学习,就能有效地提高学习的效果。

3.3.1 兴趣的种类

1. 按内容,兴趣可以分为物质兴趣和精神兴趣

物质兴趣主要指人们对舒适的物质生活(如衣、食、住、行方面)的兴趣和追求;精神兴趣主要指人们对精神生活(如学习、研究、艺术、知识、娱乐)的兴趣和追求。

消费者的兴趣既体现在物质兴趣上,也体现在精神兴趣上,往往是两者都需要。企业可以通过发现、满足和引导消费者的兴趣爱好,来让消费者尽快形成购买动机,产生购买行为。

2. 按指向对象,兴趣可以分为直接兴趣和间接兴趣

直接兴趣是由事物或活动本身引起的兴趣,如对看电影、小说的兴趣。间接兴趣是由认识事物的目的和结果所引起的兴趣,如对某项劳动将取得的成果或掌握某门知识后的作用所发生的兴趣。直接兴趣和间接兴趣是相互联系、相互促进的。因此,只有把直接兴趣和间接兴趣有机结合起来,才能充分发挥一个人的积极性和创造性,才能持之以恒,目标明确,取得成功。

在企业营销中,既应该调动消费者的直接兴趣,也应该调动消费者的间接兴趣。比如调动消费者学习某种知识(比如学习营销知识)的直接兴趣,并引导消费者通过对知识学习后的间接兴趣(营销知识所带来的实用价值)形成对营销书籍的购买动机与购买行动。

3. 按参与程度,兴趣可以分为情趣和志趣

情趣是感情作用于兴趣的结果,是一种爱好;志趣是意志作用于兴趣的结果,是一种志向。情趣比志趣发生的范围广,志趣比情趣发生的程度要深。一般来说,兴趣广泛的人更能获得丰富的知识和经验,容易与人相处,生活也更有情趣。而兴趣专一的人会对某一事物认识的程度更深,动机和行动往往也越持久。一个人既应该有情趣,也应该有志趣。

有情趣的消费者往往爱好广泛,所以企业的营销就比较容易让消费者产生对产品或者新产品的兴趣,其购买产品或服务的范围也会越广,有利于企业在产品和服务的丰富性和多样性上作出对策。有志趣的消费者往往专一忠诚,所以企业所提供的产品或服务一旦符合其志趣，消费者就很容易发生购买行为，而且也比较容易形成重复购买和品牌忠诚。

在买方市场上，兴趣是消费者形成购买行为的重要条件。企业营销中的市场定位就是要激发消费者的兴趣，企业还可以通过利用节日元素、时尚元素、情调元素等方法来引发消费者的兴趣。

3.3.2 兴趣的特征

1. 指向性

兴趣就意味着注意到某事，有具体的对象和内容。

消费者的兴趣一定有对象和内容，这样的对象和内容既可以是整体的兴趣表现，比如喜欢汽车；又可以是具体的兴趣表现，具有延伸性和丰富性的特点，比如喜欢汽车表现为喜欢看汽车比赛、喜欢汽车模型、喜欢汽车杂志等。

2. 积极性

兴趣是积极的情绪体现，对人们从事各项活动有很好的情绪、情感上的支持。每个人都会对他感兴趣的事物给予优先注意并积极地探索，表现出心驰神往。

消费者对什么产品或服务产生了兴趣，情绪就会比较高昂，消费者会因为喜欢和爱好而积极关注企业的各种信息，包括各种促销策略。

3. 差异性

由于人的个性及所处的社会环境的不同，每个人兴趣的广度和深度不一样，兴趣的对象也是千差万别。

消费者的兴趣爱好有着不同和差异，营销者要善于发现这样的不同，采取不同的营销对策来激发消费者的不同兴趣，满足消费者的不同兴趣。

4. 效能性

兴趣总会产生一定的效果。兴趣是人产生某种行为的动力因素之一，是一种无形的动力。当人们对某件事情或某项活动感兴趣时，就会很投入，而且印象深刻。

营销者如果能发现或者调动消费者的兴趣，就会对消费者的购买动机和行为产生积极的影响，因为消费者一旦有兴趣，就会对行动产生很大的效能，而且兴趣往往是消费者行动动机中的基础动机。

3.3.3 兴趣品质

兴趣品质是指兴趣品德和品位的高低程度。兴趣品质主要受社会环境的影响。一般而言，兴趣品质的高低会直接影响和表现一个人的人品优劣。对公益活动感兴趣，乐于助人，对高雅的音乐、美术有兴趣和爱好的人往往兴趣品质就高；反之，对占小便宜感兴趣，对低级、庸俗的事物有兴趣和爱好，则表现了一个人兴趣品质的低级。

人的兴趣品质体现在兴趣的倾向性、广阔性和持久性等方面。

1. 兴趣的倾向性

倾向性即对什么发生兴趣。这对每个人是不同的，表现出个别差异。凡容易对有益于人类社会的事物产生兴趣的人，其倾向性就会高尚；凡容易对有害于人类社会的事物产生兴趣的人，其倾向性就会低级。人们应通过家庭、学校和社会教育培养起高尚的兴趣倾向。

2. 兴趣的广阔性

广阔性即兴趣的范围。有人兴趣广阔，对事物兴致勃勃，乐于探求；有人则兴趣单调狭窄。兴趣的广阔程度与知识面的宽窄有密切的联系。人应该培养广阔的兴趣，同时又要把广阔的兴趣与深度的兴趣结合起来，做到既博又专。

3. 兴趣的持久性

持久性即兴趣的稳定程度。人们对事物的兴趣，可以经久不变，也可以变化无常。培养持久的兴趣是在工作上取得成就的必要条件。只有稳定的兴趣，才能促使人系统地学习一门知识，把一项工作坚持到底，并取得成就。有些人的兴趣爱好是不稳定和持久的，这样的兴趣动力就只能作用一时，而不能作用长久。

一个人兴趣的倾向性、广阔性和稳定性的特征将直接关系其未来发展的方向和能否取得成就。人的兴趣不仅是在学习、活动中发生和发展起来的，而且也是认识和从事活动的巨大动力。兴趣可以使人的智力得到进一步的开发，得到更丰富的知识，眼界变得更开阔，并会使人对生活充满热情。兴趣对人的个性形成和发展起了巨大的推动作用。

在有选择的前提下，兴趣往往是人产生行为的基础性动机或者主导性动机，人们去做一样事情，会先看自己感不感兴趣。

人的行为背后的动机是复杂又隐蔽的。但通过看人的兴趣品质，一般就可以知道人的品位和品德，兴趣品质的高低往往折射出人品的高低。一个人如果兴趣是在吃喝玩乐、声色犬马上，集中于满足各种物欲上，那么其人品必然不高。当然，兴趣品质高的人也不一定就是人品高尚，因为动机具有内隐性，所以表面的东西是什么并不能代表真实或者本质的东西就是什么。

消费者的兴趣爱好一方面可以由其原来的兴趣品质引起，而且是主要的影响因素。如果一个人本来就热衷于吃喝玩乐、声色犬马、物质消费，那么他要消费什么就会一目了然，企业的营销对策也就很容易找到。另一方面也可以由企业营销和社会环境来引导。比如，广大的中小学生和不少的成年人热衷于电子游戏的行为，就是被企业营销和社会环境引导的。

事实上，现在一些消费者消费的兴趣品质不高甚至庸俗，和一些企业错误的引导消费有很大的关系。当然除了企业的错误引导外，社会大环境也起了很大的作用，如果人们看到的更多的是丰富的消费、浪费的消费、高档的消费，是讲消费至上的消费社会，那么这些社会现象都会对消费者的兴趣品质产生负面影响，消费者会因为去追求物质的满足、感官的刺激，而失去了淡泊、宁静、高尚的精神追求。

企业营销对消费者的兴趣品质有着直接的鼓励或者限制的作用，企业对消费者的宣传、沟通和促销构成了整体社会商业文化的主要部分。引导一种什么样的商业文化是企业和社会必须要明确的战略方向。商业文化中如果充斥着财富、享乐、娱乐、色情、暴力、欺骗等因素，那么消费者的兴趣品质就会受到这样文化的影响，其会进行什么样的购买行为就可想而知了。

企业既可以通过提供直接让消费者感兴趣的产品或服务来满足其需要，也可以通过激发消费者对其他事物的兴趣来让消费者对企业的产品或服务感兴趣。比如，消费者可能对酒不感兴趣，但对《红楼梦》很感兴趣，企业如果能有效地把《红楼梦》和酒结合起来，就可能调动消费者购买酒的行为，而这种消费行为不是酒本身给予的，而是另外一个兴趣因素给予的。

喜好度、感知性价比和需求实现是消费者购买兴趣的主要驱动因素，产品独特性和产品喜好度之间有着很强的相关性。了解这些激发消费者购买兴趣的关键因素及其之间的关系，可以保证企业的新产品或改进的产品概念具备合理的优势，从而促进销售。

案例 3.2　六神有主，一家无忧

六神或六位神灵，是中医传统上用来治疗痱子和其他夏季疾病的药方名称，其中主要成分是珍珠粉和麝香。按照这个处方，1993年，上海家化推出了"六神"花露水，供夏天使用。以"祛痱止痒、提神醒脑"为明确产品诉求，这个品牌迅速赢得了60%的花露水市场份额。1995年，上海家化推出了"六神"沐浴露，专攻中国夏季个人洗护用品市场。

"六神"沐浴露的推出，一方面是鉴于"六神"品牌在市场上已具有的强大品牌效应，要将"六神"品牌的价值最大化；另一方面，面对跨国公司的挑战，上海家化把握住了中国消费者的特殊品位——在一些领域更加相信中医。因此，在对消费人群进行分析后，上海家化推出"六神"沐浴露，将目标对准了"六神"花露水的使用者及长期青睐传统中医产品的消费者。产品推出后，很快就赢得了绝大部分"六神"花露水的用户，至1998年，在中国逐渐建立起的沐浴露市场中占据最大的市场份额，"六神"沐浴露成为中国夏季个人洗护用品的第一品牌。"六神"沐浴露是唯一可以与宝洁、联合利华等跨国公司相关品牌产品抗衡的中国日化产品。

日化产品是一个情感附加值相对较高的产品品类，这意味着消费者的需求具有多样化和个性化的特性。"六神"通过品牌诉求，体现了消费者所关注的功能性利益和情感性利益，体现了产品的价值、文化和个性。

"除了质量可靠、分销渠道广泛之外，'六神'沐浴露持续多年畅销的主要原因在于这个产品的价值主张与目标顾客的价值期望吻合度比较高。"上海家化联合股份有限公司的一位副总经理这样说。

也就是说，"六神"沐浴露准确抓住了消费者的消费心理：

第一，国内消费者夏天洗澡的频次比较高，更中意一种"清凉舒爽"的感觉，以"清凉舒爽"为产品诉求的"六神"沐浴露自然取得了"精确制导、直达受众"的效果。

第二,"六神"巧妙地利用了国人关爱全家的家庭观念,用"全家共享"的情感诉求自然而然地扩大了产品的"群众基础"。

第三,"六神"把握住了中国消费者的特殊兴趣——对传统中医文化的兴趣与信赖,确立了"六神"沐浴露独特的产品定位——中药成分的沐浴液,为自己建立了强势的市场区隔。

第四,相对国际品牌沐浴露普遍偏高的价格,"六神"沐浴露的价格比较适中,很快赢得了顾客的认可。

本章总结

消费者行为的动力倾向体现在需要、动机和兴趣上,需要、动机和兴趣回答了人要什么和为什么要等关键性问题。

需要是人行为的最基础、最根本的动力。需要作为一种心理状态,具有以下一般特征:对象性、紧张性、驱动性、周期性、社会性和年龄性等。

消费者的基本特征具体表现为:多样性、共同性、层次性、伸缩性、互联性和可诱性等。消费者在市场上的需求状态是不断变化的,具有九种典型的需求状态:负需求、无需求、下降需求、不规则需求、充足需求、过量需求、有害需求、现实需求和潜在需求。

在对消费者需求的认识和理解中,创造需求的真正含义十分重要。把握这个切入点就是要正确地认识消费者的潜在需求,认识消费者潜意识的存在。

动机是引起个体活动,维持已引起的活动,并促使活动朝向某一目标进行的内在直接动力,是人从事某种行动的具体理由。动机是人行为的最直接的动力。

消费者具体的购买动机一般包括:求实动机、求新动机、求美动机、求名动机、求廉动机、求便动机、从众动机、癖好动机、逆反动机和自我表现动机等。

兴趣是人们力求认识某种事物和从事某项活动的心理倾向。它表现为人们对某件事物、某项活动的积极性认识倾向和积极的情绪反应。兴趣是一种社会性动机。

兴趣品质是指兴趣的品德和品位的高低程度。兴趣品质主要是受社会环境的影响。人的兴趣品质体现在兴趣的倾向性、广阔性和持久性等方面。

本章关键词

需要　需求　潜在需求　动机　兴趣　兴趣品质

思考题

1. 需要的特征是什么?消费者需要有什么特征?
2. 潜在需求的状况一般包括哪些类型?对企业经营有何意义?

3. 试述消费者需求的主要状态及企业的营销对策。
4. 动机的特征及对企业营销的启示是什么？
5. 试述动机的类型及消费者主要的购买动机。
6. 试述兴趣的特征及其对企业营销的启示。
7. 兴趣品质主要体现在哪些方面？对企业营销有何指导意义？

第二篇

知 个 性

人不可貌相，海水不可斗量。

——（明）吴承恩

个性定命运。知个性就是知道个性中与生俱来、本性难移的特征是什么，正所谓"江山易改，本性难移"。知个性还要知道环境造人，正所谓"近朱者赤，近墨者黑"。

知个性就是知道个性的组成、形成的人格，以及个性在自我概念、生活方式及态度方面的表现。个性在心理学中构成气质、性格和能力三个基本概念及内容，从而形成稳定的人格。个性中最核心的因素是性格，性格形成的最重要影响因素是后天社会化的影响。

先天因素和后天因素的千差万别，造就个性的千差万别，但差异中也存在着共同点和相似点，体现在气质、性格、能力、自我概念、生活方式、生活态度等各方面。知个性就是要知道人心的共同点、相似点和差别点。人与人之间长久、稳定关系的形成关键来自个性的相吸和共鸣。

个性特征都要落实到心理过程中去。知个性最终目的是知认知，知认知的目的是得到一个期待的意志结果。从认识自己来说，知个性是要认识自己，认识自己的心理活动，知自己的认知、情绪和意志。首先应认知自己个性中的先天本性，有自知；认知自己个性中应该克服的缺点，改变自己；认知自己后天还应该学习、加强什么，丰富自己。其次应建立自己良好的心境和心态，形成稳定的情绪。最后应把握自己的需求与心动，产生积极的行动。从认识他人来说，知个性就是要认识他人的心理活动，知他人的认知、情绪和意志状况，并让他人产生符合自己期待的意志结果。

第4章
消费者行为的个性特征

> **开篇案例** 胜利女神 NIKE

耐克公司创立于1972年，总部位于美国的波特兰市，是全球著名的体育运动品牌。耐克的前身叫蓝带体育用品公司，他的创始人菲尔·奈特觉得"蓝带"这个名字有点"土"，于是号召员工集思广益为公司取新名字。

伟大的创意往往诞生在一瞬间。公司一位员工突发奇想，提议用古希腊胜利女神 NIKE（耐克）的名字来命名。这个提议简直太棒了！胜利女神不仅代表着欧洲悠久的历史文化，还是胜利、勇往直前、追求卓越的代名词。于是，菲尔·奈特将公司改名为"耐克"，不费吹灰之力，就把胜利女神所代表的好运全部嫁接在了产品上，耐克运动鞋也因此大受追捧。

不仅如此，耐克"对勾"标志的设计也取材于胜利女神翅膀的形状，极具视觉冲击力的对勾，成为耐克公司经久不衰的超级符号，耐克的品牌也因此传遍了全世界。公司口号"Just do it"也成为年轻人个性的主张和象征。

耐克公司拓展的首要突破口是青少年市场，这一市场上的消费者有一些共同的特征：热爱运动、崇敬英雄人物、追星意识强烈、希望受人重视、思维活跃、想象力丰富并充满梦想。针对青少年消费者的这一特征，耐克相继与一些大名鼎鼎、受人喜爱的体育明星签约，如德罗巴、科比、詹姆斯等。此外，耐克还与许多著名球星或公司推出联名限量营销，比如与詹姆斯联名推出球鞋与球衣，彰显个性；与李维斯（Levi's）联名推出牛仔鞋，将牛仔布材质融到鞋子上，再配上牛仔蓝渲染，使鞋子多了西部牛仔的不羁感。

一年一度的高考，对于中国广大学子来说是一件大事，很多服装品牌也借此纷纷推出"高考战袍"，上面写着对考生的祝福标语，以求得大卖。在众多品牌中，耐克独占鳌头，因为耐克战袍上的红色"对勾"格外醒目。甚至有江湖传言："高考买耐克，门门都是勾"，这代表了"做的题全对"，穿上它就意味着胜利。

人的认知过程、情绪过程和意志过程是人心理与行为的共性基础，那为什么人的认知、情绪、心动与行动是不一样的呢？因为人有不同的个性，不同的个性导致了人的不同认知、情绪与意志。个性心理是指一个人所具有的持久且稳定的心理特点，包括个性的倾向性和个性心理特征两个方面。个性的倾向性表现为需要、动机等因素。个性心理特征由三个部分构成，即气质、性格和能力。人格的核心是性格。个性心理特征在消费者身上有不同的内容和表现，直接影响消费者的消费活动。

4.1 气　　质

气质（temperament）是指人先天的与生俱来的典型而稳定的个性心理和行为特征，也就是那些由遗传和生理因素决定的心理和行为特征。

心理学中所说的气质和日常人们所说的气质的含义是不同的，日常生活中人们所说的气质一般是指一个人的风格、风度及职业上的某些特点等。而心理学中的气质是指人生来就具有的典型、稳定的心理特征，可能表现出一个人心理活动的动力特点。所谓心理活动的动力特点，是指心理活动及行为进行的速度、强度、灵活性、指向性等特点。

气质类型是人生来就具有的，它仿佛将人的全部心理活动抹上了独特色彩，使内容相同的活动显示出不同的气质特点。婴儿出生后，就会表现出明显的气质差别。如有的爱哭爱闹，四肢活动较多；有的比较安静，较少啼哭等，这些差异说明人的气质特征主要是由于神经系统的先天性造成的。

4.1.1 气质的类型

古希腊医生希波克拉底认为人体内有四种体液，即血液、黏液、黄胆汁和黑胆汁，不同的人体内占优势的体液不同。后来，古罗马医生盖伦用这种体液学说来解释气质，认为某种占优势的体液决定一个人的气质。后人正是在此理论的基础上，逐步形成了气质类型学说。

多血质的典型特点是主动、活泼、快乐、好动、灵活，喜欢与人交往，善于交际，注意力容易转移，兴趣广泛但不持久，情绪变化快。

胆汁质的典型特点是主动、直率、易怒、易兴奋、精力旺盛、急躁、脾气暴躁，行动来得快、去得也快。

黏液质的典型特点是被动、安静、稳重、行动缓慢、沉默寡言、善于克制忍耐、情绪不易外露、注意力稳定、惰性较强。

抑郁质的典型特点是被动、多疑、孤僻、忧郁、易哀愁、抑制力强、内心敏感、情绪体验深刻、反应速度慢、善于细心觉察别人不易觉察的事物和人际关系。

假设有四个典型的分别属于这四种不同类型的人一起去看戏，但到了剧院门口被门卫挡住不让进，因为他们迟到了，这时四人的典型表现可能是：多血质的人会笑嘻嘻地与门卫搭讪，以获得门卫的好感并放他进去；胆汁质的人可能会与门卫争吵起来,甚至大打出手;黏液质的人可能按照门卫的指示,规规矩矩地坐在那里等下一场;抑郁质的人则可能唉声叹气地回家去,并一路感慨自己总是遇到倒霉的事。

著名的俄国生物病理学家巴甫洛夫通过对高等动物的研究,并根据高级神经活动的强度、平衡和灵活性三个基本特征,把高级神经系统的活动划分为不可抑制型、活泼型、安静型和弱型四种类型。四种神经活动类型与希波克拉底的四种气质型正好一一对应,这样,巴甫洛夫的高级神经活动学说就为气质分类提供了较为科学的依据。现代心理学依据人的高级神经活动类型,提出气质类型可以分为兴奋型、活泼型、安静型和抑制型四种。兴奋型对应的是胆汁质,活泼型对应的是多血质,安静型对应的是黏液质,抑制型对应的是抑郁质。

气质类型本身并无好坏之分,每种气质都有积极和消极的一面,对人能力高低、成就大小和品德好坏不起决定作用,但对人的某些心理和行为活动具有一定的影响。

多血质与黏液质是最常见的气质类型,多数人都是这两种气质类型的表现。而胆汁质与抑郁质是少数人的气质类型,但这两种气质类型的情绪与行为表现却很明显,让人一眼就能看出。胆汁质是多血质进一步的外倾,抑郁质是黏液质进一步的内向。

人际交往单从气质来说,一般而言,多血质与黏液质往往是理想的搭配,多血质与胆汁质、抑郁质,黏液质与抑郁质、胆汁质都是可以配合在一起的。只是胆汁质与胆汁质之间、抑郁质与抑郁质之间、胆汁质与抑郁质之间的配合可能存在较多障碍。

人往往不是只有一种气质类型,是多种气质类型的混合,但又往往是以一种气质类型为主。气质尽管是先天的,但后天的力量可以影响气质,改变原来的气质表现。

先天的因素影响人生过程,还有许多不同的说法,血型说和十二星相说就是目前许多人感兴趣的说法,尽管它们可能缺乏科学性。特别面对年轻的消费者,企业通过十二星相说可以更加亲切、形象地传递有关商品或服务的信息,甚至建立商品或服务的形象。

资料4.1　血型说

日本学者古川竹二等人认为气质与人的血型有一定联系。四种血型即O型、A型、B型、AB型,分别构成气质的四种类型。其中,O型气质的人外向,往往意志坚强、志向稳定、独立性强、胆大好胜、有支配欲、积极进取;B型气质的人外向,具有感觉灵敏、多言善语、爱管闲事、善于交际的特点;A型气质的人内向,往往保守、多疑、性情温和、孤独害羞、追求完美、有奉献精神;AB型气质的人内向,一方面言辞尖锐、忽冷忽热、重视个人隐私、经常独来独往、主动性不强,但另一方面又会热心帮助人。AB型是A型和B型的混合,外表是A型,内在是B型。

这个说法在学术界受到了批驳,在民间却被接受并视为心理新发现。

资料 4.2 性格色彩说

性格色彩说是用色彩解释人的心理活动与个性,性格色彩主要是指人与生俱来的先天的个性特征,所以它其实是以体液说和高级神经说为基础的理论依据。根据乐嘉的《FPA性格色彩入门》一书,性格色彩把人分为四种基本色,即:红色、绿色、黄色和蓝色,进一步组合可以形成另外八种色彩:红+绿、红+黄、绿+红、绿+蓝、黄+红、黄+蓝、蓝+绿、蓝+黄。红色和多血质、活泼型相似;绿色和黏液质、安静型相似;黄色和胆汁质、兴奋型相似;蓝色和抑郁质、抑制型相似。性格色彩对人的基本分析如下:

1. 红色

优点:乐观,喜欢自己,也容易接纳别人,喜欢新鲜、变化和刺激,情感丰富而外露,自由自在,不受拘束,喜欢开玩笑和调侃,别出心裁,与众不同,表现力强,容易受到人们的喜欢和欢迎,生动活泼,好奇心强。

缺点:变化无常,随意,轻信,容易受骗,虚荣心强,不肯吃苦,贪图享受,走捷径,虎头蛇尾,不能坚持,粗心,杂乱,不肯承担责任,缺乏自控,无纪律,容易原谅自己,不吸取教训,不去认真思考生命的本质。

2. 绿色

优点:爱静不爱动,有温柔祥和的吸引力、宁静愉悦的气质、和善的天性,做人厚道,遇事镇定,知足常乐,追求平淡的幸福生活,有松弛感,能融入所有的环境和场合,温和、谦和、平和三"和"一体,做人懂得"得饶人处且饶人",宽容,追求简单随意的生活方式。

缺点:按照惯性来做事,拒绝改变,作风懒散,容易原谅自己的不思进取,懦弱胆小,纵容别人欺压自己,期待事情会自动解决,守望被动,得过且过,太在意别人反应,不敢表达自己的立场和原则,消费太过理性。

3. 黄色

优点:目标感强,不达目标誓不罢休,把生命当成竞赛,行动迅速,意志坚强,自信,坦率,独立性强,有强烈的求胜欲,敢于冒险,不在乎外界的评价,坚持自己的选择,危难时刻能挺身而出,敢于接受挑战并渴望成功。

缺点:自己永远是对的,死不认错,以自我为中心,有自私倾向,暴躁,易怒,在情绪不佳或有压力的时候经常会不可理喻与独断专行,不喜欢受群体规范约束,控制欲强,记仇,报复心强,不够宽容,喜欢为别人做主,口气大心眼小。

4. 蓝色

优点:严肃,不盲从,沉默寡言,注重承诺,可靠,敏感细腻,谨慎而深藏不露,遵守规则,井井有条,高标准,追求完美,深思熟虑,三思而后行,坚忍执着,做事精确,一丝不苟地执行工作。

缺点：猜忌，多疑，喜批判，不信任他人，封闭，在意评价，悲观消极，情感脆弱抑郁，自怜自叹，患得患失，庸人自扰，刻板不变通，挑剔，因小失大，有嫉妒心，让人感觉压抑，不易接近，不易妥协，上纲上线，记仇，心胸狭隘。

红色的基本特点是热与变，追求享受，不断变化；绿色的基本特点是柔与庸，小富即安，不温不火；黄色的基本特点是狠与恒，追名逐利，不拘一格；蓝色的基本特征是冷和稳，固执己见，不动声色。红色的人最需要有蓝色的优点，绿色的人最需要有黄色的优点，黄色的人最需要有绿色的优点，蓝色的人最需要有红色的优点。

5. 红十黄

优点：热情而不强硬，一呼百应，有威信，有魅力，引人注目，富有想象力，直言不讳，感情丰富充沛，精力旺盛，能言善辩，有事业心，有"更上一层楼"的追求，能够鞭策他人树立目标并进步。情感上具有主动性，喜欢和有力量、有权力、有才华、有名望的人打交道。消费中感觉性好，求多、求名牌、求档次、求时尚、有主见。放弃时坚决，不后悔。

缺点：冲动，自傲，武断，多变，情绪容易失控，表现欲强，爱慕虚荣，爱炫耀，爱操纵人，讲求实际，比较势利，物质化。

6. 红十绿

优点：活泼开朗不失理性，随性，善于交际，兴奋之后能冷静下来进行理性分析，热爱生活，是生活中的开心果，令人愉快，幽默且富有生活情趣，爱好广泛，追求生活的丰富多彩，关注生活中的快乐，广交朋友，不记仇，乐于助人，人际导向，受欢迎。情感上主动、丰富，注重颜值。消费中感性，是消费的主力军，求多、求时尚。

缺点：冲动，人来"疯"，不求甚解，讲求实际，势利心较重，注重外貌，情绪化，善变，爱慕虚荣，爱炫耀，目标容易转移，感情脆弱，坚定性及坚持性不强，缺乏方向，不守纪律。

7. 绿十蓝

优点：理性冷静，有条理，爱整洁，不钻牛角尖，内心情感丰富，有才华和艺术气质，为人平和随和，乐于助人，愿意倾听，适应性强，有合作精神，值得信赖。追求深刻，情绪稳定，不记仇，深思熟虑后能持之以恒，喜欢简单的生活，冷幽默，有内在的力量感。爱好比较广泛，包容心强，朴素但讲求品位感。对待情感认真细腻、被动，喜欢与有思想的人在一起，注重家庭生活，天性善良。消费中理性，喜爱简约，少而精，做事系统化。

缺点：需要鞭策，不愿意做复杂的工作，爱做和事佬，喜欢大事化小，不求上进，主动性不强，愿意被动接受别人的夸奖，甘愿息事宁人，不爱表达，自以为是，懒散，保守，优柔寡断，中规中矩，爱在肚皮里面做文章。

8. 绿+红

优点：稳重而又活泼，有条理，有幽默感，注重分析，平易近人，随和有亲和力，喜欢简单而有趣的生活，知足常乐，不记仇，善良，宽容，是生活中感觉最安全的人；不钻牛角尖，有助人之心，爱好比较广泛，适应性强，是位倾听者。情感上理性而热烈，喜欢和有才华、追求简单生活的人交往，注重家庭生活。消费中理性，也注重感觉，讲求品质和实惠。

缺点：有分析但不求甚解，得过且过，轻信，消费小气，依赖性强，遇事无所谓，比较懒散，依托他人，依赖性较强，没有影响力，没有企图心，闷骚，小富即安，主见性不强。

9. 黄+红

优点：强硬中带着温柔，行动中带着观察。有目标感，爱冒险，勇敢，直率，自信，有行动力，有幽默感，待人诚恳热情，主动性强，有说服力，善于鼓动，高效，果断，反应快，不知足，不断追求高目标，有事业心，有领导力。情感热烈，目标坚定，豁达，乐观，喜欢与有才华、有成就的人在一起。消费中行动迅速，有主见，重名气和时尚性。

缺点：情绪反复无常，盲目，功利性较强，脾气比较暴躁，注重感觉，不讲理，爱批评人。自我意识强，看不起一般的人，控制欲较强。

10. 黄+蓝

优点：有勇有谋，胆大心细，意志坚强，目标感强，成就感强，力量感强，有恒心和野心，不达目的誓不罢休，坦率直接，敢说敢为，自信，自制，能当机立断，行动高效，自我管理能力强，有领导能力，有说服力，对人有热情，独立，喜欢挑战，爱冒险，讲求实际，能自力更生。

缺点：报复心强，控制欲强，死不认错，感情用事，心胸狭隘，粗暴，爱争斗，残忍，易和别人起冲突，死板顽固，高高在上。

11. 蓝+黄

优点：有谋有勇，心细胆大，考虑周全，善于分析，讲究精确，追求完美，理想化，做事周到、能干，心思缜密，一诺千金，忠诚情谊，富有责任心，情感细腻，体贴入微，思想深邃，善于独立思考，计划周详，注重规则，执着有恒心。

缺点：敏感，斤斤计较，一意孤行，心胸狭隘，记仇，孤傲，冷漠冷酷，疑心重，怨恨，忧郁，冷暴力，不肯原谅，挑剔，高高在上，理想化。

12. 蓝+绿

优点：认知全面深刻，心细体贴，追求完美，沉着冷静，情绪稳定，行动迟缓，有平和的心态，做事认真，自我调节能力较强，有文艺气息，多愁善感，情感丰富内向，敏感，追求精致生活和消费，生活有品位，对人诚挚、忠诚，遵守时间与纪律，严谨细致，善于谋划，善于计划，喜欢沉思。

缺点：敏感，长于算计，固执己见，循规蹈矩，缺乏热情，容易怨恨他人，记仇，不合群，不果断，悲观，有强迫症，胆小怕事，性格冷漠，经常性冷暴力，小题大做。

根据"体液说""神经说"和"色彩说"等内容，可以把人的天性方面的特点列表总结（表4.1），通过总结人的天性在40个方面中的强、中、弱，可以简明扼要地展现出不同气质类型的人的具体特点：

表 4.1　不同气质类型的人在各种性格特质维度上的比较

天性特点	多血质—活泼型 红色	黏液质—安静型 绿色	胆汁质—兴奋型 黄色	抑郁质—抑制型 蓝色
快乐	强	中	中	弱
平和	中	强	弱	弱
成就	中	中	强	中
完美	中	中	弱	强
心软	强	强	弱	中
目标	中	中	强	中
情趣	强	中	中	弱
情谊	中	强	中	强
思考	中	强	弱	强
自我	中	弱	强	强
浪漫	强	中	中	弱
反应	强	中	强	弱
行动	强	中	强	弱
支配	中	中	强	弱
征服	中	中	强	弱
力量	中	中	强	弱
简单	中	强	强	弱
稳定	中	强	弱	弱
耐心	中	强	弱	中
宽容	中	强	弱	弱
大方	中	中	强	弱
开朗	强	中	强	弱
果断	强	中	强	弱
表达	强	中	强	弱
助人	强	中	中	弱
严谨	中	中	弱	强
变化	强	中	中	弱
忠诚	中	强	中	强
细致	中	中	弱	强
敏感	中	中	弱	强
狭隘	弱	弱	中	强
热情	强	中	强	弱

(续表)

天性＼特点	多血质—活泼型 红色	黏液质—安静型 绿色	胆汁质—兴奋型 黄色	抑郁质—抑制型 蓝色
激情	中	中	强	弱
绝情	弱	弱	强	中
孤傲	弱	中	中	强
记仇	弱	弱	强	强
报复	弱	弱	强	中
疑虑	弱	中	弱	强
苛刻	弱	中	弱	强
固执	弱	中	强	强

以上40个气质及性格类型关键词都是人性在社会中最核心的心理和行为表现。从天性来看,不同气质类型的人在其天性中其实已经有了未来自己的影子,其中表现"强"和"弱"的往往是后天的努力难以改变的,正所谓"本性难移"。而在中间的"中"可以受后天的环境及性格塑造的影响,正所谓"近朱者赤,近墨者黑"。后天环境中的个人的出生地、社会背景、家庭背景、教育背景及父母的先天气质和性格都会对最后的性格形成产生深刻影响。一个天真的孩子尽管有着先天不同的气质类型,但最后的性格形成是先天因素和后天社会化共同作用的结果,而后天因素会起着最终决定性的影响。比如,如果一个人天生是蓝色的气质类型,其父母也都是蓝色性格的人,周边教育他的人也多是蓝色性格类型的,那就会强化这个人先天的气质特征;而如果他父母或者周边的人多是绿色、红色或者黄色的性格类型,那他未来性格中的蓝色就会发生改变或者增加别的颜色。

4.1.2 消费者气质表现

当不同气质特点的人们以消费者的身份出现在商店或者购物的时候,购买过程也会形成不同的气质特征,并形成各种不同的购买行为。

(1) 以多血质为主的消费者。这类消费者在消费行为中通常表现出积极主动,善于同销售人员交流,积极地提出问题并寻求解答,有时还会主动征询其他在场消费者的意见,表现得开朗活跃。

面对这样的消费者,营销者就要善于发现他们的气质特点,积极热情地与他们交谈,为他们提供服务。这样的消费者往往比较感性,重外观及其包装,所以营销者还要注意自己的穿着打扮、行为举止,满足对方求新、求美、求名等购买动机,当好参谋,尽量缩短他们的购买过程。

(2) 以胆汁质为主的消费者。这类消费者行为主动性强,兴奋程度高,好凭个人主观意志和兴趣办事,容易受商品广告宣传、商品外观、品牌、社会时尚以及他人劝说的影响而即兴购买。在消费行为上,为了赶时髦、讲奇特,往往不问商品质量和价格迅速购买,但买后容易后悔。他们言语直率、富于激情、兴趣转换快,购买行为中情感色彩很浓。一般喜欢新奇特的东西，易受广告宣传与购物环境的影响。

面对这样的消费者，营销者应该特别注意自己的言行举止，注意态度和蔼，因为这类消费者的情绪容易激动，情绪控制能力较弱，所以应该尽量避免刺激这类消费者。

（3）以黏液质为主的消费者。这类消费者比较内向，行为比较被动，但自主性强。购物比较冷静慎重，能够理智分析，慎重作出购买决策。他们常常倾向于购买自己熟悉的、信任的厂家的产品。他们善于控制自己的情绪，不易受外界各种因素的干扰，例如不易受广告及各种促销手段等的影响。

面对这样的消费者，营销者应该多给消费者比较选择的机会，尊重对方，多当参谋，留给对方说话的余地，把最后的决定权留给对方。

（4）以抑郁质为主的消费者。这类消费者行为被动，兴奋程度低，反应速度慢且不灵活，选择商品会仔细比较、分析且犹豫不决。他们的决策过程多疑、缓慢，他们不相信自己，但对销售者的介绍也心怀戒备，对价格变化的反应敏感迅速，善于发现别人不易觉察到的同类商品之间的价格差。这类消费者如果是在廉价动机的主导下，对于促销的内容会充满期待。

面对这样的消费者，营销者要有足够的耐心，让消费者能充分地比较、分析和挑选商品，并耐心地答疑解惑，打消他们不必要的顾虑，给他们以保证，解除他们的后顾之忧。

4.2 性　　格

性格（character）是一个人对现实稳定的态度和习惯化的行为方式所表现出来的个性心理特征。性格是在人的生理基础上，通过社会化逐步形成的。性格的核心是为主体意识所支配的为人处世原则和观念，主要是价值观的体现。性格价值观一般包括世界价值观、道德价值观、人生价值观、爱情价值观、消费价值观等方面的内容。

性格最能体现一个人的个性差异，在人的个性中起着核心的作用。性格决定命运，人有什么样的性格，就会有什么样的认识与态度、情绪与情感、需要、动机与兴趣，以及行动与结果。性格也是一个人的格局体现，格局决定结局。

性格由先天遗传因素和后天环境因素影响共同构成。在性格的形成和发展中，气质起着先天基础性的作用，而后天社会化起着决定性的作用。性格的"性"指的就是本性和欲望，而"格"就是对本性的认知、限制和去除。良好的性格形成是修身养性的过程。修身就是要克服人心中的各种缺点，抑制欲望，让良心成为主导自己行为的最重要力量。

性格和气质既有区别又有联系。气质是个人心理活动的稳定的动力特征，它主要显示了神经类的自然表现。性格是气质的后天发展和改造，它主要是在社会生活实践的过程中形成的。气质和性格互相制约，气质可以按照自己的动力方式，给性格染上独特的色彩。有不同气质类型的人，可以形成同样的性格特征；而相同气质类型的人，又可以因为受到不同的社会力量因素影响而性格各异。气质还影响性格特征形成和发展的速度。性格一经形成，可以在一定程度上掩盖或改造气质，使它服从于生活实践的要求。气质尽管会影响人际交往，但性格才起着决定性的作用，所谓"道不同，不相为谋"。人的价值观、人生态度才是最重要的交往因素。

从气质类型的角度看，胆汁质的人更可能形成力量型的性格，多血质的人更可能形成活泼型的性格，黏液质的人更可能形成和平型的性格，抑郁质的人更可能形成完美型的性格。力量型性格的人坚定、果断、自负、缺乏耐心，活泼型性格的人活泼、热情、多变、情感丰富，和平型性格的人平稳、随和、少语、善于分析，完美型性格的人细致、敏感、悲观、固执、有深度。

4.2.1 性格的特征

性格是十分复杂的心理构成物，包含多方面的特征。诚实或虚伪、勇敢或怯懦、谦虚或骄傲等都被认为是性格特征。这些特征如果在一个人身上经常表现出来并成为习惯，就成了这个人的性格特征。性格就是一个人的许多性格特征所组成的综合体。

（1）态度特征。这是指个体在对现实生活各个方面的态度中表现出来的一般特征。一个人对社会、集体、人生、工作、学习、消费、家庭、交往等方面内容的稳定的态度可以反映出他的性格特征。例如，对待集体或社会是热情还是冷淡；对待自己是自信、自卑还是自负；对待他人是谦虚还是骄傲，是善良还是虚伪；对工作是勤劳还是懒惰，等等。人的三观（世界观、人生观、价值观）构成性格的基本态度。

（2）理智特征。这是指个体在认知活动中表现出来的心理特征。性格在感性方面，有主动观察型和被动感知型之分；在理性方面，有主动与被动之分，有独立思考与依赖他人之分，有深刻与肤浅之分等。

（3）情绪特征。这是指个体在控制自己情绪方面所体现出来的稳定性格。比如情绪的乐观或悲观，开朗或郁闷。个人受情绪感染和支配的程度，情绪受认知控制的程度，情绪反应的强弱、快慢，情绪起伏波动的程度，主导心境的性质等。

（4）意志特征。这是个体在自己行为方面所体现出来的稳定性格。比如意志的坚定或动摇、自觉或被迫、持久或短暂、果断或犹豫、勤奋或懒惰、严以律己或放任自流等。

人的性格特征表现在消费上，就体现为消费者对企业的产品、企业品牌的消费态度是什么，理智方面表现得如何，稳定的情绪是什么，以及行动力方面是否果断、持久等。一旦消费者对某企业或者某品牌形成了消费性格，那这种性格就会比较持久、可靠，而营销者的营销努力就是要让消费者形成对企业有利的消费性格。

4.2.2 性格的形成

人的性格除了受先天因素的影响外，主要是后天的环境影响和教育的结果。一个人出生时，只有神经系统的个性差异，而无所谓性格特征。孩子在很小时，并不能意识到自己对现实的态度，也没有形成自身独特的行为习惯。性格是在成长过程中，在家庭、学校、社会等环境和教育条件的影响下,通过自己的主动实践活动逐渐形成的。当然,就生理因素来说,先天遗传因素、体格遗传因素、男女遗传因素对人的性格也起着不可忽视的影响。

性格的形成与发展贯穿于人的一生,并不仅限于儿童期、少年期和青年期。性格的形成与发展大体经过如下五个阶段:第一阶段,性格产生期,在3—12岁周岁之间;第二阶段,性格定型期,在13—18周岁之间;第三阶段,性格发展期,在19—30周岁之间;第四阶段,性格成熟期,在31—55周岁之间;第五阶段,性格更年期,在56—65周岁之间。

1. 产生期

性格的产生期是指人的幼年、童年和少年时期。"三岁看大"主要是说这个孩子的生理及自然表现预示出的未来。在三周岁之前,孩子一般还在家庭里生活,个人的自理能力和认知能力都还不强,这个时期一般称为婴儿期。三周岁以后,孩子的认知能力已经有了很大的发展,就要进入幼儿园生活,这也是性格形成的最初时期。孩子主要是模仿大人的言行举止,家长、老师让孩子接触了什么信息,就会给他们幼小的心灵种下了什么种子。产生期是孩子形成良好性格的"黄金十年",这期间,家长、学校和社会承担着决定性的影响。家长是这个时期孩子的第一任老师,父母的言行对孩子性格的形成会产生直接的和潜移默化的最重要影响,孩子与父母的性格往往会比较相似。

心理研究表明,如果家长及老师等人对孩子的态度体现出信任、民主和容忍,那么这个孩子的意志往往就比较坚强,情绪比较稳定,自发努力也较强,对别人友好程度高,敌对行为程度低;如果家长及老师等人对孩子的态度体现出严厉、支配和过多干涉,那么这个孩子在意志坚强、情绪稳定、自发努力、及对他人的友好态度方面的相关系数都会呈负数,但敌对行为却会是正数,这说明儿童的敌对意识强。

表4.2 养育态度和孩子性格的关系

父母的态度	孩子的性格
支配	消极、缺乏主动性、依赖、顺从
干涉	幼稚、胆小、神经质、被动
娇宠	任性、幼稚、神经质、温和
拒绝	反感、冷漠、自高自大
不关心	攻击、情绪不稳定、冷酷、自立
专制	反抗、情绪不稳定、依赖、服从
民主	合作、独立、温顺、善于社交

从小培养孩子良好的性格品质十分重要,性格品质中最重要的是一个人的道德品质。道德品质也就是对价值观念的认定。蒙学经典读物《弟子规》里对人应该建立什么样的道德品质就说得很清楚:"首孝悌,次谨信,泛爱众,而亲仁,有余力,则学文。"老子在其《道德经》里说:"道生之,德畜之,物形之,器成之。"

性格品质反映在消费上,就会对人的消费方向、消费兴趣和行为产生决定性的影响。从小培养孩子的消费习惯和行为是十分重要的,会影响孩子未来可能建立的消费观念和消费兴趣品质。

现在的孩子从小就生活在充满商业气息的社会里,被企业各种各样的广告宣传包围,很难不受物欲的诱惑。企业营销者一方面宣传自己的商品,具有引导消费者消费的企业功能;另一方面也会宣传价值观念,具有引导消费者消费社会功能。营销者自己的性格品质也影响了企业的营销行为及消费者的消费意识与行为。

2. 定型期

这个时期也称为青春期,其特点是:孩子对外部事物和本身充满了好奇、幻想,情感开始丰富,易受暗示,但这个时期的孩子也开始叛逆,听不进一些他不愿意听的意见,识别能力较差。这个时期学校教育体现出权威性,好的集体及其学校教育有助于孩子形成合群、勇敢、利他、自制的性格。当然,家庭教育同样具有重要的意义,对孩子塑造良好的性格品质一贯的坚持会在这个时期开花结果。这个时期也是对孩子各种异议的处理时期,外界的许多事物和观点可能对孩子产生和过去的教育相冲突、相违背的状况,这时家长和老师对这些冲突如果处理得不好,可能就会影响孩子良好性格品质的形成,处理得好,孩子就会形成良好的性格品质。这个时期社会环境的影响决不能忽视,因为这个时期的孩子对外部世界充满了好奇与未知,社会环境的好坏会对孩子的性格产生直接或者间接的重大影响,甚至家庭教育和学校教育的力量都不及社会环境的力量。

在消费方面,这个时期的孩子自主消费意识已经较强,喜欢接受新的事物和产品,消费的产品范围也会大大增加,物欲也会进一步增强。这既是企业的机会,也是企业的责任,企业提供给青少年什么样的产品,倡导什么样的消费,都会对孩子的消费观念产生重大影响。

3. 发展期

性格发展期是成年期里青年的时期。在这个时期,人的主要特点是生理发育已经基本完成,在心理上则自我意识强、充满活力、有朝气、喜欢探究未知与思考。人在这时应该形成自己性格的理论系统。这个时期教育的主要力量来自学校和社会环境,特别是社会环境会对人性格的丰富和确定起着很大的作用。

这个时期的性格会影响消费者的消费兴趣品质和生活方式。企业营销中最重要的一个消费群体就是青年人。青年人是消费的主力军,因为他们追求新事物、追求时尚和前卫、感性消费、在消费中放得开,甚至愿意成为"月光族",所以企业往往不遗余力地面对这样的群体大搞营销活动,青年人成为企业获取利润的重要来源。企业愿意宣传什么样的消费观念,在产品或服务中表现出什么样的个性和象征,是与消费者的性格密切相关的。企业不但要善于发现目前消费者的人生价值观和消费价值观,而且还要善于引导甚至创造消费者的人生价值观和消费价值观。

4. 成熟期

成熟期人的性格稳定,道德观、价值观、人生观和消费观等方面都有稳定表现。

性格的成熟期主要包括青年和中年时期，是人一生中精力、经验、智力、智慧最高的时期。因为有前面三个时期的发展，到了成熟期的人很难再改变自己的性格特征。

性格成熟期的人也体现出消费的成熟，消费者不但会延续原来的消费观，而且往往在消费中更讲求理性。企业面对这样的消费者要诉求成熟的消费观念，一旦企业的价值观符合消费者的消费价值观和人生价值观，消费者往往就能成为企业的用户。

5. 更年期

更年期是人的生理从成熟走向衰老的过渡时期，是衰老过程的一个转折阶段。生理的更年期一般是指女性45—55岁（绝经期）、男性55—65岁这一年龄阶段。这一时期人的情绪不够稳定，易激动、易怒、易紧张和焦虑，注意力不够集中，不易集中自己的思想和精力，心理敏感性增强，记忆力减弱。更年期的性格变化是指人因为生理上的变化而导致性格上出现某些变异，往往出现保守、僵化、独断的性格，而不同于更年期前的性格。克服这些性格变化的关键在于加强更年期的自身修养，过去良好的性格品质往往能有效地抵御生理上更年期导致心理上的变化。

面对消费者更年期的性格变化，营销者更要选对所提供的产品或服务，这一时期的主要对象是老年人，企业要多提供能让老年人健康、安静、修身养性的产品或服务。而面对更年期所产生的不利生理和心理特征，营销者更要用宽容、友善的心态为他们提供更人性、更仔细的服务。

4.2.3 性格的分类

心理学家们曾经以各自的标准和原则，对性格类型进行了分类，下面是几种有代表性的观点：

（1）根据心理机能，性格可分为理智型、情感型和意志型。这是英国心理学家倍因等人提出的分类。理智型的人通常以理智来评价周围发生的一切，并以理智支配和控制自己的行动，处世冷静；情感型的人通常用情感来评估一切，言谈举止易受情感左右，这类人最大的特点是不能三思而后行；意志型的人行动目标明确，主动、积极、果敢、坚定，有较强的自制力。除了这三种典型的类型外，还有一些混合类型，如理智—意志型等。

（2）根据心理活动倾向，性格可分为内倾型和外倾型。这是瑞士心理学家荣格的观点。荣格根据一个人力比多的活动方向来划分性格类型，力比多是个人内在的、本能的力量。力比多活动的方向可以指向内部世界，也可以指向外部世界。前者属于内倾型，其特点是处世谨慎、深思熟虑、交际面窄，适应环境能力较差；后者为外倾型，其特点是心理活动倾向外部，活泼开朗、活动能力强，容易适应环境的变化。

（3）根据个体独立性，性格可分为独立型和顺从型。美国心理学家威特金等人把性格分为顺从型和独立型两类。顺从型倾向于以外在参照物作为信息加工的依据，他们易受环境或附加物的干扰，常不加批评地接受别人的意见，应激能力差；独立型的人不易受外来事物的干扰，习惯于更多地利用内在参照即自己的认识，他们具有独立判断事物、发现问题、解决问题的能力，而且应激能力强。

(4) 根据人们不同的价值观，人的性格可分为经济型、理论型、审美型、宗教型、权力型和社会型。这是德国心理学家斯普兰格从文化社会学的观点出发，根据人认为哪种生活方式最有价值作出的性格类型分类。经济型的人一切以经济观点为中心，以追求财富、获取利益为个人生活目的，实业家多属此类。理论型的人以探求事物本质为人的最大价值，但解决实际问题时常无能为力，哲学家、理论家多属此类。审美型的人以感受事物美为人生最高价值，他们的生活目的是追求自我实现和自我满足，不大关心现实生活，艺术家多属此类。宗教型的人把信仰宗教作为生活的最高价值，相信超自然力量，坚信永存生命，以爱人、爱自然为行为标准，神学家是此类人的典型代表。权力型的人以获得权力为生活的目的，并有强烈的权力意识与权力支配欲，以掌握权力为最高价值，领袖人物多属于此类。社会型的人重视社会价值，以爱社会和关心他人为自我实现的目标，并有志于从事社会公益事物，文教卫生、社会慈善等职业活动家多属此类。

在现实生活中，往往是多种类型的特点集中在某个人身上，但常以一种类型特点为主。

4.2.4 消费性格的主要表现

了解消费性格对企业的营销有着十分重要的作用，性格同样体现在消费者各自的消费活动中，从而形成了千差万别的消费行为。

1. 消费性格的基本分类

(1) 表演型（感性型）。表演型的性格外向活泼，富有热情，善于交际，积极乐观，反应迅速，而且具有幽默感，喜欢说话。他基于的气质基础往往是多血质。在消费中看重品牌、求新、求奇、求美，易受外在因素的影响，比如广告、包装、购买环境及销售人员等的影响。

面对这样的消费者，营销者要从产品特色、带来何种好感觉、强调友谊、包装精美等方面来采取相应的对策。

(2) 利益型（强势型）。利益型的性格表现为有充沛的注意力和精力，工作计划性强，有原则，要求明确结果，不需要细节分析，对他人要求严格。他基于的气质往往是胆汁质。在消费中期望得到最大利益，喜欢自己作判断，性格强势，而且决定迅速。

面对这样的消费者，营销者要强调产品的作用和效果，让其参与和体验，一次性完整提供服务，并注意要充分尊重对方。

(3) 善良型（黏糊型）。善良型的性格表现为低调、温和，是耐心的倾听者，但一般缺少主见，也不够主动，做事黏糊、瞻前顾后。他基于的气质往往是黏液质。在消费中态度好，有同情心，但也患得患失、主意不定。

面对这样的消费者，营销者要主动表达，帮助他进行利弊分析，消除疑虑，并针对其后顾之忧提供保证，要不断主动促使其产生购买行为。

(4) 研究型（价格型）。研究型的性格表现为善于分析、细致、多疑、有目标、严肃、追求完美、有责任心,希望得到肯定。他基于的气质往往是抑郁质。在消费中对新产品常持怀疑态度,注重价廉物美,不易受外界各种因素影响。

面对这样的消费者,营销者要介绍简单、明确、中肯,强调价格合理,明确性价比,提供详细的资料和数据供参考,掌握产品的细节,有耐心,要适时对消费者进行恭维和赞美。

2. 消费性格的具体表现

(1) 节俭型。这类消费者的消费态度是勤俭节约、朴实无华、生活方式简单。他们选择商品的标准是重实用,对价格敏感,不重商品的外观与包装,容易接受说明商品实用功能的广告,购买过程中不喜欢销售人员夸大的宣传和促销,对降价等促销活动感兴趣。

(2) 慎重型。这类消费者的消费态度理性、稳定,有自己的分析和判断能力,具有独立性。他们购买商品通常根据经验,可能还会广泛收集相关资料,在进行仔细慎重的比较后才决定是否要购买,购物不易冲动,不太受广告或者销售人员影响。

(3) 顺从型。这类消费者的消费态度温和、随和,生活方式大众化。消费随大流,主见性不强,易受各种广告或者销售人员的暗示,不愿标新立异,能够随着消费趋势的变化而变化,喜欢听从意见领袖的建议而产生购买行为。

(4) 保守型。这类消费者的消费态度是不追求时尚的东西,不轻易改变原来已经形成的消费习惯。生活方式刻板、固执,对新事物持怀疑态度,有意无意地进行抵制,对广告和销售人员的介绍存有戒心。

(5) 挑剔型。这类消费者的消费态度自信,对别人常常持怀疑和戒备心理,观察仔细入微,购物时常常观察到别人不容易发现的细微之处,而且检查商品也是细致入微,有时甚至到了苛刻的程度。不容易受广告或者销售人员影响,还可能会固执己见。

(6) 品质型。这类消费者的消费态度讲求产品或服务的品质,最关心质量及保障。看重产品或服务的价值,看重品质生活,在消费中不强调价格的重要性,不追求高价,也不追求奢侈,希望货真价实,理性消费。

(7) 时尚型。这类消费者的消费态度浪漫,生活方式比较随意、自由,性格外向,兴趣爱好广泛,重感知、讲时尚、联想丰富、标新立异,往往是时尚的率先尝试者,与销售人员在一起也比较活跃热情,对销售人员比较友善,愿意与销售人员交流。

(8) 叛逆型。这类消费者的消费态度讲求新奇、与众不同。可能是希望通过消费某种与众不同的产品来得到一种心理满足,是一种强烈的自我表现欲;也可能希望通过消费与众不同的产品来引起别人的注意和重视,试图改变别人对自己原本的看法;还可能是"唱反调",表达自己与众不同的个性和主张。

(9) 傲慢型。这类消费者消费态度傲慢,情绪波动大,生活方式往往与众不同。自我意识强,不能忍受别人的意见或者批评,自负甚至狂妄。购物时情绪容易受到周围人员及环境的影响,造成购物时要么十分爽快,而且出手大方,要么容易愤怒,怒气冲天，易发生争执。

（10）意志型。这类消费者在购买活动中，目标明确，行为积极主动，会按照自己的意图购买商品。购买决定很少受购物环境影响，即使遇到困难也会坚定购买决策，购买行为果断迅速。

4.3　能　　力

能力（ability）是指人为完成某种活动所必须具备的直接影响活动效率的个性心理特征，包括实际能力和潜在能力。实际能力是指人目前已经具备的表现出来的能力，潜在能力是指还存在于人的内心深处没有被挖掘出来的能力。心理学研究表明，人人都具有巨大的潜在能力，但大多数人的大部分潜能因为种种原因而没有被开发出来。

4.3.1　能力的分类

（1）根据能力的倾向性，可以将其分为一般能力与特殊能力。

一般能力是指个体完成一切基本活动都必须具备的能力，包括观察能力、表达能力、学习能力、控制能力、沟通能力、记忆能力、想象能力、思维能力（分析能力、综合能力）、判断能力、理解能力、解决问题能力等。智力（intelligence）是包含学习能力、思维能力、理解能力和解决问题能力的一种综合能力。智力的核心是思维能力，创造能力是智力的高级表现。

特殊能力是指从事某种专门活动所必须具有的能力，它又被称为专门能力，如专业能力、写作能力、绘画能力、音乐能力、策划能力、组织领导能力等。

一般能力与特殊能力是密切联系、相辅相成的，在完成活动过程中共同起作用。任何特殊能力的发展都离不开一般能力，而特殊能力的发展也对一般能力能有所促进和提高。

（2）根据能力在结构中所处的地位，可以将其分为优势能力和非优势能力。

所谓优势能力是指在能力结构中处于主导地位，表现最为突出的能力。非优势能力则是处于从属地位，表现比较微弱的能力。优势与非优势能力在每个人身上相比较而存在。

（3）根据能力的功能，可以将其分为认知能力、操作能力与社交能力。

认知能力是指个体学习、研究、理解、概括和分析的能力，它是人们成功完成活动最重要的心理条件。操作能力是指操作、制作和运动的能力，如劳动能力、体育运动能力等都被认为是操作能力。社交能力是指人们在社会交往活动中所表现出来的能力，如组织管理能力、言语表达能力、沟通能力、适应能力等都被认为是社交能力。

（4）根据能力的性质，可以将其分为模仿能力和创造能力。

模仿能力是指仿效他人的言行举止而出现的与之相类似的行为活动能力；创造能力是指产生新思想，发现和创造新事物的能力。

创造力是人类区别于动物的最根本的标志之一，也是智力开发的最高目标，创造力的培养无论对于个体还是对于整个民族与人类，都具有重大而深远的意义。

创造力人人皆有，但表现在每个人身上的创造力的大小，除了受遗传因素影响外，主要取决于后天创造力开发的程度。集中思维对创造力的作用是不可缺少的，但相比而言，发散思维对创造力的作用更大一些。

富有创造性的人有以下人格特征：有高度的自觉性和独立性，不与他人雷同；有旺盛的求知欲和好奇心；知识面广，善于观察；工作中讲求条理性、准确性与严格性；有丰富的想象力，直觉敏锐，喜好抽象思维，对智力活动与游戏有广泛的兴趣；富有幽默感，表现出卓越的文艺天赋；意志品质出众，能排除外界干扰，长时间地专注于某个感兴趣的问题之中。

消费者在消费中的能力同样体现在一般能力和特殊能力上，消费者的认知能力、判断能力、思维能力、专业能力等都会对其购买行为产生重要的影响。消费者的模仿能力状况可以提醒企业通过寻找合适的意见领袖来引导消费者模仿意见领袖的消费。消费者的创造能力状况提醒企业提供可以让消费者产生创造性需求、创造性兴趣和创造性快感的产品，比如提供让消费者进行游戏或者艺术创作等方面的消费品。

4.3.2 影响能力的因素

能力主要来源于遗传、环境、实践及个人的心理因素。

(1) 遗传因素。遗传是父母把自己的性状结构和机能特点遗传给子女的现象。前一代人的能力可以通过生物学的方式传给后一代人。遗传因素是能力发展的自然前提，离开这个物质基础就谈不上能力的发展。英国著名科学家高尔顿是系统研究能力遗传问题的第一人。他对977位名人进行调查后发现他们的亲属中成名的有332人，而在对977名普通人家谱的调查中发现，只有1人成名，因此他认为，天才是遗传的。

(2) 环境因素。环境是指客观现实，包括自然环境和社会环境。一般认为，遗传提供了心理发展的可能性，而可能性转化为现实性需要环境因素的配合。大多数人的遗传因素是相差不大的，其智力发展差异主要是由社会环境、教育和实践活动造成的。

教育和学习在儿童能力发展过程中起主导作用，它不仅使儿童学习到知识和技能，通过知识技能的传授与掌握，促进儿童心理能力的发展，并且这种能力成为他们长大后在广阔的社会实践中施展才能的基础。

心理学研究表明，家庭条件和要求对人的能力形成与发展起着很重要的作用。此外，营养也是影响能力发展的一个重要因素，特别是幼年时期的营养。

(3) 实践因素。能力是人在改造客观世界的实践活动中形成和发展起来的。不同职业的活动制约着能力发展方向与水平，不同的实践内容向人们的能力提出了不同的要求，丰富的社会实践使人们的多种能力得以展现和提高，社会实践又为检验人们的各种能力提供了标准。

（4）心理因素。这里的心理因素主要是指除了智商之外的性格及情商等非智力因素。研究表明，人的道德观、价值观、兴趣、主观能动性、意志力等因素都会对能力产生深远的影响。优秀的性格品质，会让人兴趣广泛、乐观向上、自觉自信、意志坚强，会让人的能力的丰富和发展程度得到很快的提高。

消费者的能力还受到企业营销的影响，企业如果对消费者只是感性诉求，消费者往往认识能力就不够强，而企业如果还帮助消费者进行学习、分析和理解，消费者的认识能力就会大大提高。

迈尔斯（W. R. Miles）等人研究几种能力发展，发现能力不同侧面的发展和衰退是不同的（见表4.3）。从表上可以看出，知觉能力发展最早，在10岁就达到高峰，高峰期持续到17岁，从23岁便开始衰退；记忆力发展次之，14岁左右达到高峰，持续到29岁，从40岁开始衰退；再次是动作和反应速度，18岁达到高峰，持续到29岁，也是从40岁开始衰退；思维能力则在18岁达到高峰，持续到49岁，从50岁以后开始衰退。

表 4.3　各种能力的发展和衰退

年龄（岁）	10—17	18—29	30—49	50—69	70—89
知觉	100	95	93	76	46
记忆	95	100	92	83	55
比较和判断	72	100	100	87	69
动作及反应速度	88	100	97	92	71

注：100为最高，0为最低。

4.3.3　能力的差异

人与人之间在能力上存在着个别差异，正是这些差异决定了人们的行为活动具有不同的效率和效果。能力的差异主要包括：

（1）能力水平的差异。水平差异表现在同种能力的水平高低上。能力水平的高低又集中体现在人的智商（IQ）水平的差异上。心理学研究表明，人的智商状况基本呈正态分布，其中特优智能和智力障碍大约各占2.5%，而95%的人的智商处在正常范围内。如记忆能力，有些人就能过目不忘，而有些人却总是记不住。

消费者的这方面差异要求企业营销者要多和消费者进行有效、重复的沟通。普通消费者一般是非专家购买，能力水平明显和专家购买存在差异，营销者一定要区别对待。

（2）能力类型的差异。这主要指人与人之间具有不同的优势能力。能力的类型差异主要有：能力的知觉差异、能力的记忆差异、能力的想象差异、能力的思维差异等。每个人可能都在某一个方面有优势，但在另一方面没有优势。

在消费实践中，正是由于消费者在优势能力类型上千差万别，才使消费活动的效率与效果明显不同。企业营销者要善于分析这种差异，并采取有效的对策来应对这种差异。

(3) 能力表现时间的差异。能力不仅在水平和类型上存在差异，而且表现时间的早晚也有明显不同。有的人天生聪慧，有的人则大器晚成。消费者能力表现时间的早晚主要与后天消费实践的多少及专门训练的程度有关。

(4) 能力性别的差异。心理学研究表明，性别会导致不同方面的能力差异。如在感知方面，女性一般优于男性，但在空间知觉能力方面不如男性，女性更容易产生各种错觉和幻觉。注意力方面，女性的稳定性优于男性，但注意的转移品质不如男性。男性的注意多定向于物，而女性注意多定向于人。记忆方面，女性擅长形象记忆、情绪记忆和运动记忆，但逻辑记忆不如男性，女性长于机械记忆，而男性长于意义记忆；思维方面，女性更多地偏向于形象思维，而男性则偏向于逻辑思维。从总体上讲，无论是思维的深刻性，还是思维的灵活性、独创性和敏捷性，男性都要优于女性。想象方面，无意想象上的性别差异不明显，但在有意想象的发展上，女性更容易带有形象性的特点，而男性更容易带有抽象性的特点。在创造想象中，男性的水平明显高于女性。虽然国内外大量研究表明，女性的总体智力水平并不弱于男性，但在所取得的社会成就方面，男性却明显高于女性，这主要是由于教育、角色地位、社会期望以及动机水平等因素使女性天赋潜能的发挥受到了限制。

能力的性别差异造成了女性在消费中更感性，更情绪化，更体现出形象思维的特点；而男性在消费中则更理性，更体现出逻辑思维的特点。企业营销者可以根据男女消费者的不同能力特征采取相应的营销对策。一般来说，对待女性消费者首先应该进行形象化营销、感性营销，先在感性上让女性消费者接受、喜欢；而对待男性消费者则应更侧重于理性的诉求。

资料4.3　情商

情商又称情绪或情感商数，用 EQ 表示，它是英文 emotional quotient 的缩写。情商主要是指人在情绪、情感、意志、耐受挫折等方面的品质。总的来讲，人与人之间的情商并无明显的先天差别，更多与后天的培养息息相关。研究表明，一个人成功与否的关键不取决于天资如何而取决于性格和情感因素。天资一般用智商（IQ）表示。

有时人们为了将情商与智商对应，就称其为"情绪智商"。正式提出"情绪智商"这一术语的是美国耶鲁大学的彼得·沙洛维（Peter Salovey）教授和新罕布什尔大学的约翰·梅耶（John Mayer）教授。他们把情感智商描述为由三种能力组成的结构，这三种能力是：准确评价和表达情绪的能力，有效调节情绪的能力，将情绪体验运用于驱动、计划和追求成功等动机和意志过程的能力。1995 年 10 月，美国《纽约时报》专栏作家戈尔曼（D. Goleman）出版了《情商》一书，把情感智商这一学术研究的新成果以非常通俗的方式介绍给大众，并迅速成为世界性的畅销书。一时间，情商这一概念在世界各地得到广泛传播。戈尔曼在其书中声称，情商包括五个方面的能力,即认识自身情绪的能力、妥善管理情绪的能力、自我激励的能力、认识他人情绪的能力和人际关系的管理能力。戈尔曼所提及的这五种能力偏重于我们日常生活中所强调的自知、自控、热情、坚持、社交技巧这些所谓非智力方面的一些心理品质,这些心理品质构成了我们通常所说的生活智慧。

4.3.4 能力在消费方面的表现及内容

1. 消费者能力差异表现

消费者的能力特性与消费行为直接相关,其能力差异必然使他们在购买和使用商品的过程中表现出不同的行为特点,具体可以分为以下几种典型表现:

(1) 成熟型。这类消费者通常具有较全面的能力构成,属于知识型的消费者。他们对于所需要的商品不仅非常了解,而且有长期的购买和使用经验,对商品的性能、质量、价格、市场行情、生产情况等方面的信息极为熟悉,其内行程度甚至超过了销售人员。因此在购买的过程中,他们通常注重从整体角度综合评价商品的各项性能,能够正确辨认商品的质量优劣,很内行地在同类或同种商品之间进行比较选择,并强调自我感受及商品对自身的适应性。这类消费者由于具有丰富的商品知识和购买经验,加之有明确的购买目标和具体要求,所以在购买现场往往表现得比较自信、坚定,自主性较高,能够按照自己的意志独立作出决策,而无须他人的帮助,并较少受外界环境及他人意见的影响,消费购买过程中自我保护能力也强。这类消费者也被称为专家购买型。

(2) 一般型。这类消费者的能力构成和水平处于中等状况,属于略知型的消费者。他们通常具备一些商品方面的知识,并掌握有限的商品信息,但是缺乏相应的消费经验,主要通过广告宣传、他人介绍等途径来了解和认识商品,因此了解的深度远不及成熟型消费者。这类消费者在购买之前,一般只有一个笼统的目标,缺乏对商品的具体要求,因而很难对商品的内在质量、性能、适用条件等提出明确的意见,同时也难以就同类或同种商品之间的差异进行准确比较。限于能力水平,这类消费者在购买过程中,往往更乐于听取销售人员的介绍和厂商的现场宣传,经常主动向销售人员或其他消费者进行咨询,以求更全面地汇集信息。由于商品知识不足,他们会缺乏自信和独立见解,需要在广泛征询他人意见的基础上作出决策,因而容易受外界环境影响和左右,消费购买过程中自我保护能力相对较弱。这类消费者的购买行为也被称为非专家购买,大多数消费者的能力处于这样的水平。

(3) 缺乏型。这类消费者的能力构成和水平均处于缺乏和低下状态,属于无知型的消费者。他们不仅不了解商品知识和消费信息,而且不具备任何购买经验。在购买之前,往往没有明确的购买目标,仅有一些朦胧的意识和想法。在选购过程中,对商品的了解仅建立在直觉观察和表面认识的基础上,缺乏把握商品本质特征及消费信息内在联系的能力,因而难以作出正确的比较选择。这类消费者在决策时,经常表现出犹豫不决，不得要领，极易受环境影响和他人意见左右，其购买行为常常带有很大的随意性和盲目性，但这种状况通常仅存在于对某类不熟悉商品或新产品的消费上。这类消费者的自我保护能力弱，也是非专家购买的一种表现。

当然，不论何种能力及行为类型都是相对的。一个消费者可能在某一方面或某一类商品的消费中表现为成熟型，而对于另一类商品的消费又表现为一般型。此外，随着生活经验的积累，以及个人有意识地自我培养，消费者的能力水平也会不断提高。现实生活中，即使是同一类型的消费者，由于性别、年龄、职业、经济条件、心理状态、空闲时间和购买商品的种类及数量等方面的不同，加之购买环境、购买方式、供求状况、销售人员的仪表和服务质量等方面的不同，也会出现行为上的差异。

通过对消费者能力的了解和把握，企业可以采取针对性的对策来影响消费心理和行为。如果面对成熟型的消费者，企业要多提供专业资料，避免高谈阔论；如果面对一般型消费者，企业要多作介绍，允许消费者进行比较评价，提高消费者的理性认识水平；如果面对缺乏型的消费者，企业要诚实、耐心、全面介绍有关商品信息，让消费者有学习的机会，提高消费者的理性认识水平。

2. 消费者能力内容

消费者的能力构成与差异要求现代消费者必须具备多方面的能力和技能，以适应消费活动复杂化和多样化的要求。消费能力和技能是消费者为实现预期消费目标而必须具备的手段，也是消费者追求和达到满意的消费效果的前提条件。消费者的能力是由多种能力要素构成的有机结构体，根据其层次和作用性质不同，可以分为以下内容：

（1）从事各种消费活动所必需的基本能力。消费者的基本能力表现在对商品的感知、记忆、辨别能力，对信息的综合分析、比较评价能力，购买过程中的选择、决策能力，以及记忆力、想象力等方面。这些基本能力是消费者实施消费活动的必备条件。基本能力的高低强弱会直接导致消费行为方式和效果的差异。

感知能力是消费者对商品的外部特征和外部联系加以直接反映的能力，为进一步对商品作出分析判断提供依据。因此，感知能力是消费行为的先导。消费者感知能力的差异主要表现在速度、准确度和敏锐度方面。

分析评价能力是指消费者对接收到的各种商品信息进行整理加工、分析综合、比较评价，进而对商品的优劣好坏作出准确判断的能力。从信息论的角度考察，消费活动实质是消费者不断接收市场环境输入的商品信息，进行加工处理，然后加以输出的信息运动过程。这一过程的中间环节即加工处理信息，就是要对商品信息进行细致分析和客观评价，去粗取精，去伪存真，进而作出正确的判断。分析评价能力的强弱主要取决于消费者的思维能力和思维方式。有的消费者思维的独立性、灵活性和抽象概括力很强，能够根据已有信息对传播源的可信度、他人行为及消费时尚、企业促销手段的性质、商品的真伪优劣等作出客观的分析，在此基础上形成对商品本身的全面认识，可以对不同商品之间的差异进行深入比较，对现实环境与自身条件综合权衡。有的消费者则缺乏综合分析能力，难以从众多信息中择取有用信息，并迅速作出清晰、准确的评价判断。消费者的分析判断能力与个人的知识经验有关。

选择决策能力是消费者在充分选择和比较商品的基础上，及时果断地作出购买决定的能力。决策能力是消费者能力中一个十分重要的方面，消费者的决策能力直接受到个人性格和气质的影响。由于性格特点和气质类型的不同，有的消费者在购买现场大胆果断，决断力强，决策过程迅速；有的消费者则常常表现得优柔寡断，犹豫不决，易受他人态度或意见左右。决策能力还与消费者对商品的认识程度、卷入深度、使用经验和购买习惯有关。消费者对商品的特性越熟悉，卷入程度越深，使用经验越丰富，习惯性购买驱动越强，决策过程就越果断、迅速，决策能力也相应加强；反之，决策能力会相对减弱。

此外，记忆力、想象力也是消费者必须具备和经常运用的基本能力。消费者在进行商品选购时，经常要参照和依据以往的购买、使用经验及了解的商品知识，这就需要消费者具备良好的记忆能力，而丰富的想象力可以使消费者从商品本身想象到该商品在一定环境和条件下的使用效果，从而激发其美好的情感和购买欲望。

（2）从事特殊消费活动所必需的特殊能力。特殊能力是指消费者购买和使用某些专业性商品所应具有的能力，它通常表现为以专业知识为基础的消费技能。由于特殊能力是针对某一类或某一种特定商品的消费而言的，而商品的种类成千上万，因而消费者的特殊能力也有多种多样的表现形式，但无论何种特殊能力，都有助于消费者取得最佳消费效用。

除适用于专业性商品消费外，特殊能力还包括某些一般能力高度发展而形成的优势能力，如创造力、审美能力等。

（3）消费者对自身权益的保护能力。保护自身权益是现代消费者必须具备的又一重要能力，合法权益是消费者从事正常消费活动、获取合理效用的基本保证。然而，这一权益的实现不是一个自然的过程，这客观上要求消费者不断提高自我保护的能力，才能有效地避免上当受骗和其他各种伤害。

（4）消费者的情商。消费者在消费过程中会面临情商问题，消费者的情商越高，就越会理性地面对企业所采取的各种各样的促销策略，做到消费不冲动。

4.4 人　　格

人格（personality）是心理学中最难下定义的概念之一。人格的定义有 50 种不止，从词源上讲，英文 personality 来源于拉丁文 persona，后者的本意是指面具，即戏剧演员所扮演的角色的标志。面具代表着角色的某种典型特点，如"高傲的人""狡猾的人"等，类似于京剧中的脸谱。这样看来，人格似乎是指一个人在人生舞台上的行为表现。但表现也就意味着被表现，被表现的东西就是内在的，即面具后的东西。

法律上讲"保护人格尊严"，是将人格视为权利义务主体的资格。日常话语中讲"人格高尚"或"人格低下"，是将人格视为道德的主体，与人品、品格同义。但心理学中讲的人格,虽涉及人的权利和责任,也包含人的道德品质,但远远不只是这些方面。心理学中的人格概念,倒是更接近日常话语中的"性格"一词,如内外向、情绪稳定性、处事和待人的方式等。不同的心理学家对人格的理解不同,因而所下的定义也不同。

4.4.1 人格的内涵

人格也称个性,具有整体性、稳定性、独特性和社会性等特点。人格的形成既有遗传的作用,也有环境的因素,还有自我认知的作用。综合各种有关人格的定义可知,它包含了三层含义:

(1) 外在的行为模式。人格通常是指一个人外在的行为模式,就是指个人在各种情境中所表现出来的一贯的行为方式、个人适应环境的习惯系统、个人的生活风格、个人的生活方式、个人与他人互动的方式、个人实现其社会角色的方式、个人做任何事的共同方式,等等。比如一个好迟到的人,做什么事都容易迟到,开会、约会、聚餐,甚至乘火车,都要别人等他(她),合作事务时也是他(她)最后完成承担的任务。

(2) 内在的动力组织。人格更是指一个人内在的动力组织。这包括:稳定的动机,如经常起作用的亲情动机和成就动机;习惯性的情感体验方式和思维方式,如总是从自己的需要和立场出发,还是能设身处地地为他人着想;稳定的态度、信念和价值观等。一个人内部的动力组织决定了其外在的行为模式。

(3) 内外在的统一体。人格就是这样一种蕴蓄于内、形诸于外的统一体,这种统一体往往由一些特质构成,如内外向、独立性、自信心等。当然,表里不一的情况也是常见的,如一个对他人怀有敌意的人可能显得特别友好,但这种经常性的表里不一本身也是一种统一体,即一种人格特质。

4.4.2 人格结构

人格结构就是心理学家所研究的人格特质(personality trait),也就是应该从哪些维度分析人格,人格由哪些因素构成。特质是遗传与环境相互作用而形成的对刺激发生反应的一种内在倾向。特质既可以解释人格,又可以解释性格,因为性格是狭义的人格。

1. 奥尔波特的人格特质论

美国心理学家奥尔波特(Gordon W. Allport)最早提出了人格特质学说。他认为,人格包括两种特质:一是个人特质,为个体所独有,代表个人的行为倾向;二是共同特质,是同一文化形态下人们所具有的一般共同特征。所有人都具有这些人格特质,人与人之间都可以在这些特质上分别加以比较,如外向性,任何人都具备这一特质,个体之间的差异只在于不同的人具备此种特质的多寡或强弱不同而已。

2. 卡特尔的人格因素论

美国另一位心理学家卡特尔(Raymond B. Cattell)根据奥尔波特的观点,采用因素分析法，将众多的性格分为两类特质，即表面特质和根源特质。表面特质只反映一个人外在的行为表现，是直接与环境接触、常随环境变化而变化的，不是特质的本质。经研究，他把性格概括为35种表面特质。根源特质是一个人整体人格的根本特征，每一种表面特质都来源于一种或多种根源特质，而一种根源特质也能影响多种表面特质。他通过多年的研究，找出16种根源特质，它们是乐群性、聪慧性、稳定性、好强性、怀疑性、兴奋性、有恒性、敢为性、敏感性、幻想性、世故性、忧虑性、求新性、独立性、自律性、紧张性。根据这16种各自独立的根源特质，卡特尔设计了"卡特尔16种人格因素问卷"，利用此量表可判断一个人的行为反应。

3. 弗洛伊德的人格结构论

弗洛伊德（Sigmund Freud）是奥地利心理学家，精神分析学派的创始人，他的著作几乎影响了现代人类文化的各个方面。

他将人格划分为三个部分，分别称为本我（id）、自我（ego）和超我（superego）。

本我是人格中最原始的部分，由一些与生俱来的冲动、欲望或能量构成。本我不知善恶、好坏，不管应该不应该、合适不合适，只求立即得到满足，所以本我受快乐原则（pleasure principle）的支配。新生儿就处于这种状态。

自我是出生以后，在外部环境的作用下形成的。儿童需要的满足依赖于外界的提供，因此有时能及时得到，但很多时候不能及时得到，在这种个体与环境的关系中，儿童就形成了自我这种心理组织。自我遵循现实原则（reality principle），使本我适应现实的条件，从而调节、控制或延迟本我欲望的满足，同时自我还要协调本我和超我的关系。

所谓超我是人格的最高部分，是个体在社会道德规范的影响下形成的，特别是在父母的管教下将社会道德观念内化而成的。超我又包括自我理想（ego-ideal）和良心（conscience）。如果自己的行为符合自我理想，个体就感到骄傲；如果自己的行为违反了自己的良心，个体就感到焦虑。超我遵循的是完美原则（perfection principle）。

由于人格中的三个部分分别代表着三种不同的力量，本我追求快乐，自我面对现实，超我则追求完美，所以冲突是不可避免的。有的人能使它们保持相对的平衡与和谐，这些人的人格就是健康的；有的人却不能使三者之间保持相对的平衡与和谐，如一味地放纵本我，或者超我过分地严厉和追求完美，都可能导致生活适应的困难，甚至心理失常。自我强，本我和超我就相对弱，强调自我，这样的人格才是健全的。

弗洛伊德将人的意识层次分为意识、前意识和无意识三个层次，前意识与无意识一起可以称为潜意识，宛如深浅不同的地壳层次，故称之为精神层次。人的心理活动有些是能够被自己觉察到的，只要集中注意力，就会发觉内心不断有观念、意象或情感流过，这种能够被自己意识到的心理活动叫作意识。而一些本能冲动、被压抑的欲望或生命力却在不知不觉的潜在境界里发生，没有进入意识被个体所觉察，这种潜伏着的无法被觉察的思想、观念、欲望等心理活动称为潜意识。弗洛伊德强调人行为中的无意识过程极为重要，他证明了这样的过程如何影响梦的内容，如何造成常见的不幸,如口误、忘记人名、致伤的事故、疾病等。

根据弗洛伊德的人格结构论和潜意识理论,企业营销者可以提供丰富多彩的产品和服务来满足人们不同结构层次的需求,如有限度地满足消费者追求快乐的本我,努力满足消费者追求完美的超我。当然,在满足不同的需求中重点要分析消费者的自我状况,结合现实和理想,满足消费者"自我"的需要。弗洛伊德的潜意识理论表明营销者应该努力去满足消费者潜意识里的需求,消费者不知不觉,而营销者应该先知先觉,通过创造营销来创造需求,让消费者喜出望外,惊喜万分。

与弗洛伊德有师生之谊的瑞士心理学家荣格(Carl G. Jung)提出了非常重要的集体无意识理论。该理论认为,人们身上都存在着集体的、普遍的、深层的不知不觉的心理状态,由于他在所有人身上都是相同的,因此他组成了一个超个性的心理基础。原型是构成集体无意识的最重要内容。集体无意识原型是一种与生俱来的心理模式,包括原始意象、神话、本能、理念等。在中国,儒家的集体人格理想就是君子。鲁迅笔下的阿Q、孔乙己也是中国另一种集体人格的表现。

荣格的集体无意识理论更丰富了人格的内容,为企业提供了进一步运用人类的图腾、神话等共同的心理基础来进行营销的思路。

人格的丰富性和稳定性为研究人的消费行为的丰富性和稳定性提供了根据,一个人所具有的自我概念、生活方式和态度就是其人格的具体表现。

资料4.4 ▶ 九型人格

九型人格是一种了解人类不同个性、探索人与人相处之道的理论。九型人格学说最早出现的时间已不可考,但是研究者都一致认为它的起源非常久远,可能要追溯到公元前2500年或者更早。今天,九型人格成为商界最热门的人际能力培训工具,被诺基亚、惠普、通用汽车甚至美国中央情报局等商业和政府机构广泛应用,以提高其雇员的人际能力和工作效率。九型人格是一门讲求实践效益的应用心理学,它按照人们惯性的思维模式、情绪反应和行为习惯等性格特质,将人分为九种类型。九型人格不受表面的外在行为的变化所影响,揭示的是人们内在最深层的价值观和注意力焦点。需要说明的是,不论你是哪一类型的人,都会有其他类型所拥有的某些特质。

(1) 完美型(完美主义者)。完美型的人做人做事都有自己的标准,希望把每件事都做得尽善尽美,希望自己或这个世界都更完美。时时刻刻反省自己是否犯错,也会纠正别人的错。一般的完美型的人有以下特质:温和友善,忍耐性强,有毅力,守承诺,做事贯彻始终,爱家顾家,守法,喜欢控制,光明磊落,对人对事都力求完美。

（2）助人型（给予者）。助人型的人愿意帮助所有的人，很在意别人的感情和需要，十分热心，看到别人满足地接受他们的爱，才会觉得自己活得有价值。助人型的人有以下特质：温和友善，随和，绝不直接表达需要，婉转含蓄，是"好好先生"或者"好好女士"，慷慨大方，乐善好施。

（3）成就型（实干者）。成就型的人总想出人头地，希望能够得到大家的肯定，是个野心家，他们不断地追求进步，希望与众不同，容易受到别人的注目、羡慕，成为众人的焦点。一般成就型的人有以下特质：自信，精力充沛，风趣幽默，做事有把握，积极进取，注重形象。

（4）艺术型或自我型（悲情浪漫者）。艺术型的人追求独特，很珍惜自己的爱和情感，所以想好好地滋养它们，并用最美、最特殊的方式来表达。他们想创造出独一无二、与众不同的形象和作品，所以不停地自我察觉、自我反省，以及自我探索。一般艺术型的人有以下特质：易受情绪影响，追求不寻常、具有艺术性且富有意义的事物，多幻想，认为死亡、苦难、悲剧才是极具价值和真实的生命，对美感的敏锐可见于其独特的衣着，对布置环境的品位显出其独特性，极具创造力，容易沮丧或消沉，常觉生命是一场悲剧。

（5）理智型或者思想型（观察者）。理智型人物想要了解世界和人，想借获取更多的知识，来了解环境、面对周遭的事物。他们想找出事情的脉络与原理，以作为行动的准则，有了知识和思路，他们才会行动，也才会有安全感。一般理智型的人有以下特质：温文儒雅，有学问，条理分明，表达含蓄，沉默内向，欠缺活力，反应缓慢，对许多事物"隔岸观火"。

（6）忠诚型（怀疑论者）。忠诚型的人做事小心谨慎，不轻易相信别人，多疑虑，喜欢群体生活，为别人做事尽心尽力，不喜欢受人注视，安于现状，不喜转换新环境，相信权威又容易反权威，性格充满矛盾。他们的团体意识很强，需要亲密感，需要被喜爱、被接纳并得到安全的保障。一般忠诚型的人有以下特质：忠诚，警觉，谨慎，机智，务实，守规矩，是纪律的维持者。

（7）享乐型或者开朗型（乐天主义者）。享乐型的人充满快乐，能乐观地面对现实，想过愉快的生活，想创新，擅于自娱娱人，渴望过比较享受的生活。他们喜欢投入快乐及情绪高昂的世界，所以他们总是不断地寻找快乐、经历快乐。一般享乐型的人有以下特质：快乐热心，活动积极，怕严肃认真的事情，多才多艺，对玩乐的事非常熟悉，也会花精力钻研，常用嬉笑怒骂的方式对人对事，健谈。

（8）领袖型或者保护型（挑战者）。领袖型人物是绝对的行动派，一碰到问题便马上采取行动去解决。想要独立自主，一切靠自己，依照自己的能力做事，要建设前不惜先破坏，想带领大家走向公平、正义。一般领袖型的人有以下特质：具有攻击性，以自我为中心，轻视懦弱，尊重强人，能为受压迫者挺身而出，冲动，有什么不满意会当场发作，往往主观行事。

> （9）和平型（调和者）。和平型的人愿意息事宁人，显得十分温和，不喜欢与人起冲突，不自夸，不爱出风头，个性淡薄。想要与人和谐相处，避开所有的冲突与紧张，希望事物能维持美好的现状，忽视会让自己不愉快的事物，并尽可能让自己保持平稳、平静。和平型的人有以下特质：温和友善，忍耐性强，随和，怕竞争，对大多数事物没有多大的兴趣，不喜欢被人支配，不直接表达不满。

4.4.3 人格类型

根据气质理论、九型人格理论及性格色彩理论，对应12种性格色彩组合，我们尝试总结出12种基本人格类型，这12种人格是先天本色（本性）与后天染色（环境）的共同影响所形成的人格类型。

（1）开朗型（活跃型）。这一类人是乐天主义者，能乐观地面对现实，想过愉快的生活，想创新，可以自娱娱人，渴望过比较享受的生活，他们喜欢投入快乐及情绪高昂的世界，所以他们总是不断地寻找快乐、经历快乐，怕对待严肃认真的事情，多才多艺，对玩乐的事非常熟悉，也会花精力钻研，常用嬉笑怒骂的方式对人对事，健谈，浪漫。开朗型更有可能在红色的性格色彩中。

（2）平和型（和平型）。平和型的人愿意息事宁人，显得十分温和，不喜欢与人起冲突，不自夸、不爱出风头，个性淡薄，想要与人和谐相处，避开所有的冲突与紧张，希望事物能维持美好的现状，忽视会让自己感到不愉快的事物，并尽可能让自己保持平稳、平静，他们温和友善，忍耐性强，随和，怕竞争，对大多数事物没有多大的兴趣，不喜欢被人支配，不直接表达不满。平和型更有可能在绿色的性格色彩中。

（3）成就型（实干型）。成就型的人总想出人头地，希望能够得到大家的肯定，想成为领导者，控制欲强，不断追求进步，希望与众不同，容易受到别人的注目，成为众人的焦点，自信，活力充沛，有幽默感，做事有把握，处世圆滑，积极进取，立足实干和行动，但也容易冲动和急躁。成就型更有可能在黄色的性格色彩中。

（4）完美型（苛刻型）。完美型的人做人做事都有自己的标准，希望把每件事都做得尽善尽美，希望自己或这个世界都更完美。他们会时时刻刻反省自己是否犯错，也会纠正别人的错，温和，忍耐性强，有毅力，守承诺，心思缜密，做事能贯彻始终，但不爱与人主动交流，一般表现为对人对事热情不高。完美型更有可能在蓝色的性格色彩中。

（5）助人型（博爱型）。助人型的人愿意帮助所有的人，很在意别人的感情和需要，热心，有宗教情结，看到别人接受他的爱，才会觉得活得有价值，温和友善，随和，不直接表达需要，婉转含蓄，慷慨大方，乐善好施。助人型更有可能在绿＋红或红＋绿的性格色彩中。

（6）思想型（智慧型）。思想型的人想要了解世界和人，想获取更多的知识，来了解环境，面对周遭的事物。他们想找出事情的脉络与原理，作为行动的准则，有了知识和思路,他们才会行动,也才会有安全感。他们温文儒雅,有学问,条理分明,但表达含蓄,沉默内向,欠缺活力,反应缓慢,对许多事物"隔岸观火"。思想型更有可能在绿色或绿+蓝或蓝+绿或绿+红的性格色彩中。

(7) 艺术型(感觉型)。他们往往是悲情浪漫者,追求独特,很珍惜自己的爱和情感,所以想好好地滋养它们,并用最美、最特殊的方式来表达。他们想创造出独一无二、与众不同的形象和作品,所以不停地自我察觉、自我反省、自我探索。他们易受情绪影响,倾向追求不寻常的事物,多幻想,但孤傲,容易消沉,常觉生命是一个悲剧。艺术型更有可能在蓝色或蓝+绿或绿+蓝的性格色彩中。

(8) 怀疑型(忠诚型)。这类人做事小心谨慎,不轻易相信别人,多疑虑,不喜欢受人注视,安于现状,不喜转换新环境,相信权威又容易反权威,性格充满矛盾。他们的团体意识很强,需要亲密感,需要被喜爱、被接纳并得到安全的保障,他们忠诚、警觉、谨慎、守规,但也往往对人对事要求苛刻,不相信别人。怀疑型更有可能在蓝色或蓝+黄的性格色彩中。

(9) 领袖型(控制型)。这类人独断,有时具攻击性,对生命抱着"一不做二不休"的态度。他们具有支配力,并毫无倦怠地支持有价值的事件,处于压力和自我防卫时又会固执倔强,远离人群,会对人盘算,以自己的论据去强迫他人就范,有时扮成专家形象。领袖型更有可能在黄+蓝或蓝+黄的性格色彩中。

(10) 势利型(功利型)。他们对有财有势的人趋奉,趋炎附势,重眼前利益,缺乏真情实意,不可同患难,会有意或无意地伤害别人的自尊和感情,讲求物质生活,以消费和高消费为乐趣及满足,自私,急功近利,但表面有时还会故意或无意进行辩解,给人不势利的感觉。势利型更有可能在红色或红+黄或红+绿的性格色彩中。

(11) 报复型(破坏型)。他们以攻击的方式向那些曾给自己带来挫折、不愉快的人发泄怨恨和不满,当有人与自己的行为相冲突时,他首先想到的便是对方有意跟自己过不去,于是立即想出报复的方法,在报复的同时,认为自己这样做非常正确。报复型的人最主要的特征一方面是脾气暴躁、控制欲强,另一方面又压抑、苛刻、固执、心胸不够宽广。报复型更有可能在黄色或黄+蓝或蓝+黄的性格色彩中。

(12) 冷漠型(狭隘型)。这类人不注重外部世界的变化,只关心自己的内心世界。一切靠自己,依照自己的能力做事。对他人冷漠、孤傲,以自我为中心。有什么不满意不会当场发作,但会记在心中。他们心思缜密,小心谨慎。但心胸狭隘,不可得罪。冷漠型更有可能在蓝色或蓝+黄的性格色彩中。

4.4.4 人格对企业营销的启示

人格广义上包括了人的气质、性格和能力,其中性格是人格的核心。因为人的气质、性格、能力等因素不管是从先天因素还是后天因素来看都各不相同,所以企业要善于从人格层面综合地分析消费者的心理倾向,面对先天及后天环境的复杂性及现实性,真正做到以消费者为中心来采取更具针对性的营销策略。

1. 全面分析消费者人格

全面分析消费者人格是指企业在采取营销策略之前，对消费者人格分析要兼顾气质、性格、能力等因素对消费者心理的影响，兼顾先天因素和后天环境（文化、政治、经济、社会角色、家庭、社会阶层、人际关系等），对消费者进行全面的分析和认识。

对企业而言，市场营销一要注意产品和服务为消费者带来的功能利益，二要发现消费者需要的情感利益，二者缺一不可。长期消费者关系的建立要求企业长远的目标与客户长久的利益相一致，彼此以诚相待，不是一锤子买卖。共赢营销需要企业有更广阔的视野和对消费者更全面的认知，让消费者从企业的营销行为和服务中受益。

2. 重点分析消费者人格

重点分析消费者人格是指在全面分析了消费者人格的基础上把握重点。首先要把握消费者的性格重点，性格是人格的核心。其次要把握不同消费者的性格重点，也就是把握消费者的不同个性，进行个性化营销。

个性化营销包含两个方面的含义：一方面是指企业的营销要有自己的个性、用自己的特色创造出需求吸引消费者；另一方面是针对性地满足消费者个性化的需求。

品牌个性是指那些同品牌相联系的性格特征。站在消费者的角度，品牌个性极其重要。品牌个性可以被定位为品牌全面形象的一部分。比如百事公司把百事可乐品牌定位为"年轻和趣味"，而旗下的品牌"激浪"被定位为一个充满活力与激情的品牌。

3. 深入分析消费者人格

深入分析消费者人格是指对消费者个性进行更具体和深入的分析，不但要了解消费者人格中显现的需求和动机，更要了解消费者人格中自己没有发现的需求和动机。

消费者不知不觉，企业要先知先觉，超消费者意识之前，进行超前营销。深入分析消费者人格，敏感地抓住消费者心里难以说得清、道得明的情怀，而这种情怀其实就是抓住了消费者的心理所需，消费者最想要而又最欠缺的就是最能吸引他们的。

对质量的要求一直都是消费者显现和潜在的心理要求，是消费者人格中最基本也是最深入的特征。一般来说，品牌被感知为高质量后，就深入成就了企业与消费者品牌关系的优异结构，在这样的情形下，消费者不断提升自己对特定品牌的忠诚度，并能不断培养消费者对品牌关系的信任度。

本章总结

消费者的一般心理过程及其个性的倾向性受到消费者个性特征的影响。消费者的气质表现为先天的特征，典型的气质特征有黏液质、多血质、胆汁质和抑郁质。企业营销者要善于发现消费者的气质特征，并采取相应的有效对策。

一般的消费性格可以表现为节俭型、慎重型、顺从型、保守型、挑剔型、时尚型和傲慢型等。企业营销者要认识到消费者的消费性格特征,采取针对性的对策去满足或者引导消费。

能力落实到一般心理过程中,可以表现为认知能力、控制能力和活动能力等方面。消费者的能力差异可分为成熟型、一般型和缺乏型。消费者的能力一般包括了基本能力、特殊能力和自我保护能力。

人格是人的个性特征的综合体现,性格在人格中起着核心的作用。弗洛伊德的人格结构论包括本我、自我和超我三个部分。企业营销者应该根据人格的结构,采取灵活、有针对的营销对策。

本章关键词

气质　性格　能力　情商　人格

思考题

1. 气质的类型有哪些?落实到消费中会有哪些表现?对企业营销有何启示?
2. 性格的特征体现在哪些方面?消费者性格主要表现有哪些?
3. 消费者能力差异是什么?消费者能力应该包括哪些内容?
4. 消费者能力状况要求企业营销应做好哪几个方面的工作?
5. 试分析人格的内涵及内容。
6. 弗洛伊德的人格结构论对企业营销有何启示?
7. 个体无意识和集体无意识对企业营销有何启示?

第 5 章

自我概念、生活方式与消费态度

开篇案例 潮牌如何向年轻一代讲故事

中国的 80 后、90 后和 00 后人口数量加起来已达到 5.49 亿。如果你亲见优衣库和 KAWS 联名款 T 恤被粉丝疯抢的场面，你就一定会被联合 IP 和年轻一代消费者的能量吓到。

优衣库与 KAWS 联名系列 T 恤最高售价仅 99 元。正式发售当日，年轻的粉丝们天还没亮就去排队，门店一开门就疯了似的往里跑，有的跑掉了鞋、有的跑丢了手机，仅 3 秒钟时间，货架上的衣服被抢夺一空，有人不看尺码抱起就走，有人直接从模特身上扒衣服，还有人为了一件衣服大打出手。如果你以为仅仅是因为这款产品的价格便宜，那就大错特错了。这场优衣库抢夺事件背后，是联合 IP 变现，是中国消费新势力的崛起。

KAWS 备受瞩目的原因在于敢于颠覆、打破陈规，向更高的阶层发起挑战。在奢侈品都开始年轻化、亲民的时代，KAWS 全新的表达方式吸引了年轻一代的消费兴趣。

这是一个成也 IP、败也 IP 的时代。所谓 IP，是 intellectual property 的简称，其实就是知识产权，是某种文化累积到一定程度，引起量变到质变的现象。

提到 IP 经济，迪士尼堪称鼻祖。从 20 世纪 20 年代开始，迪士尼就开始打造动漫 IP，其中年纪最大的要数诞生于 1928 年的米老鼠。尽管已经 91 岁，米老鼠依旧是迄今为止在全球范围内辨识度最高、最受欢迎的超级 IP，甚至已经成为美国的一部分，一种文化符号。

在市场中，IP 不只是知识产权，它可以是一个神话故事，比如哪吒；一个社会现象，比如"佛系 90 后""丧文化"等；一个卡通形象，比如熊本熊、小猪佩奇等。各个品牌都在寻找自己的 IP 基因，如吉祥物、创始人故事、情怀等。

在日本大受欢迎的熊本熊就是日本熊本县为取得更好发展特意找人设计、打造的一个吉祥物。熊本熊的造型和举止戳中了年轻人喜欢呆萌、要贱又可爱的"痛点"，全身黑乎乎、胖嘟嘟，脸蛋上的两抹腮红越发让人觉得蠢萌可爱，因此很快得到人们的喜爱。

中国传统文化拥有五千年的历史，IP基因非常强大。比如"故宫淘宝"的IP是宫廷文化。让"皇上""格格""太监"等古老的形象搭配萌萌哒的表情和一些装酷耍帅扮靓的台词，重新出现在大众面前，成了新的流行趋势。

现如今二次元动漫卡通形象的带货能力完全不亚于各路明星，优衣库的抢夺事件可见一斑。国内当红动漫形象"吾皇万睡"和"阿狸"都是优质IP跨界营销的典范。"吾皇万睡"是漫画师白茶笔下的一个漫画形象，这一漫画形象主打猫的"傲娇"性格，这一点不仅契合当下年轻人的"傲娇"、自恋心态，依托这一形象所设计的内容大多也反映了宠猫但被猫嫌弃的猫奴们的心情，因此深受年轻人喜爱。目前，"吾皇"的微信公众号粉丝超百万，每篇推文阅读量都在10万以上，拥有如此强大的粉丝量，这个IP与电商的合作就更加顺风顺水。在"吾皇万睡"官方淘宝店，有手机壳、公仔、折扇、T恤等多种产品。不仅如此，"吾皇"授权业务已自成体系，与微软、大悦城、伊利、屈臣氏等企业建立合作。

"阿狸"同样如此，迄今为止，"阿狸"的出版物突破300万销量，在线上拥有千万注册粉丝。周边产品层出不穷，合作伙伴包括中国银行、麦当劳、五月花、悦诗风吟、周大福、相宜本草、屈臣氏等，衍生品类覆盖毛绒公仔、服饰、箱包、家居生活、文具等。

资料来源：李光斗：《IP联合新势力：潮牌如何向年轻一代讲故事》，http://liguangdou.blogchina.com/562123409.html，2020年4月23日访问。

自我概念是个人将他或她自身作为对象的所有思想和情感的总和，生活方式是一个人自我概念的外在表述，也就是说，在给定的收入和能力约束下，一个人选择的生活方式，在很大程度上受到一个人现在的自我概念影响。自我概念和生活方式都会构成消费态度，这些都会直接影响到消费者的购买决策和行为。

自我概念、生活方式和消费态度都是性格的具体表现。

5.1 自 我 概 念

自我概念（self-concept），也称自我形象，是以个体的自我为核心展开的，是个人对自己的气质、性格、能力等个性特征的知觉、了解和感受的总和。换言之，即自己如何看待自己。自我概念回答的是"我是谁"和"我是什么样的人"这类问题，它是个体自身体验和外部环境综合作用的结果。

自尊（self-esteem）是指一个人自我概念的积极性。自尊心是人对自身所持的态度。自尊心强，就是对自身持有好感；自尊心弱，就是对自身无好感。自尊心较弱的人认为自己不会表现得很好，所以就会努力地避免尴尬、失败或是被拒绝。

一般来说，消费者将选择那些与自我概念相一致的产品、品牌或服务，避免选择与自我概念相抵触的产品、品牌和服务。自尊广告试图通过激起对自我的积极评价来改变消费者对产品的态度,其中的一种策略就是先挑战消费者的自尊,然后展示一种能对自尊进行修复的产品,从而在两者之间建立起联系;另一种策略就是直接地奉承和赞扬。

5.1.1 自我概念的形成与构成

1. 自我概念的形成

自我概念是个人在社会化过程中,通过与他人交往以及与环境发生联系,对自己的行为进行反观自照而形成的。其中主要受到四个方面因素的影响:

(1) 通过自我评价来判断自己的行为是否符合社会所接受的标准,并以此形成自我概念。

(2) 通过他人对自己的评价来进行自我反映评价,从而形成自我概念。他人评价对自我评价的影响程度取决于评价者自身的特点和评价的内容。通常,评价者的权威性越大,与自我评价的一致性越高,对自我概念形成的影响程度也就越大。

(3) 通过与他人的比较来观察自己而形成和改变自我概念。

(4) 通过从外界环境获取有利信息来促进和发展自我概念。人们受趋利避害的心理驱使,往往希望从外界环境中寻找符合自己意愿的信息,而不顾及与自己意愿相反的信息,以此证明自己的自我评价是合理、正确的,这一现象证明了人们经常从自己喜欢的方面来看待评价自己。

2. 自我概念的构成

自我概念研究最早可追溯到美国心理学家詹姆斯对自我的讨论。詹姆斯将自我分为"主体我"(I)和"客体我"(me)。客体我由三个要素构成:物质我(material self)、社会我(social self)和心理我(mental self),这三个要素都包括了自我评价、自我体验以及自我追求等侧面。詹姆斯认为,三种客体我都接受主体我的认识和评价,对自己形成满意或不满意的判断,并由此产生积极或消极自我体验,进而形成自我追求,即主体我要求客体我努力保持自己的优势,以受到社会与他人的尊重和赞赏。

自我概念实际上是在综合自己、他人或社会评价的基础上形成和发展起来的。这其中包含四个基本组成部分或要素:实际的自我、理想的自我、他人实际的自我、他人理想的自我。四项要素之间存在着明确的内在联系。通常情况下,人们都具有从实际的自我概念向理想的自我概念转化的意愿和内在冲动,这种冲动成为人们不断修正自身行为,以求自我完善的基本动力。不仅如此,人们还力求使自己的形象符合他人或社会的理想要求,并为此而努力按照社会的理想标准从事行为活动,正是在上述意愿和动机的推动下,自我概念在更深层次上对人们的行为产生影响,制约和调节着行为的方式、方向和程度。

美国的德尔·I. 霍金斯等人认为,消费者的自我概念包括四个部分:实际的自我、理想的自我、私人的自我和社会的自我。实际的自我是"我现在是什么样",而理想的自我则是"我想成为什么样"。私人的自我是指我对自己怎么样或我想对自己怎样。社会的自我则是别人怎样看我或我希望别人怎样看我。

自我概念的四种类型都会影响消费者的行为并为制定营销战略提供一种洞察力。例如，产品可以通过强化（保持）私人的或者社会的自我概念来进行促销。

自我概念又可以分为两种类型：依存型和独立型。

独立型自我的构建是基于占统治地位的西方文化观念，即认为个人生来都是独立的，独立的自我概念强调的是个人的目标、特性、成就和愿望。具有独立自我概念的个体倾向于个性化、利己主义、自治、独断专行和沉默寡言，他们以自己做过什么、有什么，即自己能与别人相区别的特征来限定自己的生活。

依存型自我的构建更多地基于亚洲文化，基于这种文化所信奉的人们相互联系、相互依存的信念。依存型自我强调家庭、文化、职业和社会联系，具有依存自我概念的个体倾向于服从、以社会为中心、注重整体和协同，他们以社会角色、家庭关系和与所处群体，包括种族和国家群体内其他成员的共同性来界定自己的生活。

研究发现，个体和文化是更倾向独立的自我还是依存的自我，对消费者的信息偏好，是否和在多大程度上消费奢侈品，喜好何种产品类型等均有重要影响。例如，强调独立和自主的广告对独立型自我的消费者可能更为有效，而强调团队精神的广告对依存型自我的消费者会更加有效。

现在，人们创造了成千上万个人网站来描述自己，这与人们希望把某一个自我（也许是理想的自我）融入通俗文化的动机有关。在这些网站上，人们显现虚拟的身份或化身，从真实的自我形象到"夸张的"假扮形象（超级英雄）都有，现实生活中的规范正在悄悄地进入虚拟世界中。

5.1.2 自我概念与消费

1. *自我概念与产品的一致性*

自我概念作为影响个人行为的深层个性因素，同样存在于消费者的心理活动中，并对其消费行为产生深刻的影响。商品和劳务作为人类物质文明的产物，除具有使用价值外，还具有某些社会象征意义。不同档次、质地、品牌的商品往往蕴含着特定的社会意义，代表着不同的文化、品位和风格。通过对这些商品或劳务的消费，可以显示出消费者与众不同的个性特征，加强和突出个人的自我形象，从而帮助消费者有效地表达自我概念，并促进实际的自我向理想的自我转化。

大量实践证明，消费者在选购商品时，不仅仅以质量优劣、价格高低、实用性能强弱为依据，还把商品品牌特性是否符合自我概念作为重要的选择标准，即判断商品是否有助于"使我成为我想象或期望的人"，以及"使我成为我希望他人如何看待的人"。如果能够从商品中找到与自我印象或评价一致（相似）之处，消费者就会倾向于购买该商品。例如，一个自认为气质不凡、情趣高雅、具有较高欣赏品位的消费者购买服装时，会倾心于那些款式新颖、色调柔和、质地精良、做工考究、设计独特的服装，而不喜欢大众化、一般化的款式种类。由此可见，消费者购买某种品牌的商品与他们的自我概念是比较一致的。深入研究消费者的自我概念，可以进一步得出结论，消费者购买某种商品，不仅是为了满足特定的物质或精神需要，同时还出于维护和增强自我概念的意愿。在这一意义上，购买商品成为加强自我概念的手段，自我概念则成为控制购买行为的中心要素。

消费者一旦形成了某种自我概念，就会在这种自我概念的支配下产生一定的购买行为。例如，美国进行的一项对 336 名大学生的调查发现，凡是饮用啤酒的学生都把自己看得比不饮用啤酒的人喜欢社交、有自信心、性格外向和善于待人接物。当前，中国的 80 后、90 后在消费过程中十分突出"我的地盘我做主"的自我概念。

2. 延伸的自我

延伸的自我由自我和拥有物两部分构成。也就是说，我们倾向于部分根据自己的拥有物来界定自我。因为某些拥有物不仅是自我概念的外在显示，它们同时也构成自我概念的一个有机部分。从某种意义上说，我们就是我们所拥有的，如果失去了那些关键性的拥有物，我们将成为不同的或另外的个体。

迈克尔·R. 所罗门在《消费者行为学》一书中把延伸的自我分为四个层次，包括从非常私人的物品到广大社会环境中的地点或物品。

(1) 个体水平：消费者将个人财产中的很大一部分纳入自我定义。这些产品可以包括珠宝饰品、汽车、衣服等。个人拥有的东西是其身份的一部分。

(2) 家庭水平：包括消费者的住宅及内部陈设。房子可被视为家庭的象征载体，而且人们住的地方也往往是身份的核心部分。

(3) 社区水平：消费者会按照自己所在的地区或者城镇来介绍自己。这是一种归属感的体现。

(4) 群体水平：对特定社会群体的依恋也可被视为自我的一部分。消费者可以把曾经的群体纪念或者目前自己所处的群体看成延伸自我的一部分。

3. 生理的自我

由于许多消费者想要达到某种理想外表，于是他们常常竭尽全力来改变生理自我的方方面面。从化妆品到整形手术，从日光浴到减肥饮料，大量产品和服务都以改变或保持生理自我的各个方面、展现理想的外表为目标。对许多营销活动而言，如何强调生理自我这一概念（以及消费者改善外表的欲望）的重要性都不为过。

外表是个人自我概念的重要组成部分。形体意象（body image）是指消费者对身体自我的主观评价。和总体自我概念一样，形体意象也不一定准确，一位男性想象中的自己可能比实际更魁梧强壮，一位女性又可能感觉自己很胖，而事实并非如此。

身体专注（body cathexis）是指个人对自己身体的感受。专注是指特定物体或观念对于个人在情感上的重要性，而身体的某些部位比其他部位对于自我概念来说更具意义。国外一项关于年轻人对其身体感受的研究发现，受访者最满意自己的头发和眼睛，而对腰部的感觉最为消极，这些感受也与消费者使用修饰的产品有关。对身体越满意的消费者，越常使用"装扮"产品，如护发素、化妆品、香水、牙齿漂白剂等。

个人对自己展现在他人眼前的形象的满意程度，受到这一形象与其文化所欣赏的形象之间的一致性的影响。美的典范（ideal of beauty）是指在外貌方面的典范或榜样，无论男女，美的典范都既包括生理特征，也包括穿衣风格、妆容、发型、肤色及体形等。

5.1.3 面对自我概念的营销对策

消费者自我概念的研究对于产品设计和销售具有重要的指导作用。新产品设计的主要依据应当符合消费者某种特定的自我概念，也就是说，当现有产品不能与消费者的自我概念相匹配时，才有必要设计和生产新产品。而新产品不仅要在质量、外观、性能上有别于老产品，更要具有独特的个性和社会象征意义，能够体现出尚没有特定商品与之相匹配的消费者的自我形象。在商品销售中，了解消费者的自我概念，告诉他们哪些商品与其自我形象一致，哪些不一致，向消费者推荐最能反映其形象特征的商品，可以有效地影响和引导消费者的购买行为，因而是商品销售的重要方式和成功要诀。

有些消费动力来源于理想与现实的落差，因此企业可以通过"揭示差距"与"提高理想"两个角度来加强动力。揭示差距其实是揭露消费者实际自我概念的缺憾，而提高理想则是通过打造一个令消费者幻想的舞台来提高其心目中理想的自我概念。

延伸自我的概念和简单拥有效果对营销策略的制定具有许多启发意义，导致潜在消费者想象拥有产品的信息可能会提高消费者对产品的评价，同样，派发样品和试用活动也会产生类似的结果。

营销者常常利用消费者扭曲形体意象的倾向，通过捕捉消费者对外表的不安全感，制造现实和理想的身体自我之间的差距，从而激发出消费者购买产品和服务以弥补这一差距的欲望和愿望。

资料5.1 *皮格马利翁效应*

> 皮格马利翁效应（Pygmalion effect），也称为罗森塔尔效应，由美国著名心理学家罗森塔尔提出，指人们基于对某种情境的知觉而形成的期望或预言，会使该情境产生适应这一期望或预言的效应。
>
> 远古时候，塞浦路斯国王皮格马利翁喜爱雕塑。一天，他成功塑造了一个美女的形象，爱不释手，每天以深情的眼光观赏不止。看着看着，美女竟活了。
>
> 你期望什么，你就会得到什么，你得到的不是你想要的，而是你期待的。只要充满自信地期待，只要真的相信事情会顺利进行，事情一定会顺利进行；相反，如果你相信事情不断地受到阻力，这些阻力就会产生，成功的人都会培养出充满自信的态度，相信好的事情一定会发生。
>
> 皮格马利翁效应告诉我们，对一个人传递积极的期望，就会使他进步得更快，发展得更好。反之，向一个人传递消极的期望则会使人自暴自弃，放弃努力。

5.2 生活方式

生活方式（lifestyle）就是一个人（或一个家庭）如何生活。它是指在文化、价值观、人口统计特征、个性特征、社会阶层和参照群体等诸多因素的综合作用和影响下，一个人所表现出来的各种行为、兴趣和看法。生活方式也就是一个人在行动中表现自我的方式。生活方式的研究为我们提供了一种了解消费者日常需求的途径，营销人员可以通过产品定位来满足人们对自己喜爱的生活方式的追求。

生活方式并不是一成不变的，生活方式受文化、人口统计特征、价值观等诸多因素影响，而这些因素自身也在变化，因此，消费者的生活方式也会随之改变。

从价值取向来分析，中国人的生活方式大致包括这样一些类型：时尚式（新潮、崇洋）、个性式（另类、叛逆）、旅行式（自由、体验）、成就式（成功、光耀）、奢侈式（豪华、炫耀）、简约式（简单、精致）、简朴式（简单、朴素）、田园式（休闲、自然）、健康式（养生、克制）、追随式（大众、普通）等。

5.2.1 生活方式的测量

要划分生活方式必须有对生活方式进行测度的标准和方法，比较流行的两种方法是 AIO（活动、兴趣、意见）清单调查法和 VALS（价值观与生活方式）调查法。

1. AIO 清单调查法

这是最初的一种测度生活方式的工具，它将活动（activity）、兴趣（interest）和意见（opinion）罗列在一份清单上，清单的形式是上百条陈述性语句，受调查者可以表达对这些陈述同意或不同意的程度。通过对调查结果的统计分析将消费者划分到不同的生活方式群体中。后来，研究人员发现 AIO 清单过于狭窄，又增加了态度、价值观、人口统计特征、媒体使用情况等测量内容。

有学者按 AIO 清单的一般性程度将其分为综合的 AIO 清单和特定产品的 AIO 清单两种。综合的 AIO 清单可以用于所有产品类别，使用在广义的市场细分中。而特定产品的 AIO 清单则专门针对某一种产品，它一般由生产商设计，以便对自己的顾客进行分类，从而作出科学的营销决策。

生活方式量表在市场细分、产品定位和促销沟通活动中有着广泛的应用价值。例如，"我购买服装的时候，既看中款式又看中价格""我与朋友经常谈有关时尚的问题""我认为穿漂亮衣服是表现自己的一种重要方式"。在这样的有关时装方面的量表中，可以通过同意程度高低来判断消费者对时装的态度，从而细分若干个市场，并采取相应的营销策略。

2. VALS 调查法

价值观和生活方式结构法（values and lifestyles，VALS）是 SRI（Strategic Business lnsight）商业咨询公司的价值观和生活方式项目。它的做法是先对消费者进行调查，通过调查确定消费者有哪些活动、利益和观点，然后在此基础上对生活方式进行分类。后来，SRI 对 VALS 调查法的分组法进行了修改，形成了 VALS2 调查法。VALS2 调查法根据人们的心理特征、教育程度、收入状况、自信程度、购买欲望等因素将消费者分为八组。

（1）实现者。这类人成功、活跃、老练，是富有自尊感的"领导式"人物。他们热衷于自身成长，追求发展和探索，喜欢以各种方式实现自我，形象对他们很重要，他们喜欢接受新产品和新技术，怀疑广告，阅读很广泛，看电视较少。实现者是现在的或潜在的商界领导人物，他们具有广泛的兴趣，关心社会事物，乐于接受变化，勇于面对挑战，他们所拥有的财物和所从事的娱乐活动折射出其对精美事物所具有的审美情趣与素养。

（2）完成者。他们成熟、安逸、善于思考，讲求实际，对形象和尊严要求不高，喜欢教育性和公共事务性的节目，经常阅读。他们中的绝大多数受过良好教育，从事专业性工作，他们知晓国内外大事，乐于寻找机会拓宽知识面，对职业、家庭和生活状态均感到满意，闲暇活动以家庭为中心。完成者对于权威机构和社会礼节持适当的尊重，但乐于接受新思想和社会变化，他们按准则行事，沉着、自信、保守，但富于实际。购买产品时，追求功用、价值和耐用性。

（3）信奉者。他们信守传统的家庭、社会道德观念，做事循规蹈矩，喜欢国产货和声誉好的品牌，阅读兴趣广泛，爱看电视。

（4）成就者。他们事业有成，对工作和家庭非常投入，喜欢自己主宰生活，形象对他们很重要，喜欢购买能显示成就的产品。

（5）奋争者。他们寻求从外部获得激励、赞赏和自我界定，他们努力寻找生活中的安全位置。他们缺乏自信，经济社会地位较低，关心别人的评说。奋争者将金钱视为成功的标准，因常感经济拮据而抱怨命运的不公。他们易于厌倦和冲动，他们中的许多人追赶时尚，企图模仿社会资源更为丰富的人群，但总是因超越其能力而倍感沮丧。他们注重个人形象，收入较少，钱主要用于服装和个人护理。

（6）体验者。体验者年轻、生机勃勃、冲动且具有反叛精神。他们寻求丰富多彩的生活和刺激，崇尚时新，敢于冒险。他们的价值观处于形成过程中，对新事物的热情来得快，消失得也快。在其生活的这一阶段，他们对政治比较冷淡，也缺乏对社会的了解，由于涉世不深，在信念上也常处于摇摆不定的状态。这类消费者的购买行为属于冲动型，比较关注广告。

（7）制造者。他们不关注豪华奢侈品，只购买基本的生活用品，通过自己修理汽车、建造房屋等体验生活。制造者是务实、有建设性技能和崇尚自给自足价值观的一个群体。他们生活在传统家庭与工作氛围下，对其他事物不太关心。

（8）挣扎者。他们生活在社会的底端，教育程度低，缺乏技能，没有广泛的社会联系。他们常受制于人和处于被动，因为他们必须为满足现时的迫切需要而奋争，很少表现出强烈的自我取向。他们最关心的是健康和安全，在消费上比较谨慎，对大多数产品和服务来说，他们代表了一个中等程度的市场，对喜爱的品牌比较忠诚。他们使用购物赠券，相信广告，经常看电视，阅读小报。

2002年，中国新生代市场监测机构宣布在中国消费者细分市场的分群深度研究上取得了重大成果，形成了中国消费者生活形态模型——CHINA-VALS。中国消费者被分为14种族群。其中，理智事业族、经济头脑族、工作成就族、求实稳健族、消费节省族6种族群为积极形态派，占整体的40.41％；个性表现族、平稳求进族、随社会流族、传统生活族、勤俭生活族5种族群为求进务实派，占整体的40.54％；工作坚实族、平稳小康族、现实生活族3种族群为平稳现实派，占整体的19.05％。

3. 地理生活方式法和国际生活方式法

地理生活方式的逻辑是：具有相同的文化背景、收入和观念的人们，自然而然地会相互吸引。他们选择和相似的人为邻，能够相互帮得上忙，并且他们的生活方式是相容的。一旦安居下来，人们会自然模仿邻居。他们采取相似的社会价值观，形成类似的品位与期望，在产品、服务的购买以及媒体使用等方面展现共同的行为模式。

国际生活方式是一种跨文化的、可辨别的生活方式。为适应迅速发展的国际市场营销的需要，人们对于发展跨文化生活方式的测量进行了大量的探索。罗伯—斯塔奇国际公司进行了一项大型跨国调查，并总结出基于核心价值的6种全球性的生活方式细分市场，细分出奋斗者、虔诚者、利他主义者、亲密关系者、乐趣搜寻者和创新者。

奋斗者崇尚物质和职业目标，追寻财富、地位和权力；喜欢电脑和手机，但却没有时间接触报纸以外的媒体；多为中年人，男性居多，亚洲较多。

虔诚者看重责任、传统、信仰和服从，尊重长者。他们最不关注媒体和西方品牌。女性居多，在发展中的亚洲国家、非洲、中东国家最为集中，而在发达的亚洲国家和西欧人数最少。

利他主义者关心社会事务和社会福利；多为受过良好教育的中年人；女性居多，在拉丁美洲和俄罗斯最为集中。

亲密关系者看重家庭和私人关系，是无线广播的重度使用者，喜欢厨艺和园艺，是熟悉品牌的目标顾客，男女比例相差不大，在欧洲和美国最为集中，而在发展中的亚洲国家人数最少。

乐趣搜寻者崇尚冒险、刺激和乐趣；是电子媒体的重度使用者，关注时尚，喜欢去餐馆、酒吧和俱乐部；是最年轻也是最全球性的群体。男女比例接近，在发达的亚洲国家较为集中。

创新者关注知识、教育和技术，是书籍、杂志和报纸等媒体的重度使用者。他们还领导技术潮流，包括拥有电脑和进行上网冲浪。男女比例平衡，在拉美和西欧国家较为集中。

5.2.2 生活方式与营销

1. 群体身份、个性与生活方式

很多在同一社会或经济环境下的人会遵循相同的普通消费模式，尽管如此，每个人还是会在模式中加入一些独特的"癖好"来为他的生活方式注入一些个性。比如，一个"典型"的大学生可能会和他的朋友穿差不多的衣服，出入相同的场所，喜欢同样的食物，不过他也会酷爱那些使其与众不同的活动，如长跑、集邮或社团活动。同时，生活方式并不是根深蒂固的，人们的品位和偏好是随时间而变化的。事实上，在某一时期受欢迎的消费模式几年后可能会受到漠视（或者嘲笑），这是和对身体健康、社会变化、性别角色、居家生活与家庭重要性等问题的态度变化有关。

2. 生活方式营销

首先，对营销者来说，持续观察社会环境以预测这些变化的方向至关重要。因为生活方式营销的目的是使消费者能够以他们选择的方式享受人生并表达自己的社会身份，这种策略的一个关键就是关注消费者在其所期望的社会情境下使用产品的方式。

其次，营销者应该明白，很多产品和服务看起来的确是"配套"的，这通常是因为它们容易被一类人选中。因此，生活方式营销的一个重要内容就是识别一系列看上去在消费者观念中与特定生活方式相关的产品和服务。而且据研究证实，即使是相对来说吸引力较差的产品，当与其他受欢迎的产品一起接受评价时，也会变得更有吸引力。近年来实施联合品牌策略（co-branding strategies）的营销者显然明白这一点。

最后，营销者应该知道，当不同产品的象征意义彼此相关时，便会发生产品互补效应。消费者利用这一系列被称为消费集群（consumption constellations）的产品来界定、传播和扮演社会角色。比如，美国20世纪80年代的"雅皮士"就可以用以下产品来界定：劳力士手表、宝马汽车、古奇公文包、壁球、新鲜的香蒜沙司、白酒和法国布利乳酪。尽管现在人们努力避免被划分为雅皮士，但这一社会角色在界定20世纪80年代的文化价值和消费偏好时起着主要作用。

表5.1 个性与生活方式的关系

个性特征	欲望特征	生活方式
活跃好动	改变现状 获得信息 积极创新	不断追求新的生活方式 渴望了解更多的知识和信息 总想做些事情来充实自己
喜欢分享	和睦相处 有归属感 广泛社交	愿与亲朋好友共度好时光 想同其他人一样生活 不放弃任何与他人交往的机会
追求自由	自我中心 追求个性 甘于寂寞	按自己的意愿生活而不顾及他人 努力与他人有所区别 拥有自己的世界而不愿他人涉足
稳健保守	休闲消遣 注意安全 重视健康	喜欢轻松自在而不求刺激 重视既得利益的保护 注重健康投资

5.3 消费态度

态度（attitude）是个人对于特定对象的肯定或否定的内在反应倾向，是个性倾向性的表现。态度是人格的稳定的表现，态度可以表现在人生态度、生活态度、消费态度等多个方面。态度有私下态度和公开态度的区别。

消费态度是个人多种态度中的一种，是消费者在购买和使用商品的过程中对商品或服务等表现出来的稳定的心理反应倾向。

态度不是生来就有的，而是后天习得的，是个体在家庭、学校和社会生活中，通过交往接受别人和社会的示范、指导、劝说而逐渐形成的。态度是一系列心理活动的结果，是认知过程、情绪过程和意志过程的结果，是需要、动机和兴趣相互作用的表达，是个性特征和人格的表现。个人态度的形成有阶段性，儿童最初在家庭中学习很多待人接物的态度，这时的态度十分具体，范围狭窄，概括性和稳定性都很低。后来，随着活动范围的扩大，知识的增长，少年儿童的态度就逐渐概括化。到了青年期，随着对人生意义的探索，理想、信念和世界观的形成，个人比较稳定的态度就出现了。

不正确的态度就是偏见。偏见是人们脱离客观事实而建立起来的对人和事物的消极认识与态度。在大多数情况下，偏见是仅仅根据某些社会群体的成员身份而对其形成的一种态度，并且往往是不正确的否定或对其怀有敌意。在现实生活中偏见经常发生，一般可以表现为对国家、地区、人种、性别、年龄、世代、文化等的偏见。在商业领域甚至会出现对特定国家及地区的产品产生偏见的情况。

5.3.1 态度的构成

态度一般由三个成分构成：

（1）认知成分。这是指对事物的认识、理解和评价，包括好坏的评价，以及赞成或反对。认知态度即我们通常所说的信念，它是态度形成的基础。

消费者的认知成分由消费者关于某个事物的信念构成，包括对商品质量、外观、性能、功效、安全性、价格、品牌、包装、厂商服务与信誉等的印象、理解、观点、意见等。消费者只有在对上述情况有所认知的基础上，才有可能形成对某类商品的具体态度，而认知是否正确，是否存在偏见或误解，将直接决定消费者态度的倾向性或方向性。因此，保持公正准确的认知是端正消费者态度的前提。

信念不必是正确或者真实的，只要它存在就行。比如消费者对某一品牌的认知，决定了其认牌购买的信念。

（2）情感成分。人们对于某种事物的感情或情绪性反应就是态度的情感成分，即对某一事物或人表示喜欢或厌恶、爱或恨等情感。

消费者所宣称的"我喜欢某某品牌"，就是他表达的情感性评价。这样的评价既可以是具体认知的结果，也可以是在缺乏关于产品的认知信息或没有形成关于产品的信念条件下发展起来的一种模糊的、大概的感觉。

个体对产品特性的情感反应是不同的，个体会对同一种产品特性作出不同反应，在不同情景下同一个人也会对同一种商品特性作出不同的反应。

尽管存在个体差异，但在某一特定文化之内，大多数人对与文化价值观紧密联系的信念还是会作出相似的反应。例如，对于餐馆的清洁信念和情感在大多数美国人中是相似的，因为价值观在文化中是非常重要的，所以怎样评价某个信念和该文化中与此相关的某种重要价值观之间，常常存在着很强的联系。

尽管情感往往是评价某产品具体属性的结果，但它也可能在认知出现之前产生并影响认知。事实上，一个人可能在没有获得任何有关产品的认知的情况下便喜欢上该种产品。我们对于某产品的最初反应（喜欢或不喜欢的感觉）可能不是建立在认知基础上的，这种最初的情感能影响我们后来对该产品的评价。

（3）行为成分。态度的行为成分是一个人对于某事物或某项活动作出特定反应的意向。人们的实际行为反映出这些意向，而这些意向也会随着行为发生的情境而调整。

消费者的行为成分就体现在购买或者不购买、推荐或者不推荐的决定等方面。决定在哪里买会随着地点或者形式的变化而变化、调整。

态度的三个组成成分倾向于一致，这意味着某个成分的变化将导致其他成分的相应变化，这一趋势构成了很多市场营销策略的基础。

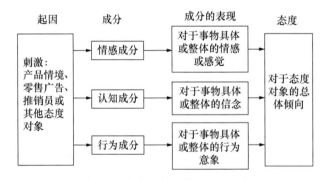

图 5.1　态度的组成成分及其表现

5.3.2　态度的特征

（1）社会性。态度是后天所得的，是在与他人、社会的交往中逐渐学习和形成的。消费者态度的形成不可能脱离丰富多彩的社会生活，不可能超越所处的社会发展阶段。同时，消费者又并非孤立于社会之中，而是无时无刻不在同他人交往中发生信息沟通，因此，消费者的购买情绪与态度必然带有很明显的社会性和时代特征。

（2）针对性。态度总是针对具体的、特定的对象。消费者的态度也有具体的、特定的对象。这个对象可以是实体，也可以是服务，也可以是一个概念或者未来的概念。

（3）协调性。协调性就是心理过程中认知、情绪和意志的协调统一。一般而言，有什么样的认知态度，就会有什么样的情绪或者情感状况，也就会有什么样的心动和行动。消费者的消费态度也体现出协调性的特征，要影响消费者的态度，最重要的就是要影响消费者的认知态度，消费者对企业品牌的认知态度，就决定了消费者的情绪状况和意志状况。

（4）稳定性。态度具有相当的一贯性、持续性，它是一种对事物比较持久的而不是偶然的倾向。由于消费态度是在长期消费经验逐渐积累中形成的，因此态度一旦形成，便保持相对稳定，不会轻易改变。态度的稳定性使消费者的购买行为具有一定的规律性和习惯性，有助于某些购买决策的常规化和程序化。因此，企业最好使其产品适合消费者既有的习惯态度，而不要企图改变消费者的态度。但企业也要看到，消费态度的稳定性是相对的，稳定中含有可变性。例如可口可乐进入中国市场十多年，中国消费者对它的态度逐渐由不喜欢到偏爱，可口可乐改变了中国消费者对软饮料的消费习惯，证明了稳定的态度也可以被改变。

（5）差异性。态度还具有差异性，人与人对事物的态度有差别，甚至会产生截然不同的态度，差异性是各种因素影响的结果。消费态度的形成受多种主客观因素的影响和制约。因此，消费态度存在众多差异。态度的差异对细分消费者市场具有十分重要的意义。不同的消费者对待同一商品可能持有完全不同的态度；同一消费者在不同的年龄阶段和不同的生活环境中，对同一商品也可能产生截然不同的态度；处于不同社会阶层，隶属于不同社会团体组织的消费群，在消费态度上也会呈现出群体性差异。

5.3.3 消费态度状况与企业态度

消费态度状况包括肯定态度、否定态度。肯定态度表现为消费者对企业及产品的认可、满意、喜爱等，是对企业有利的态度；否定态度表现为消费者对企业及产品的冷漠、讨厌等。

企业在营销过程中要了解消费者的不同态度状况，灵活营销，维持和丰富现有的对企业有利的态度，改变和丰富现有的对企业不利的态度。

1. 维持和丰富现有的对企业有利的态度

如果消费者对企业的态度是认可、喜爱，这对企业当然是一件好事。但消费者的态度也会发生改变，所以要"居安思危"，在有利的态度情况下做好维护的工作。消费者的态度一方面会随着外部环境的变化（如竞争因素、流行因素、技术因素等）而变化，另一方面也会随着消费者认识、年龄、收入等因素的变化而发生变化。

企业的维持营销可以体现在创名牌、优服务和不断创新上。创名牌是指企业不断稳定和提高产品或者服务质量，保持产品或者服务质量的稳定性，不要因为生意好而忽视了质量，变得"店大欺客"。企业质量的稳定性和一贯性是创名牌的基础，不然就无法形成消费者良好的口碑，也就不能成为真正的名牌。优服务是指企业始终为新老顾客提供优质的售前、售中、售后服务，对消费者进行人性化的关怀，通过为消费者提供细心周到的服务来赢得消费者的心，让消费者不但产生赞誉，而且产生忠诚。而不断地创新就是指企业不能故步自封，不思进取。企业针对老顾客不但要保持原有产品或者服务的质量和优势，而且还要不断开发新的产品或者服务，使得老消费者感觉到企业的不断进步，同时也可以让企业产生品牌延伸的效应，丰富消费者的需求。

企业的维持营销也体现在顾客关系管理上。顾客关系管理的结果就是要维护住顾客，保留住顾客。建立顾客档案、实施顾客会员制、建立企业投诉中心及企业危机公关等都是顾客关系管理的重要手段和策略。

2. 改变现有的对企业不利的态度

改变消费者的态度是一件不容易的事情。消费者由于受到性格、环境、竞争等因素的影响，特别是成年消费者，已经形成了比较固定的消费意识、固定的消费产品和品牌习惯，所以要想改变其原来的习惯或者意识，就需要企业不断地加强宣传、沟通力度，采取强有力的促销措施，引导和创造出新的消费需求和态度，进而让消费者产生新的购买行为。

（1）改变认知成分。改变态度的常用且有效的方法是改变态度中的认知成分。当某种品牌具有独特的优点，而且这种独特的优点是该种商品的核心所在时，消费者容易被打动。改变认知成分主要包括：

第一，改变信念，即改变对于品牌或产品一个或多个属性的信念。例如，许多消费者认为中国制造的汽车没有日本制造的汽车好，企业可以通过大量广告设计来改变这种信念。要想改变信念通常要提供关于产品表现的事实或描述。

第二，转变权重。消费者认为产品的某些属性比其他一些属性更重要。营销者常常告诉消费者自己产品相对较强的属性是该类产品中最重要的属性。例如，"农夫山泉"就说自家产品的水 PH 值是碱性，通过强调是天然水，而非纯净水，来让消费者认识到这种属性的重要性。

第三，增加新信念。一种改变态度的方法是在消费者的认知结构中添加新的信念。如音乐手机就在消费者的信念中增加了具有立体声效果的听音乐功能。

第四，改变理想点，即改变消费者对于理想品牌的概念。基于此，许多环保组织努力改变人们关于理想产品的概念，如最低限度的包装、制造过程无污染、可回收材料的再利用，以及使用寿命结束后的无污染处置等。

态度，特别是态度的认知成分，是企业进行市场细分，如制定利益市场细分策略、新产品开发策略的重要基础。

（2）改变情感成分。企业逐渐试图在不直接影响消费者的信念或行为的条件下影响他们对于品牌或产品的好感。如果企业成功了，消费者对产品的喜爱会增加其对产品的正面信念。一旦对该类产品产生需要，这些正面信念会引起消费者的购买行为。此外，喜爱会直接促使购买，通过产品的使用，消费者会增加关于该产品或品牌的正面信念。营销者通常使用三种基本方法直接增强消费者对产品的好感：经典性条件反射、激发对广告本身的情感和让消费者更多地接触。

在经典性条件反射这种方法中，企业将受众所喜欢的某种刺激，如一段音乐，不断与品牌名称同时播放，过了一段时间后，与该音乐相联系的正面情感就会转移到品牌上。其他刺激，如喜爱的图画也经常被使用。

喜欢一则广告能导致对产品产生喜爱倾向。经由经典性条件反射，消费者对广告的正面情感有助于增加其对品牌的喜爱，对广告的这种正面情感也可能提高购买介入程度或激发有意识的决策过程。使用幽默、名人或情感诉求也可以增加受众对广告的喜爱。那些引起负面情感如害怕悲伤的广告也可以强化态度的改变。例如，一则为捐助难民所做的慈善广告，就包含了许多惨不忍睹和令人震惊的画面，但它同时也达到了理想的效果。另外，有研究表明，插播广告时的节目所引起的情感，也会影响广告的处理，同时影响消费者对广告产品的态度。

让消费者更多地接触也能导致情感的产生。也就是说，向消费者不断地、大量地展示某种品牌也能使消费者对该品牌产生更积极的态度。因此，对于那些介入程度低的产品，可以通过广告的反复播送增加消费者对品牌的喜爱，而不必去改变消费者最初的认知结构。

（3）改变行为成分。消费者的行为可以发生在认知和情感之后，也可以发生在认知和情感之前，甚至也可以与认知和情感相对立。例如，一个消费者可能不喜欢"健怡"饮料的口味，且认为里面所含的人工甜料不利于健康，但是，当一位朋友向他递过一杯"健怡"软饮料时，为不显得无礼，他还是接受了它。喝了"健怡"饮料后，他感到口味还不错，于是改变了以前的认知。有证据显示，试用产品后所形成的态度会更持久和强烈。

行为能够直接导致认知和情感的形成，消费者常常在事先没有认知和情感的情况下，尝试购买和使用一些便宜的新品牌或新型号的产品。

企业在改变消费者的认知或情感之前改变其行为的主要途径是运用操作性条件反射理论。营销人员的关键任务是促使消费者使用或购买本企业的产品并确保产品的质量和功能，使消费者感到购买本产品是值得的。吸引消费者试用和购买产品的常用技巧有优惠券、免费试用、购物现场的展示、搭售以及降价销售等。此外，还要健全产品分销系统，保持适当的库存，避免脱销。另外，还要防止现有顾客再去尝试竞争性品牌，因为这种尝试很可能引起消费者对竞争产品的好感并改变其购买选择。

改变态度的策略可以侧重于认知、情感、行为或它们的组合。改变认知则要涉及信息处理和认知学习，改变情感往往要依赖于经典性条件反射，改变行为则更多地依赖于操作性条件反射。

5.3.4 影响消费态度形成与改变的营销传播

劝服（persuasion）是积极地试图改变态度的行为。劝服是许多营销传播的"第一要务"，消费者行为的心理因素和传播特征相互作用共同决定了传播效果。

1. 传播的要素和形式

为了与顾客沟通，营销者必须控制传播的要素。其中一个要素是信息源，它是传播开始的地方；另一个要素是信息本身，它的表达方式有多种。此外，信息的结构也会在很大程度上影响人们对信息的接收。

技术的飞速发展与社会的进步使消费者在传播时越来越具有主动性，这迫使营销者不得不重新思考消费者是不是被动的，或者在更大程度上消费者是传播过程的参与者，而不是信息的被动接收者。消费者的参与有助于在传播中出现更多他们愿意接收的信息，消费者进而会主动地收集某些信息，而不是坐在家里等着信息从电视里或报纸上出现。这场传播革命的早期迹象之一是看似不起眼的遥控装置。

信息必须通过媒介来传递，它可以是电视、广播、杂志、广告牌，也可以是手机。接收者会根据自身经验来理解这些信息。最后，信息源会收到反馈，营销者就可以利用接收者的反应对信息的各个方面作出必要的调整。

一系列传递信息的新形式，或者是文本的或者是图片的，为营销者提供了更加有效的替代电视广告、公告栏、杂志广告等传统媒介的方法。例如，移动商务（M-commerce）就是指营销人员通过手机、掌上电脑和iPod等无线装置，销售他们的产品和服务的一种新方式。

新媒体是相对传统媒体而言的一个概念。传统媒体一般包括电视、报纸、广播、杂志等，而新媒体一般指利用数字技术、网络技术，通过互联网、宽带局域网、无线通信网、卫星等渠道，以及电脑、手机、数字电视机等终端，向用户提供信息和娱乐服务的传播形态。简单来说，新媒体涵盖了所有数字化的媒体形式，包括所有数字化的传统媒体、网络媒体、移动端媒体等，是网络营销的新发展。大体上，目前运用到的新媒体营销载体主要包括四大块内容：

一是互联网新媒体。当前主流的形式主要包括各种门户网站、网络视频网站、搜索引擎、电子邮箱、博客、微博、网络直播、即时通信工具等。

二是手机新媒体。主要包括手机视频、手机APP、二维码媒介形式。手机媒体也可以称为移动媒体。

三是电视新媒体。主要包括数字电视与IPTV（交互式网络电视）等媒体。

四是户外新媒体。主要形式包括城市户外电子显示屏、楼宇电视、车载移动电视等。

随着互联网等数字媒体的普及，传统的新媒体概念已经受到挑战，新的"新媒体"正活跃在大众的视野里，如国外的Facebook、Twitter，国内的微信、微博、直播平台等已经成为新媒体的代名词。新媒体营销即企业通过新媒体进行的营销活动。新媒体的普及使企业与消费者可以进行更加直接的沟通，为直复营销增添了新的路径，也顺应了4P（即price、product、place、promotion）到4C（即consumer、communication、cost、convenierce）的理论变革。

自媒体人借助各类新媒体及网络工具进行的营销称为自媒体营销。自媒体营销是利用社会化网络、在线社区、博客，或者其他互联网协作平台和媒体来传播和发布资讯，从而形成的集营销、销售、公共关系处理和客户关系服务维护及开拓于一体的一种方式。自媒体营销的一般工具包括论坛、微博、微信、博客、SNS社区、图片和视频等,通过自媒体平台或者组织媒体平台进行发布和传播。其主要特点是网站内容大多由用户自愿提供,用户与站点之间不存在直接的雇佣关系;传播的内容量大且形式多样;每时每刻都处在营销状态和与消费者的互动状态,强调内容性与互动技巧;需要对营销过程进行实时监测、分析、总结与管理;需要根据市场与消费者的实时反馈调整营销目标等。自媒体的崛起是近年来互联网的发展趋势。

2. 信息源

信息源或传播源可以是可识别的个体,不具名字的人、公司或组织,也可以是不具备生命的虚拟人物,如卡通明星。同样的信息经由不同的信息源传递,效果大不相同。

(1) 信息源的可靠性。当目标市场的消费者认为营销信息的来源高度可靠时,营销活动就比较容易影响消费者的态度,这就是信息源的可靠性。公司和广告组织经常作为改变消费者对产品态度和行为的信息源。

信息源的可靠性由两个基本的部分组成:可信度和专长性。人们在大多数情况下都会认为好朋友是可信的。但是,由于不具有某个领域的专业知识,好友的建议可能虽可信却并不可靠。相反,尽管销售人员往往具有丰富的专业知识,但许多消费者却怀疑他们的可信度,因为他们可能会为了自身的利益而误导消费者。那些既有专业特长,又被认为没有明显误导动机的人,才能成为颇具影响力的信息来源者。但是,当消费者认为这些专业人士对产品的认可是因为收取了企业的费用时,这种影响效力将会减弱。同样,一个不知名但是与目标市场的消费者条件相似的人可能是很好的代言人。被广泛视为既可信又具有专长性的一些机构,如美国牙科协会,对消费者的态度有巨大的影响力。佳洁士牙膏的成功很大程度上应归功于美国牙科协会的认证。

(2) 信息源的吸引力。信息源的吸引力是指接收者归功于信息源的社会价值。这种价值与这个人的长相、个性、社会地位,或者他与接收者的相似性(我们喜欢听从那些与我们相像的人)有关。

美是一种吸引力。美丽销售就是通过把消费者的注意力引向相关的营销刺激来促进或调整消费者对信息的处理。有迹象表明,消费者会更加注意那些有吸引力的模特参与的广告,尽管他们不一定会注意这个广告的内容,即漂亮人物参与的广告可能更容易获得注意,但不一定会被人们认真阅读。因此,一个有吸引力的美丽代言人提供适当的信息,可以成为主要的与任务相关的线索。例如,魅力影响对香水广告的态度(在这里魅力是相对的),但不会影响对咖啡广告的态度。

名人是一种吸引力。广告中的名人代言有助于增加企业价值。虽然让名人来宣传产品的成本很高,但是这种投入通常还是很值得的,因为市场分析人员常常会用名人对该产品表示认可的声明来评估一个公司的潜在收益,这又会影响公司的预期回报。一般来说,名人对产品的认可对公司回报有非常积极的影响,这就抵消了请名人做代言人的成本。

但是,用名人作为企业的形象代言人也会给企业带来一些风险。很少有某种众所周知的个性是所有人都喜爱的。因此,必须保证目标市场的大多数消费者对企业所使用的形象代言人抱有好感。一个人担当的形象代言人越多,消费者对他以及他出现在其中的广告的好感度越低。因此,营销者需要限制名人所代言的产品的数量。另一个风险是,形象代言人的某些个人行为会影响消费者对其所代表的企业的信赖度。如今,广告界越来越关注公众对于那些为了钱而支持产品的名人的质疑。

非真人的代言人也会产生吸引力。名人可以成为有效的代言人,但是也有一些缺点。因为名人的动机会值得怀疑,尤其是在他们宣传与自己形象不符的产品,或他们代言了消费者认为这些人绝不会代言的产品(仅为了酬劳)时。基于这些原因,一些营销者开始寻找名人的替换者,包括卡通人物和吉祥物,因为吉祥物不需要恢复名誉。

如今,虚拟化身(avatar)越来越多地替代了有血有肉的真人代言人。化身原本是印度教中的术语,是指神仙以超人或动物的形式下凡。如今,一些摇滚乐队、软饮料生产者以及一流的营销者都在现实世界和虚拟世界里用化身作为沟通的信息源。使用化身的优点包括可以实时改变化身来适应目标受众的需求,而且从广告费的角度看,使用化身的成本也比使用名人更低。

信息源与信息的相对影响程度取决于接收者对传播的介入程度。介入较少的消费者更可能受信息源的影响而动摇,相反,高介入的消费者更可能会注意并加工实质的信息成分。

3. 信息的结构

(1) 单面信息和双面信息。在广告和销售展示中,营销者往往只展现产品好的一面,却一点不涉及产品可能具有的负面特征或某个竞争产品可能具有的优势。这类信息就是单面信息,因为它们只表现了一个方面的看法。大多数营销者都不愿意尝试提供双面信息,即同时展现出产品好的和不好的方面。但对于改变那些已有的强烈态度,双面信息往往比单面信息更加有效。双面信息对于受过较高教育的消费者特别有效,单面信息则在巩固已有态度方面较有效。产品类型、环境因素和广告形式都会影响这两种信息的相对有效性。

(2) 非语言成分。图片、音乐、超现实主义的作品以及其他一些非语言的符号都能有效地改变态度。情感性广告通常就是主要或完全依靠非语言的内容激发情感反应。除了影响感情,广告的非语言成分也影响消费者对产品的认知。例如,一个在运动后饮用饮料的广告能够提供关于该产品使用场合的信息,而且远较"适于运动后饮用"之类的文字语言所传递的信息更准确。因此,广告信息中的非语言成分应该像语言成分一样被精心设计和测试。

4. 传播的诉求

用于影响态度的广告诉求很重要,形式也很多,主要包括以下几点:

(1) 恐惧诉求。恐惧广告强调人的态度或行为不作改变将产生负面结果。有证据表明个体会回避或者曲解令人恐惧的信息,但恐惧诉求所激发的恐惧水平越高就越有效。因此,使用恐惧诉求要最大化地激起人们的恐惧,又不能引起消费者的曲解、拒绝或者回避,其困难在于每个个体对恐惧的反应程度不同,同样的恐怖程度对一个人来说可能没有感觉,但是对另外一个人来说就是极度恐怖。

恐惧诉求常被指责为是不道德的。因为那些建立在人们对于口臭、体味、头皮屑或者不洁衣着的社会焦虑恐惧吸引之上的诉求引起了人们不必要的焦虑。

（2）幽默诉求。幽默广告是为了吸引注意力，使观众更喜欢该广告。如果幽默能与产品或者品牌相联系，并且使目标市场的观众体会到这一点就能取得好的效果。幽默广告对态度的影响十分有效，不过，幽默内容必须切合品牌或产品的卖点或诉求。

（3）比较诉求。比较广告也会不时出现，这类广告对于具有强烈功能优势的不知名品牌的宣传最有效。比较广告直接将两个或更多品牌的特性和利益进行比较。与其他广告相比，比较广告在吸引注意力、提高信息和品牌的知觉程度、激发信息处理水平、形成正面的品牌态度，以及强化购买意向和行为方面更为有效。但比较广告也降低了信息源的可信度，降低了消费者对该广告的喜欢程度。另外，比较广告应该注意不能诋毁或暗示竞争产品的问题，因此比较广告不应与竞争品牌对比，而应该是与自己原来的产品对比，或者与过去的普遍功效对比。

（4）情感诉求。情感性广告的设计主要是为了建立积极的情感反应，而不是为了提供产品信息或购买理由。那些能让人产生温馨感的广告能引起一种生理反应，它们比中性广告更受人喜爱，并会使消费者对产品产生更积极的态度。情感性广告被证明能有效地影响消费者对广告本身和产品的态度。

（5）价值表现诉求与功能性诉求。价值表现诉求试图为产品建立一种个性或为产品使用者创造一种形象。功能性诉求则侧重向消费者说明产品的某种或多种对他们很重要的功能。

某种品德或产品应选择价值表现广告还是功能性广告，取决于该品牌或产品是满足消费者的价值表现需要还是功能性需要。当某种产品同时满足这两种需要时，选择就比较复杂了。实践表明，功能性广告对于实用类产品较有效，价值表现广告则对于需要表现价值的产品更有效。

（6）重复诉求。一方面，重复产品信息可以提高消费者对品牌的认知，即使其中没有新内容；另一方面，太多的重复会使人适应，会让消费者由于疲劳或厌倦不再注意那些刺激。另外，过度曝光也会产生广告疲劳，即人们在看了太多遍广告后会产生负面反应。

可以通过缩短每次重复曝光的时间（如用15秒的短片）来克服消费者广告疲劳的问题，也可以随着时间变化对广告的内容进行细微改变，尽管每个短片不同，但都是围绕一个共同的主题，这样既保持了熟悉感，又减少了厌倦感。那些看到同一产品不同广告表现的受众与重复看到相同信息的受众相比，会了解更多产品属性信息并对品牌更具有好感，这种表现形式丰富的信息可使消费者在面对一个竞争品牌反击时，拒绝改变自己原有的态度。

本章总结

自我概念也称自我形象，是以个体的自我为核心展开的，是个人对自己的能力、气质、性格等个性特征的知觉、了解和感受的总和。

自我概念实际上是在综合自己、他人或社会评价的基础上形成和发展起来的。这其中包含四个基本组成部分或要素：实际的自我、理想的自我、他人实际的自我、他人理想的自我。

消费者倾向于购买那些与自我概念相一致的产品。另外，营销者在营销过程中，应该注重对消费者延伸的自我和生理的自我的认识和研究，采取相对有效的营销策略。

生活方式就是一个人（或一个家庭）如何生活。它是指在文化、价值观、人口统计特征、个性特征、社会阶层和参照群体等诸多因素的综合作用和影响下，一个人所表现出来的各种行为、兴趣和看法。要划分生活方式必须有对生活方式进行测量的标准和方法，比较流行的两种方法是 AIO 调查法和 VALS 调查法。

态度是指个人对于特定对象的肯定或否定的内在反应倾向，是个性倾向性的表现。态度是人格稳定的表现，态度可以表现在人生态度、生活态度、消费态度等多个方面。

消费态度是人多种态度中的一种，是消费者在购买和使用商品的过程中对商品或服务等表现出来的心理反应倾向。企业营销就是要根据消费者的态度状况，采用维持或者改变消费态度的策略。劝服是指积极改变态度的行为，它是许多营销传播的"第一要务"。

本章关键词

自我概念　生活方式　消费态度

思考题

1. 自我概念的构成包括哪些？它们对消费有何影响？
2. 消费是如何表现自我概念的？
3. 企业应如何开展自我概念的营销？
4. VALS 调查法是如何分析消费者的？
5. 企业应如何进行生活方式营销？
6. 态度的构成包括哪些方面？其特征是什么？
7. 企业面对不同的消费态度应该如何营销？
8. 企业应采用何种方法有效控制传播以影响或者改变消费者的态度？

第三篇

知 社 会

近朱者赤，近墨者黑。

——（晋）傅玄

后天环境包括自然环境和社会环境，社会环境是在自然环境的基础上，通过人类长期有意识的社会劳动，由被加工和改造了的自然物质、创造的物质生产体系、积累的物质文化等所形成的环境体系，是与自然环境相对的概念。社会环境一方面是人类精神文明和物质文明发展的标志，另一方面又随着人类文明的演进而不断地丰富和发展。社会环境一般包括人口、文化、政治、法律、经济、科技等宏观因素。

社会环境导致每个人都必须经历社会化的过程。

社会化主要包括文化、政治、经济、社会角色、家庭、社会阶层、人际关系及信息环境等多种社会因素，这些社会因素是个体社会化发展的外部条件，它们促使社会化发展成为现实。其中，文化是影响人心最广泛、最深远、最重要的因素，文化使人的心理健全或者畸形。成年人的心理归根结底被文化决定，文化塑造人心。生长在什么文化背景下，接受什么文化教育，就会产生什么直接和潜移默化的影响。性格就是文化模式的刻印。

你是哪里人？父母从事什么工作？你在哪里生活过？你读过什么学校？这些问题都是在询问人所在的社会环境。人的社会化把自然人变为了社会人，有什么样的社会环境，往往就会有什么样的人心表现。

社会人在社会学中指，具有自然和社会双重属性的完整意义上的人。经济人即理性经济人，也可称"实利人"，也就是说人的一切行为都是为了最大限度满足自己的私利，工作只是为了获得经济报酬。与之相比，社会人不是单纯追求金钱收入，除了物质方面外，更看重心理和社会方面的需求，即追求人与人之间的友情、忠诚、关心、理解、爱护、安全感、归属感，并渴望受人尊敬。经济人则认为人具有完全的理性，可以作出让自己利益最大化的选择。

如果用色彩来做比喻，那么人先天性的本色中包括红色、绿色、黄色和蓝色四种，后天社会化的染色则包括白色与黑色。白色的内容主要是纯洁、朴素、利他、博爱、热心、慈悲，黑色的内容主要是势利、享受、利己、自私、冷漠、残酷。本色和染色共同作用于人心，形成了人最终的性格特征。

第6章

消费者行为的社会化 I

> **开篇案例** 优衣库融入不同文化

优衣库已经把生意拓展至全球众多地区市场，2016财年，优衣库有超过45%的营收来自日本以外的海外市场。但是，细分至各地区市场，顾客对优衣库的反应却差异颇大，其品牌所传递的形象表现不一。例如在美国，人们喜欢街头艺术，优衣库就会联合一些艺术家进行跨界营销；在中国，优衣库会把中国各地有趣的方言"搬上"羽绒服的广告中；在日本本土则推出了明星为你选衣的服务。

中国已经连续多年成为优衣库的第二大市场，截至2016财年，优衣库在中国市场已开出560家门店。作为连续多年"双十一"服装类最先破亿的品牌，优衣库还试水了门店自提业务，即在线上购买后，可在接下来的24小时内就近选择门店去拿货，有效地打通了线上和线下销售渠道。另外，优衣库还充分结合了中国数字化产品发展的现状，联合支付宝发起"红包"，在实体店提供数字互动屏，进行一站式购物体验等。优衣库还画风突变地推出了6个方言版"魔性"视频。这6个视频介绍的都是优衣库的基础款羽绒服，根据不同的地域，人们对于这件羽绒服的需求是不同的。视频里你会看到，他们有完全不一样的穿搭方法。方言不仅代表中国不同地区的人，在广告里它更代表人们不同的穿搭场景，这能够让年轻人快速产生情感和文化共鸣。

2015年10月，优衣库巴黎旗舰店正式上架了爱马仕前创意总监Christophe Lemaire和优衣库合作的秋冬系列服饰。能以1/10的价格买到爱马仕的设计，这种诱惑是连巴黎人都不能抵挡的。其实，优衣库在巴黎有一个研发中心，在与优衣库的两次合作以后，Christophe Lemaire也正式成为优衣库新任的艺术总监，全权负责优衣库新产品线Uniqlo U。

1984年，优衣库在日本广岛开出"一号店"，随即逐步渗透全日本市场。如今，优衣库在日本街头出现的频率很高，对于大多数日本人而言，优衣库是一个物美价廉的品牌，但在众多新兴品牌共同竞争的市场环境下，优衣库面临的问题是如何吸引更多年轻人。为了解决顾客老龄化的问题，优衣库在日本做了很多吸引年轻人的活动。

> 2015年4月，优衣库请来了30位明星帮消费者解决"今天穿什么"的难题：顾客只要从优衣库官网选择一个气质近似自己的明星，在之后的五个月里就能每月收到由该明星精选的优衣库印花T恤。有日本媒体指出，这次优衣库推出的产品之所以有趣，并不是因为它设计了新款新秀，而在于它创新性地推出了一种购买方式——让特定的人来选择你自己的购买风格，利用名人效应与粉丝经济提高顾客购买的行动力。

人的社会化贯穿于人的一生，人的社会化过程也是个性化的过程。个人的社会化有时是有意识、有目的地进行，有时则是无意识、潜移默化地进行。

无论是什么活动，都是在一定的社会环境中进行的，消费行为也是如此。消费者的心理与行为受先天因素影响，更受社会环境影响。这里的社会环境一般包括文化、政治、经济、角色、家庭、阶层、人际关系等因素。本章首先探讨的是一些宏观的社会环境对人心的社会化影响，这些宏观的社会环境主要体现在文化、政治、经济等方面。

6.1 文化环境

文化是人类心理形成的决定性条件。1920年，在印度加尔各答，辛格等人在狼窝里发现了两个孩子，随后就把她们送到附近的孤儿院。第二年，一个孩子死了，另一个则活到了1929年，这就是曾经轰动一时的"印度狼孩事件"。狼孩的生理特征和身体生长发育同一般儿童没有多大区别，但心理与行为却相差甚远。最初，狼孩是以四肢行走，昼伏夜行，会在深夜嚎叫，完全是狼的习性。后来，经过辛格等人的悉心照料与教育，狼孩逐渐适应了人类的生活，但到第二个孩子死时，17岁的她心智却只相当于正常4岁儿童。这充分说明人如果出生后由于某种原因不与人类文化环境接触，就不可能产生人的心理与行为，人类文化使人类的心理与行为具有共通性。

6.1.1 文化的内涵与特征

1. 文化的内涵

文化（culture）既是限制人类活动的原因，又是人类活动的产物和结果。文化的概念尚未有统一的定义。据统计，世界各地正式出版物中对文化的描述超过160种。引用较多的是英国学者泰勒在《原始文化》一书中的文化定义，即"文化是包括知识、信仰、艺术、道德、法律、风俗以及个人作为社会成员获得的任何其他能力和习惯在内的一种复合整体"。中国学者余秋雨对文化的定义是："文化是一种成为习惯的精神价值和生活方式，它的最终成果是集体人格。"美国营销学教授迈克尔·R.所罗门在其《消费者行为学》一书中认为："文化是社会的个性。文化包括价值和道德等抽象的概念，还包括社会所生产和重视的实质物品和服务，如汽车、衣服、食物，艺术和运动等。换一种说法，文化是组织或社会成员间共有的意义、仪式、规范和传统的集合。"

文化是人们在社会中所共有的后天形成的各种价值观念和社会规范的总和。人们倾向于同化在一定的文化环境中，并相信其正确性，直到该文化发生变异或融合了其他文化的分子，才会对原文化的行为标准发生怀疑并改变其行为，以便适应新的文化氛围。

人心受制于文化，文化是最重要的影响人心的社会力量。文化主要包括价值观念、风俗习惯、宗教信仰、语言文字、知识水平等内容，其中价值观念是文化的核心。文化影响和反映政治与经济，人们所处的社会角色、家庭生活、社会阶层和人际关系等也都是文化的反映和受文化影响的结果。

消费者在一定的文化环境中接受熏陶，其需求和购买行为必然要打上文化的烙印，离开文化背景就很难理解消费，文化是一面"透镜"，人们通过它审视产品。文化对消费者行为的影响巨大且深远，以至于人们有时很难领会文化的重要性，正如鱼儿生活在水中就容易忽视水的存在一样，我们无法每时每刻都体会到文化的力量，只有遇到不同的新环境才会有所觉察。许多吃、穿、交流方式等方面的习性都被认为是理所当然的，如果突然间这些自然而然的假设都不成立了，面对这种变化差异产生的影响将是巨大的，用"文化冲击"这个词来形容绝不夸张。

消费文化决定了消费者对不同活动和产品的总体偏好，也决定了具体产品和服务的成败。消费者通过购买来获得产品中的文化含义以用于建立自我形象。如果产品所提供的利益与某个时期的文化需求一致，那么这样的产品就更可能为市场所接受。例如，20世纪70年代中期，美国文化开始以健美、苗条的身材作为理想外表。这让米勒公司的"淡啤"获得了巨大的成功。但是，在20世纪60年代，盖布林格公司推出的低热量啤酒却失败了，因为这种饮料在当时太"超前了"，那时美国消费者对减少啤酒中的热量还没有兴趣。

消费者行为和文化间的关系是双向的。一方面，与当时文化的优先选择相一致的产品和服务更有可能让消费者接受；另一方面，由某种文化成功引起的新产品研究和产品设计革新，又为人们了解当时主流文化提供了一个窗口。

亚文化是指在主流文化层次之下或某一局部的文化现象，包括民族、地理、区域、宗教等方面的亚文化状态。作为一个独立的次级文化群体，亚文化既拥有自己独特的信念、价值观和消费习俗，又具有它所在的更大社会群体所共有的核心信念、价值观和风俗习惯。如中国的少数民族，他们既受自己民族独特的文化影响，又有整个中华民族的文化烙印，既受传统中国文化影响，也受现在的中国文化影响。

亚文化是由于社会的多样化发展，文化的一致性消失而形成的。它通常具有地域性，也会因民族、宗教、年龄、性别、种族、职业、语言、教育水平的差异而产生。在亚文化内部，人们的态度、价值观和购买决策比大范围的文化内部更加相似。亚文化成为消费者广泛认同的依据，同一亚文化环境中的消费者，其购买行为基本相同，若亚文化环境不同，则消费者购买行为有明显的差异。在一个主流文化内，亚文化的差异可能导致在购买什么、怎样购买、何时购买、在什么地方购买等方面产生明显的差异。

表6.1 亚文化的类型

人口统计指标	亚文化举例
年龄	少年儿童、青年、中年、老年
宗教信仰	佛教、基督教、伊斯兰教等
民族	汉族、满族、回族、维吾尔族等
收入水平	富裕阶层、小康阶层、温饱阶层等
性别	男性、女性
家庭类型	核心家庭、扩展家庭等
职业	工人、农民、教师、作家等
地理位置	东南沿海、西北地区、中原等
区域	农村、小城市、大城市、郊区等

2. 文化的特征

共有性、约束性、差异性、变化性、社会性等是文化的主要特征。文化因素对个体行为的影响最难以识别,又最广泛、最深远。

(1) 共有性。文化是由社会成员共同创造出来的,并对该社会中的每一个成员都产生深刻影响,使之呈现出某种共性,表现为受同一文化熏陶下的人们往往具有共同的生活方式、消费习惯、消费观念、偏好禁忌。从消费行为方面看,这表现为人们的行为具有相互攀比、认同、模仿、感染等社会特点。文化的共有性还表现为不同文化之间具有共享性。信息交流和交通运输的发展,改变了人们相互影响、相互联系的频率和方式,不同文化影响下的人们可以通过直接、间接的交流相互了解,这使得不同的文化之间呈现出一种融合性。

(2) 约束性。文化一方面是人为的产物,是由人创造的,另一方面又约束了人的心理与行为。在消费方面,人的消费价值观、宗教信仰、风俗习惯、审美情趣等文化因素都直接或间接影响其购买行为。这样的约束性很难被意识到,尤其在精神文化方面,文化的约束性往往体现在无形中,人们自己都不能清楚地意识到文化对自己的作用和影响,可能只有接触其他类型的文化或处于其他文化环境中时,才能感受到原本文化对自己的约束。

(3) 差异性。每个国家、地区、民族都有自己独特的,区别于其他国家、地区、民族的社会文化,即有自己独特的风俗习惯、生活方式、伦理道德、价值标准、宗教信仰等,这些方面的不同体现了社会文化的差异。企业必须时时注意这种差异,在经营中做到入乡随俗、入境问禁,只有"投其所好",才能被不同的文化群体所接受。例如,红色在中国人的观念里象征着热烈、奋进、美好,但有些西方国家对此却有不同的理解,认为红色是一种危险的、令人不安的、恐惧的颜色,易使人联想到流血、事故和赤字。由于这种观念上的差异,我国出口到德国的红色包装的鞭炮曾被要求换成灰色的外包装。

(4) 变化性。文化一经形成，便以风俗习惯、思想观念、行为方式、特定风格、节日活动等形式表现出来，并以特有的稳定性得以长期保持，如待人接物的礼节、各种各样的传统节日等。但是，文化也并非一成不变，它会随着社会的发展而不断发展变化，以满足社会的各种需要。消费市场是反映社会文化变化的一个最敏感的"窗口"，社会文化的发展变化常导致市场上某种消费时尚及商品的流行。

(5) 社会性。文化作为社会交往和人际沟通的信号系统，是把个人凝聚成社会和群体的纽带。观念、习惯、行为模式都是由生活在同一社会的人们相互分享的，并出于社会的压力而保持相对的一致。每一代人创造的文化也是通过社会机体传递到下一代，为后代社会成员所继承和延续。因此，同一社会的现有成员及后代成员所享有的文化具有社会性。

3. 文化价值观

价值观（values）是人们用来区分好坏并指导行为的心理倾向系统。价值观是个人对客观事物（包括人、物、事）及对自己的行为结果的意义、作用、效果和重要性的总体评价，是对什么是好的、是应该的总看法，是推动并指引一个人采取决定和行动的原则、标准，是浸透于整体个性之中支配着人的行为、态度、观点、信念、理想的一种内心尺度，是个性心理结构的核心。

文化价值观是指在一种文化背景下人们对于理想的最终状态和行为方式的普遍信念，是生活在某一社会环境下的多数人对事物和人的普遍看法或态度，包括历史所形成的文化价值观和现在的文化价值观。

在不同的社会文化背景下，人们的价值观相差很大。消费者对商品的需求和购买行为深受价值观的影响。对于具有不同价值观的消费者，营销者定要采取不同的策略。面对乐于改变、喜欢猎奇、比较激进的消费者，企业应重点强调产品的新颖和奇特。对于注重传统，喜欢沿袭传统消费方式的消费者，企业在制定策略时则应把产品同目标市场的文化传统联系起来。例如，中国传统的福禄寿星或古装仕女的装饰产品适合在一些亚洲国家和地区行销。在欧美市场上，给产品加上复活节、圣诞节的装饰，则可能打开销路。

表 6.2 价值观与消费行为

价值观	具体表现	对消费者行为的影响
个人奋斗	自我存在（例如自力更生、自尊）	激发接受"表现自我个性"的独特产品
讲求实效	赞许解决问题的举动（例如省时和努力）	激发购买功能好和省时的产品
物质享受	好生活	鼓励接受方便和显示豪华的产品
自由	选择自由	鼓励对有差异性的产品感兴趣
求新	产品要更新	鼓励标新立异
冒险精神	轻视平庸和懦弱，一鸣惊人	号召购买效果难以马上显示的新产品
个人主义	关心自我，自我尊敬，自我表现	激发接受"表现自我个性"的独特产品

消费者的决策深受其价值观的影响，消费者的价值观是指由消费者的态度与行为所构成的一个信念系统。价值观比态度或行为更深入存在于消费者的心中，它决定了消费者的长期决策与需求，锁定消费者价值观就能影响消费者的购买行为。

资料6.1 美国人的价值观与消费观

人们总认为所有美国人的价值观都是一样的，但事实并非如此。在美国，不同的个体以及不同的社会群体，他们的价值观之间往往存在本质的差别。此外，价值观的变化常常是缓慢的，而且不同的个体和不同的社会群体之间的价值观的变化也不平衡。当大众媒体大肆渲染"新时代的价值观"时，对新的或变化中的价值观的大量研究表明，这种变化远不如媒体所炒作的那样大。

同样，我们不应将行为方式的改变与引起这种改变的价值观的变化混为一谈。通信技术和娱乐技术的日新月异并不意味着我们价值观的突然改变，也不意味着我们必然比过去更多地与他人接触或参与更多的娱乐活动，而只是表明我们可以有更多的激动人心的方式来表达自己的价值观。

1. 自我导向的价值观

传统上，美国人具有积极主动、讲究实惠、勤奋工作和充满信仰的个性特征，并具有吃苦在前、享受在后的性格倾向。自二战开始，美国人开始重视休闲和及时行乐，这种风气在20世纪70年代和20世纪80年代早期得到了快速发展。对美国的广告、产品特征以及私人债务水平的考察表明，这些变化极大地影响了消费行为和营销活动。有迹象表明，这些趋势中的某些方面正在发生逆转并向传统回归。

（1）宗教与世俗。总体而言，美国是一个世俗社会。也就是说，宗教团体没有控制这个国家的教育系统，也没有控制政府和政治过程，人们的日常行为没有受到宗教戒律的严格束缚。虽然如此，仍有90%的美国人声称具有宗教信仰，75%的女性和65%的男性在调查中认为宗教在生活中是十分重要的。40%的人声称定期去教堂做礼拜（这个数字自从1940年以来几乎没有变动），而实际的数字只及其中的一半。

（2）感官满足与节欲。随着美国社会更趋世俗，追求感官满足越来越为人们所接受。在20世纪60年代，对很多消费者而言，感官满足是其追求的目标，而这种倾向似乎已有所收敛。虽然能带来感官满足的消费品仍然可以为人们所接受，但是此类消费品的范围及其消费场合已大大减少。这种变化给市场营销带来难得的机遇和挑战。虽然很多消费者不像以往那样放纵自己，但消费却更为奢侈。

（3）延迟享受与及时行乐。与以往相比，美国人似乎更愿意延迟享受。一方面，人们对居高不下的个人债务表示担忧，越来越多的消费者讲究物有所值或等待降价，但另一方面，个人赊欠、破产和信用销售又在不断攀升。

（4）物质性与非物质性。美国人仍然保留着重物质消费的传统。美国的实用主义的一大结果是美国成了一个消费主导的社会。与过去相比，如今上班工作的人更多，工作时间更长。这种变化产生的原因很复杂，部分是由于如今的美国人必须花更多时间和精力挣钱以购买商品和服务，如购买汽车和外出旅游。近30年来，美国家庭人口的平均数已大大减少，而住宅面积则急剧增加。虽然有证据表明，这种拥有物质财富的观念在淡化，但它还是美国文化的一个核心部分。

(5) 勤奋工作与休闲。越来越多的美国人工作比以前更加努力。超过85%的成年人认为："多数时我工作很勤奋。"部分出于对工作时间增加的反应，自1985年以来，人们对工作的重视程度大大降低了。有调查表明，30%的人认为工作在生活中占首要地位（1975年48%的人有此观点），36%的人认为休闲占首要地位，24%的人认为休闲与工作同等重要。不过，美国人很看重勤奋工作，认为努力工作是通往成功的阶梯。

(6) 主动与被动。美国人对生活仍持一种主动态度。尽管在美国坚持体育锻炼的成年人不足1/3，但多数人对娱乐活动和解决问题的活动持积极主动的态度。原本看电视是人们首要的娱乐形式，但在20世纪80年代中期这一行为的比例却开始大幅度下滑。取而代之的是因特网、烹饪、园艺以及其他形式的活动。耐克公司"做就对了"（Just Do It）的主题活动受到了广泛的欢迎，从一个侧面反映了娱乐活动变化的强劲势头。

2. 环境导向的价值观

环境导向的价值观界定某一社会与经济、技术和自然环境之间的关系。就传统而言，美国人一向崇尚变化、冒险、解决问题和征服自然。虽然这些传统价值观的根基没有动摇，但随着发展也正在经历一些大的变化。

一项民意测验表明，90%的人愿意为购买环保产品做出特别的努力，放弃某些方便之处而购买对环境无害的产品和包装，承受稍高的价格而购买无环境危害的产品。环保观念潜移默化地渗入了人们的消费行为，一半以上的美国人对保护环境持积极主动的态度。那些为消费者提供环保产品的企业，最终也获得了丰厚的回报。

此外，美国人还开始注重产品的实用性而不只看其是否为名牌。虽然消费者仍然愿意购买"有名"的品牌，但前提是除了其声望以外，这些品牌必须在款式和功能上令人满意。这种观念使得各类折价商店的销售额大幅上升。

3. 他人导向的价值观

他人导向的价值观反映了如何看待个人与集体关系的社会观念。美国一直是崇尚个人主义、鼓励竞争、讲究阳刚之气和青春活力的社会，还是一个以核心家庭和父母为主导的社会。

美国社会最显著的特征就是强调个人主义。美国人遵循"做你自己的事"的价值观，即使是为每一代青少年所设计的制服，也留有相当大的让学生发挥个性的余地。这种价值观对销售人员激励系统、广告主题和产品设计均有影响。

美国是一个长期高度竞争的社会，竞争的观念已深入人心。社会、政治、经济各个方面都存在着竞争。无论是在商业竞争、娱乐业的竞争还是体育竞争中，优胜者都会得到丰厚的金钱回报。虽然学校和商业行业中提倡协作和团队精神，但这种协作往往是为了使某个团体能在竞争中超越对手。基于此，美国率先允许比较广告的出现就不足为怪了。

传统上，老年人几乎在所有文化中都受到高度重视。与年轻人相比，老年人更有智慧，被视为楷模和领导。但是，在美国文化中，从来未曾出现过这样的情形。这或许是因为把荒原开垦成为一个新型生产国需要的是强壮的体力、坚韧的毅力、青春的活力和丰富的想象力。随着美国发展成为一个工业国，年轻人变得更为重要，以至于汽车、服装、化妆品等产品似乎都是为年轻人设计的。但是，这种以青年为中心的价值观也渐渐在发生变化。由于老年人口增加、老年人可自由支配的收入增加，老年人对政治和经济的影响也逐渐增强。退休老年人团体不断增多，供老年人使用的化妆品、药品、护发产品也应运而生，中老年消费者形成了巨大的消费市场。

资料来源：德尔·霍金斯等：《消费者行为学》，符国群等译，机械工业出版社 2014 年版。

资料 6.2　中国传统文化的价值观①

中国传统文化最核心的部分当然是指价值观部分。一般认为，中国传统文化的价值观是由三个部分构成的，即由儒、道、佛。

儒家的文化

以"孔孟"观点为核心的儒家文化是一种现实的文化，是让人们在现实中进行"有为"的生活，这种"有为"的生活以伦理道德为基础。儒家不问来世，只重现世，主张郑重的生活，主张人要做到仁、义、礼、智、信，人与人之间要君臣有义、父子有亲、夫妇有别、兄弟有情、朋友有信。儒家相信后天的教育可以改变人。

(1) 道

大学之道，在明明德，在亲民，在止于至善。知止而后有定，定而后能静，静而后能安，安而后能虑，虑而后能得。

物有本末，事有终始，知所先后，则近道矣。

格物而后知至，知至而后意诚，意诚而后心正，心正而后身修，身修而后家齐，家齐而后国治，国治而后天下平。

君子忧道不忧贫。

道不同，不相为谋。

道不远人。

---

① 资料中所引用的儒家经典著作原文主要来自《大学》《中庸》《论语》《孟子》《弟子规》等；道家经典著作原文主要来自《道德经》；佛教经典著作原文主要来自《华严经》《法句经》《大智度论》《金刚经》等。

未知生，焉知死？

(2) 德

弟子入则孝，出则弟，谨而信，泛爱众，而亲仁。行有余力，则以学文。

德者本也，财者末也。外本内末，争民施夺。

道听而涂说，德之弃也。

上不怨天，下不尤人。

其身正，不令而行。

不能正其身，如正人何？

夫子之道，忠恕而已矣。

己所不欲，勿施于人。

饭疏食，饮水，曲肱而枕之，乐亦在其中矣。不义而富且贵，于我如浮云。

君子无所争，必也射乎！揖让而升，下而饮。其争也君子。

三军可夺帅也，匹夫不可夺志也。

以直报怨，以德报德。

(3) 仁

君子务本，本立而道生，孝弟也者，其为仁之本与。

仁者爱人。

巧言令色，鲜矣仁。

君子去仁，恶乎成名？

克己复礼为仁。一日克己复礼，天下归仁焉。

刚、毅、木、讷近仁。

居处恭，执事敬，与人忠。

仁者以财发身，不仁者以身发财。

志士仁人，无求生以害仁，有杀身以成仁。

知者不惑，仁者不忧，勇者不惧。

知者乐水，仁者乐山；知者动，仁者静；知者乐，仁者寿。

老吾老，以及人之老；幼吾幼，以及人之幼。

(4) 礼

不知礼，无以立也。

君使臣以礼，臣事君以忠。

非礼勿视，非礼勿听，非礼勿言，非礼勿动。

恻隐之心，仁之端也；羞恶之心，义之端也；辞让之心，礼之端也；是非之心，智之端也。人之有是四端也，犹其有四体也。

(5) 学

学而时习之，不亦说乎。

温故而知新，可以为师矣。

有教无类。

子以四教：文、行、忠、信。

知之者不如好之者，好之者不如乐之者。

见贤思齐焉，见不贤而内自省也。

学而不思则罔，思而不学则殆。

知之为知之，不知为不知，是知也。

子绝四：毋意，毋必，毋固，毋我。

生而知之者，上也；学而知之者，次也；困而学之，又次也；困而不学，民斯为下矣。

人一能之，己百之，人十能之，己千之。果能此道矣，虽愚必明，虽柔必强。

(6) 仕

仕而优则学，学而优则仕。

天下有道则见，无道则隐。

邦有道，危言危行；邦无道，危行言孙。

政者，正也。

子帅以正，孰敢不正？

不在其位，不谋其政。

近者说，远者来。

为政以德，譬如北辰，居其所而众星共之。

君君，臣臣，父父，子子。

唯上知与下愚不移。

导之以政，齐之以刑，民免而无耻。导之以德，齐之以礼，有耻且格。

是故财聚则民散，财散则民聚。是故言悖而出者，亦悖而入，货悖而入者，亦悖而出。

君者，舟也，庶人者，水也。水则载舟，水则覆舟。

民为贵，社稷次之，君为轻。

(7) 君子与小人

不知命，无以为君子也。

君子欲讷于言而敏于行。

君子耻其言之过其行。

君子周而不比，小人比而不周。

君子坦荡荡，小人长戚戚。

君子不忧不惧。

君子成人之美，不成人之恶。

君子求诸己，小人求诸人。

君子惠而不费，劳而不怨，欲而不贪，泰而不骄，威而不猛。

质胜文则野，文胜质则史。文质彬彬，然后君子。

君子喻于义，小人喻于利。

君子怀德，小人怀土；君子怀刑，小人怀惠。

诚者自成也，而道自道也。诚者物之终始，不诚无物，是故君子诚之为贵。

君子中庸，小人反中庸。

君子和而不同，小人同而不和。

君子易事而难说也，说之不以道，不说也。及其使人也，器之。小人难事而易说也。说之虽不以道，说也。及其使人也，求备焉。

唯女子与小人为难养也，近之则不孙，远之则怨。

君子之道，辟如行远，必自迩；辟如登高，必自卑。

君子之道，淡而不厌，简而文，温而理，知远之近，知风之自，知微之显，可与入德矣。

得志，与民由之；不得志，独行其道。

富贵不能淫，贫贱不能移，威武不能屈，此之谓大丈夫。

穷则独善其身，达则兼善天下。

道家的文化

以"老庄"为代表的道家文化主张人应该用无为、清静的态度来面对生命和生活，主张自然而然、顺其自然。所谓道就是无，是自然、规律和本质；德就是不争。以下内容以老子的《道德经》为基础，从道、德、行、政四个方面对道家文化的要义进行梳理。

(1) 道

道可道，非恒道；名可名，非恒名。无名天地之始；有名万物之母。

玄之又玄，众妙之门。

天下万物生于有，有生于无。

天下之至柔，驰骋于天下之至坚。无有入无间。

人法地，地法天，天法道，道法自然。

大音希声，大象无形，道隐无名。

天网恢恢，疏而不失。

道生一，一生二，二生三，三生万物。

(2) 德

上德不德，是以有德；下德不失德，是以无德。

失道而后德，失德而后仁，失仁而后义，失义而后礼。

大道废，有仁义；智慧出，有大伪；六亲不和，有孝慈；国家昏乱，有忠臣。

生而不有，为而不恃，长而不宰，是谓玄德。

上善若水，水善利万物而不争，处众人之所恶，故几于道。

天下莫柔弱于水，而攻坚强者莫之能胜。

弱之胜强，柔之胜刚。

我有三宝，持而保之。一曰慈，二曰俭，三曰不敢为天下先。

见素抱朴，少私寡欲。

天道无亲，常与善人。

天之道，利而不害，圣人之道，为而不争。

既以为人己愈有，既以与人己愈多。

信言不美，美言不信。善者不辩，辩者不善。知者不博，博者不知。

(3) 行

祸兮，福之所倚；福兮，祸之所伏。

金玉满堂，莫之能守。富贵而骄，自遗其咎。

曲则全，枉则直，洼则盈，敝则新，少则得，多则惑。

重为轻根，静为躁君。

甚爱必大费，多藏必厚亡。故知足不辱，知止不殆，可以长久。

知人者智，自知者明。胜人者有力，自胜者强。

大直若屈，大巧若拙，大辩若讷。

祸莫大于不知足。

坚强者死之徒，柔弱者生之徒。

柔弱胜刚强。

致虚极，守静笃。

千里之行，始于足下。

天下大事必作于细。

功遂身退，天之道也。

人多伎巧，奇物滋起。

挫其锐，解其纷，和其光，同其尘，是谓玄同。

(4) 政

以正治国，以奇用兵，以无事取天下。

其政闷闷，其民淳淳。其政察察，其民缺缺。

大邦以下小邦，则取小邦。

虚其心，实其腹，弱其志，强其骨。常使民无知无欲，使夫智者不敢为也。为无为，则无不治。

绝圣弃智，民利百倍；绝仁弃义，民复孝慈；绝巧弃利，盗贼无有。

江海之所以能为百谷王者，以其善下之，故能为百谷王。是以圣人欲上民，必以言下之；欲先民，必以身后之。

善用人者为之下。是谓不争之德，是谓用人之力，是谓配天，古之极。

以其不争，故天下莫能与之争。

不尚贤，使民不争；不贵难得之货，使民不为盗；不见可欲，使民心不乱。

佛教的文化

佛教表达了人与自然的因果关系，也表达了人与人之间的因果关系。

（1）成佛

成佛就是圆满自性。

如来智如是，众生悉具有；颠倒妄想覆，众生不知见。——《华严经》

多闻令志明，已明智慧增；智则博解义，见义行法安。——《法句经》

莫学小道，以信邪见；莫习放荡，令增欲意。——《法句经》

大慈，与一切众生乐；大悲，拔一切众生苦。——《大智度论》

（2）皆空

佛教认为一切皆空，包括所谓的自我。

色不异空，空不异色，色即是空，空即是色。——《般若波罗蜜多心经》

凡所有相，皆是虚妄。若见诸相非相，则见如来。——《金刚经》

（3）因果

佛教强调万事皆空但因果恒在，深信因果就是觉悟的开始，深信的因果就是善恶之因果，律定因果，种因得果。

佛教讲六道轮回，六道轮回可分为：三恶道和三善道。其中，前者包括畜生道、饿鬼道、地狱道；后者包括修罗道、人间道、天人道。人去向六道里的哪一道，取决于人在现世中的所作所为和修行状况。佛教相信善有善报，恶有恶报，不是不报，时间未到。所以人生在世要修善、向善、行善，这样才能有好的结果。

佛教相信有前世、现世和来世这三世因缘。现世的结果是前世的因缘决定的，而人现世的心理与行为不仅可以改变现世，又是来世能成为什么的原因。

佛教认为人的各种遭遇都是因果的表现。人一方面要看清因果，另一方面还要有感激之情。即使遇到对自己不利的情况，也要充满感激，因为所谓的不利是在消除"业障"。

观诸法生灭，一切本来空；知世间成败，从业而有生。——《华严经》

世间人心动，爱著福果报，而不好福因，求有不求灭。——《大智度论》

（4）修善

佛教认为人的欲望是人产生恶的根源，所以一定要真正认识欲望，做到限欲和除欲。人的恶包括：

身恶业。表现为杀（杀害、伤害）；盗（损人利己、占为己有）；淫（不正当的男女关系）。

口恶业。表现为说妄语（说假话骗人）；说绮语（花言巧语骗人）；恶口（讥讽、漫骂）；两舌（搬弄是非、挑拨离间）。

意恶业。表现为贪（贪名、贪财、贪色）；嗔（仇恨、怨恼、嫉妒）；痴（浑浑噩噩、不明善恶、傲慢自私、目中无人）。

人觉悟的第一步就是要相对以上的"恶"，修十善业，做到不杀、不盗、不淫、不妄语、不绮语、不恶口、不两舌、不贪、不嗔、不痴慢。

行十善道，以戒庄严故，能生一切佛法义利，满足大愿。——《十善业道经》
诸苦所因，贪欲为本，若灭贪欲，无所依止。——《法华经》
世俗无眼，莫见道真，如少见明，当养善意。——《法句经》
欲乐着无厌，以何能灭除？若得不净观，此心自然无。——《大智度论》
杀嗔心安稳，杀嗔心不悔；嗔为毒之根，嗔灭一切善。——《大智度论》
大恶病中，戒为良药；大恐怖中，戒为守护。——《大智度论》

(5) 度人

佛教里讲"四谛"与"六度"。

"四谛"是说人生无常、诸法无我、一切皆苦、一切皆空。"四谛"包括：苦谛，人生的苦表现为生、老、病、死、求不得、爱别离、怨憎会、失荣乐；集谛，就是人生之苦的原因，苦因得到苦果；灭谛，就是讲要灭苦因、苦果；道谛，就是如何灭苦。

"六度"是指度人的方法和途径。"六度"包括：

布施，即做人做事要乐善好施，满足众生。

持戒，即认识因果律，克服十恶业。

忍辱，即克服各种诱惑，忍耐俗世中的许多讽刺、打击。

精进，即拥有努力求证的恒心。

禅定，即修炼身心，开悟。

般若，即得智慧成就。进入涅槃境界，超越生死境界，去向西方极乐世界。

一切功德中，菩提心为最，能得无碍智，从佛法化生。——《华严经》
无量无数劫，常行无上施，若能化一人，功德超于彼。——《华严经》
得生人道难，生寿亦难得，世间有佛难，佛法难得闻。——《法句经》
闻诸妙道法，不能以益身，如是之过失，皆由懈怠心。——《大智度论》
但离虚妄，名为解脱；其实未得，一切解脱。——《法华经》
无乐小乐，小辩小慧；观求大者，乃获大安。——《法句经》
无病最上利，知足最上财，信赖最上亲，涅槃最上乐。——《法句经》

6.1.2 文化的其他表现

1. 宗教信仰

宗教对社会和个人有着极其重要的影响，宗教情结是人们内心普遍存在的心理情结。宗教在不同国家和地区对经济发展和市场状况的影响，有很大的差别。在有些国家和地区，宗教色彩比较浅淡，从事营销可以不去过多地考虑宗教方面的影响。但在宗教色彩浓烈的国家和地区，不了解当地的宗教情况，对宗教有关要求、规定或禁忌不清楚，可能根本就无法开展营销活动。宗教对人们的生活方式、价值观念、购买选择、购买行为模式等都有深刻的影响。不同的宗教环境会给营销带来不同的机遇或限制，这种影响可以体现在宗教节日、要求和禁忌等方面。

宗教对消费行为有很大的影响。首先，宗教观念会极大地影响人们对某些产品的购买和消费方式。如伊斯兰教信徒为践行"不杀生"的信条，在教义中规定鸡、牛、羊可食，但在"杀生"时要履行规定的程序，否则是不能吃的。所以，在国外很多超市里会看到鸡肉、牛肉、羊肉上有小标签，表明在屠宰时已经履行了宗教所规定的屠宰程序。其次，宗教祭祀活动和宗教节日，会产生一些对特殊商品的需求。比如在圣诞节，人们对圣诞树会产生需求。最后，宗教也会对普通消费者产生影响。比如，很多人虽然没有宗教信仰，但当来到寺庙等宗教场所时，也会出于尊敬、好奇或从众等各种原因购买一些有宗教色彩的产品。

2. 风俗习惯

"百里不同俗，千里不同风"，风俗习惯是指一个国家、地区或民族约定俗成的规定、图腾和禁忌。它们可以反映在生活环境（如气候、地形等）、居所（如住在蒙古包里）、婚嫁（如中国人婚嫁要放鞭炮）、生育（如中国人生了孩子要给"红蛋"）、文娱（如京剧等戏剧）、节日（如中秋节、重阳节等）等方面。风俗习惯可以反映出独特的心理特征、道德伦理、行为方式和消费习惯。

中国区域消费有4种基本消费形态，即保守型、前卫型、理财型和乐天型。

由于中国地域广袤，各地气候、自然条件差异悬殊，因此饮食习惯、民情风俗等方面存在很多不同。以饮食而言，在清朝初期，就有四大菜系之分，即鲁菜、苏菜、粤菜和川菜。到了清朝末期，更是分化为川、鲁、粤、闽、苏、浙、湘、徽八大菜系。在主食上，我国北方盛产小麦，以面食为主；南方是稻谷的产区，大米饭是主食。在口味上，南甜北咸的倾向明显，这也和自然环境有关。南方湿度大，人体水分蒸发量相对较小，不需补充过多盐分，又盛产甘蔗，所以南方人爱吃甜食。北方干燥，需要补充较多盐分，故喜咸味。在菜品制作上，南细北粗的特点十分鲜明。在东北，讲求大块吃肉，大碗喝酒；而南方饮食在精细上下功夫，肉切得薄薄的、细细的。北方人初到南方，看到都是小碗小碟，盘小量还不足，总觉得没有北方那样"大气"。相反，南方人到北方，看到的是大碗大碟，分量十足，在感叹北方人"实在"的同时，对北方的"阔气"之风，也会有不习惯之感。一样是吃年夜饭，北方不能没有饺子，南方很多地方则不能没有年糕和鱼。

禁忌也是风俗习惯重要的组成部分，如果不了解一个地方的禁忌，就容易产生误会、冲突甚至暴力行为。如回族禁吃猪肉，印度教禁吃牛肉；基督教认为数字"13"代表不祥，而中国则避讳"4"这个数字等。

企业营销者在进行营销活动时必须研究了解目标市场消费者的禁忌、习俗、信仰、伦理等，不然就会因为不懂风俗习惯而得不到期待的营销结果，甚至可能因为碰触了禁忌而被消费者抵制甚至打击。

3. 神话与仪式

神话（myth）是指含有象征性元素的故事，它代表了一种文化理想。神话通常叙述一些对立势力间的冲突，其结局构成了人们的道德指南，神话故事在一定程度上可以减轻人们的忧虑，因为它往往给人们提供处世指引。

提到神话故事，人们通常联想起古希腊、古罗马以及中国的《山海经》中的故事。理解具有文化意义的神话故事对营销者来说是重要的，营销者在某些情况下（多数是无意的）会模仿神话故事的结构制定营销策略。例如，麦当劳宣传"神话般"品质的方式，其"金色拱形门"的标志广受认可，它在全世界为美国人提供避难所，让美国人很清楚只要进去就会得到什么。

仪式（ritual）是一套复合的多种象征性行为，这些行为有固定的发生顺序，而且常常需要定期重复进行。当人们提到仪式，进入脑海的可能是古怪的部落典礼，但事实上，当代消费者的许多活动都具有仪式性，仪式既具有稳定性，也具有变化性。仪式一般包括七种类型：

（1）宗教仪式：洗礼、冥想、弥撒、祈祷等。

（2）变迁仪式：毕业典礼、结婚典礼等。

（3）文化仪式：情人节、中秋节、春节等各种节日。

（4）公民仪式：游行、选举、审讯等。

（5）团体仪式：协会入会仪式、商业谈判、办公午宴等。

（6）家庭仪式：家庭聚会、家庭外出郊游等。

（7）个人仪式：修饰仪式、礼仪等。

中国文化极重视"礼"，其中包括中国人的送礼行为。中国是礼仪之邦，"礼尚往来""来而不往非礼也"，是中国人内心深处"面子情结"的最直白的表达。中国人送礼时对面子极其关注，有时礼品就是面子，礼品的轻重就是面子的大小，过年时的礼品则更加讲究。送礼在农村和城市都很盛行，也是一个巨大的市场。

仪式能对营销产生影响，商家迎合每个可能的节日和场合提供适宜的礼品，就是很好的例子。在送礼仪式中，消费者采购理想的物品，并仔细包装（把普通商品转变成独特的礼品），然后把它送给接受者。礼品的形式可以是从商店购得的物品、自制物品或者服务。

4．知识水平

知识也是深刻影响人心的重要文化力量。

人的知识水平的高低直接影响其消费行为和消费结构。企业所在地区的知识水平也在一定程度上制约着企业的营销活动。一般来说，知识水平高的消费者对产品的内在质量、外观形象以及服务有着较高的要求。而知识水平低的消费者往往要求更多的实物样品和通俗易懂的产品介绍。知识水平较低的人群，购买产品的理性程度相对低，对新产品的接受能力比较弱，而知识水平较高的人群正好相反。

5．审美体验

美学即关于美和审美体验的观念，是文化的重要组成部分，包括各类文学艺术中以不同形式表现的美，如音乐美、绘画美、形体美、舞蹈美、戏剧美、文学形象美等。美学一方面有共性，另一方面又极具个性，不同国家、不同民族、不同地区、不同阶层、不同性别的人都有不同的审美观。

东方人与西方人在审美体验上的观念是不同的。首先，对美的理解这一起点不同。西方人关注美是什么，对美的主体追问是偏重分析的逻辑思维，特别注重思维的认识作用，而东方人关注"审美何为"，是一种价值论、意义论上的追问，偏重于直觉的感悟。其次，主客体关系不同。"心物二元论"使西方审美体验的主客体往往处于分裂、对立的状态之中，而东方人追求"天人合一"的传统宇宙观、认识论。再次，实现形式不同。西方人是理智型思辨思维；而东方人则是在知、情、意三者的统一中追求某种智慧，所以重经验而不重理论，重情感而不重逻辑。最后，西方人的审美体验注重"有"，是可以言语的，在对规律的认识中得到审美的愉悦；而东方人的审美体验注重"无"，讲究不可言说的，讲究虚实相生，讲究意境和含蓄。

体现在企业营销上，审美主要包括设计、色彩、音乐、品牌命名等方面。某些商品的主要功能不在于物质方面，而在于美化生活、陶冶性情、提高文化修养，如书报、艺术欣赏等。在精神文化领域有较高追求的消费者，往往宁可舍弃物质方面的享受，也会对各种满足精神需要的产品或服务给予关注。不同的国家、民族、宗教、阶层有不同的审美标准。消费者在市场上挑选商品的过程，实际上也是一次审美活动。消费者个人的审美活动从表面上看属于个人行为，但实质上反映了一个民族、一个时代、一个社会中人们的审美观念和审美趋势。

6. 语言文字

语言文字是各文化要素中区别最明显的，它不仅与其他文化要素相联系，而且从一个方面反映了文化的类别和价值。中国人的文字起源于象形文字，而许多西方国家的文字是用字母组合的。

汉语有七大方言，使用最多的是北方方言，约70%的人使用他。方言既是地域文化特色的具体体现，又是居民情感认同的符号。在广东，粤语广告使用比较多。研究发现，广东籍消费者大多对这类广告持正面、积极态度；而非广东籍消费者总体上对此持负面、消极态度。

企业在营销中，一定要了解一个国家或地区的文化状况，分析其社会文化环境，通晓该地的语言文字。每种语言文字都代表一种文化，一种历史传统，了解一个国家、地区或民族的语言文字，是深刻理解其文化特色与内涵所必需的。

6.1.3 消费文化

消费文化是文化在消费领域的渗透与发展。消费文化是指在一定的历史阶段中，人们在物质与精神生产、社会生活以及消费活动中所表现出来的消费理念、消费方式、消费行为和消费环境的总和，是消费者在一定的价值观、风俗习惯、宗教信仰、语言文字等影响下，根据自己的主观意愿，选择符合自己文化需求的产品和服务来满足需要的消费活动。它的基本特征体现在两个方面：一是它所满足的是消费主体的精神需要，使主体感到愉悦、满足；二是主体需要是通过物质产品和精神产品实现的。

消费文化主要有如下表现：

(1) 物质主义消费。物质主义（materialism）指的是物质产品在消费者的生活中占有很重要的地位。物质主义一般被认为包括三个方面：占有，即想要对财产进行控制与拥有的趋势；吝啬，即不情愿与别人共享；嫉妒，即当看到别人拥有时，渴望也拥有相似的财产，并且心中的怨恨会增加。这些物质主义者把拥有财产看成获得快乐的方式，而且会尽可能去积累财富。

虽然在任何社会，人们都有追求金钱和物质财富的欲望，但不同社会以及同一社会里的不同个体在对物质财富的重视程度上是存在差别的。重视物质主义的个体，通常对产品所带来的直接利益，如产品功效、费用节省、享受性及由此引起的他人羡慕，会格外看重，因此在营销过程中应重点突出这些利益。物质主义者虽然倾向相对淡漠的个体，但他们却可能更加重视非物质层面的利益，如家庭、友谊、对真善美的追求等。因此，在营销活动中，应重点建立产品与这些非物质性利益的联系。

（2）时尚消费。德国社会学家齐美尔说："越是容易激动的年代，时尚的变化越迅速。"越时尚越有市场。中国正处于社会经济高速发展的"激动年代"，对时尚的追求也可谓"日新月异"。但保守主义（越保守的人，越不愿意跟随时尚）和文化自信心（越缺少文化自信的人，越想与时尚同步以获得安慰和力量）却会成为时尚影响力的阻碍。只是在现阶段的中国，这两种阻力都比较小。时尚元素目前已经渗透到消费和生活的各个领域，中国已进入"时尚消费"的新时代。

时尚是驱动消费的重大商业元素，能创造出丰富的市场商业价值，企业营销要善于把握这样的机会，通过变化、求新与引导来制造和创造时尚，满足消费者的时尚心理。

（3）人情消费。人情消费也是关系消费。对大多数中国人来说，人情像债务一样是很难逃避的。中国人的人情交换有三种基本类型：第一种是恩情型，即在危难时期给人帮助；第二种是投资型，即通过送人情，使接受方有亏欠感，期待在未来适当的时候得到回馈或回报；第三种是礼尚往来型，即为了联络感情或出于社会规范而相互给予帮助或请客送礼。西方人的人际交往具有理智、短暂性和间断性的特点，交换者之间讲求"一报还一报"；而中国人的规则是"报大于施"，要"滴水之恩，涌泉相报"。

在中国，人情之所以特别重要，主要是由于中国是一个人际网络型的关系社会，资源的获取较多地依赖于个人所营造的"社会网络"或"社会关系"。人情既是润滑与他人关系的润滑剂，又是维持这一社会关系网络所必须支付的成本。人情不是一种简单的市场交换行为，当某人给予别人人情时，不仅接受其帮助的人有还"人情"的义务，而且会提升施助者在群体中的声望，使其更有"面子"。

在一个重"人情"和"关系"的社会中，礼品市场必然十分发达，这就为相关企业提供了市场机会。同时，针对特定产品，在营销传播中打"人情"牌，突出宣传人际关系的温暖，也可能收到特别的效果。

（4）面子消费。面子消费是指为了面子主动或被动进行攀比消费。面子是中国传统文化、传统价值观、人格特征、社会文化的耻感取向共同作用的综合体。人们在穿着打扮、住宅、轿车、头衔、办公室布置等方面都会顾及面子，即不论自己是否喜欢、在不在意，都要考虑他人会怎么看自己。

在中国，群体影响会形成从众心理和羊群效应，成为制约消费者行为的强大社会规范。因此，中国人在消费中更重视别人的看法和意见，更关注个人消费的社会群体效应。无论是在古代还是在现代，不论是富是穷，不论身份贵贱，不论在城市还是在农村，中国人都追求要脸要面，将送礼与维系体面和关系等视为基本需要，将争脸、给面子和礼尚往来列入基本行为规范，从而产生了中国社会中恒久而普遍的面子消费行为，甚至构成驱动消费的重大动因，造就出非常大的特殊消费市场。

面子对消费者行为的影响可以从多方面显现出来。首先，爱面子的人在选择产品时会更多地考虑产品的外在方面，如是否气派，是否时尚，是否在朋友中"不掉价"。其次，爱面子的人更容易受到他人的影响。比如，和朋友一起时，会购买更高档或价格更高的产品。再次，爱面子的消费者会较少去问那些自认为"无知"的问题，以至于失去很多获取有用信息的机会。最后，爱面子的人在与他人交往的过程中，会更加注意自己给他人的印象，也更加重视他人对自己的尊重，所以他们对产品之外的价值会给予更多关注。与面子消费有关的消费也体现为炫耀消费和象征消费等，比如购买奢侈品、购买象征成功地位的奔驰汽车等。

企业可以根据消费者面子消费的特点，采取针对性的营销策略，满足对方的攀比心、炫耀心，通过满足消费者的虚荣心和成就感，可以获得较好的营销机会和效果。

(5) 神圣消费。神圣消费（sacred consumption）是指人们以某种程度上的尊重、崇拜或敬畏的态度对待某些物品和事件。它们与宗教有关或者无关。

神圣消费的领域包括神圣地点、神圣人物和神圣事件。神圣地点可以是宗教或者神话的场所，也可以是非宗教的场所，比如迪士尼乐园。在许多文化中，家也是特别神圣的地方。家是人们身份的核心部分，"家的感觉"往往是个性的体现，是人们心灵的港湾。神圣人物既有宗教和神话人物，也有社会中各领域的名人。因为消费者有崇拜名人的心理，所以企业就可以利用名人效应产生很好的消费效果。神圣事件既可以是宗教事件，也可以是平时的各种节日或者事件，比如体育运动会等。

与神圣消费文化有关的两个概念是神圣化和世俗化。

神圣化（sacralization）是指在特定的文化或特定的文化团体当中，平常的客体、事件甚至人具有了神圣意义。例如，中国篮球运动员姚明对某些消费者来说就是神圣的。姚明签名的东西都可能被神圣化。事实上，任何事情、任何东西都可以变得神圣。

世俗化（desacralization）就是一件神圣物件或象征离开其特殊的地位或者被大量复制，结果变成了世俗的东西。例如，复制华盛顿纪念碑、埃菲尔铁塔、油画《蒙娜丽莎的微笑》等。宗教本身也可以被世俗化，如今宗教象征已进入主流时尚，如风格化的十字架或者佛像等，再如圣诞节等一些宗教节日，都已经世俗化，失去了原有的神圣意义。

企业营销面对神圣消费，一方面可以顺从这样的消费倾向，提供相应的产品或者服务；另一方面也可以引导这方面的倾向，使消费者感受到神圣化的意义和价值。

（6）从众消费。从众是指个人的观念与行为由于受群体的引导或压力，而趋向与大多数人相一致的现象。从众消费指的是消费者在很多购买决策上，会表现出从众倾向。比如，购物时喜欢到人多的商店；在品牌选择时，偏向那些市场占有率高的品牌；在选择旅游点时，偏向热门城市和热门线路。

企业可以主动利用人们的从众心理进行权威营销、畅销营销。权威营销包括选择形象代言人、请名人做广告，这种策略已经被企业广泛采用。畅销营销包括制造畅销气氛、选定畅销款式等策略。比如在超市里，营销者可以在产品陈列时故意留有空位，从而给人以该产品畅销的印象；在电脑卖场，营销者可以通过说某种价位以及某种配置的电脑今天已经卖出了好多套，来促使消费者尽快作出购买决策；在音乐推广中，营销者可以通过推荐最流行的音乐来吸引消费者，因为最流行的也就是目前最多人喜欢的。这都是在主动利用消费者的从众心理。

6.1.4 跨文化消费

菲利普·科特勒说："文化是影响人的欲望和行为的基本决定因素"，"文化因素对消费者行为的影响最为广泛和深刻"。全球化消费是指全球消费具有趋同性，即国别与地理区域不明显的一致性消费。例如，全球都接受麦当劳、可口可乐、苹果手机等。本地化消费是指区域性的差异化消费。例如，各地区不同的饮食文化消费等。

1. 全球消费

如今，全球消费趋势变化显著，而推动变化的两种强大力量分别是科技和全球化。全球产品或服务文化的扩散没有地域界限。全球化消费表现出以下趋势：更追求消费便利性；更加注重价值导向的理性消费；更加追求个性化；寻求身心的健康与满足。

西方国家（尤其是美国）是流行文化的净输出者。许多消费者已大体上将西方生活方式（尤其是英语国家的生活方式）看成现代化和先进的表现。在亚洲国家，可口可乐是年轻人的首选饮料，而麦当劳则是他们最喜欢的餐厅，NBA每年在美国以外的销售额达数亿美元，耐克标志及其产品深入人心。美国的消费文化已在全球传播，这并不是简单的美国文化输出，而是人们快速借鉴自己向往的文化。韩国的一位研究员解释："文化就像水，从较强的国家流向较弱的国家。人们倾向于崇拜更富有、更自由和更先进的国家。"

在全球消费中，中国的许多消费者存在着崇洋消费的心理。崇洋心理就是消费者在消费中认为外国的品牌比本国的好，相信外国品牌的质量、功效和保证，消费中以消费外国商品为荣，甚至将这当作一种身份的象征或归属。

2. 跨文化消费

跨文化是指跨越了不同国家与民族界线的文化，是不同民族、国家及群体之间的文化差异。个体对文化有不同的认同。文化认同是指个人受其所属的群体或文化影响，而对该群体或文化产生的认同感，它带有文化价值的特定指向性。

跨文化消费（cross-cultural consumption）指的是产品或服务在某一文化地域中

产出后在另一文化地域中被消费。跨文化消费者分析的一个主要目标是确定两个或更多个国家中消费者的异同。

企业在跨文化条件下的全球营销过程中，一方面，可以通过全球标准化策略让全球消费者喝一样口味的饮料，吃一样口味的汉堡，穿一样款式的服装。消费者因为相同的消费产品或服务会体会到一种平等和同类认同感。标准化营销策略的支持者认为，许多文化（尤其是工业化国家文化）同质性高，因此相同的营销方法可以在全球通行，在多样化市场采用相同的策略，公司能获得规模效益，因为不必为每种文化制定独立的策略并投入大量的时间和费用。这种观点代表了一种文化普适观（etic perspective），即把重点放在各种文化的共性上。另一方面，可以通过本地化策略体现出全球化思考和本地化操作，企业的产品和服务可以根据本地需求的不同而不同。文化差异（价值观、风俗习惯、宗教信仰、语言文字等）是企业营销采取本地化策略的依据。

3. 根文化

根文化是指一个国家或地区的传统文化，一般包括价值观及风俗习惯等因素。在全球化中寻找自己的根文化消费也是跨文化消费的一个特点。消费者会越来越多地尝试把"外国的"产品或服务与自己的需要或本地化的文化相结合，形成"全球地方化"的消费，形成一种"同中存异"的趋势。比如肯德基就把全球化、标准化的产品及服务与中国饮食文化相结合。

根文化深植于中国人的心理深处，影响着人们消费的方方面面，主要包括教育消费、购房消费、祭祖消费、仪式消费和节庆消费等。

文化营销就是指企业要了解一个国家、地区或者民族的价值观念、宗教信仰和风俗习惯等文化内容，针对目标市场的文化环境而采取一系列文化适应或创新策略。文化营销一方面需要适应文化，另一方面也可以有意识地发现、甄别、培养或创造某种文化，从而达到引导消费的目的。文化营销把产品或服务作为文化的载体，通过市场进入消费者的意识，从而达到影响消费心理与行为的目的。文化营销既包括浅层次的构思、设计、造型、装潢、包装、商标、广告、款式，又包含对营销活动的价值评判、审美评价和道德评价。

6.1.5 中国世代消费差异

从时间的维度来细分消费者有两种方法，一是按生理年龄，把消费者按人生的不同阶段区分；二是按世代，主要考虑消费者出生的年代和成长经历。前者注重消费者生理年龄造成的差异，后者注重消费者外部环境（年代）造成的差异。中国近百年的社会变化很大，所以本书侧重讨论中国消费者世代的差异。

在消费者行为学中，以"世代"为后缀的新词频频出现，如"80世代""90世代""00世代""独生代""X世代""Y世代""电视世代""网络世代""N世代""E世代""千禧一代"等。一般而言，这类词更偏向社会学和人类学的范畴，但从营销的角度看，这些世代的标签可以鲜明地描述消费群体的特征和类别，因此是洞察消费者行为的重要视角。不同世代人的生活环境往往极为不同，因此形成了不同的消费文化价值观，从而对营销者也有不同的意义。

世代理论的基本假设是：出生于同一时代的人经历过共同的社会、政治、历史和经济环境，因此会产生相似的观念和行为。

世代的定义为：一个群体，其长度大约等于一个生命阶段，其界限由同侪个性（peer personality）来界定。

对世代的界定必须从世代长度和世代界限两个方面考虑。不能只从时间的层面来理解世代，还必须考虑他们是否具有共性的行为模式和信仰。只有那些出生于同一历史时期并且具有相似的行为特点的群体，才称为一个世代。

随着互联网时代和移动互联网时代的到来，世代理论中出现了一个重要的新概念——数字原住民（digital native）的世代，相对更早的世代称为数字移民（digital immigrants）世代。这一重要的新的划分术语最早是于2001年由M.普伦斯基在他的论文《数字原住民，数字移民》中提出的。"90世代"及以后的人天生具有移动互联网或数字化的"基因"，相对而言，更早世代的人必须"学习和适应"或"移民"进入移动互联网时代。所以，不难理解，数字化新时代的主角和创新的主要推动人群是"90世代"以后的年轻一代。

对中国消费者世代的描述，本书参照了卢泰宏、周懿瑾合著的《消费者行为学（第二版）》（中国人民大学出版社2015年版），具体分类如下：

1. 中国"80世代"的消费行为

中国"独生代"（only-child generation）基本上是指"80世代"。独生代是中国政府政策的产物。1979年，中国政府开始实行"一对夫妇只生育一个孩子"的政策，这一史无前例的"创举"造就了为数约1亿（2001年）的独生子女人群。随着时间的推移，这个人群还进一步扩大。据《中华人民共和国年鉴2002》显示，2001年在中国家庭人口结构中，三口之家比重最大，占31.45%，城市中三口之家的比重更是高达43.10%。

在家庭收入和生活条件明显改善的20世纪末期，"80世代"享受着远多于其父辈童年期的家庭资源和父母关注。在"四二一"家庭结构中，"80世代"可以说是"集万千宠爱于一身"。祖父母对"80世代"孙子孙女们的溺爱程度更为突出。1992年，针对北京360个城市家庭的调查发现，平均每个家庭66.3%的支出是用于独生子女的，全国城市家庭支出中五至七成用于独生子女。在这样的家庭氛围中成长，对"80世代"心理和未来消费行为的影响都是长远的。他们是拥有私人房间的第一代中国人，从小被呵护着，没有受过苦，没有缺过钱；因为没有兄弟姐妹，也从没试过跟别人争东西吃、争衣服穿，这样的环境造成了"独生代"孤独自我的性格特征，这是整代人的共性。但是，相比于以前世代的人，他们又更独立，对事情更有自己的主张和见解。

1985年3月18日，美国《新闻周刊》刊登了一篇题为《一大群"小皇帝"》的文章。正是这篇文章，使"小皇帝"这一称呼成为这一代独生子女的代名词。由于独生子女现象是伴随着"80世代"的出生才出现的,因此"小皇帝"也成为"80世代"儿童的典型形象。

中国"独生代"具有以下反传统的消费价值观及消费特征:

(1) 无所不闻超"早熟"。"独生代"生逢IT技术迅猛发展,一出生便有电视、手机、互联网,信息应有尽有,无所不包。但信息过剩也使得他们过分"早熟"。"独生代"从小习惯影视语言和网络语言,对广告反应迅速,对新事物吸收接受快。

(2) 独立个性酷自我。"很少挫折"的成长背景,造就了"自我"的风格。他们以自我为中心,我行我素,习惯别人服从,不习惯被服从,习惯被别人照顾,不习惯照顾别人。关心小我胜过关心历史和政治大事。

他们对前辈的很多观念不以为然,大多思维独立,藐视权威和领导,不愿被改造,敢于接受挑战,在信息时代如鱼得水。在消费观念上更是"自我"。虽然薪水不算低,但积蓄几乎为零,将大多数收入花在服饰、通信、交友及旅游上。

(3) 全方位享乐主义。中国的消费文化和他们同步成长,"独生代"的特殊背景又令他们享受了家庭的宠爱,几乎每一个愿望都可被满足,这使"独生代"有永不满足的消费需求。他们爱动物甚于爱人,爱电脑甚于爱书,易迷恋或沉迷某种事物而不吝惜钱财。"独生代"热衷信用卡消费,超前消费是其基本消费模式。

(4) "有钱就花"不存钱。他们无忧患意识抱着"有钱就花"的观念,无论赚多少,都在当月花掉,甚至还会透支。有媒体称他们是"都市新贫族"。

(5) 崇尚品牌时尚成风。在消费上,他们对节俭的传统美德并没有太大的兴趣,但对源于西方的超前消费和即时消费却有很强的认同感。讲究情调、品位、审美,崇尚高档品牌。在具体的消费行为上他们表现出大胆和叛逆,是时尚消费的引领者和追随者。他们眼中很少有禁区,传统的消费习惯被他们认为是一种落后的束缚。

(6) 旅游、"电游"追寻心情和体验。北京旅行社的一项随机调查表明,刚走向工作岗位的"独生代"群体,有出境游愿望的人达80%以上。到澳大利亚、新西兰甚至更远的地方度假的人越来越多。出境游通常需要1—2周时间,费用不下1万元。虽然花费远高于许多人的月收入,但"独生代"的花费仍然有增无减。据业界分析,有希望成为中国出境游最具实力支撑者的,是进入消费期的"独生代"。

在"独生代"的眼中,网络虽然是虚拟的,但比现实更自由开放,他们的喜怒哀乐可以通过鼠标和键盘得到充分的表达,他们的孤独和无奈可以通过网络与素昧平生的网友分享。他们乐于尝试,喜欢挑战自我,是电子游戏消费的主力。

综上所述,"独生代"需求欲望高、执着于个性和高档品牌、习惯透支、乐于尝试、心理需求高、喜欢寻求刺激和体验。"独生代"的消费价值观既偏向西方,又在心理层面不同于西方。"独生代"的购买决策和消费行为与中国消费者过去长期的模式明显不同。面对这群既特殊而又蕴含巨大消费潜能的中国消费新世代,需要进行更深入的实证研究,并针对他们作出营销策略的创新。

2. 中国"90世代"的消费行为

"90世代"是互联网和移动互联网时代的数字原住民。

20世纪末互联网开始普及，2010年前后，移动终端开始快速扩散。这对于在20世纪90年代出生的"90世代"来说，意义非凡，影响重大。这意味着，他们从10岁左右就生活在越来越强大的互联网和智能手机的环境之中，"天生"就具有对互联网和手机的认知。2014年，中国移动互联智能终端的用户达到10.6亿，其中，3/4是"80世代""90世代"的用户。如此高的比例，既说明"80世代""90世代"已经成为移动互联网时代的主角，也表明他们的生活方式、消费方式都依赖移动互联网的平台，且与以前的世代有所不同。

"90世代"是受数字化媒体环境影响的新一代，他们最大的特征是面对数字化媒体从容且轻松。相对于更早出生的人而言，网络赋予"90世代"最重要的意义是更有机会融入全球化进程。他们形成的生活方式和消费模式，也必将对整个社会的未来产生影响。

伴随着互联网成长起来的"90世代"日益成为消费的主力军。他们与众不同的性格特征和文化特征也体现在消费的方方面面。面对数字化媒体提供的大量信息，他们形成了聪明的消费观，不仅能主宰自己的购买决策，而且对事物的独立判断力使他们能为父母的消费提出建议。"90世代"在消费方面主要呈现以下几大特征：

(1) "90世代"为喜欢付费。2015年的一项调查表明，89.9%被调查的"90世代"在网络购物时，最重要的考虑因素是"自己喜欢"，其次才考虑价格因素。百度2014年的数据也显示，"90世代"是愿意为喜欢而买单的世代。

(2) "90世代"更爱网络社交。相比于"70世代""80世代"，孤独的"90世代"更愿意在社交媒体上发布自己的照片、状态，且更愿意在即时通信中加陌生人为好友。有调查显示，53.61%的"90世代"希望使用社交媒体与朋友沟通，40.89%的人希望通过网络社交媒体寻找有共同兴趣爱好的朋友，扩大自己的交友圈。在绝大多数的网络兴趣部落中，有60%的帖子是由"90世代"发起的。华杨数字研究院的调查发现，仅靠"线上"便能实现交友需求的"90世代"已占到了14.7%。

(3) "90世代"与移动互联网关系最紧密。"90世代"群体中高达88.5%的人会经常使用手机上网，也会更多使用手机进行网上购物。去哪儿网的数据显示，九成"90世代"用户会通过移动端预订酒店。有调查显示，60%的"90世代"大学生认为即使身边有电脑仍会使用手机上网。他们对APP使用有较大黏性，手机上平均安装APP的数量在16个左右，每天使用3小时，并愿意为正版APP付费，这是"90世代"消费观念上的变化，他们平均每月在APP上花费17元。

(4) "90世代"消费的个性化与参与性。"90世代"个性化的特征是多样选择、参与设计、主导制造。无论是购物还是娱乐，"90世代"都强烈需要参与感和体现个性。比如在娱乐需求方面，"90世代"的明星更加多样化和分众化，并且都是通过他们的参与诞生的，如选秀、"草根明星"、网络"红人"，特别是偶像团体AKB48组合的兴起，更是充分体现了"90世代"参与"造星"的热情以及口味的多样化。"90世代"钟爱的弹幕电影，共同的吐槽和表达形成了强烈的在场感和参与感，这是它获得"90世代"认同的重要因素。

快消品也一样受到年轻一代个性化消费观的影响。他们会把自己对产品外形、颜色、尺寸、材料、性能等多方面的要求直接传递给生产者，而不再愿接受商店内有限范围的选择。在购买过程中，由于"90世代"亲自参与了生产设计，因此有人把"90世代"的消费者称为"产消者"。"90世代"量身定做的要求对营销模式产生了冲击，相应地，一对一营销、数据库营销、互联网营销等新的营销模式逐渐风行。2013年7月，可口可乐尝试在可乐瓶上标注名字，消费者买一箱可乐，可以选一瓶标注自己的名字，这促使很多"90世代"整箱购买可乐。

（5）"90世代"消费更偏向情感属性。由于他们在成长过程中普遍没有遭遇过物质匮乏的情况，"90世代"对基础的物质类、温饱类的需求并不典型，他们更乐于消费精神层面的、带有情感属性的东西。如对娱乐类的信息需求会明显高于"80世代"和"70世代"；除了明星以外，源自日本"宅腐文化"、漫画、动画等二次元的精神内容也深受"90世代"的追捧。有调查显示，79.9%的"90世代"都会玩"网游"。对比"80世代"，他们会把网络游戏当作重要的娱乐项目，将大部分的休闲时间用于网络游戏，为体验不同的游戏乐趣、获得更美观的视觉效果，"90世代"更愿意额外付费。

（6）"90世代"的消费更少受传统广告影响。"90世代"的消费比"80世代"更加注重自身偏好，也比"80世代"更容易听取朋友、父母的建议，信赖网络口碑，而商品品牌、广告促销、导购信息等对"90世代"的影响要低于"80世代"。"90世代"一方面渴望获得关注，喜欢和自己相关的品牌内容，但另一方面又不喜欢商家探测自己的个人信息和隐私，对传统广告"无感"，对品牌的重视程度不高，愿意通过网络口碑，尝试购买中小品牌。

总体来说，在物质层面上，由于"90世代"生长在中国经济快速发展的年代，几乎没有经历过物质匮乏年代，很多东西从小是能够得到的，因此，他们对物质的诉求虽然也比较明显，但更多是物质之上的需求，他们更愿意选择代表他们意见、情绪、表达和特征的事物。在精神层面上，由于"90世代"孤独感较重，所以网络社交成为他们重要的获得认同感与陪伴感的方式。

3. 中国"00世代"的消费行为

2015年3月，零点调查公司发布了中国首份"00世代"生活形态与消费方式报告，涵盖了"00世代"的兴趣爱好、偶像崇拜、家庭结构、理财意识、触网习惯、消费方式等内容。

"00世代"这一代际群体出生在人口红利时代，从2000年到2009年，我国人均GDP逐年上升，但人口增长率却在逐年下降，人口中儿童的比例下降。"00世代"个体所享有的资源较"90世代"和"80世代"有所增加。他们的父母普遍是"70世代"，处于职场中高层，有着开明的教养方式，"00世代"普遍显现出独立、自主性强的特征。

（1）初具自我意识，开始拥有专属产品。"00世代"是全面独生子女的一代，他们从小就有"我是唯一"的概念，"00世代"的家长也表示，给孩子独一份是最好的，如果别的孩子有的自己的孩子也有，那就不是独一份了。因此，"00世代"的家长往往不会选择跟风消费。

无论是商家还是家长，都开始意识到"00世代"应该有自己的专属产品。有报告显示，94.3%的"00世代"有自己专属的数码产品，60.8%的"00世代"中学生已经拥有自己专用的手机。

（2）与成年人社会无缝对接。从教育理念上看，"00世代"的家长更倾向于将孩子作为一个平等的个体去进行沟通，也开始向孩子灌输一些成年人社会的法则，如"想要有回报就必须先付出"。同时，受家长行为方式和媒体的影响，"00世代"自身的生活方式和喜好显现"拟成年人化"特征：他们会模仿大人的着装，向往使用成年人的物品（如手表、手机），而且他们也不再是只会看动画片的低龄儿童，家庭剧、综艺节目已成为"00世代"新的最爱。

（3）采取轻物欲的消费方式。中国的"00世代"处在一个物质条件发达的时代，45.1%的家庭月收入集中在1万至2万元之间。"00世代"家庭每月单独为孩子进行的支出就超过3000元，成为家庭支出的"大头"。但是"00世代"的家长的消费理念仍保持理性，61.1%的"00世代"的家长表示"别人家孩子有的东西，我的孩子不一定也要有"；59.2%的"00世代"家长表示"孩子想买的东西我会衡量之后再决定"。在嘉奖孩子的方式上，"00世代"家长首选"口头表扬"。孩子的年龄越大，其物质奖励越淡化，"00世代"已经懂得在欲望面前有所克制。

（4）逐渐参与家庭消费决策。"00世代"被鼓励参与家庭和自我的消费决策。他们对玩具消费有绝对的决策权，对家庭外出就餐的参与决策权最高。

（5）是数字原住民二代。"00世代"的父母已经是互联网和移动互联网的重度使用群体，他们获得儿童教育的资源也主要依赖网络，因此"00世代"一出生就对互联网不陌生。调查显示，"00世代"平均首次触网的年龄在6岁半，每天上网1.6小时左右。虽然目前少儿类的应用APP也层出不穷，但"00世代"的上网行为仍集中在娱乐休闲领域，网络音乐和网络游戏在学生中的普及率已超过总体网民。

6.2 政治经济

每个消费者作为社会的成员，都生活在一定的社会环境中，经济环境是制约消费者行为的一个基本因素，政治环境影响经济环境，对消费者行为同样产生深远的影响。

6.2.1 政治环境

政治环境主要是指一个国家或地区在某个时期的路线、方针、政策及社会政治局面等因素。政治因素可以变为一种政治文化，对社会的方方面面产生深远的影响，甚至是决定性的影响。政治可以影响经济，政治同样可以影响传统文化，还可以影响和决定价值观。任何消费者的消费都离不开政治背景的影响。政治主导下的政策、法律、制度、教育等因素都会对消费者的心理与行为产生直接或间接的影响，当然也会给企业的营销带来深远的影响。

1. 政治局势

政治局势指消费者所处的国家或地区的政治稳定状况。一个国家的政局稳定与否会给消费者活动带来重大的影响。如果政局稳定，社会平稳发展，消费者的消费活动就会丰富、稳定、有序。相反，如果政局不稳，社会矛盾尖锐，秩序混乱，就会让消费者的消费冲动、混乱、不平衡。

2. 方针政策

各个国家在不同时期，都会根据不同需要颁布一些经济政策，制定经济发展方针，这些方针、政策都会影响消费者的消费倾向。消费者会因为政策的倾向性而主动或被迫消费某种产品或服务，也可能放弃对某种产品或服务的消费。

例如，积极的财政政策对消费就会有促进作用，因为积极的财政政策是指政府降低财政收入或增加财政支出以刺激社会总需求增长的政策。增加财政支出可以增加社会货币供应量，扩大社会购买力，这样有利于增加消费，对整个社会消费产生积极影响。反之，消极的财政政策有抑制消费的作用。

3. 法律环境

法律是体现统治阶级意志，由国家制订或认可，并以国家强制力保证实施的行为规范的总和。对消费者而言，法律是评判消费活动是否可行的准则，消费者只有依法进行的各种消费活动，才能受到国家法律的有效保护。就消费行为而言，全世界都有专门保护消费者权益的法律，以便消费者在消费中能有效地保护自己，监督企业，得到公平。

政治社会化指个体形成某一特定社会所要求的政治信仰、态度和行为的过程。它体现在如何对待政治制度、政治生活方式、政策以及个体政治观念的发展等问题上。在不同的社会制度和阶级中，个体政治社会化有不同的内容和方向。从个体来讲，它培养个体的政治参与热情和能力；从社会来讲，它培养个体对政治制度和政治价值的认同、忠诚和责任感。

政治对消费心理的影响表现在消费领域的自由程度、消费的政治倾向及要求、倡导什么消费及倡导什么消费态度上。

6.2.2 经济环境

经济环境同样对消费者的心理与行为有深远的影响。经济环境指在一定时期内一个国家（或地区）的经济发展规模和水平、物价水平、通货膨胀状况及个人的收入等因素。经济因素包括宏观经济环境和微观经济环境。宏观经济环境是指整体的经济环境和经济的周期性变化。当经济繁荣时，消费者的收入增加，可支配收入增多，消费水平相对比较高；当经济衰退时，随着收入减少，人们会节约开支，消费水平自然也就相应降低。微观经济环境则主要涉及消费者以往的经济状况、一定时期内消费者收入的多少、储蓄所占的比重、能否取得消费信贷、市场物价水平及其变动状况等。这一切都制约着消费者的行为。对于一般的消费者而言，收入决定其能否发生购买行为以及发生何种规模的购买行为，决定着购买商品的种类和档次。

1. 宏观经济环境对消费者心理与行为的影响

宏观经济环境主要包括经济发展规模与水平、物价水平、通货膨胀状况等因素。

每个国家的经济发展规模和水平可以用该国一定时期人均社会总产值、国民生产总值和国民收入等几个经济指标来表示，它们可以反映一个国家社会产品的丰富程度、劳动生产率和经济效益的高低，同时可以在很大程度上决定一个家庭（或个人）的经济收入规模和水平。在其他条件相同的情况下，一个国家经济发展规模大、水平高，其人均社会总产值、国民生产总值或国民收入就多，社会产品丰富，该国的社会消费和个人消费的规模就大，水平就高。相反，一个国家的经济发展规模小、水平低，人均社会总产值、国民生产总值或国民收入就少，社会产品贫乏，该国的社会消费和个人消费的规模就小，水平就低。

物价是重要的经济杠杆之一，是消费者选择消费对象和数量的重要参考指标之一。物价水平的高低，直接影响到社会各阶层的消费需求。一般地说，物价水平较高或是很高，会很大程度上抑制消费；相反，物价水平较低，会极大地刺激消费，扩大消费范围和消费群体，这个规律同样适用于生活必需品和非生活必需品。

在通货膨胀条件下，物价持续普遍上涨，作为中间手段的货币币值就会下降，人们通过分配获得的货币收入就不能购买到相等的生活消费资料。这实际上是减少了消费者的收入，意味着消费水平的下降。消费水平的下降，又限制了下一阶段生产的发展。由于物价上涨的不平衡性，高收入阶层和低收入阶层受的损失不一样，也会加剧社会成员之间的矛盾。同时，通货膨胀也会造成市场混乱，使投机分子囤积居奇，这又加剧了市场供需之间的矛盾，使普通消费者的损失更大。通货膨胀对消费的影响是严重的，一般情况下，物价上涨会抑制消费。但是，由于消费者有买涨不买跌的心理，有时就会出现价格越涨越抢购的现象。作为企业营销者，应及时洞察此时消费者的心理动向，制定出合理的营销对策。

2. 微观经济环境对消费者心理与行为的影响

（1）消费者收入水平

消费者收入是指消费者个人从各种来源中所得的全部收入，包括消费者个人的工资、退休金、红利、租金、赠予等收入。消费者的购买力来自消费者的收入，但消费者并不是把全部收入都用来购买商品或劳务，购买力只是收入的一部分。

个人可支配收入是指在个人收入中扣除税款和非税性负担（如强制性保险）后所得余额，它是个人收入中可以用于消费支出或储蓄的部分，构成实际的购买力。

个人可任意支配收入是指在个人可支配收入中减去用于维持个人与家庭生存不可缺少的费用（如水电、食物、衣物、房租、教育等项开支）后剩余的部分。这部分收入是消费需求变化中最活跃的因素，也是企业开展营销活动时所要考虑的主要对象。因为这部分收入主要用于满足人们基本生活需要之外的开支，一般用于购买高档耐用的消费品、旅游、储蓄等，它是影响非生活必需品和劳务销售的主要因素。

家庭收入也是影响消费者购买的重要因素。很多产品是以家庭为基本消费单位的，如冰箱、抽油烟机、空调等。因此，家庭收入的高低会影响很多产品的市场需求。一般来讲，家庭收入高，对消费品需求大，购买力也大；反之，需求小，购买力也小。

需要注意的是，企业营销人员在分析消费者收入时，还要区分货币（名义）收入和实际收入。货币收入是指人们以货币形式获得的收入。实际收入是指在考虑了通货膨胀等物价变动因素和各种隐形所得之后所测算出来的收入。只有实际收入才影响实际购买力。因为，实际收入和货币收入并不完全一致，由于通货膨胀、失业、税收等因素的影响，有时货币收入增加，而实际收入却可能下降。

另外，消费既受到现期收入的影响，也受到过去收入和对未来收入的预期的影响。

(2) 消费者支出模式和消费结构的变化

随着消费者收入的变化，消费者的支出模式也会发生相应变化，继而使一个国家或地区的消费结构发生变化。西方一些经济学家常用恩格尔系数来反映这种变化。恩格尔系数表明，在一定的条件下，当家庭个人收入增加时，收入中用于食物开支部分的增长速度要小于用于教育、医疗、享受等方面的开支增长速度。食物开支占总消费量的比重越大，恩格尔系数越高，生活水平越低；反之，食物开支所占比重越小，恩格尔系数越小，生活水平越高。

恩格尔系数是衡量一个国家、地区、城市、家庭生活水平高低的重要参数。按联合国划分富裕程度的标准，恩格尔系数在60%以上的为贫困，在50%—60%之间的为温饱，40%—50%之间的为小康，40%以下的为富裕。

消费结构指消费过程中人们所消耗的各种消费资料（包括劳务）的构成，即各种消费支出占总支出的比例关系。消费结构是产业结构和产品结构优化的客观依据，也是企业开展营销活动的基本立足点。

(3) 消费者财产、储蓄和信贷情况的变化

财产或净财产是反映一个人富裕程度的重要指标。从长期看，它与收入存在高度相关性，然而，对两者不能简单地画等号。财产既包括住房、土地等不动产，也包括股票、债券、银行存款、汽车、古董及其他收藏品。政府机构和私人组织很少系统地搜集居民财产及其分布的数据，因此以财产为依据进行市场细分和制定营销策略相对就比较困难。较多财产的家庭相对于较少或很少财产的家庭，会把更多的钱用在接受服务、旅游和投资上。富裕家庭的成员对仪表和健康十分关注，因此，他们会购买高档护肤品、高档服装、金银首饰、保健品、家庭保护系统、各种保险、防盗器材、空气净化器等产品。

消费者的购买力还受储蓄的直接影响。消费者的个人收入不可能全部花掉,总有一部分以各种形式储蓄起来,这是一种推迟了的、潜在的购买力。消费者储蓄一般有两种形式:一是进行银行存款,增加现有银行存款额;二是购买有价证券。当收入一定时,储蓄越多,现实消费量就越小,但潜在消费量愈大;反之,储蓄越少,现实消费量就越大,但潜在消费量愈小。

中国消费者有勤俭持家的传统,有储蓄习惯。据调查,居民储蓄的目的主要用于供养子女和婚丧嫁娶,但从发展趋势看,用于购买住房和大件用品的储蓄占整个储蓄额的比重将逐步增加。中国居民储蓄增加,显然会加大企业目前产品价值的实现的难度,但企业若能调动消费者的许多潜在需求,就可开发新的目标市场。

消费者的信贷状况对购买力的影响也很大。所谓消费者信贷,就是消费者凭信用先取得商品使用权,然后按期归还贷款,以购买商品。这实际上就是消费者提前支取未来的收入,提前消费。受到经济和文化的影响,中国消费者的信贷消费还没有形成风气,但随着消费观念的变化、收入的提高及社会保障体系的进一步完善,信贷消费将成为消费者,特别是年轻消费者的一种积极的消费态度。

本章总结

人总是生活在一定的社会关系中,人的各种心理与行为都会受到社会环境广泛而深刻的影响。宏观的社会化主要体现在文化、政治和经济中。

文化是社会的个性。文化包括价值和道德等抽象的概念,还包括社会所生产和重视的实质物品和服务。文化是最重要的影响人心的社会力量,主要包括价值观念、风俗习惯、宗教信仰、语言文字等内容,其中价值观念又是文化的核心。人们所处的社会角色、社会阶层、家庭和人际关系等其实都是文化的反映和文化影响的结果。亚文化是指在主流文化层次之下或某一局部的文化现象,包括民族、地理、区域、宗教等方面的亚文化状态。共有性、约束性、差异性、变化性、社会性等是文化的主要特征。

中国目前的消费文化主要体现出物质主义消费、时尚消费、人情消费、面子消费、神圣消费、从众消费等特点。中国世代消费有明显不同的特征。

政治环境主要是指一个国家或地区在某个时期的路线、方针、政策及社会政治局面等因素,任何消费者的消费都离不开政治背景的影响。经济环境同样对消费者的心理与行为产生深远的影响。经济环境指在一定时期内一个国家或地区的经济发展规模和水平、物价水平、通货膨胀状况及个人的收入等因素。经济环境包括宏观经济环境和微观经济环境。

本章关键词

社会化　文化　价值观　亚文化　利人价值观　利己价值观　消费文化　跨文化　跨文化消费　根文化　文化营销

思考题

1. 文化的内涵与特征是什么?
2. 消费文化主要体现出哪些特征?企业应该如何去营销?
3. 请谈谈对跨文化消费的理解。
4. 试述不同中国世代消费的特征。
5. 消费者要面临哪些政治经济环境的影响?会产生什么结果?

第7章

消费者行为的社会化 II

> **开篇案例** 年轻的百事

随着新零售在2017年的崛起，消费者体验被置于愈加重要的地位，移动化、场景化的应用得到更深入的细分，消费者更为积极地渗透到价值创造的各个环节中，成为创造独特体验的参与者。消费者角色的转变给移动互联环境下的品牌传播带来新的思考，如何抓住年轻人成为制胜关键。继2015年和2016年在跨界营销玩出新花样，2017年一向以"年轻"为基因的百事可乐更是持续打造多维体验，在"年轻人营销"上展现出前瞻性洞察力。

成长于数字化时代的年轻消费者注重情绪触发，基于对新生代消费者的洞察和沟通，百事在其品牌传播中采用新数字技术，整合大量用户数据，构建了多渠道的加深用户体验的营销方案。在创造品牌差异化价值、与年轻人生活场景情感联结、营造消费者体验空间方面进行了成功探索。

在注意力成为生产力的今天，鲜明的品牌个性与态度是增强消费者认同感的关键因素。作为一个百年品牌，"年轻"始终是百事可乐在品牌形象上最具辨识度的关键词。通过不断的品牌沟通与产品和营销创新，持续获取、加深消费者认同感，百事可乐正在进行一场品牌定位的升级——它不仅仅作为饮料品牌，更致力于成为每一代年轻人的文化品牌标识。年轻人在任何年代都充满创意且大胆不羁，而今天的年轻人拥有更多机会、更多平台、更多可能性。他们容易被新颖有趣、体验感强的东西所吸引，为了提升品牌黏度和吸引新的消费群体，打造有态度的品牌标签，体验创新必不可少。

体验是内在的，但它来自个人与产品、与他人以及与事件的互动。基于此，百事可乐推出兼具个性化与互动性的产品，通过产品直观传达态度与价值，鼓励年轻人释放个性，表达自我。针对年轻人的独特需求，百事2017年从口味和包装两方面进行了一系列创新。2017年在中国上市的百事可乐无糖全黑细长罐，借助全黑设计赋予了产品更为鲜明与大胆的个性，"敢黑·带感"的品牌态度与时下崇尚"个性"文化的年轻消费群体形成共鸣，更好地满足年轻人的细分需求。

音乐是走入年轻人生活的一大渠道，百事多年来一直具有很强的音乐基因。在2017年推出的"玩转百事盖念店"系列活动中，百事一展其在代言人选择上的独到见解——相比明星光环，更关注其与年轻人产生共鸣的生活标签。百事选择与"斜杠"青年王嘉尔合作，联合打造《Generation 2》MV，以音乐故事与年轻人建立情感共鸣，以王嘉尔从击剑运动员到知名歌手、音乐制作人与主持人的转变，展示每一次改变带来的乐趣，激发年轻人突破自我，活出态度与腔调。

在打造多维体验空间时，百事致力于在商业生态圈里不断发掘合作伙伴与拓展合作内容。2017年夏天，百事在上海迪士尼度假区引入"趣泡"体验创新活动，以旗下百事可乐和七喜饮料为基底混搭多种配料，在为消费者提供全新饮用体验的同时，将口感、调制体验和音乐派对相结合，加深百事可乐与音乐场景的关联。短短50天内，"趣泡"站共售出4.5万份"趣泡"调饮，独特的调配创意与趣味十足的造型还赋予"趣泡"极大的社交属性，激发了消费者在社交平台自主分享的意愿。

资料来源：王晓红：《百事新营销：多元体验连接年轻客群》，载《销售与市场》（管理版）2018年第2期。

人的社会化不但受到文化、政治、经济等宏观社会环境的影响，而且受到社会角色、家庭因素、社会阶层、人际关系及信息环境等社会因素的影响。人总是在社会中扮演不同的、变化的社会角色，产生社会化的性别角色、年龄角色、职业角色等。人总是生活在一定的家庭关系里，家庭及其个人构成了这个家庭和个人的社会阶层。在社会中人总是要和不同的人打交道，由此形成了人际关系。在当今世界，消费者行为与消费者所处的信息环境密不可分。

7.1 社会角色

社会角色（social role）是指个人在社会和团体中的身份、地位。社会角色是周围人对个体的要求，是指一个人在不同场合中应起的作用，每一个角色都伴随着一种地位。当个体依照社会的期待去履行义务、行使权利时，他就是在扮演一定的角色。在现实社会生活中，人们需要扮演各种各样的角色。

一个人有不同角色，角色可根据个人所处的环境和形势的变化而变化。社会角色的许多规定是人心甘情愿去做的，并非出自虚假心理。当然，社会角色也会让人戴上面具，人往往只在生活的后台（家庭）才显示自己的真面目。

当一个人扮演一个角色或同时扮演几个不同的社会角色时，他可能会感到冲突与矛盾，这就是社会角色冲突。角色冲突有两种基本类型，一种是角色间的冲突，另一种是角色内的冲突。很多现代女性所体验到的那种既要成为事业上的强者又要当贤妻良母的冲突，就是角色间的冲突。

一个人成熟与否的重要标志就是看这个人是否正确认识了自己的社会角色，是否善于扮演不同的社会角色以及是否能有效地解决好各种角色冲突。

本书将介绍和分析三种最基本的社会角色。

7.1.1 性别角色

个人的成长过程就是社会化的过程。男性和女性在社会中是有角色要求的，这样的要求其实从人出生后就存在，就已经在公开或潜移默化地影响人的心理与行为了。比如对男孩，家长一般就会自觉或不自觉地让他像个男孩，就会要求他少哭，因为喜欢哭不是社会认可的男孩特征；而对女孩的要求可能恰恰相反，觉得女孩哭就是女孩的一种特征，不足为奇。

性别身份是消费者自我概念的一个相当重要的组成部分。人们往往会遵从他们所处的文化对于某一性别的期望。当然，这些准则会随时间的推移而改变，而且在不同的社会会有根本性的差异。

通过强调不同性别的理想行为，社会向人们传递关于男性和女性适当角色的期待。除了父母会在性别社会化过程中强化男孩和女孩的性别角色外，还有许多信息源也在发挥相同的作用，比如教师、书籍、广告、名人等。

性别角色身份既是一种身体状态，也是一种精神状态。一个人的生理性别并不能完全决定他或她是否会表现出性别角色社会化的要求。

1. 男性角色

男性在社会化过程中，一般社会角色要求他要勇敢、大度、果断、幽默、理性、有事业心。具有以上特征的男人往往才算是比较完美的男人，而男人也确实会围绕以上要求努力塑造自己。男性角色也往往与追求权力和地位密不可分。

男性的消费特点主要体现在消费理智、讲究实用、讲究品牌和购买快速等方面。男性消费者购买商品时，会较多地注重商品的功能和效用。在家庭中，比较贵重的商品或者服务往往是男性来主导购买。传统上，男性喜欢的产品或者服务一般包括汽车、手表、游戏、香烟、酒、体育比赛等。

案例 7.1 ▶ 金利来，男人的世界

"金利来，男人的世界"是一句耳熟能详的广告语，它仅用八个字便把男性消费者的情感捕捉住了。它似乎象征着男人为事业拼搏的精神。金利来仅同男人有关，为男性所专有，追求金利来是男人追求个性的体现。后来，金利来又向市场推出了女款皮包和饰品，这让金利来不再是"男人的世界"了，损害了那些追求男人个性和男人事业的消费者的情感。按理讲这是名牌扩散战略，似乎顺理成章，然而，问题在于经营者忽略了男性消费者的情感因素。先前金利来获得成功是因为它把握住了男性消费者追求事业的情感因素。但金利来推出了女士用品使其变成了一个"不男不女的形象"，男人个性显现的自豪感消失了。也许每个男人都懂得即使买了金利来，也未必使你事业成功，但他们购买金利来追求的首先是一种心理感受、象征与形象，可以使情感得到某种慰藉。

2. 女性角色

女性的社会化过程同样有女性社会角色的要求。女性的社会角色要求是：贤惠、温柔、细腻、活泼、大方、有家庭心。有这些特征的女性才是比较完美的女性，女性在社会中也显示了这样的一些特点。

女性的消费特点主要有：感性消费、求美、求新、求变、购买细心、容易从众和有母爱心理等。女性购买商品时往往挑剔，选择性强，有较强的自我意识和自尊心，对外界事物反应敏感，希望通过明智的、有效的消费活动来体现自我价值。她们即使作为旁观者，也愿意发表意见，并且希望被采纳，而对别人的否定意见不以为然。在购买活动中，销售人员的表情、语调、介绍及评价等，都会影响女性消费者的心理，进而影响其购买行为。女性通常具有较强的表达能力、感染能力和传播能力，善于通过说服、劝告、传话等方式对周围其他消费者发生影响。

女性消费者不仅人数众多，而且在购买活动中起着特别重要的作用。她们不仅会为自己购买需要的商品，而且由于在家庭中承担了女儿、妻子、母亲等多种角色，因而是大多数儿童用品、男性用品、老人用品、家庭用品的主要购买者。女性喜欢的产品和服务一般包括：服装、珠宝黄金、手提包、鞋子、香水、护肤品和美容保健等。

3. 营销启示

（1）差异营销。男女是有区别的，在营销中就可以根据男女在各方面的差异形成差异营销。

差异可以体现在所消费的一些特定产品上或者服务本身就是男女所特有或者特用的；或者尽管所消费的东西是相同的，但因为心理的要求不一样而消费了差异化的产品。每个社会对男性和女性的适宜行为都发展出一套期望，很多产品也具有性别典型特征。它们带有男子气或女人味，往往可以让消费者把它与某一性别联系起来。营销者常常鼓励这种性别分类的产品，比如说手机、服装等。

差异还可以体现在认知的习惯上，一般来说，女性更注重感性的体会或者满足，注重感觉、购物氛围、色彩、第一印象等，是一种感性消费。营销者面对女性就可以通过感性营销来首先影响消费心理。男性相对来说可能更注重理性消费，善于分析、比较，所以营销者面对男性就可以通过理性营销来影响消费心理。

（2）优势营销。男性和女性其实在不同领域是各有优势的。在权力和地位领域，男性好像更具优势；而在生活和审美领域，女性好像更具优势。

营销者希望强化社会对男孩和女孩、男人和女人"适当"的外表和行为方式的期待。在社会中，人们期望男性追求成功，这种目标强调的是自主及掌控；而女性则被教导应追求公共目标，如合群和友善。研究发现，甚至是朗读同样的文字，人们也会觉得电脑合成的男声比女声听起来更精确且更权威。此外，如果计算机用男声发出赞扬的话语，人们会认为其赞扬程度更高。营销者要善于察觉到这样的特征，进行优势营销。

（3）类似营销。如今，传统男性喜欢的产品也可能对女性有吸引力。如在汽车行业，人们发现越来越多的女性会花大笔的钱增加马力、定制赛车座椅和其他配件。尽管如安全、可靠这些属性，仍然对女性有吸引力，但是像男人一样，女性也越来越重视动力、速度和超酷的外形。当然，男性也开始愿意使用一些传统的女性产品，如脱毛器，使自己的外表更加光鲜。所以，营销者应该发现这方面的趋同性，提供类似的产品或者服务，进行类似营销。

（4）中性营销。中性（androgyny）特质是指既拥有男性气质又拥有女性气质的特质。那些不仅仅表现出一种性别特质的人可能会在他人眼中产生不确定性，其他人不能确定如何与这样的人打交道。有性别典型特征的人对广告中关于性别角色特征的描述更为敏感，总体上女性对性别角色显得比男性更加敏感。在中国，女性的中性化往往被称为"假小子"，体现出的角色特征是大方、爽快和干练，往往被外界赞赏；而男性的中性化则被称为"娘娘腔"，表现为犹豫不决、细心和低声细语，往往被外界嘲笑，这种嘲笑既会来自男性，也会来自女性。营销者面对这样的性别特征应该提供相应的产品或服务，进行中性营销。

7.1.2 年龄角色

随着年龄的增长，为了与同龄人保持一致，人们的需要和偏好会发生相应变化。在其他条件相同的情况下，人们更有可能与同龄人而非年长或年幼的人有共同点。

年龄群体由具有相似经历且年龄相仿的人组成。他们有许多共同的文化偶像，而且共同经历了重要的历史事件，虽然没有统一的方法来划分年龄群体，但当提到"我们这一代"的时候，每个人似乎都能心领神会。

社会对于人们的年龄角色其实也是有要求的。如果人们符合了这样的角色要求，往往就被认为是像这个年龄阶段的人，而如果不符合，就会被认为是有所不足或者是异类。

1. 少年儿童

少年儿童的社会角色要求一般是：活泼、可爱、有好奇心。他们的消费特点是易受广告影响，模仿力强，求变及求新。

少年儿童消费者群是由0—14岁的消费者组成的群体。这部分消费者在人口总数中占有较大比例。从世界范围看，在年轻型国家中，0—14岁的少年儿童数量能占到40％以上。0—14岁的少年儿童，又可根据年龄特征分为儿童消费者群（0—11岁）和少年消费者群（12—14岁）。

儿童消费者群是指0—11岁的儿童，受一系列外部环境因素的影响，他们的消费心理和消费行为变化幅度较大。这种变化在不同年龄阶段有不同表现，即乳婴期（0—3岁）、学前期（3—6岁，又称幼儿期）、学初期（6—11岁，又称童年期）三个阶段中，儿童的心理与行为会出现三次质的飞跃。这表现在心理上就是开始了人类的学习过程，逐渐有了认知能力、意识倾向、兴趣、爱好等；学会了在感知和思维的基础上解决简单的问题；在行为方式上也逐渐从被动转为主动。以上心理与行为特征的发展对消费活动会产生多种影响：从纯生理性需要逐渐发展为带有社会性的需要；从模仿型消费发展为带有个性特点的消费；消费情绪从不稳定发展到比较稳定。总之，儿童的消费心理多为感情支配，购买行为以依赖型为主，但也有影响父母购买决策的可能性。

少年消费者群是指12—14岁消费者。少年期是儿童向青年过渡的时期。在这一时期，生理上呈现出第二个发育高峰。与此同时，心理上也有较大变化，如有了自尊与被尊重的要求，逻辑思维能力增强。总之，少年期是依赖与独立、成熟与幼稚、自觉性与被动性交织在一起的时期。少年消费者群的心理与行为特征可以表现为以下几点：有成人感，独立性增强；在消费心理与行为上，表现出不愿受父母束缚，要求自主独立地购买所喜欢的商品；他们的消费需求倾向和购买行为尽管还不成熟，有时会与父母发生矛盾，但确在形成之中；购买的倾向性开始确立，购买行为趋向稳定；从受家庭的影响转向受社会的影响，受影响的范围逐渐扩大；与家庭相比，他们更乐于接受社会的影响。

消费者的许多行为都是在儿时习得的，在儿童消费者的社会化过程中，家庭是影响消费行为的关键。小时候就买百事可乐的儿童，长大后很可能还会买百事可乐，消费者会对他们儿时的品牌更忠实。儿童习得消费者行为主要是通过与父母一起购物，这种行为叫作"共同购物"。不同类型的父母会与孩子分享不同的购物技巧与知识。研究发现，对孩子严格的母亲更想监视、控制孩子的消费活动，而尊重孩子意见的母亲会使用那些促使购买和消费决定能力的信息。

因为少年儿童容易受到社会的影响，一些针对少年儿童的营销道德问题逐渐引发了社会、学者和营销者的激烈争论。

2. 青年

青年人的社会角色要求一般是：热情、求知、独立、敢于冒险。青年人的消费特点往往体现在追求时尚和个性、出手大方、求美、求变、求新、快速、冲动和注重情感等方面。

青年消费者群的年龄阶段为15—35岁。青年消费者群的购买行为具有扩散性，对其他消费者会产生深远影响。他们不仅具有独立的购买能力，其购买意愿也多为家庭所尊重。新婚夫妇的购买代表了最新的家庭消费趋势，对已婚家庭会形成消费冲击和诱惑。孩子出世后，他们又以独特的消费观念和消费方式影响下一代的消费行为。这种辐射力是其他任何一个年龄阶段的消费者都不及的。因此，青年消费者群往往成为企业营销最积极争取的对象。

目前最活跃的年轻消费群体就是"90世代"。90年代出生的年轻人已经全部迈入20岁以上的成人行列，他们有的上了大学，有的进入社会，甚至已经小有成绩。"90世代"已经迅速长大，经历着中国崛起的时代和全球化浪潮加速的背景。因此，他们比"70世代""80世代"的消费欲望更强烈，已成为企业关注的当今中国最具消费潜力的人群。"90世代"奉行"消费主义"。

新生代市场监测机构中国市场与媒体研究（CMMS）发现，"90世代"比"80世代"更加喜欢流行、时髦和新奇的东西，因此，风格独特和个性前卫的商品更能够打动他们，"90世代"的时尚比"80世代"的时尚更加自我和前卫。对于这些"90世代"而言，不仅产品外观要有特色，甚至终端卖场也应该融入他们喜欢新奇的特点，要带来更酷的体验。

"90世代"也是全球化的一代，在全球化背景下长大的他们，消费国际化符号的品牌不再遥不可及。未来的品牌要影响"90世代"，国际化的风格和元素也是必须具备的，因为他们的心中，地球就是连在一起的一个村。

"90世代"也是伴着高科技成长的一代，他们对于互联网的熟悉程度和亲和力远远超过前几代人，网络几乎是他们生存与交流的最佳平台，聊天交友、听音乐、看电视、看视频都是"90世代"的典型网络行为。"网络游戏"则是"90世代"区别于"70世代"和"80世代"最为显著的网络行为。对于企业而言，一定要善于借助互联网的互动性来和"90世代"进行沟通，建立属于"90世代"的品牌社区；利用BBS、网络游戏、QQ群、微博、微信以及音频和视频等多种形式来向"90世代"传播营销信息；培养"90世代"的意见领袖，通过他们的口碑宣传与"病毒性营销"效应影响其他群体成员。

"90世代"还是具备充足创造力的一代，他们更需要自我创造的空间，更渴望被关注和被认同。对于品牌而言，激发"90世代"的创造热情，将其卷入营销活动中，可以极大地提升品牌在"90世代"群体中的形象和体验价值。

这里特别需要提的是，新婚青年消费者群的心理与行为特征又有其特殊性。在消费需求构成上，新婚家庭的需求是多方面的。在需求构成及顺序上，用品数量最大，其次是穿着和食品。在购买时间上，20世纪80年代以前，青年婚前集中购置的物品大多属于生活必需品，耐用消费品多是婚后逐渐购买。进入20世纪90年代以后，新婚家庭用品包括大件耐用消费品，大多在婚前集中购买完毕，且购买时间相对集中，多在节假日"突击"购买。到了21世纪，婚前购置住房、成套家具、家用电器等高额消费品，已成为许多现代青年建立家庭的前提条件。在消费需求倾向上，他们不仅对物质商品有高标准，同时对精神享受也有较高的追求。在这种心理支配下，新婚青年对家庭用品的选购大多求新、求美，注重档次和品位，价格因素则被放在次要地位。同时，他们在具体商品选择上，带有强烈的感情色彩，如会购买象征两人感情的物品，或可以向对方表达爱意的礼品等，对黄金珠宝的消费热情较高。

3. 中年

中年人的社会角色要求一般是：理智、成熟、有成就。中年人的消费特点是讲求实用、有计划、求便利、购买慎重。

中年消费者群的年龄范围是36—60岁。中年期是青年向老年的过渡时期，中年人是心理和行为已经成熟的个体，他们一般都有了自己的事业和较为固定的收入。但中年人的家庭负担也往往更为沉重，他们一般处于"上有老，下有小"的家庭结构中。中年消费者在消费中较注重别人的看法和社会的评价，他们在家庭消费中往往处于举足轻重的地位，是许多耐用消费品、高档消费品或享受类产品的购买者。

4. 老年

老年人的社会角色要求一般是：稳重、平和。老年人的消费特点是讲求实用、重视保健、利他和对品牌忠诚。

老年消费者群一般指60岁以上的消费者。截至2016年，中国60岁以上的人口数量已经达到2.3亿，占人口总数的16.7%，早已超过了联合国定义的10%的老龄社会标准。老年消费者由于其生理演变的结果，在购买心理和行为上与其他消费者群有许多不同之处。老年人的心理惯性强，对商品或者品牌的忠实度高，偏好一旦形成，就很难轻易改变；老年消费者心理稳定程度高，注重实际，较少幻想，购买动机以方便实用为主；老年人对保健食品和用品的需求量也比其他群体更多；老年人的消费也体现出利他的特点，表现为在家庭中帮助他人或者为了子女而进行消费。在中国，老年人在家庭中实际上还承担了年轻人的购买需求，比如为子女购买住房等。

部分老年消费者的消费是补偿性消费，即在子女成人独立、经济负担减轻之后，他们产生了强烈的补偿心理，会试图补偿过去因条件限制而未能实现的消费愿望。

5. 营销启示

针对不同年龄段的消费者，营销者可以根据这些年龄阶段的需求、兴趣爱好、审美情趣等进行差异营销、优势营销。让不同的产品满足不同年龄段的需要，让相同的产品在不同年龄段中找到优势卖点。

针对不同年龄段的消费者，营销者也可以进行类似营销或者跨年龄段营销，让不同年龄段的消费者也可以消费不属于他们年龄段消费的产品或服务。如可以通过让老年人消费青年人的产品，使其有老当益壮的感受。

年龄可以是一种心理状态，而不是身体状态。比起实际年龄，也就是实际生活的年数，一个人的心理面貌和活动水平与他的寿命和生活质量有更大的关系。因此，对年长者进行分类的较好标准是自我感知年龄。消费者随着年龄的增长，会愈发觉得自己比实际年龄年轻。所以，在营销活动中，很多营销者更加强调产品的好处而不是适合这个年龄，因为很多消费者都不会购买针对他们实际年龄的产品。同样，在广告宣传中也就不一定非要出现与年龄一致的形象代言人。

7.1.3 职业角色

1. 职业及消费特征

职业是参与社会分工，利用专门的知识和技能，为社会创造物质财富和精神财富，获取合理报酬，将其作为物质生活来源，并满足精神需求的工作。

每一种职业都有相应的职业角色要求，职业资格就是具备从事某一职业所必备的学识、技术和能力的基本要求。职业的要求以及从事职业的时间和习惯会对人的心理与行为产生直接的或者潜移默化的影响。

国际标准职业分类把职业分为八个大类：专家、技术人员及有关工作者；政府官员和企业经理；事务工作者和有关工作者；销售工作者；服务工作者；农业、牧业、林业工作者及渔民、猎人；生产和有关工作者、运输设备操作者和劳动者；不能按职业分类的劳动者。

不同的消费者群体，从事不同的职业，就拥有不同的社会地位资源，如权利、工作条件、发展前景等。不同职业社会地位的高低决定了职业声望的高低，消费者由此形成了不同的购买模式和特点。

一般认为，从事教师职业的人比较理性，做事往往会三思而后行，落实到消费中，就会比较谨慎小心，冲动性小；从事领导或者经理工作的人做事也比较理性，考虑问题会比较周全，但由于社会地位，落实到消费上可能就会追求高档和享受；普通工人可能性情豪爽，他们尽管收入不高，但购买会比较爽快，只是购买的产品往往价格低廉。

农民消费者是中国消费者中的大多数，在社会消费中占有重要地位。长期以来，由于农村生活环境相对落后，农民平均收入水平和文化水平较低，受各种传统消费习俗的影响很大，并存在明显的地区差异，因此农民消费者群形成了一些共同的心理与行为特征。他们普遍存在以下情况：实用性消费动机较为普遍，求廉动机较强烈，储备性动机比较明显，受传统习俗的影响较大。

2. 营销启示

职业对消费的影响是显而易见的，蓝领工人与公司经理的消费肯定有很大的差异。营销者应设法找出那些对其产品有非同一般需求和兴趣的职业群体。一方面，可以针对某一特定的职业群体的需要，为他们提供不同的产品或者服务，以满足完全是因为职业而产生的需要，比如教师上课用的粉笔，军队战士穿的服装；另一方面，也可以根据职业的不同，设计出体现消费者不同气质或者形象的同类产品，比如服装等。

面对职业的不同而进行的营销既可以是差异化营销，也可以是标准化营销。差异化可以变为一种技巧，成为让人们趋同消费的一种思路，比如用"部队式"的思路来设计产品，会吸引许多不同职业的人产生相同的购买行为。

7.2 家庭生活

家庭（family）是由两个或两个以上由于血缘、婚姻或收养关系而生活在一起的成员组成的社会基本单位。家庭是社会的基本"细胞"。一个人一般要经历两个家庭，一个是和父母在一起的家庭，一个是自己建立的家庭。

7.2.1 家庭的类型及生命周期

1. 家庭构成类型

家庭按其成员构成可分为以下几种类型：

（1）核心家庭：由一对夫妇及其未婚子女构成。

（2）复合家庭：也称扩展家庭，由核心家庭和其他亲属如祖父母、叔伯姨舅、堂表兄妹等组成，即中国式的三代或四代同堂的大家庭。

（3）混合家庭：由一对夫妇（一方或双方都有过婚史）和他们的孩子以及他们以前家庭的孩子所组成的家庭。

(4) 其他家庭：比如丁克家庭（double income no kids，DINK）、单亲家庭、祖孙家庭等。

不同的家庭构成类型会影响家庭具体消费产品的多少和大小，营销者要善于发现家庭类型的变化，提供针对性的产品，满足家庭及其成员的需要。

2. 家庭生命周期

家庭生命周期是指家庭随着成员年龄逐步增长而经历的各个生活阶段。国外研究人员将家庭生命周期分为单身阶段、新婚阶段、满巢阶段、空巢阶段和解体阶段。家庭生命周期的不同阶段，因为其特点和人员构成都不一样，所以家庭的消费重点和内容也有很大的区别。

(1) 单身阶段。年轻的单身者的要么在大学念书，要么刚跨出校门开始工作。随着结婚年龄的推迟，这一群体的数量正在增加。虽然收入不高，但由于没有其他方面的负担，所以他们通常拥有较多的可自由支配收入。他们收入的大部分会用于支付房租，购买个人护理用品、基本的家用器具，以及用于交通、度假等方面。这一群体比较关心时尚，崇尚娱乐和休闲。

(2) 新婚阶段。这一阶段始于新婚夫妇正式组建家庭，止于他们的第一个孩子出生。为了形成共同的生活方式，双方均需要进行很多调整。一方面，共同决策和分担家庭责任，对新婚夫妇来说是一种全新的体验；另一方面，他们还会遇到很多以前未曾遇到和从未考虑过的问题，如购买家庭保险、进行家庭储蓄等。他们是住房、汽车、装修、家用电器、家庭生活用品、旅游、娱乐等产品和服务的重要市场。

(3) 满巢阶段。满巢阶段始于第一个孩子出生，止于所有孩子长大成人并离开父母。由于这一阶段持续时间很长，往往超过 20 年，因而根据孩子的年龄变化又相应地可以分为满巢Ⅰ、满巢Ⅱ和满巢Ⅲ三个时段。

满巢Ⅰ，这一阶段的家庭通常是由年幼（6 岁以下）孩童和年轻夫妇组成的。第一个孩子的出生常常会给家庭生活方式和消费方式带来很多变化。在西方，夫妻中的一方，通常是女方会停止工作，在家照看孩子，因此家庭收入会减少。但是，孩子的出生确实带来很多新的需要，会使家庭负担有所增加。家庭需要购买婴儿食品、婴儿服装、玩具等很多与孩子有关的产品。同时，度假、用餐和家居布置等方面也均要考虑孩子的需要。

满巢Ⅱ，这一阶段家庭中孩子或最小的孩子已超过 6 岁，多在小学或中学念书。这时期孩子在学习方面的需要大大增加。在西方国家，因为孩子不用由大人在家里照看，夫妻中原来专门在家看护孩子的一方也已重新工作，这样就使得家庭经济状况得到改善。这一阶段的家庭对营养食品、家政服务、教育及书籍等的需求大大增加。

满巢Ⅲ，这一阶段的家庭通常是由年纪较大的夫妇和他们仍未完全独立的孩子（18 岁以上）所组成。在此阶段，孩子中有的已经工作，家庭财务压力相对减轻。通常，处于此阶段的家庭会更新一些大件商品，或者增加体育锻炼、旅游度假等方面的支出，也可能大大增加对孩子的教育支出（上大学或者留学等）。

(4) 空巢阶段。空巢阶段始于孩子不再依赖父母，也不与父母同住。这一阶段延续的时间也比较长。根据个人是否退休可分为空巢Ⅰ和空巢Ⅱ两个时段。

空巢Ⅰ是指孩子刚独立并离开家庭而父母仍然工作的这一时段。很多父母可以做他们以前想做，但由于孩子的"牵累"而无法做的一些事情，如继续接受教育、培养新的爱好、夫妻出外旅游等。人生的这一阶段，也许是经济上和时间上最宽裕的时期，夫妻双方不仅可以频繁地外出度假，而且还会买一些高档的物品。

空巢Ⅱ，也就是空巢的后期，即个人到了退休年龄，经济收入随之减少。由于大多数人是在身体很好的情况下退休，而且退休后可用的时间特别多，因此他们会更注重健康保健方面的消费，不少人开始追求新的爱好和兴趣，如外出旅游、体育锻炼、参加老年人俱乐部等。

（5）解体阶段。随着夫妻中的一方过世，家庭就进入解体阶段。如果在世的一方身体尚好，或有足够的储蓄，并有朋友和亲戚的支持和关照，家庭生活的调整就比较容易。由于收入来源减少，此时在世的一方会过上一种更加节俭的生活。此外，家庭还会有一些特殊的需要，如需要更多的社会关爱和照看、老年保健和医疗等。

7.2.2 家庭购买的角色分工与决策方式

1. 角色分工

家庭成员的消费通常是以家庭为单位的，但在购买某些具体商品的决策方面，每个家庭成员所起的作用会有所不同。一般情况下，可将家庭成员在购买过程中扮演的角色概括为以下五种。

（1）提议者：首先想到或提议购买某一商品的人。
（2）影响者：直接或间接影响购买决定或挑选商品的人。
（3）决策者：有权单独或与其他家庭成员共同作出决策的人。
（4）购买者：从事购买活动的人。
（5）使用者：使用所购商品或服务的人。

2. 决策方式

（1）家庭的购买决策方式。一是以家庭中某一成员为中心作出决策，二是家庭成员共同商定决策，三是家庭部分成员一起商定决策。

（2）影响决策方式的因素。家庭购买决策究竟采取哪一种方式，要受到以下多种因素的影响：

一是家庭购买力。一般来说，家庭购买力越强，共同决策的观念越淡漠，一个成员的决策更容易为家庭其他成员所接受；反之，购买力弱的家庭，其购买决策往往由家庭成员共同参与制定。

二是家庭的气氛和家庭分工。民主气氛浓厚的家庭，其成员经常共同参与决策；相反，在比较权威专制的家庭中，通常是由父母或他们其中的一人做主。

三是所购商品的重要性。一般来说，价值较低的生活必需品在购买时，无须进行家庭决策；但当购买高档耐用消费品及对全家具有重要意义的商品时，大多由家庭成员共同协商决策。

四是购买时间。购买时间越急促,越可能由一个人迅速作出决策;而全家共同商定决策通常要花费较长时间。

五是可觉察风险。通常在购买比较陌生、缺乏足够市场信息、没有充分把握的商品时,由于所察觉到的购买风险较大,所以家庭成员共同决策的情况较多。

六是家庭成员对特定产品的关心程度或介入程度。因为家庭成员对特定产品的关心程度或介入程度是不同的,所以在产品购买上的影响力也是不同的。例如,对游戏卡、玩具等产品的购买,孩子们可能特别关心,因此在购买这些产品时他们可能会发挥较大的影响。但对于父亲买什么牌子的剃须刀,母亲买什么样的厨房清洗剂,孩子可能就不会特别关心,所以在这些产品的购买上他们的影响力就比较小。

7.2.3 夫妻、子女、个人特征与家庭购买决策

1. 夫妻与家庭购买决策

在一般的家庭中,丈夫、妻子是商品购买的主要决策者。不同的家庭夫妻各自在商品购买决策中的影响和作用是有很大差别的。研究夫妻在家庭消费决策中的角色与地位,对企业制定相应的营销策略非常有益。

总体来讲,夫妻决策类型不外乎四种:

(1) 丈夫决策型:一切由丈夫支配和决定。

(2) 妻子决策型:一切由妻子决策。

(3) 夫妻共同决策型:夫妻双方共同决策购买。

(4) 夫妻自主决策型:夫妻双方各自决策购买。

在具体购买活动中,夫妻购买决策的形式也会因所购商品类型的不同而不同。一般来说,妻子对食品、化妆品、服装、生活日用品、室内装饰用品等商品的购买有较大决策权;丈夫在购买家电、家具、汽车等大件商品时所起的作用会更大一些。度假、孩子上学、购买和装修住宅则多由夫妻共同作出决定;而饮料、体育用品或者男女独用的产品等的购买一般是由夫妻各自决定。

研究表明,越是进入购买决策的后期,家庭成员越倾向于联合作决定。换言之,家庭成员在具体产品购买上确有分工,某个家庭成员可能负责收集信息和进行评价、比较,而最终的选择则尽可能由大家一起作出。年轻夫妻组成的家庭会更多地进行联合决策,但随着孩子的出生和成长,家庭内部会形成一定的角色分工,当然,这种分工也会随时间发生相应的变化。

2. 子女与家庭购买决策

子女在家庭购买决策中,也占有相当重要的地位。特别是在我国,子女在消费活动中居于重要地位。子女对家庭购买决策的影响程度由下列因素决定:

(1) 子女在家庭中的地位。许多研究表明,孩子说话的口气越是肯定,他们的父母就越是以孩子为中心。孩子在家庭中的地位越高,他对家庭购买决策的影响也越大。

(2) 子女所在家庭类型。一般来说,城市家庭中的父母比农村家庭中的父母更注

意听取子女的意见;经济条件好的家庭比经济条件差的家庭更能满足子女的要求;民主气氛浓厚的家庭比专制的家庭在购买决策时受子女的影响更大。

(3) 子女的年龄。年龄是影响子女参与消费决策的一个重要因素。一般来说,子女的年龄越大,对家庭购买决策的影响也越大。

(4) 所购买商品与子女的关系。一般来说,除不具备表达意见能力的婴幼儿以外,多数家庭在购买与子女有关的商品时会征求他们的意见,尤其是在独生子女家庭中,这一倾向更为明显。但随着商品知识和购买经验的积累,子女在选购一些他们熟悉的商品时,往往会取代父母成为家庭购买的决策者。

3. 个人特征与家庭购买决策

家庭成员的个人特征对家庭购买决策方式亦有重要影响。

夫妻双方的影响力很大程度上来自各自的经济实力。因此,拥有更多收入的一方,在家庭购买决策中更容易占据主导地位。

个人特征的另一个方面是受教育的程度。一般来说,妻子所受教育程度越高,她所参与的重要决策也就越多。一项研究表明,在美国受过大学教育的已婚妇女中,有70%认为她们在选择汽车时,有着与丈夫同等的权利;而在只受过高中教育的妇女中,这一比例是56%,在学历不足高中的妇女中,这一比例就更低了,仅为35%。家庭成员的其他个人特征,如年龄、能力、知识等,也都会直接或间接影响他在购买决策中的作用。

家庭作为社会结构的基本"细胞"单位,与消费活动有着极为密切的关系。据统计,大约80%的购买决策与购买行为是由家庭控制和实施的。家庭不仅对其成员的消费观念、生活方式、消费习惯有重要影响,而且直接制约着消费支出的方向、购买决策的制定与实施。因此,有必要深入研究家庭对消费者行为的影响。营销者要了解家庭的类型和家庭中不同的购买角色,要了解家庭生命周期不同阶段的消费特点,要了解家庭消费购买决策类型及其影响因素,以进行差别营销、灵活营销。

7.3 社 会 阶 层

社会阶层(social class)是依据经济、政治、教育、文化等多种社会因素所划分的相对稳定的社会集团和同类人群。社会阶层不同于社会阶级这个概念。个人所处的社会阶层是由收入、财产、教育、职业和价值取向等多种变量综合决定的。

7.3.1 社会阶层的特征

(1) 相似性。处于相同社会阶层中的人的行为要比处于两个不同社会阶层中的人的行为更为相近。无论何种类型的阶层,其内部成员都具有相近的经济水平、社会地位、价值观念,从而有着相同或相近的消费需求和消费行为。"物以类聚,人以群分",人们倾向于和自己处于相似的社会阶层的人在一起。

(2) 差异性。不同阶层的成员之间往往有着很大的观念差异,人们会以这样的差异性来看待他人，以所处的社会阶层来判断一个人的地位。社会阶层不一样，地位就不一样。

（3）限制性。因为在收入、职业、教育和价值取向等方面存在着明显的差异，不同阶层的成员交往会有很大的限制，人们会因为处于不同的阶层而产生交往的障碍。

（4）可变性。人们所处的社会阶层不是固定不变的，在生命历程中，人们可以由较低阶层晋升到较高阶层，也可能由较高阶层降至较低阶层，个人可以改变自己所处的社会阶层。

正因为社会阶层具有以上特点，营销者往往可以通过对社会阶层的识别来进行市场细分，从中选择目标市场，并进行恰当的营销策略安排。

7.3.2 社会阶层的划分

关于社会阶层的具体划分，目前常用的主要有两种方法：一种是综合指标法，即同时使用几种尺度的综合衡量方法；另一种是单一指标法，即只使用单一尺度衡量的方法。个人在社会中所处的地位或阶层会受到多种因素影响，所以一般来说，使用综合指标法划分社会阶层的结果比使用单一指标法的精确度要高些。

1. 综合指标法

目前，西方学者在划分社会阶层时较为常用的有二因素、三因素以及多因素的综合划分方法。

（1）二因素划分法。这种方法选取的是职业和教育两个因素。在具体划分时，首先确定等级差别，即职业等级和教育等级；然后确定它们的权数，职业等级的权数为7，教育等级的权数为3；最后进行等级评分，从而确定个人所属的社会阶层。

（2）三因素划分法。此法通过综合住房、职业、收入三个主要因素划分主要阶层。划分时确定的权数如下：住房为6，职业为9，收入为5。

（3）多因素划分法。这种方法可综合四个主要因素（职业、收入来源、住房条件、居住地区），或者五个主要因素（另加收入数额），或者六个主要因素（再加教育）来划分社会阶层。实践证明，用四个、五个或六个主要因素划分的结果往往差别不大。

2. 单一指标法

利用单一指标划分社会阶层不如综合指标精确，但在研究消费者行为时，采用单一指标容易确定社会阶层与消费行为的相关关系，实际应用中也更简便易行。较常用的单一指标主要有：收入、教育、职业等。

（1）收入。收入是划分社会阶层和地位最常用的传统指标。这是由于收入是维持一定生活方式的必要前提条件，收入的高低直接影响人们的消费态度、消费能力和消费水平，高阶层必然依赖于高收入。但仅以收入作为衡量社会阶层的基本指标也有其局限性，即收入并不能完全解释人们的生活态度和消费方式。

（2）教育。教育作为单项指标，在划分社会阶层中有其特殊意义。一个人受教育的水平决定他的知识结构、文化层次、职业选择乃至收入水平。教育水平对消费者的影响在于：不同受教育程度的消费者会有不同的价值观念、审美标准、兴趣爱好，从而在消费活动中表现出不同的品位和特点。一般来说，受教育程度高的消费者比较偏爱知识性较强的商品，且在选择商品的过程中喜欢并善于利用各种外界信息；而受教育程度较低的消费者则表现出相反的倾向。

（3）职业。职业也经常被用作划分社会阶层的重要指标。职业是研究一个人所属社会阶层的最基本、最重要的线索。由于职业在一定程度上反映出一个人的知识层次、专业特长、收入水平，因此根据所从事的职业可以大体确定人们的生活方式和消费倾向。采用职业作为划分依据的困难在于对社会上的成千上万种职业进行分类并确定出等级并非易事。

中国社会科学院社会学研究所的一份有关当代中国社会阶层的研究报告（2002年）提出，中国社会是由十大社会阶层和五大社会经济等级组成的。十大社会阶层是：国家与社会管理阶层，经理阶层，私营企业主阶层，专业技术人员阶层，办事人员阶层，个体工商户阶层，商业服务人员阶层，产业工人阶层，农业劳动者阶层，城市无业、失业和半失业阶层。相对应的五大社会经济等级是：上层、中上层、中中层、中下层和底层。

7.3.3 社会阶层与消费者心理

1. 社会阶层方面的消费者心理

（1）基于希望被同一阶层成员接受的"认同心理"。人们常会依循该阶层的消费行为模式行事。

（2）基于避免阶层下降的"自保心理"。人们大多抗拒较低阶层的消费模式。

（3）基于向更高阶层攀升的"高攀心理"。人们往往喜欢采取一些超越层级的消费行为，以满足其虚荣心。

（4）基于受到挫折的"补偿心理"。个人在生活或工作中遇到挫折，如职业升迁落空或在单位工作不得意时，个体会通过购买和消费具有地位象征意义的产品来补偿失意，以获得自尊。

2. 不同社会阶层消费者心理与行为差异

不同社会阶层的消费者会表现出明显差异。具体表现在以下几个方面：

（1）不同阶层的消费者对信息的利用和依赖程度存在差异。一般来说，高阶层的消费者更善于利用多种渠道来获取商品信息。高阶层的消费者大都受过良好的教育，他们读书、看报、翻阅杂志、上网的时间和机会较多，因而可以充分利用不同媒体获取有价值的商品信息；而低阶层的消费者受教育较少，平时较少读书、看报，却比较喜欢看电视，因而电视广告往往成为他们获取信息的主要来源。

（2）不同阶层的消费者在购物场所的选择上存在差异。不同阶层的消费者喜欢光顾的商店类型明显不同。高阶层的消费者乐于到高档、豪华的商店去购物，因为在这种环境里购物会使他们产生优越感和自信，得到一种心理上的满足；而低阶层的消费者在高档购物场所则容易自卑、不自信和不自在，因而他们通常选择与自己地位相称的商店购物。

（3）不同社会阶层的消费者在购买指向上存在差异。美国社会学家劳埃德·沃纳将美国社会划分为六个阶层，各阶层消费者的购买指向和消费内容特征如下：

①上上层，由少数商界富豪或名流家族组成。他们是名贵珠宝、古董、著名艺术品的主要购买者，也是高档消遣、娱乐方式的主要顾客。

②上下层，主要由工商界人士、政界显要人物或因经营特殊行业而致富的人组成。他们大都经过艰苦奋斗而由中产阶级进入上流社会，因而有着强烈的显示自我的愿望，渴望在社会上显示其身份、地位。他们是私人别墅、游艇、游泳池及名牌商品的主要消费者。

③中上层，由各类高级专业人员如律师、医生、大学教授、科学家等组成。他们偏爱高品质、高品位的商品，注重商品与自己的身份地位的匹配度。他们大都拥有良好的住宅条件、高级时装、时尚家具等。

④中下层，由一般技术人员、教师和小业主等组成。他们喜欢购买大众化、普及性高的商品，对价格较为敏感，努力保持家庭的整洁和舒适。

⑤下上层，由生产工人、技工、低级职员等组成。他们整日忙于工作和生活，很少有精力和兴趣去关心社会时尚的变化，喜欢购买实用价廉的商品。

⑥下下层，他们属于贫困阶层，几乎没有受过教育，收入属于社会最低水平。他们通常没有固定的购买模式，是低档商品的主要消费者。

（4）不同阶层的消费者对消费创新的态度存在差异。社会阶层高的人更愿意看到创新，体验与过去不一样的产品和服务，而社会阶层低的人就相对比较保守。

3. 炫耀性消费

炫耀性消费是指对可见程度高且具有奢侈性的产品或服务的消费。这类消费能向人显示自己的身份和地位。炫耀性消费中的产品对拥有者之所以重要，是因为它能告诉别人拥有者是什么样的人，在社会中居于何种位置。产品或服务的可见性是构成炫耀性消费的必要条件，因为只有产品能被别人看到，才能传递关于拥有者的信息。

进行炫耀性消费，已经不是追求所消费产品的功能价值，而是追求它所传递的符号价值。在当今中国，炫耀性消费有日益扩大的趋势，如吃 6 万元的满汉全席，吃 18 万元的"黄金宴"，喝上万元一瓶的 XO。背后的原因，应当说是多方面的，富裕阶层形成，客观上为这类消费提供了经济保证，攀比、面子文化构成了外部动力，公款消费、消费者本身的不成熟也对此起到了推波助澜的作用。

奢侈品牌是炫耀性消费的最主要对象。奢侈品牌代表着富贵豪华。奢侈品（luxury）源于拉丁文的"光"（lux）。所以，奢侈品应是闪光的、明亮的、让人享受的。奢侈品通过其品牌视觉识别系统传达了这些内容。从社会学的角度上说，奢侈品是贵族阶层的物品，它有地位、有身份，是贵族形象的代表。如今，虽然社会民主进步了，但人们的"富贵观"并未改变，奢侈品牌正好可以满足人们的这种需求。奢侈品牌是高级和看得见的，正因为人们对其奢华"显而易见"，它才能为主人带来荣耀。那些购买奢侈品的人完全不是在追求其实用价值，而是在追求全人类"最好"的感觉。奢侈品牌是个性化的,"奔驰"追求顶级质量;"劳斯莱斯"追求手工打造;"法拉利"追求运动速度;"凯迪拉克"追求豪华舒适。因为商品的个性化为人们的购买创造了理由,也才更显示出其尊贵、独特的价值。奢侈品牌一般是专一领域的品牌,所谓品牌的专一性是指品牌只服务于某一个产品或某一类产品。奢侈品牌是有距离的,会让大多数人产生可望不可得的感觉。奢侈品牌是为少数"富贵人"服务的,因此要维护目标顾客的优越感,就应当使大众与奢侈品产生距离感和距离美,可以这么说,奢侈品牌就是"梦寐以求,少数拥有"。

消费者的攀比心理一方面是基于消费者对自己所处的阶层、身份以及地位的认同,从而选择以所在阶层人群为参照而表现出来的消费行为;另一方面是基于消费者对更高层次的"高攀"心理而产生的参照另一群体而表现出来的消费行为。相比炫耀心理,消费者的攀比心理更在乎"有"。对于很多商品,消费者的态度是:别人都有了,我也要去买。对营销者来说,可以利用消费者的攀比心理,通过有意强调其参照群体的消费来达成销售。

不同社会阶层的消费者无论在获取信息、购买方式、商品投向还是在消费态度上都有着明显差别,把握这些差异,有助于企业根据不同阶层消费者的需求偏好进行市场细分,以便更好地满足目标市场消费者的需求。企业在营销过程中要多了解不同阶层的消费特点和态度,提供不同档次的商品或服务,进行不同风格的宣传,满足不同消费者的现实需要和潜在需要。

7.4 人 际 关 系

人际关系是社会生活的中心课题,也是人与人之间相互作用的结果。人与人之间的相互作用形成了极其复杂的关系网。

人际关系(interpersonal relation)就是指人与人之间在交往中形成的直接心理关系,主要表现为心理上的好恶喜厌、远近亲疏,即心理距离。人际关系受着文化、经济、政治、法律等社会环境的制约,同时,这些社会环境又总是通过人际关系具体地、鲜活地表现出来,对人们的生活产生深刻广泛的影响。

在现实生活中,个人人际关系的状态会直接影响个人生存和发展的状态。如果一个人的关系网广泛而且"有权有势",在某个圈子里与个人联系频繁,那么他在其中的发展可能就占得了先机。一个人的人际关系很重要,关系网、圈子等概念都是人际关系的体现。

7.4.1 人际交往

人们为了彼此传达思想、交换意见、表达情感需要等目的,运用语言符号而实现的沟通就是人际交往。人际交往是人际关系的重要条件,人际关系是人际交往的结果,没有人际交往,就无所谓人际关系。

人际交往可以帮助人们实现信息沟通、获得情感、获得健康、心理保健、认识自我、协调帮助等功能，人际吸引力是人际交往的重要保证。

1. 人际吸引

人和人之间在情感上亲疏远近的关系不是等同的，它有不同的层次。例如，在同一社会团体中相处的人，有的虽然相互认识但并不直接打交道，有的只是点头之交，有的甚至势不两立，有的则来往密切非常友好，也有的成为心腹之交，这就是人和人之间的心理距离。不同层次的人际关系反映了人和人之间相互吸引的程度。心理距离越接近，人们之间吸引力越强；心理距离越疏远，则双方间越缺乏吸引力。

人际吸引的影响因素包括空间因素、类似因素、互补因素、能力与特长因素、仪表因素等。

（1）空间因素。一般来说，空间上（地理上）的距离越小，双方越接近，越容易相互吸引，在交往的早期更是如此。

（2）类似因素。在个人特性方面，双方若能意识到彼此的相似性，则容易相互吸引，产生亲密感。个人特征包括年龄、性别、个人的社会背景、性格、态度等。比如人生态度或信仰比较一致的人，因为志同道合彼此之间就会更具有吸引力。

（3）互补因素。当双方的需要以及对对方的期望正好能形成互补关系时，双方之间就会产生较强的吸引力。比如性格很强的人可能喜欢和性格温和的人在一起。

（4）能力与特长因素。个人在能力与特长方面如果比较突出，就会有一种吸引力，使他人产生钦佩感并欣赏其才能，愿意与之接近。如果这个人还有一点小小的弱点，往往会更让人喜欢接近他；而如果表现得完美无缺，反而让人觉得高不可攀，自叹不如以致望而却步。

（5）仪表。个人的长相、穿着、仪态、风度等，都会影响人们彼此间的吸引，尤其是在第一次见面时，仪表具有重要的地位。当然，随着时间的推移，仪表因素的作用会越来越小，吸引力就会从外在仪表逐渐转到个人内在的修养和品德上。

此外，开朗的性格及谦和的态度也是增强人际吸引力的因素。

认识人际相互吸引的影响因素十分重要，落实到消费中，就可以说明什么样的销售人员更能吸引消费者，消费者容易受到什么样的产品形象代言人的影响。这些对营销者采取有效的营销策略将有很大的指导意义。

2. 人际交往的障碍

在现实社会生活中，人际交往存在着许多障碍。这些障碍体现在如第一印象、首因效应、近因效应、晕轮效应、定型效应、投射效应、人格因素、生理因素和社会因素等方面。

（1）第一印象。第一次见面的感知，也称为"第一感"，往往是通过对方的仪表、风度等提供的信息组成的印象。如果第一印象不好，很容易造成继续交往的障碍。

（2）首因效应。人们交往中，最先提供的信息会对形成第一印象产生影响。在与陌生人交往中，首因效应起着很大的作用。

（3）近因效应。最近获得的新信息会给人留下较深印象，对改变原来印象有重要作用。在与熟人的交往中，近因效应起较大作用，即熟人变化的信息容易改变对他原有的印象。

（4）晕轮效应，也称光环效应或成见效应，是指当对他人的核心品质形成了鲜明的印象后，就可以掩盖对其他品质的知觉，将对感知对象的某种核心品质不加分析地扩展到其他方面。如"情人眼里出西施"等。

（5）定型效应。定型是人们对某一类人或某个社会群体所具有的一种概括且固定的印象，即刻板印象。定型效应指在印象形成过程中，刻板印象会使人们有意无意地对他人作类化认知，从而对总体印象产生很大的影响。例如，人们通常认为，山东人豪爽不羁，江浙人温和细腻，商人精明世故，学者脱俗清高等。定型尽管简单明了，但难免以偏概全。

（6）投射效应。在形成对他人的印象时，人们总是假设他人与自己有相同的倾向，并把自己的特征投射到他人身上。所谓"以小人之心度君子之腹"，反映的就是这种投射效应。

（7）人格因素，因为气质、性格、能力等因素而产生的交往障碍。

（8）生理因素，因为长相、身高、身体健康状况等因素而产生的交往障碍。

（9）社会因素，因为文化背景、社会阶层、所属社会团体而产生的交往障碍。

企业营销就是要进行人际交往和人际沟通。了解人际交往的障碍可以帮助营销者从多方面来考虑应该选择什么样的沟通方式与人员才能实现营销的目的。

7.4.2 人际互动

人际互动（interpersonal interaction）就是指个体成员之间密切的人际交往使彼此不可避免地在行为上产生复杂的交互影响和作用，从而对个体的活动与发展，以及群体整体作用的发挥等产生深刻影响。

1. 群体

人际交往有一个很重要的作用，就是可以把原来分散的个体联系、组织起来，形成群体。所谓群体，从社会心理学的角度看，是指为了一定的目标，以一定方式结合起来的，成员之间能够进行直接而稳定的交往，彼此相互影响、相互作用并具有情感联系的人群联合体，如家庭、朋友、班级、单位、球队、协会等。人们就是在诸如此类的群体中与他人共同学习、工作和生活的。

法国著名社会心理学家古斯塔夫·勒庞在其《乌合之众：大众心理研究》一书中指出，个人一旦融入群体，他的个性就会泯没，群体的思想就会占据统治地位，与此同时，群体的行为也会表现出排斥异议、情绪化、低智商化甚至是极端化等特点。

个人在人际互动中，会有许多与自己相关联的群体，这些群体的所思所想、所作所为都会对个人的心理与行为产生直接的和潜移默化的影响，这样的群体就是个人的参照群体。参照群体（reference group）是与个人的评价、追求或行为有重大相关性的、真实的或虚构的群体。

参照群体对于产品及消费活动具有同样的影响。为什么参照群体如此具有说服力呢？答案就在于它具有潜在的社会影响力量。社会力量（social power）是指改变他人行为的能力。如果你能支配某人做某件事，不管他是否愿意，对那个人来说，你就是具有影响力的。这种力量一般包括参照对象的力量、信息的力量、合法的力量、专家的力量、奖赏的力量和强制的力量。

（1）参照群体的类型。每个人的生活周围都有参照群体，这些人群可以分为不同的几种类型：

① 主要群体。这是指与某人关系密切，经常接触的群体。这类群体对个人的心理与行为会产生重要的影响，如朋友。消费者与他们发生直接的联系，他们的消费示范作用最为强烈。

② 次要群体。这是指与某人关系不密切，不经常接触的人和组织。这类群体可以是认识的人，也可以是不认识的人，如一个单位里认识的人或者是不认识的销售人员、顾客、社会团体等。尽管是次要群体，但他们有时也可以起到影响人心理与行为的决定性作用，如推销员对消费者购买行为的影响。

③ 向往群体。这是指某人向往加入或作为参照体的群体，如电影明星、足球明星就是影迷、球迷们的向往群体。他们对部分消费者的消费观念所起的影响作用甚至超过了主要群体所起的作用。

④ 厌恶群体。这是指个体讨厌、反感的群体。名人、明星也可能成为个人讨厌的群体。

（2）影响参照群体作用的因素。参照群体对消费者虽然具有重要影响，但不同消费者受参照群体影响的程度却有很大差别。现实中，群体对消费者影响力的大小主要取决于以下因素：

① 消费者的个性特征。消费者的个性不同，受参照群体的影响程度也显著不同。一般来说，自信心强、善于独立思考、做事有主见、具有较强分析判断能力的消费者，受社会群体的影响较小；相反，习惯依赖他人、做事缺乏主见、性格优柔寡断的消费者，往往受参照群体的影响较大。

② 消费者的自我形象。每个消费者的内心深处都有自己设定的自我形象，其中既包括实际的自我形象，也包括理想的自我形象。实际生活中，每个社会群体都有其独特的价值观、行为准则与消费特征。当它们符合消费者的自我形象时，就会使消费者对该群体产生强烈的认同感，把它视为塑造自我形象的一个榜样群体。

③ 消费者选购商品的类型。参照群体对消费者选购不同类型商品的影响程度不同可以从两方面说明：一方面是商品被别人认知的程度，即自己使用这种商品能否引起别人的重视，这个产品的品牌能否被别人识别，由此将商品分为大众性商品和私人化商品。另一方面是消费者对商品的需求强度，由此将商品分为必需品和奢侈品。在不同商品的购买中，社会群体影响程度有差异。

心理学研究表明，一个人的习惯、爱好以及思想行为准则是受外界影响而逐渐形成的。在各种外界的影响中，参照群体对消费者心理与行为有着至关重要的影响。营销者在明白了消费者会受到参照群体的影响后，要根据自己的产品或服务的目标对象及其特性，灵活地运用营销手段，运用相应的参照群体去影响消费者心理与行为。目前，企业大量运用的名人广告或者形象代言人策略就是因为向往群体对消费者有重要影响。

（3）团体。团体是群体的一种组织形式，是指一群人在同一规范与目标的指引下协同活动的一个组合。团体的一个显著特点是团体内成员在心理上有一定的联系，并发生相互影响。

团体有大团体与小团体、正式团体与非正式团体、现实团体与假设团体之分。团体的心理效果体现在：团体的归属感、认同感和团体的支持力量等方面。团体也会使不在一个团体里的人感到有陌生感和排斥感。

成年消费者一般都是身处在某一团体中的，所以团体的行为往往就是消费者个人的行为。另外，消费者可能也会自己组成非正式的组织来和企业讨价还价，团体中的领导人会在团体中发挥关键性的作用。

企业面对团体，可以实施不同的营销对策。如果消费决策是一种群体行为，就要针对不同的团体角色（发起者、把关者、影响者、购买者、使用者等）采取不同的对策，既要全面对待，又要找到重点对象。如果团体对消费者有很大的影响力，就可以把消费者的利益和团体的利益联系在一起，以团体名义购买或者以团体影响消费者购买。作为一种营销策略，企业可以通过某种方式让消费者的购买形成"团购"，通过这样非正式的"团购"临时组织来让消费者享受"团购"的优惠，实施"团购"营销。

2. 暗示与模仿

（1）暗示。暗示（hint），又称提示，是在无对抗条件下，用含蓄、间接的方式对个体的心理和行为产生影响，从而使个体产生顺从性的反应，或接受暗示者的观点，或按暗示者要求的方式行事。

社会心理学的研究认为，群体对个体的影响主要是"感染"的结果。处于群体中的个体几乎都会受到一种"精神感染"式的暗示或提示，在这种"感染"下人们会不由自主地产生多数人的看法比一个人的看法更值得信赖的信念。因此，暗示的主要影响因素就是暗示者的数目，或者说暗示所形成的舆论力量的大小。暗示得当，就会"迫使"个人行为服从群体行为。

暗示的具体方式多种多样，个人的词语和语调、手势和姿势、表情和眼神等都可以成为传递暗示信息的载体。暗示还可以以群体动作的方式出现，如信誉暗示等。

在消费活动中，消费者受暗示以产生影响购买决策及行为的现象是极为常见的，如利用名人或者权威机构暗示产品质量。暗示越含蓄，其效果往往越好。

（2）模仿。模仿（imitation）是指仿照一定榜样作出类似动作和行为的过程。模仿可以分为无意识模仿和有意识模仿。无意识模仿也叫自发模仿，指模仿者没有考虑行为的原因和意义，在不知不觉中仿效他人的言行举止，如儿童模仿父母的举动。有意识模仿也叫自觉模仿，是指模仿者有一定动机和期望，自觉地对他人行为进行的模仿。有意识的模仿又可分为两种：一种是适应性模仿，即人为了适应新的环境或生活而模仿他人的行为等；另一种是选择性模仿，即人们经过深思熟虑后有选择地模仿，这种模仿目的性和针对性都很强，常常和人的生活理想、个人抱负相关联。

消费活动中的模仿是指当消费者对他人的消费行为认可并羡慕、向往时，便会产生仿效和重复他人行为的倾向，从而形成消费模仿。

在消费活动中，经常会有一些名人、消费专家等作出示范性的消费行为。这些特殊消费者的示范性行为会引起其他消费者的模仿，模仿者能通过仿效他们的行为感到愉快。

在消费领域中，模仿是一种普遍存在的社会心理和行为现象。消费活动中的模仿行为大致有以下特点：

① 模仿行为的发出者，即热衷模仿的消费者，对消费活动大都有广泛的兴趣，喜欢追随消费时尚和潮流，经常被别人的生活方式所吸引，并力求按他人的方式改变自己的消费行为和消费习惯。他们大多对新事物反应敏感，接受能力强。

② 模仿是一种非强制性行为，即引起模仿的心理冲动不是通过社会或群体的命令强制发生的，而是消费者自愿将他人的行为视为榜样，并主动努力加以模仿，模仿的结果会给消费者带来愉悦、满足的心理体验。

③ 模仿可以是消费者理性思考的行为表现，也可以是消费者感性驱使的行为结果。成熟度较高、消费意识明确的消费者，对模仿的对象通常经过深思熟虑，认真选择；相反，观念模糊、缺乏明确目标的消费者，其模仿行为往往带有较大的盲目性。

④ 模仿行为的发生范围广泛，形式多样。所有的消费者都可以模仿他人的行为，也都可以成为他人模仿的对象，而消费领域的一切活动，都可以成为模仿的内容。

⑤ 模仿行为通常以个体或少数人的形式出现，因而一般规模较小。当模仿规模扩大，发展成为多数人的共同行为时，就变为从众行为或消费流行了。

3. 从众行为

从众（conformity）是一种普遍的社会行为，是指个体在群体（团体或个体因素）的影响和压力下，改变个人的意见而与多数人取得一致的认识和行为。人们平时说的"随大溜"就是一种从众行为。

服从是被迫的，即对行政命令、团体规范或权威意志的服从，是无条件的服从，不管是理解的还是不理解的，都得服从。从众则不是对团体规范的服从，而是对社会舆论压力的随从。从众也可能是违反心愿的，它与服从的不同之处就在于不是对团体或权威的明文规定的执行，而是在团体压力下的随从行为。

在消费领域中，从众表现为消费者自觉或不自觉地跟从大多数消费者的消费行为，以保持自身行为与多数人行为的一致，从而避免个人心理上的矛盾和冲突。这种个人因群体影响而遵照多数人消费行为的方式，就是从众消费行为。比如，购物时喜欢到人多的商店；在品牌选择时，偏向那些市场占有率高的品牌；在选择旅游点时，偏向热门城市和热门线路。

（1）从众行为的心理基础。消费者之间相互暗示、模仿、循环反应的过程，就是心理学研究证实的求同心理过程。正是这种求同心理，构成了从众行为的心理基础。

实际的群体压力可以导致从众，想象的群体优势也会对人的行为造成压力。比如，我们在家里可以试穿新买的奇异服装，但在决定是否把它穿出去时，则要考虑大多数人的反应。

（2）影响从众行为的因素。从众行为的发生和发展受到群体及个体等多方面因素的影响。

从群体因素看，一般来说，群体的规模越大，群体内持相同意见的人数就越多，所产生的群体压力也越大，此时越容易产生从众行为。此外，群体的内聚力、一致性越强，群体领袖人物的权威性越高，影响力越大，从众行为就越容易发生。同时，个体在群体中的地位越低，越容易被影响，也就越容易出现从众行为。

从个体因素看，一般来说，容易发生从众行为的消费者，大多对社会舆论和别人的意见十分敏感，缺乏自信，非常注意社会和别人对自己的评价。有研究资料表明，性别也会对从众行为有所影响，从总的情况看，女性比男性更容易出现从众行为。有些消费者由于缺乏自主性和判断力，在复杂的消费活动中犹豫不定，无所适从，因而从众便成为他们最为便捷、安全的选择。

营销者面对消费者可能或者已经产生的从众行为，应该努力利用从众心理，抓住时机进行宣传引导，培育新的消费市场，引导新的消费观念和时尚的形成或改变，进而促进大规模购买行为的发生。

4．流行

流行（fashion）是指在一个时期内社会上流传很广、盛行一时的大众心理现象和社会行为。在消费领域，就是在一定时期和范围内，大部分消费者呈现出相似或相同行为表现的一种消费现象。流行具体表现为多数消费者对某种商品或时尚同时产生兴趣，而使该商品或时尚在短时间内成为众多消费者狂热追求的对象，此时，这种商品即成为流行商品，这种消费趋势也就成为消费流行。

流行具有普遍性、循环性、自发性、反传统性等特征。流行不同于风俗习惯，风俗习惯是长久性的，流行是周期性的；流行也不同于法律，法律具有强制性，流行是自发的。如果权威伴随着风尚出现，则这种风尚流行的速度更快。一般来说，女性比男性更追求流行，青年比老年更追求流行，喜欢变化的人比喜欢稳定的人更追求流行。中国目前消费流行呈现出与国际潮流同步、流行模式多元化、个性化追求流行化、流行消费主体低龄化等新动向。

消费流行涉及的范围十分广泛。从性质上看，有吃、穿、用等商品的流行；从范围上看，有世界性、全国性、地区性和阶层性的消费流行；从速度上看，有一般流行、迅速流行和缓慢流行；从时间上看，有短期季节流行、中短期流行和长期流行等。

（1）消费流行过程。消费流行的形成大都有一个完整的过程。这一过程通常呈周期性发展，包括酝酿期、发展期、高潮期、衰退期四个阶段。

酝酿期的时间一般较长，要进行一系列的意识、观念以及舆论上的准备；发展期消费者中的一些权威人物或创新者则开始作出流行行为的示范；进入高潮期，大部分消费者在模仿、从众心理的作用下，会自觉或不自觉地被卷入流行当中，把消费流行推向高潮；高潮期过去以后，人们的消费兴趣发生转移，流行进入衰退期。

消费流行的这一周期性现象对企业具有重要意义。企业可以根据消费流行的不同阶段，采取相应的策略：酝酿期，企业可以通过预测洞察消费者需求信息，做好宣传引导工作；发展期，则要保证提供与消费流行相符的上市商品的数量；高潮期，购买流行商品的消费者数量会大大增加，商品销售量急剧上升，此时企业应加大商品供应；衰退期，企业则应迅速转移生产能力，抛售库存，以防遭受损失。

(2) 消费流行的方式。归纳起来，消费流行的方式一般有以下三种：

① 滴流，即自上而下依次引发的流行方式，通常以权威人物、名人明星的消费行为为先导，而后由上而下在社会流行开来，如中山装的流行等。

② 横流，即社会各阶层之间相互诱发横向流行的方式。具体表现为某种商品的使用或消费时尚的出现由社会的某一阶层率先开始，而后向其他阶层蔓延、渗透，进而流行起来，如近年来，外资企业中白领阶层的消费行为经常向其他社会阶层扩散，从而引发流行。

③ 逆流，即自下而上的流行方式。它是从社会下层的消费行为开始，逐渐向社会上层推广，从而形成消费流行。如牛仔服原是美国西部牧牛人的工装，现在已成为下至平民百姓、上至美国总统的服装。领带源于北欧渔民系在脖子上的防寒布巾，现在则成为与西装配套的高雅服饰。

(3) 消费流行产生的原因。消费流行的出现，具有多方面的原因。一方面，某些消费流行的发生是出于生产者和销售者的利益，他们为扩大商品销售，努力营造出某种消费气氛，引导消费者进入流行的潮流之中；另一方面，有些流行现象是消费者的某种共同心理需求造成的，消费者在共同心理的影响下，主动追求某种新款商品或新的消费风格，从而自发推动了流行的形成。

在解释消费流行的形成原因时，一些学者也引用了其他学科的理论和方法。例如，心理学家荣格认为群体的意识和行为可以通过"心理能量"来解释。心理能量不会随发生作用而消耗或丧失，而是会从一种作用形式转换为另一种作用形式，或从一个位置转移到另一个位置。就消费者而言，当人们对一种商品的兴趣减少时，对另一种商品的兴趣便会等量地增加，消费流行也是如此，当一种消费流行衰落时，就是另一种消费流行的开始。

消费流行有规律可循，因而也就可以预测，企业可以通过对流行趋势的预测，来制定相关营销策略，指导企业的经营活动。

创造流行是指在一定时期内出现的为一个团体、阶层的许多人都接受和使用的商品式样或服务。流行的特征就是周期性地改变其形式并能被人们接受。企业要找到能在相当程度上影响他人消费态度和行为的人，即意见领袖，通过意见领袖来影响消费者的行为。

经典（classic）是一种接受周期极长的流行。在某种意义上，经典是"反流行"，因为它能在很长一段时期内保证稳定性和低风险性。时髦（vogue）或狂热（fad）则是一种寿命很短的流行。

5. 口碑、社会舆论与意见领袖

(1) 口碑。口碑（word-of-mouth）是在个体之间传递产品信息。由于我们是从认识的人那里获得信息，因而往往比正规营销渠道获取的信息更可靠和可信。尽管大量的金钱都投入广告，但口碑的影响却要比广告大得多。人们关于产品的大部分知识来自口碑而非正式广告，因为人们往往会在随意的交谈中交流产品的相关信息。口碑传播的典型方式是对话，消费者把自己的体验告诉别人，并且通过直白或暗示的方式透露他们对产品和品牌的偏好，这个过程从有消费的时候就开始了。

越来越多的营销者已经认识到口碑在推出新产品方面的力量，这让他们想出各种新方法以便消费者帮助他们销售。

游击营销策略是试图通过征募消费者帮助企业传播信息以加速口头传播的过程。其营销活动常常招募当地的消费者加入某种街头剧场或其他活动，以便说服其他人来使用产品或服务。

口碑是一把双刃剑。消费者间的非正式讨论既可以成就也可以毁灭一个产品或一家商店。同时，比起正面评论，消费者更看重负面的口碑（negative word-of-mouth）。流言与谣言也可以成为可怕的力量。

流言是在提不出任何信得过的确切依据的情况下，人们相互传播的一种特定的消息。在缺乏可靠信息的情况下，流言最容易产生与传播，不安和忧虑也会促使流言产生和传播。在社会处于危机状态下，如战争、地震、灾荒时，人们易产生恐惧感与紧张感，流言也更容易传播。

谣言与流言不同，谣言是恶意的攻击，是谣言制造者故意捏造、散布的假消息。面对流言与谣言，只要人们有冷静的头脑、理智的态度，就可以进行正确的判断，并劝说他人不要参与流言或者谣言的传播。

企业要充分认识到流言与谣言可能对企业造成的严重后果，做好危机营销。流言和谣言完全可以被遏止，因为它缺乏事实的根据。企业可以自己或者联合有关权威部门通过发布可靠信息，向消费者提供确切的情报，来彻底制止流言或者谣言的流传。

(2) 社会舆论。社会舆论是指公众的意见与看法，是社会全体成员或大多数人的共同信念，也可以说是信息沟通后的一种共鸣。

社会舆论可以起到评论作用。这种评论作用既可能产生积极的影响，也可能产生消极的影响，因为舆论代表了大多数人的意见，可以产生一种社会的控制力量，使它对每个人具有一种"压迫"，可以约束或者引导人们的言论和行动。

社会舆论对企业等组织也会产生巨大的影响。舆论多数反映了消费者的意愿，如果企业忽视这种社会舆论，就会使消费者产生对产品或品牌的负面心理。例如"三鹿毒奶粉"事件所引起的社会舆论，就反映了消费者对奶粉质量标准的深切关心，相关企业在这样的社会舆论中，应该深刻反省，向社会和消费者作出坚定的质量保证，才可能让消费者感到放心。

(3) 意见领袖。意见领袖（opinion leaders）是指能够频繁影响他人态度或行为的人。意见领袖一般包括：

① 专业意见领袖，即在专业领域拥有令人信服的学识、技术的一类人。医生、律师、营养学家等均是各自领域的专家。专家所具有的丰富知识和经验，使他在介绍、推荐产品与服务时较一般人更具权威性，从而产生专家所特有的公信力和影响力。当然，在运用专家效应时，一方面应注意法律的限制，如有的国家不允许医生为药品做证词广告；另一方面，应避免公众对专家的公正性、客观性产生怀疑。

除专家外，还有一类也被认为具有专业倾向的意见领袖代理消费者（surrogate consumer），他们也常常影响消费者的购买行为。代理消费者往往能够通过提供意见而获得报酬，如室内装修商、股票经纪人、职业采购者等都可以被看成代理消费者。不论实际上他们是否基于消费者的利益作出购买决策，代理者的推荐都会对消费者的购买产生巨大的影响。

② 名人意见领袖，即在各自领域（如影视界、歌舞界、体育界等）受到人们普遍关注、赏识、崇拜的有名气的人。名人或公众人物如影视明星、歌星、体育明星，作为参照群体对公众尤其是对崇拜他们的受众具有巨大的影响力和感召力。对很多人来说，名人代表了一种理想化的生活模式。正因为如此，企业会花巨额费用聘请名人来帮助销售其产品。研究发现，用名人做支持的广告较不用名人的广告评价更正面和积极，这一点在青少年群体上体现得更为明显。运用名人效应的方式多种多样，如可以用名人作为产品或公司代言人，即将名人与产品或公司联系起来，使其在媒体上频频亮相；也可以让名人做证词广告，即在广告中引述产品或服务的优点和长处，或介绍其使用该产品或服务的体验；还可以采用将名人的名字、图像等使用于产品或包装上的策略等。

③ 消费者意见领袖。消费者意见领袖是指见多识广、购买迅速、有号召力的一类人。运用使顾客满意的证词证言来宣传企业的产品，是广告中常用的方法之一。由于出现在荧屏上或画面上的证人或代言人是和潜在顾客一样的普通消费者，这会使受众感到亲近，从而使广告诉求更容易引起共鸣。像宝洁公司的汰渍洗衣粉就曾运用过"普通人"证词广告。还有一些公司在电视广告中展示普通消费者或普通家庭如何用广告中的产品解决其遇到的问题，或如何从产品的消费中获得乐趣等。由于这类广告贴近消费者，反映了消费者的现实生活，因此它们可能更容易获得认可。

消费者也可以以市场行家（market maven）的身份出现。所谓市场行家是指那些积极传播各类市场信息的人。市场行家不一定要对某些特定产品有兴趣，也不一定是产品的早期购买者，他们只需要"多逛逛街"并了解市场动态就行了，他们的作用更似于普通意见领袖，因为他们往往对产品应怎样获得和能在哪里获得有全面、可靠的了解和认识。

7.5 信息环境

从营销的角度深入了解消费者的行为，为理解消费者决策过程、有效与消费者沟通，以及在不同情境中有效影响消费者提供了依据和指引。移动互联网时代，信息环境和消费者行为发生了根本的变化,这进而引发了营销和商业领域,甚至社会结构方面的革命。

7.5.1 信息环境与消费者行为

1. 信息环境与媒体演变

信息环境(information environment)是与信息获取、交流和分享利用等有关的各种要素的集合。它们构成了信息生态系统的总和。

消费者行为与消费者所处的信息环境密不可分。可以想象,由信息不充分、不对称的环境转换到信息透明、对称又随手可得的环境,消费者的认知、偏好、选择、购买决策行为等会有天壤之别。在移动互联网时代,数字化媒体带来了人类信息环境的重大改变,形成了良好的信息分享环境(information sharing environment)。由此直接导致在消费者的生活中,出现了"上网""搜索""链接""博客""微信""互动""分享"等新关键词及其对应的行为,这反映了信息环境的变化会引发行为变化。

信息环境首先因媒体的演变而变化。从古至今,媒体的演变历经了三个时期:从早期人类社会的口碑传播时期,发展到大众传播时期(四大媒体:报纸、杂志、广播、电视),再演变到21世纪的新媒体(new media)时期。移动互联网时代信息环境的突变在很大程度上源于新媒体的蓬勃兴起和广泛渗透。

1998年,联合国教科文组织对新媒体的定义是:"以数字技术为基础,以网络为载体进行信息传播的媒体。"在维基百科中,新媒体是指数字技术在信息传播媒体中的应用所产生的新传播模式或形态。美国的《在线》杂志给新媒体下的定义是:面向所有人进行的传播。

显然,新媒体只是相对旧媒体而言的一种表述。由于新媒体发展很快,有研究者如保罗·莱文森又将媒体分为三类:旧媒体、新媒体、新新媒体。旧媒体就是互联网以前的媒体,包括报纸、杂志、广播、电视、电影等,其特征是自上而下的控制;新媒体是指互联网的第二代媒体,发端于20世纪90年代,如电子邮件、报刊的网络版等;新新媒体是指互联网的第二代媒体,发端于20世纪末,兴盛于21世纪,如博客、脸书、YouTube、推特、维基百科等,其主要特征是没有自上而下的控制、信息的消费者也是其生产者、由用户产生内容等。所以,新媒体本质上是数字化媒体(digital media)。

鉴于数字化媒体取代传统媒体的趋势,消费者花在不同媒体上的时间有了明显的变化,数字化媒体的消费时间有了很大的增长。

2. 消费者信息搜索行为

消费者信息搜索行为是消费者在消费过程中的基本行为,对消费者的认知、品牌选择、购买决策等而言都必不可少。

20世纪末以来,全球迅速普及的互联网从根本上改变了人类的信息环境,"上网"或"在线"开始成为消费者生活新的日常关键词。从网上搜索各种所需要的或感兴趣的信息,已成为人们基本的生活方式和重要的生活内容。

一旦有了购买的需求或者在网上购物，大多数消费者都会利用搜索引擎来获取信息，同时也会使用零售商网站和品牌官方网站。所以，搜索引擎的优化十分重要，零售商网站的用户界面和搜索性能对吸引消费者至关重要。

互联网为消费者获取或搜索有关信息提供了全新的平台和工具，并成为最方便、最快捷、最有效、成本最低的信息源。可以预计，以后利用互联网获取外部信息的趋势还会增强，网上信息搜索会变得越来越智能化。

由于网上搜索十分方便，而且几乎无所不包，人们逐渐产生了对网上信息的依赖，并逐渐改变记忆和保存信息的行为模式，即从人脑和手工记忆方式转向外脑（网络）记忆方式。这是人类信息处理中记忆行为的重大变化。

移动互联网时代的信息环境，不仅从根本上解决了信息搜索的问题，更加重要的是，它建构了社会新的信息基础结构：社会网络和社交媒体。

信息环境的演进不仅表现在消费者信息获取的难易程度和充分程度上，更表现在信息环境的社会结构上。社会网络、社交媒体加上每个人手中的手机，"链接"（linking）和"连接"（connecting）成为社会中必不可少的新关键词，反映了全新的消费者生存状态，也充分体现出数字化媒体最本质的特征——互动性。虚拟消费者社群（virtual consumer community）不是虚无的，它威力强大。按照两位著名学者尼古拉斯·克里斯塔基斯和詹姆斯·富勒在《大连接》（Connected）这本书中的思想，我们本来以为自己是命运的主人，可是在社会网络中，我们不过是一个更大生物体神经系统中的一个个细胞而已。也就是说，数字化媒体、社会网络和虚拟社群从根本上改变了消费者信息环境，变革了消费者行为模式。这提示我们，仅仅分析消费者个人因素是不够的，在移动互联网时代，消费者虚拟社群已经成为消费者行为更重要的影响因素。

7.5.2 消费者虚拟社群与数字化口碑

1. 消费者虚拟社群

消费者虚拟社群是数字化消费者行为中重要的新概念。虽然有了互联网之后，就有了跨越空间的连接（如电子邮件），但是还不能实现高效互动。Web2.0带来了社交网络，实现了高效率的多种互动方式（如脸书、微信），于是，网上的任何人既可以是"观众"，也可以是"演员"。这种可以随时随地平等互动及分享的"网络社群""在线社群"（online community）或"数字化社群"（digital community）如雨后春笋般发展起来，著名的有脸书、推特、领英（LinkedIn）、QQ和微信等。20世纪，人类社会是基于等级层次的金字塔结构，21世纪则是基于相互关联的点对点的互动网络结构。在消费者行为领域，在线社群对应的是消费者虚拟社群或数字化消费者社群。

社会学家对"在线社群"的界定是："人们在线与志趣相投的人交流，和他们保持互助的友好关系，赋予其线上活动以一定的意义、归属感和认同感。"研究者认为，与传统的社群最大的不同在于，网络社群具有能量急剧放大的"聚变效应——在这种互动网络中，分散而微不足道的信息与个体可能激发出巨大能量，这恰如原子一样发生了不可思议的聚变效应"。正因为数字化网络的巨大魅力,新的学科如社会物理学、网络科学正在从技术和实证的角度探究网络如何影响人的行为。

网络聚变效应已经被许多惊人的个案所证实,维基百科网站正是这样一个例子。正如其创始人威尔士所言:"免费获取全人类的知识结晶,有些人说这不可能,我说这就是维基百科。"这一网站成功的奥秘在于,鼓励所有人分享并随时随地地补充更新网上的知识内容,而不是依靠少数专家提供答案,从而使维基百科成为一个全球开放的、动态的互动智力网络,成为不断产生知识的"世界大脑"。

在数字化社群中,网络行为有以下几个关键概念:

(1) 弱关系和强关系。首先,关系或连接分为两大类:强关系和弱关系。由于"在线"不受空间的限制,因此可以和许多人"交朋友",但是,其中绝大多数都是"弱关系"或"弱连接",只有很少的"强关系"或"强连接"。

有研究指出,强关系可以影响行为,而弱关系只是信息沟通。在弱连接情境中,存在一个"六度分割"(six degrees of separation)理论,即任何人和其他人之间的联系不超过六个节点,地球上任何两个人都可以经过六次连接寻找到,而在强连接中则是"三度转接说"。此外,在强关系连接中还存在"朋友的朋友的朋友"的范围内,可以达到行为层面的相互影响,即"三度影响力"理论。

在2010年美国总统选举期间,脸书做了鼓励6100万人在大选期间进行投票的实验。2012年,《自然》杂志上发表了邦德关于这一实验的随机对照实验结果。结果表明,假设你的亲朋好友已经投票了,就会对你的投票产生决定性的影响。后来,脸书又做了一个实验,研究70万人的情绪感染事件,其中一部分用户看到更多的正面消息,另一部分用户看到更多的负面消息。结果表明,看到更多正面消息的用户心理变得更正面,看到更多负面消息的用户心理变得更负面。

(2) 参与度(participation)。参与度是指社群成员的参与程度。德国心理学家库尔特·勒温在群体动力的研究中提出过"参与改变理论"。他认为,个体中有两类人,主动参与型和被动接受型。他用实验证明了主动参与者更容易改变其态度和行为。如果能让用户主动参与到营销传播活动中来,更容易影响他对产品或品牌的态度和行为。

消费者虚拟社群的活跃和繁荣,取决于社群绝大部分成员的参与程度。否则,社群将不能提供新鲜的内容,最终导致访问量减少。但保证高参与度并不是一件容易的事情。怎样才能把潜伏者变成活跃者呢?社群参与的方式越简单方便,越能解决成员的问题,就越有可能保证大部分访问者的活跃度。这意味着,消费者社群应该有多种不同的参与方式,并且难度有所不同,让社群中的每个人都能找到一种合适的方式参与。例如,作为网络社群的典范,脸书和微信为参与者提供了多种不同的参与方式。成员可以更新状态、装饰主页、发表评论、上传照片或视频、分享笔记和链接、打电话、玩游戏、做小测试、移动支付、创建事件等。又如,宝洁(中国)公司在积极开拓中国消费者社群的过程中在微博上建立宝洁消费者社群,两年时间微博群的宝洁粉丝达到了100万人,后来又在微信上发展消费者社群,仅用半年时间粉丝就达到160

万人。微信的吸引力提高了消费者的参与度。

在移动互联网时代,营销的成败越来越取决于消费者的参与程度,甚至从某种意义上说,营销就是为了实现消费者的参与而建构出消费者品牌社群。"整合了消费者社群的价值网代表了21世纪营销最戏剧性的变化。如果营销向此方向转变,那么营销理论、研究和实践都将会发生巨大的革命。"

由此,在传统营销组合4P的基础上,出现了"参与度是营销的第5个P"的观点。中国的小米公司就是将营销聚焦在"参与感"上而获得的成功。

2. 数字化口碑

口碑是指个体之间的口头传播,是人类最早的传播行为,虽然后来出现了媒体传播,但是口碑传播依然占据重要地位。

由于原始的口碑传播效果很有限,因此在传播理论中被列为"非正式传播渠道",即认为口碑起不了相对主要作用。正式传播渠道是指承担主要传播功能的大众媒体。

21世纪数字化媒体的出现,使得被遗忘在角落里的"口碑"重新大放异彩,走到营销管理和消费者行为学的"前台"。它的名字从"WOM"变为"eWOM",即"电子口碑""网络口碑"或"数字化口碑"。移动互联网环境中的数字化口碑魔力般放大了传统环境中消费者口碑的效应。显然,数字化口碑非常可能在短期内就形成巨大的能量,并且对于品牌忠诚度等影响甚大,其商业价值不可低估。

在学术领域,有关移动互联网环境的数字化口碑或新口碑的研究已经成为一个新的理论热点,包括口碑与粉丝、口碑的效果测试研究等。美国沃顿商学院教授J.伯杰在中国举办的"2015营销领袖峰会"上的开场演讲的主题内容就是新口碑营销。

在消费者虚拟社群和数字化口碑的平台上,病毒营销(viral marketing)、社交媒体营销(social media marketing)和粉丝营销(fans marketing)发挥了巨大的市场效应,原因之一是消费者虚拟社群中很容易通过数字化口碑产生粉丝效应和羊群效应。病毒营销是指让访问网站的人在网上向他们的朋友提供信息,从而让更多的消费者了解产品或服务的策略。粉丝营销是指企业利用优秀的产品或企业知名度拉拢庞大的消费者群体作为粉丝,利用粉丝相互传导的方式达到营销目的的商业理念。现在也被用于电影营销方面,指利用明星的知名度吸引观众观看影片,利用粉丝相互传导的方式,达到营销目的。

在中国市场,口碑的影响力比西方更大,重视口碑是一种传统,相信口碑、崇尚权威都是中国人行为的特点。数据显示,中国人均手机短信量比美国人高出10倍以上。中国消费者购买决策的信息来源中,"亲友推介"广受重视且有效,这与西方人大不相同。在这种情境中,加上数字化的杠杆作用,粉丝营销往往更容易成功。

互联网上的虚拟社区已经成为口碑传播的重要地点。在人们广泛接触互联网以前,很多参照群体是由面对面接触过的个体组成。但是现在,你可以和你从未见过且可能永远也不会见面的人分享你的兴趣。虚拟消费社区(virtual community of consumption)是指基于对某项特定消费活动的共同认识与爱好而在网上进行互动交往的一群人。虚拟社区有多种不同的形式。例如,多用户网络游戏、聊天室、列表、公告栏和博客。

当今中国最火热的新兴社交媒体就是基于互联网的微博与微信。年轻人热衷于使用微博、微信进行沟通、交流与发表信息和意见，已经成为人际交往中不可缺少的部分。

企业的微博营销是以微博作为营销平台。每一个听众（粉丝）都是潜在营销对象，企业更新自己的微博向网友传播企业信息、产品信息，树立良好的企业形象和产品形象。每天更新内容或者发布大家感兴趣的话题，就可以跟大家交流互动，从而达到营销的目的。微博的营销效果很难评估，但是相应的投入也很少，只要细心经营，微博对企业形象构建、品牌内涵宣扬的意义不言而喻。

凡客诚品（VANCL）作为最早"安家"新浪微博的广告主之一，在它的微博页面上，可以清晰看到这家迅速崛起的企业老练地进行互联网营销的手段：一会儿联合新浪相关用户赠送 VANCL 牌围脖；一会儿推出 1 元秒杀原价 888 元衣服的抢购活动；一会儿又通过赠送礼品的方式，请来姚晨和徐静蕾等名人就 VANCL 的产品进行互动。除此以外，你还能看到 VANCL 畅销服装设计师讲述产品设计的背后故事，看到入职三个月的小员工抒发的感性情怀，对于关注话题中检索到的网民的疑问，VANCL 幕后团队也会在第一时间予以解答。

2011 年 1 月 21 日，腾讯推出即时通信应用微信，支持发送语音短信、视频、图片和文字，可以群聊。时隔一年多，马化腾通过腾讯微博宣布微信用户突破一亿大关，也就是新浪微博注册用户的 1/3。在腾讯 QQ 邮箱、户外广告和旗下产品的不断宣传和推广下，微信的用户也在逐渐增加。2018 年，腾讯宣布微信用户已超过 10 亿人。微信不仅提供了一个新型的网络社区，并且为各个商家提供了一个新的营销方向和渠道。微信的出现和发展，方便了用户，同时微信作为一个媒介和平台，也为企业营销提供了新的渠道。

庞大的用户基数、开放的自由平台、高黏度的社交特性这三点搭建了一个完美营销平台。微信已经远非一个简单的聊天软件，它已经成为一种生活方式，成为人们生活中的一部分。微信营销的方式更快捷、用户接受度更高，成本也更低。微信不存在距离的限制，用户注册微信后，可与周围同样注册的"朋友"形成一种联系，用户订阅自己所需的信息，商家通过提供用户需要的信息，推广自己的产品，实现点对点的营销。微信营销包括微信平台基础内容搭建、官网开发、营销功能扩展。它针对不同行业，还有餐饮、外卖、房产、汽车、电商、婚庆、酒店、服务等个性化功能开发。

本章总结

人的社会化不但受到文化、政治、经济等宏观社会力量的影响，还受到社会角色、家庭因素、社会阶层及人际关系等社会因素的影响。

社会角色是指个人在社会和团体中的身份、地位。社会角色是周围人对一个人的要求，是指一个人在各种不同场合中应起的作用。最常见的社会角色包括性别、年龄与职业。

家庭是社会的基本细胞，存在不同的类型，有家庭的生命周期，家庭成员在消费过程中所充当的角色和各自所发挥的作用是不相同的，市场上的许多产品以及消费者的许多消费行为其实是为了家庭而产生的。

社会阶层是依据经济、政治、教育、文化等多种社会因素所划分的相对稳定的社会集团和同类人群。个人所处的社会阶层是由收入、财产、教育、职业和价值取向等多种变量而不是由其中的一种变量决定的。社会阶层具有相似性、差异性、限制性和可变性等特征。

人际关系就是指人与人之间在交往中形成的直接心理关系，主要表现为心理上的好恶喜厌、远近亲疏，即心理距离。

人际吸引的因素包括空间因素、类似因素、互补因素、能力与特长、仪表因素等方面。在现实社会生活中，人与人需要交往，但人与人之间的交往圈又不是很广很深的原因就在于人际交往中存在许多障碍，这些障碍体现在如第一印象、首因效应、近因效应、晕轮效应、定型效应、投射效应、人格因素、生理因素和社会因素等方面。

人际互动就是指个体成员之间密切的人际交往使彼此不可避免地在行为上产生复杂的交互影响和作用，从而对个体的活动与发展，以及群体整体作用的发挥等产生深刻影响。人际互动中有群体、团体，有暗示与模仿，有从众行为，有流行，有口碑、社会舆论与意见领袖等相关概念。人际互动会影响消费者的心理与行为。

在移动互联网时代，信息环境和消费者行为发生了根本的变化，进而引发营销和商业领域，甚至是社会结构的变革。

本章关键词

社会角色　家庭　社会阶层　炫耀性消费　人际关系　人际交往　人际互动　群体　参照群体　暗示　模仿　从众行为　流行　口碑　社会舆论　意见领袖　病毒营销　信息环境

思考题

1. 不同性别、年龄、职业角色的消费特点是什么？
2. 家庭生命周期对企业营销有何影响？
3. 家庭的不同角色对购买行为的影响表现在哪些方面？
4. 社会阶层的特征是什么？对企业营销有何意义？
5. 人际交往的障碍主要体现在哪些方面？对企业营销有何启示？
6. 参照群体有哪几种类型？影响参照群体作用的因素是什么？
7. 模仿的消费行为有何特点？
8. 试述流行的一般过程及其产生的原因。
9. 如何正确认识和运用口碑的力量？
10. 如何认识意见领袖及其作用？
11. 信息环境对消费者行为产生了什么样的影响？

第8章

消费者情境与购买决策过程

开篇案例 **Costco 来到中国**

2019年8月27日,"零售之神"美国Costco中国大陆首家门店在万众期待中于上海市闵行区正式开门迎客。过去几年中,在任何公开场合,无论是论坛、沙龙、颁奖礼、新闻采访,只要有发声的机会,我都不遗余力地替Costco打Call。因为在我看来,做零售一定要学习两个企业,一个是苹果,另一个就是Costco。前者把一个桌子都摆不满的产品卖到全世界,成为全球最赚钱的公司之一;后者用8%的毛利、3000个最小库存单元(stock keeping unit,SKU)、1.3万美元的坪效,把沃尔玛打得落花流水。很多人觉得Costco的成功是因为它的会员制、供应链、选品、定价等原因,但我认为最根本的原因是它读懂了人性的本质,抓住了零售的本质。

1. "不买就吃亏"的极致体验

以消费者的身份来讲,Costco给我印象最深的是:一整只烤鸡只卖4.99美元,一个热狗只卖1.5美元,一支冰激凌只卖1美元,而且30多年保持价格不变。

"最便宜"是Costco最大的吸引力,比如百货类商品会比市场平均价格便宜30%至60%,食品类至少也有10%至20%的价差。因为如果比别家贵,第二年就没人续会员费了。原则上,Costco所有商品只赚取1%—14%的毛利,如果要超过14%,必须上报给董事长签字审批。为了给顾客搜罗世界各地的"尖货",Costco派人到美国、加拿大、澳大利亚、日本、韩国等地进行采购,只为争取到最好的价格。Costco的商品普遍以"量贩装"出售,是为最大程度地提升产品的性价比,给消费者"不买就吃亏"的极致体验。消费者不分国籍、不分肤色、不分阶层,人人都有"花得更少买得更好"的心理,Costco敏锐地捕捉到了这一点,并不遗余力地诱导它,满足它。

2. 无理由退货的"疯狂"承诺

Costco跟消费者约定,除了电子产品、数码产品需要在购买后90天内进行退换外,其他商品没有退货期限。顾客在买完单后,随时都可以拿着商品去到门店无理由退换,而且不需要提供购物收据。

因此有人成功地退掉了吃了一半的西瓜、孩子玩腻的玩具、吃得只剩骨头的牛排……只需Costco会员卡里有消费记录，哪怕买了好几年的商品，都可以无理由退掉。

上述那些让人啼笑皆非的退货行为在社交上发酵并被很多人模仿，甚至有人调侃，只要有一张Costco会员卡，靠着免费退货的政策就能养活自己。

当很多零售企业还在为"退货率""损耗率"斤斤计较的时候，Costco制定这样的规则简直就像给自己挖了一个无底洞。但在Costco看来，这是他们"与消费者站在一起"最直接的表达方式；而且实际上，因为这种"无原则"的政策，最后Costco的退货率反而特别低。

归根到底，这还是Costco对人性的洞察——人性的本质都有"贪"的一面，有对名、利、物、财的追求和占有的欲望，但是人的教养教育、社会属性又约束着人"贪"的行为表现。

3. 极致的管理效率

美国零售业平均SKU约为1.4万个，沃尔玛的SKU数量超过10万个，Costco的SKU只有3700个左右。比如薯片这个商品，沃尔玛的货架上琳琅满目，各个品牌应有尽有；Costco一般只有2—3个品牌，而且都是直接向厂家定制的大包装。

SKU少，价格带窄，既节约了顾客挑选比价的时间，也便于库存管理，再加上大规模采购可以压缩进货价，最后可以让消费者以更低的价格买到更多。

沃尔玛的毛利润大约在25%，Costco不到它的一半，库存周期也只有它的2/3。Costco与沃尔玛门店面积相当，它的坪效约为1.3万美元，相当于沃尔玛的2倍。沃尔玛每1000平方米大约用到20—24名员工，而Costco只需要12—14人，Costco的人效是沃尔玛的2倍。

用更少的人手、更快的周转、更低的毛利为消费者提供最具性价比的商品，这就是Costco的效率。

4. "新零售"，Costco玩了43年

在国内的零售业者、学者们还在为"新零售"的概念争论得不可开交的时候，Costco这家创办于1976年的零售企业，已经把"新零售"实践了整整43年。

零售是一个"弯腰捡钢镚"的行业，这个行业存在了几千年，发展到今天已经高度透明，早已没什么秘密可言，大家都在争夺薄如刀片的利润，比拼到最后，无非是看谁的效率更高。

更高的效率、更低的价格、更好的品质、更深入地洞察人性，就是"新零售"。

早前Costco即将进驻上海的消息传开后，有来自消费者欢呼的声音，也有来自新闻媒体质疑的声音，其中一个观点是"中美家庭人口结构和人均居住面积不同，小家庭场景能否支撑食品和生活用品仓储式、批发式采购模式，要打个问号"。

但Costco上海店开业第一天，相关的消息就不断从社交媒体传来：购物者的汽车在门口排出两公里；车场门口要排队轮候放行；由于客流量过大，政府部门与商

场决定暂时采取限流措施；新店开业会员卡已卖出 16 万张……

洞察人性、克制贪婪、控制毛利、聚焦产品等，Costco 用最朴素的方式诠释了零售的本质，并把购物热潮从美国成功蔓延到国内。Costco 火爆的背后其实是商品，是"高品质、高颜值、高效率，低成本、低毛利、低价格"的"三高三低"原则。高性价比且差异化的商品是关键！

资料来源：叶国富：《致敬 Costco》，https：//mp. weixin. qq. com/s/PONHH _ ZemMt- BTloLsf5YRw，2020 年 6 月 20 日访问。

消费者心理与行为还受特定的情境因素影响。情境因素也可以说是一种社会环境因素，是一种在特定时空条件下影响消费者活动的短暂环境因素。对于特定的购买活动，情境的影响也起着很大的作用。

8.1 消费者情境

消费者情境（consumer situation）是指影响消费者购买行为的一系列短暂的环境因素。如购物时的气候、购物场所的环境、消费者当时的心情状况等。这种情境影响既不同于性格、能力等个体心理因素的影响，也不同于文化等宏观环境因素的影响，因为两方面的影响具有更为持久和广泛的特性。情境因素对消费者行为的影响可能是直接的，也可能是在产品或个人特征交互影响的条件下发挥作用。在某些情况下，由于个人特征的影响更大，以至于消费者很少顾及其他方面的考虑，此时情境因素对购买行为可能根本就没有影响。但从总体上看，情境一直是一种重要的潜在影响力量。

8.1.1 消费者情境类型

德尔·I. 霍金斯等人所著的《消费者行为学》一书将消费过程的发生放在四种广泛的情境下：传播情境、购买情境、使用情境和处置情境。

（1）传播情境。传播情境是指对消费者行为产生影响的信息接收情境。人们独处还是与他人在一起，心情好坏，匆忙与否，都影响人们接收营销信息的程度。

如果消费者对产品感兴趣并处于某种反应状态的传播情境下，营销者就能传递有效的信息给消费者。但是，发现处于这种传播情境且具有浓厚兴趣的潜在购买者并非易事。在如下情境中营销者在与消费者沟通时会遇到困难：某消费者最喜欢的球队输掉了本年度中最重要的一场比赛，明天将开始进行期末考试，消费者患了感冒，现在心情不好等。

由于传播情境对广告的有效性具有重要影响，越来越多的企业在选择媒体和决策在哪里、何时做广告时，就特别小心和谨慎。研究发现，越是轻松的节目，越能激发受众对广告信息的正面的情感和想法，也越有利于对广告内容的回忆。

（2）购买情境。购买情境是指消费者购买商品和服务时所具有的物质的空间和社会的特征。物质的空间主要指购物行为发生时所处的各种环境,如在哪里购买,商店的装饰、拥挤、干净状况如何,商店对消费者购物时的帮助,消费者亲朋好友当时的影响和商店里的其他人对购物的影响等。

为了提高产品销售的营销策略,营销者必须了解购买情境是如何影响消费的。

(3) 使用情境。使用情境是指在产品使用场合会影响消费者行为的情境。使用情境是以解决问题的制约因素来起作用,或者以解决问题的源泉来起作用。

营销者需要理解他们的产品适合或可能适合哪些使用情境。在对此有些了解后,营销者才能传递有关他们的产品是如何在每种使用情境下适合消费者需要的信息。比如香水销售就可以创造出多种香味来适用于不同的使用场所。

(4) 处置情境。在产品使用前或使用后,消费者必须经常处置产品或产品的包装。处置情境的决策可能产生备受关注的社会问题,同时也可能给营销提供机会。

一些消费者认为,处置方便是产品本身的一项重要属性。这些消费者也许只购买那些易回收的物品。

为了发展更为有效且符合伦理的产品与营销计划,营销者需要了解情境因素是如何影响处置决定的。政府和环境保护组织为了鼓励对社会负责的处置决定,同样需要了解这方面的知识。

8.1.2 消费者情境特征

一系列的情境特征会通过前面所述的不同类型情境影响消费者行为。

1. 物质环境

物质环境包括装饰、音响、气味、灯光、气候以及可见的商品形态或其他环绕在刺激物周围的有形物质。物质环境是一种得到广泛认可的情境影响,这方面的研究成果在零售领域已经得到多方面运用。

零售环境所有物质因素的总和,称为店堂气氛。资料显示,一家商店的店堂气氛会影响购物者的心情和参观逗留的愿望,也会影响消费者对该商店商品质量的判断和对该商店的印象。正面的心情会增加消费者对该商店的满意感,从而使消费者产生购买行为和对店铺忠诚。气氛调节就是指商店的经理通过调节物质环境,使购物者产生某种特定情绪反应的过程。

(1) 颜色。一个色彩缤纷的商店比一个缺少色彩的商店更能受到消费者欢迎。红色有助于吸引消费者的注意和兴趣。在中国,红色更多的是喜庆的象征,所以逢年过节在中国的商店里到处都可以看见红色。但在有些国家,红色虽然有物理刺激作用,却可能令人感到紧张甚至反感。较柔和的颜色如蓝色虽吸引力和刺激性较低,但它们被认为能引起平静、凉爽和正面的感觉。不同文化背景中颜色的意义都不相同,因此,颜色和其他物理环境因素都要根据文化背景的不同来进行设计。

(2) 照明。空间不但要通过光束来表现,而且空间氛围、空间个性也要靠光束来渲染和控制。在零售业,灯光被视为店面的经典销售工具之一。商店的内部氛围和空间个性要靠光束渲染和控制。商店内部空间的光源主要采用自然采光或人工采光两大类，在具体运用中除了自然采光和基本照明之外，商店还需要进行特别照明和装饰照明。

特别照明是为增加柜台、货架的光度以突出商品而配置的，多采用聚光灯、探照灯定向照射。对于一些名贵、精密的商品使用特别照明，便于消费者观看欣赏、挑选比较，并能显示出商品的华美、贵重，激发消费者对商品的喜爱和向往。

装饰照明大多采用彩灯、壁灯、吊灯、落地灯和霓虹灯等照明设备。这类照明有美化店容、渲染气氛的作用，使消费者感到轻松愉快、情绪兴奋。灯光要适度运用，如果过多、过杂或光线变化剧烈，也会破坏店内环境，还需注意不能乱用灯光，以免歪曲商品颜色。

（3）气味。气味能对消费者的购物产生影响。一项研究发现，有香味的环境会让消费者产生再次造访该处的愿望。一般来说，清新芬芳的气味能吸引消费者欣然前往；而强烈刺鼻的异味会使消费者在生理上难以忍受，同时心理上引起反感，对购买活动无疑起消极作用。另外，即使是香味，由于消费者对香味的偏好是非常个性化的，令一个人愉快的香味也可能会令其他人厌恶。此外，一些消费者对精心添加在空气中的香味会反感，而另一些人则会担心过敏。

（4）音乐。音乐能影响消费者的情绪，而情绪又会影响众多的消费行为。一项关于超市环境中的音乐和影响力的研究表明，音乐的节奏（快或慢）并不影响购买行为，但播放符合消费者偏好的音乐对购买行为有明显影响。

商店内播放的背景音乐，题材最好适合特定场所的购物环境。若商场销售的商品地方特色明显，可播放一些民族音乐；若商场的现代气息比较浓郁，可播放一些现代轻音乐；若商场的艺术感比较浓厚，可播放一些古典音乐；若主要消费对象是青年人，可播放一些流行音乐；而若以中老年顾客为主，可播放那些怀旧金曲。总之，要使顾客的情绪在音乐的映衬下能与商场的主体风格产生共鸣。

（5）拥挤程度。商店内拥挤会对零售店和顾客产生负面的影响。当很多人进入某个商店，店铺空间过多地被货物挤满，购物者会体验到一种压抑感，很多消费者会觉得这令人不快，并采取办法改变这种处境，最常用也是最基本的方法是减少待在商店内的时间，同时买得少、决策更快或更少运用店内的信息。结果是消费者满意感降低，再次光顾的可能性减少。

用更多的职员、增加收银台等措施都可以增加在高峰时期消费者的流动以减少拥挤的感觉。

2. 社会情境

社会情境是指在消费过程中其他人也在场。我们的行动通常受周围人的影响，个体倾向于服从于群体预期，当行为具有可见性时，情况尤其如此。因此，社会情境对消费者的行为而言是一种重要的影响力量。购物以及很多在公众场合使用的商品与品牌，都是高度可见的，它们无疑将受制于社会情境影响。一个人单独购物和接受服务与有购物伙伴或朋友在场时相比，行为会有不同。如在餐馆用餐时，当有认识的其他人出现在邻座时，点的菜和喝的酒水也许会与平时不同。

上街购物为消费者提供了一种家庭之外的社会体验。如见识新朋友，遇见老朋友或仅是与他人在一起。有些人在购物中是为了追求一种地位和权威。因为营业员或销售人员的工作就是为了伺候顾客，购物使得这些人获得在其生活中所缺乏的某种尊重和声望。所以，消费者购物有时并不仅仅是为了购得产品，而是同时体验各种社会环境。

3. 时间

现代人的时间一般分为三个部分：工作、非自由处置时间与休闲。睡觉、家务、个人护理及其他负有道义责任工作所占用的时间都应划入非自由处置时间。只有在扣除了这部分时间和工作时间之后，剩余的才是休闲时间，休闲时间一般就是指人们可以自由支配的时间。人们在休闲时间里从事诸如阅读、登山、钓鱼、旅游、创作等愉悦身心的活动，这类活动通常称为休闲活动。

许多产品和服务，如看电视、溜冰、钓鱼、健身等均需要时间。消费者是否买这些产品和服务，很大程度上取决于他们是否拥有可自由支配的时间。

许多消费者日益感到时间的宝贵，因此，他们对时间就像对金钱一样珍惜。消费者的购买行为受到时间因素的影响，有限的购买时间会导致所考虑的备选产品数量的减少。时间压力大的消费者由于没有时间逛商店和对各种品牌进行比较，从而倾向于选择全国性品牌和名牌，以此降低风险感。时间压力的增大还会导致对高品质、易准备的食品及其他节约时间的产品的大量需求，如对微波炉和洗碗机的需求。跟情境影响的其他因素一样，在不同文化背景下，时间被看待和对待的方式是不同的。一般来说，可用的时间越少，信息搜寻就越少，能够运用的信息就比较少，以至于购买更仓促，由此造成次优甚至糟糕的购买决定的可能性增加。

时间也影响消费者对店铺的选择。一些零售商店就是充分利用时间观方面的优势。在这方面做得最成功的也许是 7-ELEVEN 连锁店，该商店几乎是排他性地针对那些匆匆忙忙或在正常购物时间之外购物的消费者。

节省消费者的时间等于节省金钱，从这个意义上说时间是有价的。越忙碌的消费者越愿意为时间付费。

许多产品的购买具有季节和节日的时间特点，如六一儿童节前后是儿童玩具和服装的购买高峰，中秋节前是月饼销售的黄金时段。营销者要灵活地采取相应的对策来满足消费者的需求。

4. 购买任务

购买任务提供了消费活动发生的理由。购买任务分为自用购买和以送礼为目的的购买。

即使购买一样的产品，依据礼品送人还是供自己使用，消费者所采用的购物策略与选择标准可能完全不同。当然，礼物的意义和性质在不同文化背景下是不同的。

消费者的自我送礼也是一种重要的送礼行为。自我送礼指的是送礼者和受礼者为同一个体的情况。消费者为什么给自己送礼呢？根据对消费者自我送礼目的的调查，消费者自我送礼可能因个人取得成就，拟奖励一下自己；或者因为节假日，想让自己高兴一点；或者感到压抑、心情不好，通过自我送礼调节一下心情；或者获得一笔额外的资金，庆祝一下；或者仅仅因为很久没有给自己购买东西了；等等。

5. 先前状态

先前状态是指非持久性的个人特征，如短暂的情绪状态或条件。例如，我们每个人都会有情绪高昂和情绪低落的时候，而这并非我们个人长久性格的一部分。

短暂的情绪状态既影响消费过程，又受消费过程的影响。消费者往往会主动调整自己的情绪状态，比如去购物。所以，营销者就可以把消费者的情绪调节当作产品和服务的一项利益。"放松心情""每天都是好心情"等广告用语就是运用了消费者情境来影响消费者行为。

6. 节日礼仪情境

节日礼仪情境是指以固定方式发生、具有象征性意义，同时是在社会所界定或要求的场合下发生的一系列相互联系的行为。节日礼仪情境可以是完全私下的，也可以是完全公开的。完全私下的节日礼仪情境可以是一个人决定为某一具有特殊意义的事件私下祈祷或干杯。例如，一对夫妇为庆祝他们的初次约会而每年到同一餐馆用餐就涉及公开的庆典。结婚仪式则是更为公开的礼仪或风俗。最后，全国性或世界性节日代表了非常公开化的节日礼仪情境。

对营销者十分重要的节日礼仪情境通常涉及约定俗成的消费行为。营销者要重视这样的特殊情境对消费者心理的影响，采取相应的对策来满足消费者这种情境下的需要。

8.2 购买决策过程

消费者购买决策是指消费者谨慎地评价某一产品、品牌或服务的属性，并进行理性的选择，即用最小的成本购买能满足某一特定需要的产品或服务的过程。

8.2.1 消费者购买决策类型

消费者购买决策随其购买决策类型的不同而变化，较为复杂和花钱多的决策往往凝结着购买者的反复权衡和众多人的参与决策。

1. 阿萨尔的购买决策类型

美国学者阿萨尔根据参与者的介入程度和品牌间的差异程度，将消费者购买行为分为四种类型，如表 8.1 所示：

表 8.1 购买决策类型

品牌差异程度	消费者的购买介入程度	
	高	低
大	复杂型购买行为	变换型购买行为
小	协调型购买行为	习惯型购买行为

(1) 习惯型购买行为 (habitual buying behavior)。习惯型购买行为出现在消费者介入程度不高、品牌差异小的情况下。对于价格低廉、经常购买、品牌差异小的产品，消费者不需要花时间进行选择，也不需要经过收集信息、评价产品特点等复杂过程，因而，其购买行为最简单。消费者只是被动地接收信息，出于熟悉而购买，并不一定是因为特别偏爱某一品牌，而是出于习惯。比如醋这个产品，这是一种价格低廉、品牌间差异不大的商品，消费者购买它时，大多不会关心品牌，而是靠多次购买和多次使用而形成的习惯去选定某一品牌。

针对这种习惯型购买行为，营销者要特别注意给消费者留下深刻印象，企业的广告要强调本产品的主要特点，要以鲜明的视觉标志、巧妙的形象构思赢得消费者对本企业产品的青睐。为此，企业的广告要加强重复性、反复性，以加深消费者对产品的熟悉程度。

(2) 变换型购买行为 (variety-seeking buying behavior)。寻求多样的购买行为出现在消费者介入程度不高但品牌差异大的情况下。有些产品品牌差异明显，但消费者并不愿花费长时间来选择和估价，而是不断变换所购产品的品牌。这样做并不是因为对产品不满意，而是为了寻求多样化。比如购买饼干，他们上次买的是巧克力夹心饼干，而这次想购买奶油夹心饼干。这种品种的更换并非对上次购买饼干不满意，而只是想换换口味。

针对这种寻求多样化的购买行为，营销者可采用销售促进和占据有利货架位置等办法，保障供应，鼓励消费者多样购买。一家企业也可以提供多样化的产品来满足消费者对产品的多样化需求。

(3) 协调型购买行为 (dissonance-reducing buying behavior)。减少失调的购买行为出现在消费者介入程度高、品牌差异小的情况下。有些产品品牌差异不大，消费者不经常购买，而购买时又有一定的风险，所以消费者一般要比较、看货，只要价格公道、购买方便、机会合适，消费者就会决定购买。购买以后，消费者也许会感到有些不协调或不够满意，在使用过程中，会了解更多情况，并寻求种种理由来减轻、化解这种不协调，以证明自己的购买决定是正确的。经过由不协调到协调的过程，消费者会有一定的心理变化。

针对这种购买行为，营销者应注意运用价格策略和有效人员宣传，向消费者提供有关产品评价的理性信息，使其在购买后相信自己作了正确的决定。

(4) 复杂型购买行为 (complex buying behavior)。复杂型购买行为出现在消费者介入程度高、品牌差异大的情况下。当消费者购买一件贵重的、不常买的、有风险的而且又非常有意义的产品时，由于产品品牌差异大，消费者对产品缺乏了解，因而需要有一个学习过程，广泛了解产品性能、特点，从而对产品产生某种看法，最后决定购买。

针对这种复杂型购买行为，营销者应采取有效措施帮助消费者了解产品性能及其相对重要性，并详细介绍产品优势及其给购买者带来的利益，耐心促成消费者的最终选择。

2. 霍金斯的购买决策类型

美国学者德尔·I. 霍金斯等人所著的《消费者行为学》一书中，将消费者购买决策过程分为三种类型：

(1) 名义型决策（nominal decision making）。名义型购买决策购买介入程度较低，也可以称为习惯性购买决策，通常可以分为两种：品牌忠诚型购买和习惯性购买。习惯性购买的产品价格低廉，需要经常购买，而且品牌差异小。名义型决策的一般过程是：

问题认知→搜集信息→购买→购后评价

名义型决策主要搜集有限的内部信息，购后评价往往无认知冲突，是非常有限的购后评价。

(2) 有限型决策（limited decision making）。有限型购买决策购买介入程度比名义型的要高一些，其一般的决策过程是：

问题认知→搜集信息→评价选择→购买→购后评价

有限型决策在搜集信息方面包括内部信息搜集和有限的外部信息搜集。比名义型决策多了评价选择环节，但属于评价的属性少、备选方案少，属于简单决策，购后评价也比较少。

(3) 扩展型决策（extended decision making）。扩展型购买决策购买介入程度最高，其一般过程与有限型相同，但内容却增加了不少。扩展型决策的一般过程是：

问题认知→搜集信息→评价选择→购买→购后评价

扩展型决策在搜集信息方面包括详细的内部信息搜集和详细的外部信息搜集。在评价选择环节上，评价的属性多，备选方案多，属于复杂性决策，购后评价会有认知冲突，评价也显复杂。

8.2.2 消费者决策过程

不管是阿萨尔的购买决策类型还是霍金斯的购买决策类型，完整的消费者购买决策过程一般都由五个阶段构成，如图 8.1 所示。

图 8.1 消费者购买决策过程

1. 问题认知

问题认知是指消费者意识到理想状态与实际状态存在差距，从而需要采取进一步的行动。问题认知是消费者决策过程的第一步。实际状态是指消费者对他或她当前的感受及处境的认知，理想状态是指消费者当前想达到或感受的状态，问题认知是消费者的理想状态与实际状态之间的差距达到一定程度并足以激发消费决策过程的结果。比如，消费者想让周末快乐而充实，当消费者发觉自己在周末孤孤单单、心情烦躁时,就会把它作为一个问题看待,因为消费者的实际状态(心情烦躁)与理想状态(快乐而充实)之间有差距。这时,消费者就会想通过看电视或给朋友打电话或出门闲逛达到理想状态。

作为对问题认知的反应,消费者采取何种行动取决于问题对于消费者的重要性、当时的情境、该问题引起的不满或不便的程度等多种因素。缺乏对问题的认知,就不会产生决策的需要。

消费者问题可分为主动型与被动型。主动型问题是指在正常情况下就会意识到将要意识到的问题,如冰箱坏了,就会想到请人来修理。被动型问题则是消费者尚未意识到的问题,需要别人的提醒,如对手机辐射安全性问题的提示。

购买过程开始于消费者确认面对的问题或需要,这个需要可以由内在和外在的刺激所触发。内在刺激,比如人的生理需要,包括饥饿、性欲等,上升到某一阶段就会成为一种驱动力;外在刺激,比如一个人可能因为羡慕别人买了某品牌的汽车而激发起自己的购买欲望。

营销者所能做的就是识别引起消费者某种需要的环境和刺激因素,加强对消费者的刺激,以激起消费者对产生问题的认知和需求。营销者要注意两方面的问题:一是注意了解那些与本企业的产品实际上或潜在有关联的驱使力;二是注意消费者对某种产品的需求强度会随着时间的推移而变动,并且被一些诱因所触发。

2. 搜集信息

一般来讲,问题认知后就要想办法去解决,这就需要搜集必要的信息。信息搜集主要是搜集品牌信息、产品属性信息、评价信息和体验信息等。信息的来源可以从消费者内部及外部以下五个方面来获得:

(1) 记忆来源:是消费者内部信息,由过去积累、个人经验及低介入度学习形成的记忆。

(2) 个人来源:从亲友、邻居、同事等个人交往中获得信息。

(3) 营销来源:广告、推销人员、商品包装、产品说明书等提供的信息。

(4) 独立来源:从杂志、消费者组织、政府机构等获得的信息。

(5) 经验来源:消费者从自己亲自接触、试用、使用商品的过程中得到的信息。

针对这个阶段,企业营销的关键是掌握消费者在搜集信息时会求助于哪些信息源,并通过这些信息源向消费者施加影响力。因特网的出现正以某种尚未为我们全面了解的方式改变着信息的搜集方式,营销者们必须维护好精心设计的网站,包括公司主页和入侵防御系统。此外,越来越多的公司正把因特网当作一种广告媒体来使用。

3. 评价选择

消费者意识到问题之后,就开始寻求不同的解决方案。在搜集与此有关的信息的过程之中和之后,他们评价各备选对象,并选择最可能解决问题的方案。消费者的选择有时是基于简单的选择规则,有时他们所运用的规则相当复杂,包括多个步骤和过程。

消费者有很多选择的方式。基于属性的选择要求在选择时,消费者要具有关于备选特定属性的知识,而且需要对各品牌进行属性的比较。基于态度的选择包括使用一般态度、总体印象、直觉或者启发线索,在选择时不需要进行属性的比较。一种较常见的结合方式就是在基于态度的过程中形成总体的偏好,然后根据各品牌价格属性的比较作出最后选择。

选择理论假定消费者是理性的,他具有确定的偏好,而且其偏好与备选品的呈现方式无关。情感型选择是消费者选择时使用的另外一种独特的方法。

消费者对搜集到的信息中的各种产品的评价主要从以下几个方面进行:

(1) 分析产品属性。产品属性即产品能够满足消费者需要的特性。消费者一般将某一种产品看成一系列属性的集合。营销者应分析本企业产品应具备哪些属性,以及不同类型的消费者分别对哪些属性感兴趣,以便进行市场细分,向不同需求的消费者提供具有不同属性的产品,既满足顾客的需求,又最大限度地减少因生产不必要的属性所造成的资金、劳动力和时间的耗费。

(2) 建立属性等级,即消费者对产品有关属性所赋予的不同的重要性权数。营销者应更多地关心属性权重分配,而不是属性特色。

(3) 确定品牌信念。消费者会根据各品牌的属性及各属性的参数,建立起对各个品牌的不同信念,比如确认哪种品牌在哪一属性上占优势,哪一属性相对较差。

(4) 形成"理想产品"。消费者往往会相对地选择出自己的"理想产品",它可能不十全十美,但却是相对最好的选择。

在评价选择过程中,消费者常常要考虑多种因素。因此,营销者如果能够搞清楚消费者评估诸因素的不同重要性,通过营销手段强化消费者看重的因素,弱化次要因素和消极因素,就可能更多地取得消费者的青睐。

4. 购买决定

购买决定涉及这样几个问题:有购买风险吗?在哪里购买?用何种方式购买?

(1) 风险。产品购买涉及产品使用后达不到预期效果的风险,产品失灵会带来很高成本或损失。消费者购买主要面临以下风险:

① 生理风险。消费者会对企业的产品产生不信任感,甚至恐惧,认为该产品或服务可能会对自己的身体造成一定的危害。如买药品,其副作用可能对个人有危害;买某种电器,其安全性可能对个人有危害(热水器安全问题,电脑、电视的辐射问题);买某种油漆,其化学成分可能对个人有危害;等等。身体健康是生命中最宝贵的财富,有风险时消费者宁愿等待或少消费或放弃或寻找替代产品,由此可能会造成需求目标购买的中断。

② 金钱风险。消费者可能会对消费某种产品或服务产生丢失钱或浪费钱的感受,如买一台降价极快的电脑,买一种强迫性的保险(为看普通病买保险、为一般没有风险的旅游买保险等)。因为有这样的客观事实存在,尽管消费者早有需求目标,但这种目标风险却使得他们最终还是放弃了目标,或者是采取等待的态度,期望过一段时间以低价格享受目前还是高价格的产品或服务。金钱风险与消费者的收入,以及产品或服务的有用程度密切相关,一般来说,收入低的消费者容易产生金钱风险,其涉及

产品或服务的种类也更多。

③ 功能风险，即消费者担心产品使用时间短或达不到宣传的功效。比如买一瓶可能不去头屑的洗发水，买一种可能疗效不好的感冒药，买一台使用时间可能不够长、容易损坏的空调等。如果消费者认为市场上产品的许多宣传多属骗人的伎俩，其消费就会更加慎重，对企业的产品宣传持不信任的态度。

④ 心理风险。消费者会因为观念不符合一个重要参照群体的标准，而造成消费心理障碍，进而影响到向往的消费目标的实现。如一些老年人会认为消费时髦的产品会给另外一些人带去不良印象，遭到别人的非议；一些人会因为别人的影响或周围的舆论，而不去消费自己想要的某种产品或者某种品牌的产品。

消费者减少购买风险的方法主要有：多收集信息、咨询专家、选择名牌或熟悉的商品、去信誉良好的商店购买、选择同类中较贵的商品、少量购买可分割的商品、运用遗憾最小化决策规则等。

营销者在这时就要努力降低消费者的购买风险，促成消费者产生购买行为。营销者可以通过介绍产品知识，增强消费教育，让消费者明明白白消费；可以制定合理价格策略，让消费者实实惠惠消费；可以保证产品质量，宣传名实相符，让消费者安安心心消费；可以努力营造良好的消费环境和舆论环境，让消费者大大方方消费。

（2）售点。消费者选择零售店的过程如同选择品牌的过程一样，唯一的区别在于使用的标准不同。商店形象是消费者选择商店的一项重要评价标准。商店形象的主要构成层面是商品、服务、人员、物质设施、方便、促销、店堂气氛、机构和售后因素。商店品牌可以利用也可以拓展商店形象。店铺位置对于消费者来说是一个重要属性，因为大多数消费者喜欢就近购物。大零售店通常比小零售店更受欢迎。

有些时候在商店里，消费者常常购买与进店前所做计划不同的商品或品牌，这种购买称为冲动型或非计划性购买。我们可以将这类购买视为由店内刺激引发进一步或更多的信息处理所带来的结果，对营销策略的制定更有意义。

（3）购买方式。一旦品牌和商店都已选定，消费者必须完成交易。传统上，消费者需要支付现金以取得对产品的各项权利。但是，在当今社会里，信用卡在消费者购买中占有非常重要的地位，如果没有信用卡，许多交易就无法进行。

商店必须尽可能简化实际的购物程序。这既包括缩短付款排队时间这样简单的管理，也包括较为复杂的操作，如将信用卡账号输入计算机以便缩短信用卡审核时间等。

许多商店好像忽视了这样一个事实，即实际的购买是购物过程中消费者与商店的最后一次接触。第一印象固然重要，但最后的印象也是如此。店员在这时不仅要保持工作的效率，也要乐于助人并富有人情味，他们的行为和态度代表了商店希望留给顾客的最终印象。

在购买意图和决定购买之间，还有两种因素会起作用，一是他人的态度，二是意外情况。例如，消费者正准备买烟时，妻子会说，你最近经常咳嗽，消费者可能就不购买了。也可能正好在这个时候,他突然接到一个电话要及时赶去某个地方,于是就终止了购买等。

5. 购后评价

购后评价活动包括购后冲突、产品使用方式和产品处置。

(1) 购后冲突。对购买的怀疑和不安就叫购后冲突或购后不和谐。虽然不是所有购买但确实有一部分购买会产生购后冲突。购后冲突或不和谐之所以发生,是因为选择某一产品,是以放弃对另外产品的选择,放弃其他产品所具有的诱人特点为代价的。由于大多数介入程度高的扩展型决策涉及一个或多个引发购后冲突的因素,因此这些决策常伴随购后冲突。消费者会设法减少冲突,避免冲突的方法包括:在购买之前采取行动避免或者推迟购买决定,或者使用一个可以使遗憾最小化的决策规则。

与购后冲突非常相似的一个概念是消费后悔。当消费者在使用产品或者服务时产生了负面的情绪,这时消费后悔就会发生。营销者应该重点强调消费该产品的明智性,给消费者一个消费该产品的坚定理由。

(2) 产品使用方式。无论消费者是否经历购后冲突,多数购买者在购回产品后会使用产品。产品可以是买者本人使用,也可以是购买单位或家庭的其他成员使用。跟踪产品如何被使用可以发现现有产品的新用途、新的使用方法,以及产品在哪些方面需要改进,还可以为广告主题的确定和开发提供帮助。

产品不使用或闲弃也是需要引起注意的问题。如果消费者购买产品后不使用或实际使用比原计划少得多,营销者和消费者都会感到不满意。因此,营销者不仅试图影响消费者购买决策,同时也试图影响其使用决策。

(3) 产品处置。产品及其包装物的处理可以发生在产品使用前、使用后或使用过程中。由于消费者对生态问题的日益关注、原材料的稀缺及成本的上升、政府或者有关组织的管理和监控,营销者对处置行为的了解变得越来越重要。

消费者购买以后,可能获得满足,这将鼓励他今后重复购买或向别人推荐该产品。如果不满意,则会尽量减少不和谐感,因为人存在着一种在自己的意见、知识、和价值观之间建立协调性、一致性或和谐性的驱使力。具有不和谐感的消费者可以通过放弃不用、退货、诉诸法律、四处抱怨等做法来发泄心中的不满,减少不和谐感。

购买者对其购买活动的满意感(S)是其产品期望(E)和该产品或觉察性能(P)的函数,即 $S=f(E, P)$。若 $E=P$,则消费者会满意;若 $E>P$,则消费者不满意;若 $E<P$,则消费者会非常满意。

营销者通过了解消费者如何经历问题认知、搜集信息、评价选择、决定购买和购后评价的决策过程,就可以获得许多有助于满足消费者需要的有用线索,通过了解购买决策过程的各种参与者及其对购买行为的影响,就可以为其目标市场设计有效的市场营销计划与方案。

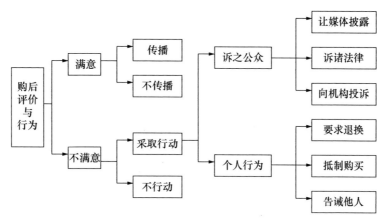

图 8.2 购后的评价与行为

8.2.3 消费者购买与企业营销

1. 消费者满意与满意营销

（1）消费者满意（consumer satisfaction，CS）。消费者满意是指消费者对一个产品或服务可感知的效果与他的期望值相比较后，所形成的愉悦或失望的感觉状态。

一个满意的消费者就可能会对这个公司忠诚，购买更多的产品，为产品说好话，忽视竞争品牌和广告，对价格不敏感，向公司提出真实的意见。公司由于交易惯例化而比新顾客降低了服务成本。有的公司会把笼统的消费者变成客户（有名有姓，专人服务）。

一个高度满意的消费者常常会长时间地保持对企业的忠诚度，当企业推出新产品或提升现有产品时，会积极购买；称赞和宣传企业及其产品；忽视竞争品牌及其广告宣传；降低价格敏感性和讨价还价的可能性；向企业提供产品或服务改进的建议等。

影响消费者满意的主要因素包括：产品本身情况、企业文化、促销活动及售后服务。

（2）满意营销。企业推行"满意营销"，目的首先在于鼓励消费者不断地发出信号和声音，这需要企业为顾客创造表达意愿的便利，例如饭店客房里放置宾客留言簿。美国通用电气公司和宝洁公司都设立了"公司热线电话"，希望顾客能打电话给公司提出他们的建议、质疑或抱怨。但事实上，由于各种各样的原因，95%的不满意顾客并不说出他们的抱怨，许多人只是停止购买企业的产品，因此企业必须创造条件，使顾客能方便地表达其感受。

其次，企业对顾客发出的信号，特别是顾客的抱怨，要迅速作出反应。国外一项调研结果表明，在所有表达了抱怨的顾客中，如果其抱怨得到了解决，有 54%—70% 的顾客会再次与企业发生商业关系。如果其抱怨得到了迅速解决，则这一比例会上升到令人震惊的 95%。曾经抱怨和只得到恶劣解决的顾客平均会向 5 个人讲述他的遭遇。正是因为如此，国际商业机器公司要求每一位销售人员在他失去一个客户时写出一份详细报告，并提出改正的所有步骤。从解决市场交换的信息不对称角度看，追求"顾客满意"的过程就是不断了解、执行和反馈顾客信息的过程，通过顾客的动态信号，使信息的不对称趋于对称。

最后，企业要想让消费者满意，不但应该满足消费者意识里表现出来的需求，更要满足消费者没有意识到的需求，创造营销，满足潜在需求，给消费者以惊喜。美国管理大师汤姆·彼得斯讲述了这么一个故事：一位顾客为准备参加一次会议，在诺德斯特龙百货公司定做了两套服装。第二天下午按约定时间取货时，衣服没做好，导购员在礼貌地致歉时竟然叫出了顾客的名字，顾客尽管没拿到服装，但他为自己受到的礼遇而高兴。当晚，他飞往西雅图办事后赶往达拉斯参加会议。当他来到预订的宾馆房间里时，一盏指示灯提醒道，有一件包裹寄给他。拿到包裹后，他发现这是诺德斯特龙百货公司寄来的两套服装，上面放有免费赠送的3条价值25美元的丝绸领带和导购员的致歉信。为了这两套服装，导购员找到这位顾客的家，并从他女儿口中得知他的旅程安排，然后通过联邦捷运公司快递而至，寄费为98美元。

2. 消费者忠诚与忠诚营销

（1）消费者忠诚（consumer loyalty）。消费者忠诚之所以受到企业高度重视，是因为忠诚的消费者会重复购买。有关消费者忠诚的理论最早可以追溯到1947年由美国学者塞利弗和肯切尔在研究社会判断理论时提出的"涉入理论"。该理论后来在营销学中被应用于研究消费者行为，其主要贡献是区分了品牌忠诚和品牌惰性。在消费者行为低介入情况下重复购买同一品牌的现象称为品牌惰性；在消费者行为高介入情况下的重复购买称为品牌忠诚。品牌惰性不能称为品牌忠诚是因为低介入的消费者只是出于方便省事而进行习惯性购买，而不像高介入的消费者那样对其认同的品牌具有强烈的偏好。消费者忠诚的前提一般就是消费者满意，而消费者满意的关键条件是消费者需求的满足。

消费者忠诚是指消费者对某一企业、某一品牌的产品或服务的认同和信赖，它是消费者满意不断强化的结果。消费者忠诚一般可以分为四个层次：认知性忠诚、情感性忠诚、意向性忠诚、行为性忠诚。这四个层次既是一个递进过程，又是一个反作用过程。

消费者忠诚度的衡量标准是：消费者重复购买次数、购买挑选的时间、对价格的敏感程度、对竞争产品的态度及消费者对产品万一有质量事故的宽容度。

消费者忠诚的结果就是会重复购买，对竞争者的产品或服务漠不关心，积极向他人推荐该产品或服务。所以企业要采取积极有效的措施，进行忠诚营销，实现顾客忠诚。

（2）忠诚营销。忠诚营销就是要保持和提高"消费者占有率"，即消费者购买的该公司的产品在自己购买同类产品中所占的比例。消费者占有率越高，顾客越忠诚。

交叉销售是提高消费者占有率最好的方法之一。交叉销售是指把其他供给物卖给一种产品的现有顾客，从而获得更多的生意，这是企业水平战略联盟的体现。如日本三洋公司和海尔公司相互同意在各自的本地市场中替对方分销产品。

给消费者制造惊喜可以更好地促进消费者忠诚的产生。消费者惊喜是指企业提供给消费者的产品和服务超出了消费者的预期和想象,因而让消费者感到大喜过望。能不断创造惊喜的企业,自然成为消费者喜爱的目标,因为这样的企业让消费者感到了它是真正地为消费者着想,而且是想到了消费者没有想到但又的确需要的东西。消费者惊喜是消费者忠诚的重要因素。

从现实的角度看,所谓的消费者忠诚可以表现为消费者在没有选择余地的情况下最忠诚,消费者如果还有选择的余地,他就不会永久地忠诚。所以,一个企业要想做到让消费者忠诚,就必须认真研究自己的竞争对手,永远自我超越,永远比自己的竞争对手好"一点点",让消费者在权衡对比分析后,还是会把忠诚落在这个企业的身上。让消费者忠诚的一种策略就是形成某种产业链、供应链等关系,使得消费者没有选择的余地。

3. 顾客感知价值

顾客感知价值(customer perceived value)也称为顾客让渡价值,是指顾客总价值(total customer value)与顾客总成本(total customer cost)之间的差额。顾客总价值是指顾客购买某一产品与服务所期望获得的一组利益,它包括产品价值、服务价值、人员价值和形象价值等。顾客总成本是指顾客为购买某一产品所耗费的时间、精神、体力以及所支付的货币资金等。因此,顾客总成本包括货币成本、时间成本、精神成本和体力成本等(如图8.3所示)。

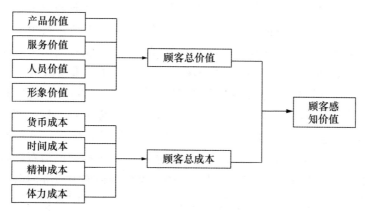

图 8.3 顾客感知价值

由于顾客在购买产品时,总希望把有关成本包括货币、时间、精神和体力等降到最低限度,而同时又希望从中获得更多的实际利益,以使自己的需要得到最大限度的满足,因此顾客在选购产品时,往往从价值与成本两个方面进行比较分析,以感知差额的大小作为优先选购的条件。顾客感知价值越高,对其购买的吸引力也就越大。

企业为在竞争中战胜对手,吸引更多的潜在顾客,就必须向顾客提供比竞争对手具有更多"顾客感知价值"的产品,这样才能使自己的产品为消费者所注意,进而购买本企业的产品。为此,企业可从两个方面改进自己的工作:一是通过改进产品、服务、人员与形象提高产品的总价值;二是通过降低生产与销售成本,减少顾客购买产品的时间、精神与体力的耗费，从而降低货币与非货币成本。

（1）顾客总价值。使顾客获得更大"顾客让渡价值"的途径之一，是增加顾客购买的总价值。顾客总价值由产品价值、服务价值、人员价值和形象价值构成，其中每一项价值因素的变化均对总价值产生影响。

① 产品价值。产品价值是由产品的功能、特性、品质、品种与式样等所产生的价值。它是顾客需要的中心内容，也是顾客选购产品的首要因素，因而在一般情况下，它是决定顾客购买总价值大小的关键和主要因素。

② 服务价值。服务价值是指伴随产品实体的出售，企业向顾客提供的各种附加服务，包括产品介绍、送货、安装、调试、维修、技术培训、产品保证、售后服务等所产生的价值。服务价值是构成顾客总价值的重要因素之一。

③ 人员价值。人员价值是指企业员工的经营思想、知识水平、业务能力、工作效益与质量、经营作风、应变能力等所产生的价值。企业员工直接决定着企业为顾客提供的产品与服务的质量，影响着顾客购买总价值的大小。

④ 形象价值。形象价值是指企业及其产品在社会公众中形成的总体形象所产生的价值。它包括企业的产品、技术、质量、品牌、商标、工作场所等构成的有形形象所产生的价值；公司及其员工的职业道德行为、经营行为、服务态度、作风等行为形象所产生的价值；以及企业的价值观念、管理哲学等理念形象所产生的价值等。

（2）顾客总成本。使顾客获得更大"顾客感知价值"的另一个途径，是降低顾客购买的总成本。顾客总成本不仅包括货币成本，而且还包括时间成本、精神成本、体力成本等非货币成本。一般情况下，顾客购买产品时首先要考虑货币成本的大小。因此，货币成本是构成顾客总成本大小的主要和基本因素。顾客在购买时还要考虑所花费的时间、精神、体力等，这些支出也是构成顾客总成本的重要因素。

① 时间成本。时间成本包括顾客购买等待的时间、以后产品维修的时间等因素。在顾客总价值与其他成本一定的情况下，时间成本越低，顾客购买的总成本越小，"顾客感知价值"越大。如以服务企业为例，顾客为购买餐馆、旅馆、银行等服务行业所提供的服务时，常常需要等候一段时间才能进入正式购买或消费阶段，在营业高峰期更是如此。在服务质量相同的情况下，顾客等候购买该项服务的时间越长，所花费的时间成本越大，购买的总成本就会越大。同时，等候时间越长，越容易引起顾客对企业的不满意感，从而中途放弃购买的可能性亦会增大。

② 精力成本（精神与体力成本）。精力成本是指顾客购买产品时，在精神、体力方面的耗费与支出。在顾客总价值与其他成本一定的情况下，精神与体力成本越小，顾客为购买产品所支出的总成本就越低，"顾客感知价值"越大，因为消费者在购买过程的各个阶段，均需付出一定的精神与体力。如对于结构性能比较复杂、装卸搬运不太方便的机械类、电器类产品，如果企业能为顾客提供良好的售后服务，如送货上门、安装调试、定期维修、供应零配件等，就会减少顾客为此所耗费的精神和体力，从而降低精神与体力成本。

4. 后营销管理

后营销管理（after-marketing management）就是在企业销售商品或服务后，以维持现有消费者为目标所进行的一系列营销活动，包括建立消费者信息库、拜访消费者、满意情况调查、建立企业与消费者交往渠道（投诉与建议制度）、佯装消费者、答谢消费者等活动。

消费者购买行为发生后，会产生以下三种态度：

（1）肯定态度，即符合期望，甚至大喜过望。企业要想维持和发展消费者这种态度。应该从消费者满意和提供更多的顾客感知价值及后营销管理方面来做相应的事情。

保留消费者有两种途径：一是设置高的转换壁垒，如较高的资金成本、较高的搜寻成本、老主顾折扣的丧失；二是实现高的顾客满意度，企业营销过程就应该是一个顾客满足过程，而不是一个产品生产及销售过程。

（2）中性态度，即不过如此，不出所料。企业要想方设法改变消费者的这种态度，变这种无所谓态度为肯定态度。

（3）否定态度，即消费者感到企业的产品或服务名不符实，大失所望，产生不协调心理。消费者在否定之后往往会做这样一些行为：抱怨、上诉、抵制、攻击或妥协等。企业要及时修正自己的营销策略与管理，通过改变宣传、改变产品、改变服务等措施来想办法让消费者改变现在的否定态度。

5. 客户关系管理

客户关系管理（customer relationship management，CRM）就是把"以客户为中心"的经营理念贯彻到公司经营管理的每一个环节，通过公司业务流程的重组来整合客户信息资源，实现公司内部客户信息和资源的共享，并借助数据库、数据挖掘技术及关系分析技术等先进的信息技术，对客户信息进行深入分析，细分客户，在充分了解客户需求的基础上，高效率地向客户提供量身定制的产品和服务，从而最大限度地满足客户个性化的需求，提高客户的满意度和忠诚度，获得和保留更多有价值的客户，建立长期的获利性关系。

"现代营销学之父"菲利普·科特勒说："客户关系管理是通过传送给顾客优质价值和满意的方式，建设和维持获利性客户关系的全过程。"客户关系管理是现代管理科学与信息技术结合的产物，是以业务操作、客户信息和数据分析为主要内容的软、硬件系统集成。网络技术应用于企业使客户关系管理如虎添翼。客户关系管理应用支持客户关系生命周期中的相应业务流程如下：营销方面，通过数据库挖掘、战略管理及线索发布，寻找潜在客户及获取新客户；销售方面，通过有效的销售流程完成业务循环，在此基础上形成相关的知识管理、接触管理及预测管理等；电子交易方面，在互联网时代，整个销售过程应该做到无缝衔接，应该做到迅速、便捷及低成本；服务方面，处理售后服务及支持问题，使用复杂的呼叫中心应用或者是基于Web的客户自助服务产品。

客户关系管理的目的是产生高的顾客资产。顾客资产（customer equity）是指公司所有顾客生命价值的总和。很明显，顾客越忠诚，公司的顾客资产就越高。客户关系管理是以长期为导向进行的，拥有顾客的时间越长，拥有的顾客资产就越大。

8.3 移动互联网的购买决策

在移动互联网时代，消费者行为决策这一核心的部分发生了重要的变化。这包括两个方面：一是消费者决策流程的改变，二是决策过程中的控制权从营销人员转向消费者。

8.3.1 数字化消费者决策模型

1. 消费者决策模型的改变：从漏斗模型到椭圆模型

移动互联网技术所带来的不只是技术上的更新换代，它改变的是人们获取信息的方式、沟通方式和决策流程。从决策流程来看，在数字时代，消费者决策的漏斗模型已经转变为椭圆模型，即消费者决策历程模型。

（1）漏斗模型。在传统的"漏斗式"选购法中，一开始，消费者的脑子里有许多可能的品牌（漏斗口较宽的一端），当消费者系统地筛选候选商品数目时，备选项开始慢慢减少，最后消费者确定了一个选择购买的品牌。售后阶段成为决定消费者对品牌的忠诚度以及再次购买相应产品可能性的考验期。企业遵循漏斗模型，能够对消费者的接触点进行系统的管理，在漏斗过程的每个阶段都向消费者进行推销，影响他们的行为，以增加进入最后选择清单的可能性。但是，由于产品选择面和数字渠道的扩大，消费者面对的信息激增，获取信息的能力也有了质的提高，漏斗概念已无法准确概括消费者决策的历程，简单的线性关系也无法概括所有关键购买因素和接触点。

（2）椭圆模型。2009年6月，戴维·考特与另外三位作者在《麦肯锡季刊》上提出"消费者决策历程模型"（consumer decision journey，CDJ），对数字化时代的消费者与品牌的联系作了新的描述。他们的研究表明，如今的消费者不再系统地缩小品牌选择范围，其决策历程包含四个阶段：考虑，评估，购买，以及享受、推介和建立纽带。这一决策历程是循环往复的，而不是逐渐缩减范围。

① 考虑阶段。在消费者作出购买决策之初，脑海里会涌现出一些最常提及的产品或品牌。有些是他们在广告或店内展示中看到的，有些是在朋友家偶然碰到的，还有一些则是受到其他外界刺激留下印象的。根据漏斗模型，消费者在这一阶段想到的品牌最多。但是，如今的消费者受到媒体信息的狂轰滥炸，淹没在品牌的海洋中，常常从一开始就会减少要考虑的产品。此时，品牌知名度至关重要，进入初选品牌名单的商品最终被购买的可能性可以是未进入初选品牌名单商品的3倍。

② 评估阶段。那些在第一阶段未被纳入初步考虑范围的品牌并非全无机会。消费者会从同事、评论家、零售商，以及相关品牌和竞争品牌那里了解信息，他们最初考虑的品牌范围常常因此不断扩大。随着信息的增加以及选择标准的变化，他们一般会考虑一些新的品牌，同时剔除原先考虑的一些品牌。

③ 购买阶段。越来越多的消费者都是等到了店内才作出购买决策,而且他们在店内很容易打消购买的念头。因此,购买点(point of purchase)是一个更为重要的接触点,因为它集中了商品陈列、包装、货源、定价、销售互动等诸多可以影响消费者的因素。例如,在护肤领域,有些几乎不可能进入消费者初选范围的品牌,却以富有吸引力的包装以及货架上的信息而在最后的购买点胜出。店内接触点可以为未被纳入初选范围的品牌提供巨大的机会。

④ 享受、推介和建立纽带阶段。当消费者作出购买决定时,营销人员的工作才刚刚开始。购买后的体验决定了消费者对该类产品的每项后续决策的意见,因此,这一历程是个持续不断的循环。在购买产品后,消费者会与产品以及新的在线接触点形成互动,于是他们与品牌之间的联系会继续加深。如在面部护肤品的消费者中,超过60%的人在购买产品后会在网上对产品展开调查,而这个接触点在漏斗模型中是完全没有的。当消费者对购买的产品感到满意时,他们会通过口口相传推介这款产品,从而为评估其他产品提供参考,并激发该品牌的潜在影响力。当然,如果消费者对购买的品牌感到失望,他可能会弃用这个品牌,或者作出负面的宣传。但是,如果消费者与品牌之间建立起足够强大的纽带,他就会完全跳过考虑和评估这两个阶段,而进入享受—推介—购买的循环。

此外,虽然忠诚度会带来重复购买,但是并非所有忠诚度都是等同的。有两种类型的忠诚:一是积极主动的忠诚,另一种是消极被动的忠诚。对于后者来说,消费者要么是因为懒惰,要么是因为令人眼花的选择带来的困惑,会继续购买某一品牌,但是未必会坚守。被动的消费者尽管会宣称忠诚于某一品牌,但是也愿意接受竞争对手为其提供的信息,改变购买的品牌。以汽车保险行业为例,多数公司都有一个看似忠诚、每年会续签车险合同的巨大客户群。但研究发现,主要品牌的主动忠诚者与被动忠诚者的比例存在高达6倍的差异。因此,各保险公司都有机会打破对手的忠诚循环圈,通过简单易行的产品比较和转向流程,引诱其他公司的被动忠诚客户。它们为客户提供离开的理由,而不给客户坚守的借口。

2. 从 AIDMA 到 AISAS 模型

美国广告学家 E. S. 刘易斯建构了 AIDMA 模型,是传统市场消费者购物的成熟流程,并成为消费者行为学领域成熟的理论模型之一。它的递进过程是:引起注意(attention)、产生兴趣(interest)、激发欲望(desire)、形成记忆(memory)和促成行动(action)。

在移动互联时代,消费者的主动性越来越强,他们从被动接受商品信息、营销宣传,逐步转变为主动获取信息和认知,AIDMA 模型对营销者渐渐失去了指导意义。2004 年,日本电通集团提出 AISAS 的全新模型。对比 AIDMA 模型,AISAS 模型中添加了两个来自互联网的典型行为模式:search(搜索)和 share(分享)。在前两个环节与 AIDMA 模型相同的情况下,如果消费者对某个产品感兴趣的话,一般会去互联网搜索(search)相关的信息,然后决定是否购买(action),接着还会基于自己购买的全程体验,将信息分享(share)给更多的朋友。

AISAS 模型适应了消费者的变化。消费者的变化首先表现为媒体接触时间的变化。互联网与移动应用改变了人们的生活、工作、娱乐、学习方式，在消费者的生活时钟里，除了看电视、看报纸、行车、逛街、差旅等传统行为，收邮件、搜索信息、上论坛、写博客、收发短信、在线交易等借由互联网与手机创造的生活方式，已成为消费者的生活环节。其次表现为消费者主动性消费的增加。由于互联网为消费者主动获取信息提供了极大的便利，消费者在购买决策过程中，可以在互联网上搜索、收集商品或服务的信息并作为依据，再决定其购买行为，进行较之以前更为理性的消费。互联网还引起了消费者心理的改变，"不愿失败"的消费心理有了更充分的信息依据。在传统时代，营销的手段万变不离其宗，是刺激需求的手段，消费者在种种商品信息与营销宣传中混沌迷糊地进行着购买决策。在网络时代，行业频道、行业垂直网站、专业评论网站、专业博客、微博、微信的出现，使消费者有机会从多种渠道获得详尽的专业信息，从而确保其尽可能进行正确的购买决策。

在商品认知阶段，消费者的信息来源以电视、报纸、杂志、户外、互联网等媒体发布的广告为主，在理解商品及比较探讨和决定购买的阶段，除了亲临店里之外，互联网及口碑相传是其主要信息来源与决策依据。基于网络时代市场特征而重构的 AISAS 模型，将消费者在注意商品并产生兴趣之后的信息搜集，以及产生购买行动之后的信息分享，作为两个重要环节来考量，这两个环节都离不开消费者对互联网的应用。

数字化时代的第二个深刻变化是，消费者主动接触营销人员比营销人员主动接触消费者重要得多，这意味着消费者有更大的决策控制权。

椭圆模型和 AISAS 模型都表明，在移动互联网时代，营销的方向必须改变。企业若只盯着传统的营销漏斗的前端或后端，就可能错失真正影响消费者的关键环节，也许在某些行业中，积极评估阶段有更大的影响力。营销人员或许要将品牌广告关注初步考虑阶段的做法，转变为开发互联网上的宣传；在客户积极评估品牌时，帮助他们更好地了解该品牌；将资金用于店内活动及口碑计划。此外，由于从营销人员到消费者的单向沟通转变成双向对话，营销人员需要用更系统的方法来满足客户的需求，多投资于消费者主导的营销活动，并影响和管理口碑推荐的过程。另外，椭圆模型还发现了两种不同类型的客户忠诚，所有营销人员都应该把扩大积极忠诚群体作为工作重点。

在新的决策历程中，随着消费者把握决策过程的控制权并积极"拉"或吸收对其有帮助的信息，由消费者主导的营销越来越重要。研究发现，在积极评估阶段，有 2/3 的接触点都涉及消费者主导的营销活动，如互联网评论、亲朋好友的口头推荐、店内的互动以及对过去经验的回顾；1/3 的接触点涉及由企业推动的营销。传统的营销仍然重要，但是，消费者决策方式的变化要求营销人员主动超越纯粹推销风格的沟通，学会运用口碑相传和互联网等手段来影响消费者主导的接触点。

从理论上应该如何认识在新的数字化时代消费者决策所受到的影响呢？影响心理学（psychology of influence）的研究确定了影响力来源的六个主要因素，这可以帮助我们理解消费者在新的环境中受到的影响以及他们是怎样作出购买决策的。

影响心理学认为，影响力的来源主要包括社会认同、权威、吸引力、稀缺性、互惠和一致性。

（1）社会认同。它发生在我们可以看到他人将要或者已经作出选择时。

（2）权威。这是指利用某领域专家的观点或建议进行劝说。专家与评论家、书评家、影评家、医生或律师都在特定的、相关的产品领域具有权威，那些使用过产品的公民代言人也具有权威。

（3）吸引力。吸引力有时又称为喜爱，意思是人们倾向于追随和模仿那些他们认为有吸引力的人。在使用社会化媒体时，吸引力经常出现，因为社会化购物与一个人的社交网络密不可分，即与一个人的友情密不可分。

（4）稀缺性。如果我们认为可能得不到某些事物，便会本能地更想拥有这些东西。这就是稀缺性原则。在社会化商务中，体现稀缺性的社会化应用程序主要包括优惠信息推送、带有优惠信息的新闻推送、团购工具、推荐活动和优惠信息目录。

（5）互惠。它主要是指我们有一种去偿还债务和报答恩情的固有的强烈愿望，不管我们是否需要这些帮助。在社会化商务中，有几种工具体现了品牌提供的好处。这些工具包括优惠信息推送、团购、推荐活动和用户论坛。

（6）一致性。人们努力与自己的信仰、态度及过去的行为保持一致。一些包含一致性原则的社会化购物工具包括社会化游戏、选择清单、分享工具、一起购物工具、评论、论坛和图片库。

8.3.2 网购与移动购买

1. 网购

网购（online shopping）是指在互联网上完成购买决策全过程的购买行为。移动购买（mobile shopping）是指消费者利用智能终端完成购买决策全过程的购买行为。

2010年以来，随着移动智能终端用户数量快速增长，移动购物在全球迅速发展，网上购物在中国发展也很快。从某种意义上说，网购和移动购买是颠覆传统购物方式的革命性的新事物，既完全改变了消费者的购买决策行为，也极大地推动了传统零售商和供应商的转型。

在消费者决策过程的每一个阶段，互联网和智能终端都带来了新的概念和新的工具，迅速改变了传统的购物方式。

在所有可能影响消费者购买行为的信息来源中，网上的评分和评论是最常见的。消费者更加信任网上其他消费者提供的信息，而不太信任电视、杂志、广播、网络电视、赞助商广告以及来自销售人员或付费代言人的推荐信息。

在网上研究商品时，大多数购物者都从搜索引擎开始（这就是搜索引擎优化十分重要的原因）。在移动互联网中，购物者则往往从社交媒体平台或是独立的APP开始，同时也会使用零售网站和品牌官方网站来获取信息。

2. 移动购买行为

2010年前后，由于移动终端的普及，出现了"移动购物""移动购买行为"和"移动购买者"（mobile shoppers）的新概念。2013年，查克·马丁在《决胜移动终端》这本书中说：从来没有任何一种力量像现在的移动终端一样，如此强有力地改变着消费者的消费行为方式。有了移动终端，消费者不再需要"去购物"，他们随时随地都"在购物"。

马丁前一句话强调了消费者行为的新趋势，后一句话指出了移动购物的重要特征。所谓"随时"，是指购物就在手中，购物流程的所有步骤可以随时完成，可能只需几分钟。所谓"随地"，一是指消费者可以在任何地方通过手机购物，二是指消费者可以采购不受空间距离限制的商品，原则上可以在全球范围内选购商品。

随着更多的人开始使用智能手机和平板电脑等移动设备，移动购物变得越来越普遍、越来越容易实现。消费者的手机是随身携带的，时间和地点对购物效果的影响越来越显著。随着移动支付的发展，消费者或许不再需要现金、信用卡等。

总体来看，移动购买具有精准到人、精准到位、任何时间、任何地点、强互动、高注意、O2O 的特点。移动购物的特征可以归纳为以下五个方面：

（1）轻松获取场景性信息并在消费者虚拟社群中获得偏好。在移动世界里，个体消费者有更多的信息主动权。他们通过 APP、移动搜索、社交网络随时随地查询价格，货比三家，同时查看他人的评论和推荐。他们通过智能手机找到所需的商品，并通过各种方式与其他人取得联系。

与传统搜索不同，一个拥有智能手机的用户会基于时间、地点等来寻找一些信息，也就是说，移动消费者会基于场景来搜索信息。比如，路过一家餐馆时，他想了解其他人对这家餐馆的评价，就可以搜索与该餐馆有关的信息。有很多类似的服务或应用被数以万计的移动终端用户下载，并给移动消费者带来价值。即使移动消费者没有搜索，这类应用也可以基于他们所处的环境、所做的事情以及情绪状态来提供信息。因此，传统的购买搜索引擎关键词的做法在移动时代未必有很高价值。最好的做法可能是根据消费者所处的位置、所做的事情，适时地让他们找到所需的产品或服务，即提供场景性信息。

除了移动搜索和应用，移动消费者也可以通过扫描条码、增强现实技术、社交网络来寻找信息，但这些都呈现出显著的使用场景化特征。

移动用户很依赖同龄人的推荐，选择商品时他们更信任他人的推荐。他们会通过社交网络等虚拟社区主动接触陌生用户，了解其他人对购买过的商品、听过的音乐、看过的电影的评价，从而形成自己的偏好和选择。

（2）购物流程快速化，从心动到行动，只需一瞬。有数据显示，移动端的消费者普遍没有耐心，总是希望立刻就可以找到他们想要的东西。他们从搜索到进行购买的时间更短。2013 年，谷歌与尼尔森通过对移动搜索的调研发现，45% 的移动搜索是为了辅助决策过程而进行的，在需要作出关键决策的时刻，消费者往往会用手机获得信息。如酒店行业就发现 82% 利用移动终端预订房间的用户是在 24 小时以内决定并完成预订的，他们几乎是到了目的地才用手机来订酒店，比在电脑上订酒店花的时间要短得多。也许正如 PhoneTell 的联合创始人史蒂夫·拉森所说："网络搜索是为了获取信息，移动搜索是为了马上行动。"

在传统购物流程中，每个环节都较长。时间长意味着原先所产生的购物冲动就会消失，流失潜在消费者的可能性很大。在移动购买中，从心动到行动，消费者所经历的环节在迅速减少，时间也几乎缩短到瞬间。冲动性购买行为更加显著。

手机能够激发用户的冲动性购买，尤其对于衣服和音乐，因此零售商都将结账流程尽可能简化。除了线上购买，移动网络技术也使得线下购买的流程尽可能简化。以往消费者在线下看到产品的广告，即使想要购买，也需要较长的时间，包括交通时间、搜寻店铺以及商品的时间等。而O2O（online to offline）的尝试则尽可能将消费者的每个冲动都迅速转化为行动。韩国Home Plus在地铁设置的虚拟超市被奉为O2O的经典案例，其实就是在地铁站里贴上商品的照片及二维码，等地铁的上班族可以用手机扫描商品，然后支付购买，下班之后蔬菜瓜果等商品便已经送达小区，省去了逛超市的时间成本。淘宝和各种报纸媒体合作的"码上淘"也是类似的例子，读者看到报纸上自己心仪的产品，打开手机淘宝，点击右上角的"扫一扫"，然后对准版面上的二维码，就可以跳转到电商页面进行购买。

（3）精准定位技术提供更好的机会。在移动购物时代，移动终端的位置信息成为移动购物过程中的重要变量。这是因为，随着移动终端的影响力越来越大，其"定位"技术和基于精准定位的各种APP为消费者提供了许多有吸引力的服务。例如，显示某一地点周边的餐馆、商店、停车场等，或者是呼叫出租车等。可以根据消费者的位置发送短信，告知附近正在进行的某些优惠活动和促销等。注意，这些都是智能化定点定向发送的特定信息，在正确的地点、正确的时间，直接影响消费者的移动购买决策，其效果非传统的传播手段所能相比。

基于位置的实时互动使购物过程更具互动性。通过移动终端，购物者经过商场或专卖店时可以收到精确到以分钟计算的价格信息，立刻知道在线零售商和实体零售商进行的促销，这使得商业机会得到充分有效的利用。

（4）一键下单移动支付。消费者通过移动终端一键下单，手机支付、钱包技术、条形码扫描、二维码扫描、产品信息和消费者奖励回馈计划的融合，促使移动购买的支付过程十分简单流畅，而且具有很大的吸引力。

（5）售后的体验分享和传播。购买完成之后，移动购买者会通过手机和社交网络分享他们的收获和感受，包括购物体验、照片、图片以及相关信息。这种网上和虚拟社群的口碑传播效应，对品牌和其他消费者都产生了非常重要且广泛的影响。在这一阶段，营销人员面临的挑战是如何才能成为消费者之间互动对话的参与者。

移动购买虽然刚刚兴起，但随着移动技术的继续完善，移动消费者的行为将继续演变，企业和品牌与消费者交互的方式也将从根本上发生变化。移动营销的新规则正在逐渐形成中，但毫无疑问，旧规则已经被颠覆。

本章总结

消费者情境是指影响消费者购买行为的一系列短暂的环境因素。这种情境影响既不同于性格、能力等个体心理因素的影响，也不同于文化等宏观环境因素的影响，因为两方面的影响具有更为持久和广泛的特性。但从总体上看，情境一直是一种重要的潜在影响力量。

消费过程中存在四种广泛的情境：传播情境、购买情境、使用情境和处置情境。情境可以被分成六种能够客观衡量的类型，即物质环境、社会情境、时间、购买任务、先前状态和节日礼仪情境。

消费者购买决策是指消费者谨慎地评价某一产品、品牌或服务的属性，并进行理性的选择，即用最少的成本购买能满足某一特定需要的产品或者服务的过程。

美国学者阿萨尔根据参与者的介入程度和品牌间的差异程度，将消费者购买行为分为四种：习惯型购买行为、变换型购买行为、协调型购买行为和复杂型购买行为。另一位美国学者霍金斯将消费者购买决策过程分为三种类型：名义型购买决策、有限型购买决策和扩展型购买决策。

完整的消费者购买决策过程一般由五个阶段构成，即问题认知、搜集信息、评价选择、购买决定、购后评价。

消费者购买主要面临的风险是：生理风险、金钱风险、功能风险和心理风险。

企业营销的结果就是要达到消费者满意和消费者忠诚。消费者购买的是顾客感知价值，感知价值越高，对消费者的购买吸引力就越大。企业要做好后营销管理工作和客户关系管理工作，让消费者满意和忠诚。

在移动互联时代，消费者行为决策这一核心部分发生了重要的变化，包括两个方面：一是消费者决策流程的改变。二是决策过程中的控制权从营销人员转向消费者。

本章关键词

消费者情境　消费者满意　消费者忠诚　顾客感知价值　后营销管理　客户关系管理　网购　移动购物

思考题

1. 试述消费者情境的类型。
2. 试述消费者情境的特征。
3. 试述消费者购买决策过程及其主要内容。
4. 试述消费者购买风险类型及其企业营销对策。
5. 消费者减少购买风险的方法有哪些？
6. 企业如何进行后营销管理？
7. 试述椭圆模型的购买决策过程。
8. AISAS模型的内容是什么？
9. 试述移动购物的特征。

第四篇

做 营 销

知彼知己，百战不殆。

——（春秋）孙子

市场营销的最终目的是达成交换。达成交换也就意味着成功，意味着赢，所有的组织和个人都想着获得成功和赢，而赢得人心是最基本、最智慧的认知。

做营销从心出发，人生四品，得心应手。品人可以通过"四品"来观察：第一，品类，主要包括外表、收入、家庭、职业、职务等；第二，品名，主要包括名气、名声、籍贯、学校、学历等；第三，品德，主要包括脾气、孝心、诚心、爱心、善心；第四，品位，主要包括定位、兴趣、格调、教养、价值观等。定位包括特色、特征、整体形象等。兴趣（爱好）包括读书、旅游、音乐、运动、修行、饮食、游戏等。是否具有修养（教养）表现为礼貌还是无礼、守礼还是随意、高尚还是缺德等。格调表现为高雅还是庸俗、奢华还是简约、精致还是粗鲁等。价值观包括对人生、世界、工作、生活、交友、情感、婚姻等的态度。人都会有品类和品名，有人也有好的品德，但品位才是个人交换能否持久的秘密，品位是神交，品位要到位和对位。忽略或者没有重视品位，就会为今后的不稳定关系埋下伏笔。品人可以从品类、品名出发再到品德、品位，但要获得真正的和谐长久关系，其品人的智慧应该是：品位、品德、品名、品类。学会了品人，理解了人心，对策就会自然显现。

做营销从心出发，期待名利，讲求利益交换。名利心是现实人心的基本期待。人有名字，希望出名，讲究名誉，会用名人来证明观点和鼓励行为，"名"包括取名、名气、名声。人想赚钱，想得到健康、美丽、情感、快乐、信任和幸福等"利"，"利"包括营利（赚钱）和非营利（健康、情谊、认可、尊重、信任、升职等）两个部分。狭义的名利心是指出名及升官发财等，广义的名利心是指注重名誉及情意、信任、健康等。看淡名利是指看淡出名及升官发财。天下熙熙皆为利来，天下攘攘皆为利往，"名"其实也是"利"的一部分。做营销就是做利益交换，我方要想获利，就必须给利或让利于对方。通过利人来利己，才是生意的本质，才是可持续的发展。

做营销从心出发，虚实相间，神形兼备。这里的"实"指的是看到消费者希望得到的实际效果，包括功能；"虚"指的是看到消费者希望得到的心理满足，包括意义、象征、想象、情谊等。"实"也可以表示为实战、实际，"虚"可以表示为理论、思路等。虚实相间，既看到人有形、物质的一面，又看到人无形、精神的一面，神形兼备，打动人心。

做营销从心出发，起心动念，有勇有谋。起心动念有"四念"，即道念、德念、势念和事念。道念指的是对世界及事物本质的认知状况；德念指的是对伦理道德的认知状况；势念指的是大局观和格局，即对全局的认知和布局的把控认知状况，是否具备战略思维；事念指的是对具体事情的专业认知状况。道念和势念才是判定一个人格局大小的关键，也是能否成就大事的关键。"有勇"表现为有勇气、主动、大胆、冒险的行动特征，"有谋"则表现出全面、长远、深刻、系统的思维特征。

做营销要从心出发，有情有义，善始善终。营销者要具备知人心理、换位心理、感恩心理、服务心理、系统心理和人文心理，以人为本，与人为善，助人等于助己；有情怀，有正义，有胸怀，有格局。

生活即生意或人生即交易，这样的认知尽管现实，但不够智慧。生意即生活或交易即人生，这样的认知现实且智慧。生意从生活中来，再到生活中去。做营销的智慧就在于营销即生活。交情可以是与人的关系，也可以是与产品或服务的关系，创造顾客价值就是要取得顾客的认可或喜爱，建立友情。价格是建立在价值的基础上，交易是建立在交情的基础上。

第9章

认知市场与营销对策

开篇案例 华为式创新

2018年前三季度,华为智能手机出货量上升至全球第二,且就在几天前突破2亿部大关。从2010年的300万部到2017年的1.52亿部,再到2018年的2亿部,8年间,华为手机的发货量增速惊人。自2018年第二季度起,华为手机超越了苹果,成为全球第二大智能手机供应商。事实上,在中国市场,华为手机的份额已连续四年第一。华为手机的创新点无不紧紧抓住手机行业发展的前沿潮流,紧贴消费者需求,这使华为手机得以在高端市场站稳脚跟。

与保时捷设计联手打造的华为Mate系列保时捷设计产品,历经Mate 9保时捷设计、Mate 10保时捷设计、Mate RS保时捷设计、Mate 20 RS保时捷设计等几代的洗礼和迭代,已成为华为高端旗舰"王座"上最闪亮的那颗明珠。凭借与高端奢侈品牌联姻带来设计和品牌附加值,以及产品上对前沿科技的融合,华为Mate系列保时捷设计产品已经成为当前市场上非常热门的奢华手机。

华为的技术与产品创新,始终紧紧围绕着客户的现实需求和潜在需求展开。作为多款华为旗舰手机的决策者与参与者,华为消费者业务手机产品线副总裁李昌竹表示:华为的创新,归根到底是要让每项技术投入都给消费者带来更好的体验。

作为一个资深摄影发烧友,李昌竹在交流活动中说道:"在这个开餐前都是手机'first bite'(吃第一口)的时代,华为手机已经意识到,消费者需要一款把摄影功能做到极致的手机。"为了让手机能够借鉴传统相机产业的技术经验积累,让手机拍摄的照片也有情感和思想,华为找到了影像产业中最顶尖的公司——徕卡。从2014年李昌竹带着团队首次拜访德国徕卡总部,到后来徕卡CEO专门从德国飞到上海敲定合作细节,来自中国的高科技企业与德国"百年老店"的缘分就此展开。如今实力超群的华为手机徕卡镜头,正是华为手机与徕卡的相互成就。2016年,华为手机和徕卡联合设计的首款产品——华为P9正式发布,徕卡"双摄"一举成为华为手机全新的品牌和技术标签,也成为"华为手机拍照好"这一最具普遍性用户口碑的原点。

这种以消费者为中心的创新路线选择,不仅大幅提升了华为手机产品的显性竞争力,更直接影响了消费者选择。调查数据显示,在消费者最喜欢华为手机的TOP3卖点中,拍照能力成为大部分用户选择华为手机的第一因素,而位列二、三位的,则是华为手机一直以来坚持的长续航、快充能力,以及华为自主研发,拥有强大性能表现的麒麟芯片。

作为另一核心竞争力,芯片同样是华为多年来持续深耕的领域,华为从1991年就成立了集成电路设计中心。2014年6月,华为正式发布麒麟(Kirin)SoC芯片,并迅速成为智能手机芯片中的一匹黑马。经过数年的迭代演进,麒麟芯片已经从半导体行业的追赶者,逐步变为行业引领者。到了华为Mate20系列,华为突破性地在最新的麒麟980上首发了7纳米工艺制成的手机芯片,在指甲盖大小的芯片上密集地集成了69亿个晶体管。

事实证明,消费者对背后由昂贵技术、需要大量的基础研发投资带来的体验提升,是可以感知的,并且确实影响到最终的消费选择。这进一步印证了华为手机创新策略的正确性——只要认定一个对消费者有价值的方向,就会大力投入,力争做到独一无二。谁能把握住这些创新脉动,并且让创新点真正转化成给消费者带来使用价值和乐趣的场景和功能,谁就能主导下一代智能设备市场。

资料来源:谭璐.《华为式创新启示录》,https://mp.weixin.qq.com/s/C_tr7-zjZq4jv1-WQLWut-A,2020年6月30日访问。

企业的市场营销同样是影响消费者心理与行为的重要的社会因素,企业的市场营销力量如何,最直接影响着消费者的心理与行为。市场营销就是一门试图去影响消费者行为的学科,所有营销决策与营销管理活动均是建立在有关消费者行为假定的基础上,所有营销战略和战术都或明示或暗示地建立在某些消费者行为信念的基础上。建立在明确假设和坚实理论与研究基础上的决策,较之于单纯的直觉型决策,更具有成功的可能性,深入了解消费者,对于确立竞争优势起着关键的作用。

市场营销从字面上可以理解为由三个部分的内容构成:市场、经营、销售,相对应的就是要建立起三大意识:市场意识、经营意识和销售意识。市场意识是基础,市场意识就是环境意识和现实意识,就是知天、知地、知人的意识,最核心的就是知人;经营意识是对策,包括如何选择和配置,主要体现出战略特征;销售意识也是对策,主要体现出战术特征。

企业市场营销就是企业为满足消费者需求而进行的综合性经营销售管理活动,其目的是达成交换,得到利益,并努力实现消费者的满意和忠诚。市场营销首先要认知市场、分析市场,在此基础上再采取相应的营销对策。

9.1 认知市场

9.1.1 市场内涵

认知市场要求企业全面深入了解自身能力,认识现有和潜在竞争者的状况,认识潜在消费者的消费心理,以及认识有关经济、政治、技术、自然和文化等方面的环境。认知市场等同于认知环境、现实、信息,是知天、知地、知人。认知市场可以从三个方面去理解:

(1) 广义的市场。广义的市场包含着影响企业生存和发展的一切环境因素,包括宏观环境(间接环境)和微观环境(直接环境)的现状,既包括对方因素,也包括我方因素。微观环境包括公司本身、供应商、中间商、顾客、竞争者、社会公众等因素,宏观环境包括人口、政治、经济、自然、技术、文化、互联网等因素。理解市场既要认识和理解许多"非人"的市场因素,比如政策、法律、经济形势、自然条件等,就是要知天时、知地利。天时一般就是指形势,主要包括政治形势和经济形势等;地利一般就是指地理位置、地形、自然条件等因素。理解市场更要认识和理解"人为"的市场因素,许多看上去是"非人"的因素,其实是由人在创造、操作和控制的,知人就是知己知彼。市场就是由许多"非人"及人为的因素共同构成。相对而言,人是最易发生变化、最活跃、最难测、最丰富、最基础也最重要的因素,因为事在人为,所以市场意识最重要的部分是人的意识。孟子曰:"天时不如地利,地利不如人和。"

(2) 一般的市场。一般的市场包含着买者和卖者,是买卖的双方。企业在营销时既要以消费者为导向和中心,也要以竞争者为导向和中心。这里的市场主要是指对方,以市场为中心就是以对方为中心,以消费者和竞争者为中心。

(3) 狭义的市场。狭义的市场就是指消费者、买者。买方构成市场,卖方构成行业。以消费者为导向和中心是企业营销最基本的依据。

以市场为中心的一般和狭义的解释就是做营销要以对方为中心,站在对方角度思考问题,学会换位思考,想对方所想,急对方所急,为对方创造对方认可的价值。有市场意识一般就是指要有对方意识,要认识和了解市场就是要认识和了解对方。

孙子曰:"知彼知己,胜乃不殆;知天知地,胜乃可全。"从企业最终的交换对象看,就是要知道消费者的心理。所以"以市场为中心"就是"以消费者为中心",懂市场主要就是懂人心,懂消费者之心。不了解消费者,就无法预测其需要与动机,也无法对其需要作出恰当的反应。发现消费者需要什么是一个复杂的过程,它可以通过直接的营销调研予以实现,也可以通过营销者的经验判断、预测分析、智慧感悟来获得。

企业关系营销的核心就是要求组织和人处理好与企业相关的其他各方面的人际关系,努力建立起良好的营利性和非营利性的关系,而且重点是把握好非营利性的关系。关系营销中要处理好的最基础的关系就是与消费者之间的关系。

9.1.2 分析市场

（1）建立市场营销信息系统。要有效地分析市场，企业就要建立起市场营销信息系统（marketing information system，MIS）。MIS 由人、机器和程序组成，它为营销决策者收集、挑选、分析、评估和分配需要的、及时的和准确的信息。所需信息的收集与管理通过企业内部报告系统、情报系统、调研系统和分析支持系统等来完成。

（2）SWOT 分析。SWOT（strengths weaknesses opportunities and threats analysis）分析，即在分析公司内部的优势、劣势、外部的机会和威胁后，为公司制定一个特定目标，目标一般包括利润率、销售增长率、市场份额、投资回报率、风险的分散、创新和声誉等。在 SWOT 分析中，对消费者（顾客）的分析是最基础和最根本的。

企业内部的优势、劣势一般表现在资金、技术设备、员工素质、产品、市场占有率、管理技能等单项和综合方面，企业外部的机会主要表现为政府的支持、高新技术的应用、良好的购买者和供应者关系等，企业的威胁表现为竞争对手市场扩大，购买者、供应者讨价还价能力增强，技术老化等。

9.2　经　营　对　策

企业营销要想成功，就必须为对方创造价值，为消费者创造价值。企业营销对策首先是经营对策，赢在经营。经营就是筹划和营造，是"运筹于帷幄之中，决胜于千里之外"的战略思维，表现出全局性、长远性和系统性的特点。经营之道是企业的"上兵伐谋"，由选择和配置构成。

9.2.1 选择对策

经营对策的第一步是选择。选择大于努力，选择不对，努力白费，选择决定结果。

选择围绕着市场进行，企业选择的最终目的就是要与消费者实现交换。选择具体解决六个问题。

在选择方向方面，要解决四个问题：成为什么样的组织和人？要做什么事？为谁做？理由是什么？在把握主动权方面，要解决商业模式是什么和竞争优势是什么两个问题。

1. 成为什么样的组织和人？——使命感

企业使命就是指企业从对策的一开始就要想着为消费者服务，建立起与消费者之间的交情。使命从大处讲，就是救国救民；从小处讲，就是帮助别人。使命一定是为了对方，而且是善意的，使命不在组织内部，而在外部，在消费者和公众的身上。管理大师彼得·德鲁克说:"管理就是界定组织的使命,并激励和组织人力资源去实现这个使命。"

2. 要做什么事?——做对事

只有做对事才可能实现使命。如何做对事是企业必须要解决好的问题,不然就可能因为"一着不慎,满盘皆输"。美国著名管理咨询大师拉姆·查兰在其《CEO说》一书中说:任何赚钱的生意必须包含三个因素:能否产生现金、能否产生很好的资产收益率(利润率×周转率)、能否持续成长。

企业在决定做什么事时不能把利润当成最重要的依据,不然就可能掉进了利润的陷阱。德鲁克说:"那些把眼光紧紧盯在利润上的企业最终是没有钱可以赚的。"

在做事时,知道自己不可以做什么比知道自己能做什么来得更为重要。但在现实中,许多组织和人只关注到了自己可以做什么,结果去做了最后导致失败的事。《大学》里就说过人在这方面应该具有的智慧:"知止而后有定,定而后能静,静而后能安,安而后能虑,虑而后能得。"老子也说:"知足不辱,知止不殆,可以长久。"

3. 为谁做?——找对人

企业营销是运用 STP 战略(segmentation 即细分、targeting 即目标、positioning 即定位)中的 ST 来找对人,狭义的营销战略是指 STP 战略。

市场细分是根据一定的标准,以消费者需求的差别化为基本依据,对消费者进行细分,并把具有类似需求的消费者归为一个细分市场,从而发现市场机会。市场细分的极致就是一个组织或者一个人。

确定市场目标是在分析了市场细分的机会后,找到多群人、一群人、一个人或者多个组织、一个组织,然后根据他们的特点去采取对策,进行差异营销和定制营销。对每一个选取的目标市场,一般都应分别制定具体营销策略。选择目标市场的关键标准或依据是企业是否有能力提供较竞争品更高的消费者价值。

4. 理由是什么?——有价值

企业只做到 ST(细分、目标)是不够的,而是要做 STP 企业。企业不但要对消费者进行细分并确定目标,还要对市场进行定位。市场定位是指对企业的产品或服务进行设计,从而使其能在目标消费者心目中占有一个独特的、有价值位置的行动。

第一,市场定位要差别化。差别化是指设计一系列有意义的差异,以便使本企业的产品同竞争者产品相区分的行动。包括产品、服务、人员、渠道和形象差别化。只有差别化的定位才可能在竞争激烈的市场上吸引消费者的关注。特色不在多而在精,不在平常而在出奇。《孙子兵法》里说:"凡战者,以正合,以奇胜……战势不过奇正,奇正之变,不可胜穷也。奇正相生,如循环之无端,孰能穷之哉!"

第二,市场定位要有价值。有没有价值不是被企业决定的,而是被消费者决定的。所以如果有特色而对消费者不产生价值,那么这样的市场定位就会是吃力不讨好或者是哗众取宠的。良好的市场定位是对消费者产生价值的特色定位。

5. 把握主动权的商业模式是什么？——在链中

这里的商业模式是指一个企业抓关键环节，掌握资源，打通相关链的模式。打通相关链就是为了更好地赢得消费者满意和忠诚。商业模式决定了企业的经营结果。

企业要想建立起完整的链模式首先自己要有资源，然后利用资源进行资源整合和资源运作。可以进行资源运作的关键在于企业自己有独特的优势，它可以体现在品牌上、技术上、自然资源上、服务上等，企业可以通过自己的资源优势，去整合其他自然资源、社会资源（政府、人际资源）、客户资源和行业内的存量资源。企业还可以利用自己已有的资源进行资本运作。

6. 把握主动权的竞争优势是什么？——有实力

经济学的竞争优势体现在企业外部，在于上游是否掌控资源，下游是否掌控顾客。管理学的竞争优势体现在企业内部，在于企业是否有相对的竞争优势（相对于其他组织或人，获得暂时的，容易被模仿和取代的优势）或持续的竞争优势（独特的产品、核心技术和独特的营销模式，不易被模仿和取代），持续的竞争优势才是核心竞争力的体现。

价值链（value chain）由迈克尔·波特提出，是指公司为集合设计、生产、销售、送货和支持其产品等而采取的一系列活动。有九项战略上相互关联的价值创造活动，分为五项基础活动（进货、生产、发货、销售、服务）和四项支持性活动（企业基础设施、人力资源、技术开发、采购）。

价值链意味着企业在其内部价值链中确定自己的竞争优势。企业还要超越其自身的价值链，把价值链延伸到外部去，进入供应商、分销商、最终顾客的价值链中去寻求合作，形成价值让渡网络（value-delivery network）或称供应链（supply chain），从中获得产业链优势。供应链管理就是要加强同供应链上所有伙伴之间的联系，把这些伙伴看成为价值让渡的伙伴。战略联盟（strategic alliance）基本上已经在所有的工业和服务业中兴起。

企业要想在经营中拥有主动权，就应该从内部去把握竞争优势，修炼内在价值链；从外部去整合资源，形成外部价值链，内外兼修，取得主动权。

企业不是一个个体在战斗。商业模式的关键是建立"链"模式，连起来是金。"链"模式广义上包括价值链、产业链、供应链、资金链、关系链和利益链等。

9.2.2 配置对策

做好了选择，接下去要做的是在选择的基础上做好配置。如果说选择还是抽象的理念，那配置就是让理念得以实施的具体措施和行动。配置主要包括内外部流程的组合，即产品、价格、渠道和物流等因素的组合。

1. 产品

产品（product）是组合中的基本因素，是整个组合策略的基石。所谓产品，是指能够通过交换满足消费者或用户需求和欲望的任何有形的物品或无形的服务。它既可以是实体产品，如汽车、计算机、衣服等，也可以是无形服务，如创意、演讲等纯无形的服务产品，以及快餐、物流等与实体产品结合的服务产品。

服务（service）是一方能够向另一方提供的基本上是无形的任何活动或利益，并且不导致任何所有权的产生。它的产生可能与某种有形产品联系在一起，也可能毫无关联。在企业的营销中，提供有形产品的营销需要服务的支持，而提供服务的营销也需要许多有形产品的支持。

产品围绕着目标消费者和定位来提供。产品本身的竞争力主要来自质量、外观、品牌、包装和服务。一般而言，品牌首先就代表了产品。产品运作的最终结果是希望能创名牌，因为创名牌的结果往往就会让消费者慕名而来，让企业名利双收。

所谓"名牌"是相对于一般品牌而言的，是具有优秀品质、享有较高知名度和美誉度、拥有较高市场占有率的知名品牌。名牌心理就是消费者名利心的一种体现。名牌实质上反映了一个品牌在质量、款式、价格、服务、信誉等方面对消费者的满足程度。换言之，名牌之所以成为名牌，关键在于它能够最大限度地迎合和满足消费者的需要，得到广大消费者的普遍认同和赞许，从而使消费者广泛而持久地购买和使用它。因此，名牌的作用基础在于消费者的心理指向，其形成和发展是消费者以自身的购买行为选择的结果。

产品问世后，企业面临的重要问题是，如何使消费者尽快认识、承认并接受新产品。消费者对产品的接受一方面与产品的质量、价格、性能等密切相关；另一方面又与消费者接受新产品过程中的各种心理因素紧密相连。为此，企业在推广新产品时，必须根据消费者的心理特点，制定相应的心理策略。首先，产品具有的相对优点对于消费者来讲是最具吸引力的一点，也是消费者购买新产品的重要心理动机。新产品的创新程度越高，在市场上的扩散率及占有率也就越高。其次，能够与现有消费方式保持基本一致的新产品，可以减少消费者调整原有价值观念、适应新的消费方式和习惯的环节，消除消费者的心理障碍，从而使新产品在市场上迅速推广。再次，对于新产品的属性、性能、用途、使用方法等指标，消费者越容易理解，就越容易引起兴趣，新产品在市场上的发散速度就越快，发散面积也就越大。因此，企业还需要尽量追求产品结构的简单明了，最大限度地减少消费者理解和掌握新产品所需的时间和精力。复次，耳闻目睹不如亲身一试，如果消费者能亲自试用某一新产品，体验一下新产品特点的话，比采用其他方式进行宣传的影响程度大得多。最后，新产品一般在性能、用途、工艺以及效用上优于老产品，这些优点若能准确明了地为消费者感知、想象和形容，则表明新产品可传达性强。消费者购买新产品，不仅要满足试用上的需求，同时还希望自己购买的新产品的优点也能传达给其他消费者，并得到他们的承认和理解，由此得到心理上的满足，因此，传达性强的新产品比传达性弱的新产品的发散速度快。

资料 9.1 新产品扩散理论

所谓新产品扩散是指新产品上市后随着时间的推移不断地被越来越多的消费者所采用的过程。美国学者罗杰斯（Everett Rogers）在对新产品扩散过程的研究中发现，某些人性格上的差异是影响消费者接受新技术和新产品的重要因素。就消费品而言，罗杰斯按照顾客接受新产品的快慢程度，把新产品的采用者分为五种类型：

（1）创新采用者。该类采用者约占全部潜在采用者的2.5%。任何新产品都是由少数创新采用者率先使用，因此，他们具备如下特征：极富冒险精神；收入水平、社会地位和受教育程度较高；一般是年轻人，交际广泛且信息灵通。

企业市场营销人员在向市场推出新产品时，应把促销手段和传播工具集中于创新采用者身上。如果他们的采用效果较好，就会大力宣传，影响到后面的使用者。找出创新采用者并非易事，因为很多创新采用者在某些方面倾向于创新，而在其他方面可能是落后采用者。

（2）早期采用者。早期采用者是第二类采用创新的群体，占全部潜在采用者的13.5%。他们大多是某个群体中具有很高威信的人，受到周围朋友的拥护和爱戴。正因如此，他们常常去收集有关新产品的各种信息资料，成为某些领域的舆论领袖。这类采用者多在产品的介绍期和成长期采用新产品，并对后面的采用者影响较大。所以，他们对创新扩散有着决定性影响。

（3）早期大众。这类采用者的采用时间较平均采用时间要早，占全部潜在采用者的34%。其特征是：深思熟虑，态度谨慎；决策时间较长；受过一定教育；有较好的工作环境和固定收入；对舆论领袖的消费行为有较强的模仿心理。他们虽然也希望在一般人之前接受新产品，但却是在经过早期采用者认可后才购买，从而成为赶时髦者。

（4）晚期大众。这类采用者的采用时间较平均采用时间稍晚，占全部潜在采用者的34%。其基本特征是多疑。他们的信息多来自周围的同事或朋友，很少借助宣传媒体收集所需要的信息，其受教育程度和收入状况相对较差，所以，他们从不主动采用或接受新产品，直到多数人都采用且反映良好时才行动。显然，对这类采用者进行市场扩散是极为困难的。

（5）落后采用者。这类采用者是采用创新的落伍者，占全部潜在采用者的16%。他们思想保守，拘泥于传统的消费行为模式。他们与其他落后采用者关系密切，极少借助宣传媒体，其社会地位和收入水平最低。因此，他们在产品进入成熟期后期乃至进入衰退期时才会采用。与一般人相比较，在社会经济地位、个人因素和沟通行为三个方面存在着差异。这种比较为新产品扩散提供了重要依据，对企业市场营销沟通具有指导意义。

罗杰斯对消费者接受新产品上述五种类型的划分，是新产品市场扩散理论的重要依据。

2. 价格

价格（price）是获取利润的直接反映。商品价格是消费者每天都要直接或间接接触的经济现象。实践证明，在影响消费者心理与行为的诸因素中，价格是最具刺激性和敏感性的因素之一。一种商品的价格制定得是否合理，将直接影响消费者对该商品的认可程度和购买行为，因此，价格也是决定商品能否顺利销售的重要制约因素。

当今消费品市场上商品琳琅满目，种类繁多，各种商品的质量、用途、款式不同，价格也不相同。就同一种商品而言，价格也不是一成不变的，如服装价格就因季节变化而经常上涨或下落。商品价格的差异和变动，会直接引起消费者需求和购买行为的变化。

按照市场运行的一般规律，价格与消费需求之间存在着此消彼长的反向相关关系，即价格上涨，消费需求减少；价格下降，需求增加。但在现实生活中，这一关系时常不为消费者所遵从，反而出现相反的情形，即商品降价后，消费者的购买非但没有增加，反而有所减少，这种市场上时有发生的"买涨不买跌"现象，究其原因，在于降价使消费者对商品品质产生了疑虑，或等待进一步降价的心理预期增强，从而抑制了即时购买，这就是消费者的价格心理作用的结果。

研究消费者价格心理的目的，在于掌握消费者对价格及其变动的心理反应与行为规律，从而为企业决策者制定既符合消费者心理要求，又能增加企业效益的合理价格提供充分的科学依据。消费者在选购商品时，通常把价格与商品的各种要素，如质量、性能、品牌、包装等综合起来加以评价比较，在此基础上决定自己是否购买。

商品的价格不仅表现着商品的价值，而且在某些消费者的自我意识中还具有反映自身社会及经济地位高低的社会象征意义。这就是说，消费者在购买商品的过程中，可能通过联想与想象等心理活动，把商品价格的高低同个人的品位、偏好、社会阶层、生活方式等联系起来，有意或无意地进行价格比拟，让价格的高低来反映自身的社会经济地位和个性特征，以满足个人的某种社会心理需要。

价格感受性是指消费者对商品价格及其变动的感知强弱程度。消费者对商品价格的高与低、昂贵与便宜的认识，不完全基于某种商品价格是否超过或低于他们认定的价格尺度，他们还根据与同类商品的价格，以及购货现场不同种类商品的价格进行比较来认识。这种受到背景刺激因素的影响而导致价格在感受上的差异，就形成了消费者对价格高低的不同感受性。这种感受性会直接影响消费者的价格判断。

在实际销售工作中，如果把同一类商品中的高价商品与低价商品放在一起出售，有时能产生比较好的经营效果。因为求廉者通过对比可以感到自己所买的商品确实便宜，而求高价、求名者则认为买高价货有利于显示自己的身份和地位。

价格的高低受到企业成本、需求弹性、竞争状况、政治经济、消费者心理等状况的影响。在当今的市场上，企业在制定价格时必须要知道价格是被消费者决定的，而不是被企业的成本决定。所以，市场导向定价就是企业最基本、最重要的定价方法。

认知价值定价法（perceived value pricing）的关键，在于准确地计算产品所提供的全部市场认知价值（一般认知和个别认知）。企业如果过高地估计认知价值，便会出现偏高的价格；如果过低地估计认知价值，则会出现偏低的价格。消费者认知价值来自总价值（产品、服务、人员、形象）与总成本（价格、时间、精力、体力）之间的差额。消费者认知价值正数差额越大，认知价值越高，对消费者的吸引力越大。基于理性的价格可以计算出成本，而基于感性的价格则难以计算出成本。产品或服务可以根据感性认知价值定出远高于成本的高价格，因为它所提供的感性价值无法用成本来衡量，比如魅力、身份、美丽等。

比较基于成本的定价方法和基于价值的定价方法，区别主要体现在：基于成本的定价方法属于产品驱动型，企业设计出自认为是好的产品，核算出该产品的总成本，然后制定价格来弥补成本和获取利润。是一个从产品→成本→价格→价值→消费者的过程。而基于价值的定价方法则恰恰相反，其方法属于消费者驱动型。企业首先根据消费者对产品价值的观念设定目标价格，目标价值和价格推动产品设计和成本核算决策，因此定价始于分析消费者的需求和产品的价值观念，而价格是为了匹配消费者的价值感受，是一个从消费者→价值→价格→成本→产品的过程。

通用电气公司的杰克·韦尔奇说过："如果不能以最有竞争力的价格销售最优质的产品，那么你将必定出局。维系顾客的最好方法是不断地挖掘出让消费者少付多得的方法。"消费者在购物中针对价格因素主要的心理表现有：让利心理、占便宜心理、性价比心理、难得心理、中杯心理（价格适中）、免费心理、身份心理、送礼心理等。

3. 渠道

企业把产品或服务提供出来，制定了价格，接下去就要想办法把产品有效地传递出去。传递既涉及传递的地点（place）和渠道方式，也涉及储存、运输及存货管理等问题。渠道系统是企业的一项关键性外部资源，它的建立往往需要许多年。一个企业的产品，要经过一定的方式和路线，才能在适当的时间、地点，以适当的价格和方式提供给消费者。

渠道一般是指企业的销售渠道，销售渠道是指企业把产品送到最终消费者手中所要经过的环节。销售渠道分为直接渠道和间接渠道（中间商）两种。企业产品所有权的转移依托渠道来实现，企业既可以直接与最终消费者达成所有权的转移，也可以依托中间商来实现。

中间商一般包括代理商、批发商和零售商。从零售商来说，消费者的购买行为通常是在一定的购物场所或环境中实现的，购物环境的优劣对消费者购买过程中的心理感受具有多方面的影响，因此，适应消费者的心理特点，提供良好的购物环境，是企业扩大商品销售必不可少的条件。商店是消费者购买商品和服务的主要传统场所。现代商品销售形式日趋多元化，直销、邮购、电话订购、网上购物、移动购物等无店铺销售方式迅速兴起，淘宝、京东等网络零售商对传统零售购买方式产生了极大的冲击。

全渠道营销是利用最新的科技和最有效的手段，把信息流、资金流、物流重新高效组合，利用一切可能的方法去接触消费者。全渠道营销在数据挖掘和识别方面有一定的技术要求。

线上渠道和线下渠道的区别在于：线下传统渠道是实体店，线上传统渠道是指淘宝、京东等，线上新型渠道是指微信、小程序、直播、抖音等，线上自有渠道包括品牌直营、自有网上商城。特殊渠道包括团购、礼品、微商、传销等。直复营销渠道包括电话、电视购物等。

移动设备成为全渠道策略的一部分。全渠道消费者是指那些同时在多个渠道上搜寻和购买的消费者。也就是说，这些消费者在实体店内购物时，可以将商品的二维码扫入自己的移动应用程序，然后接入互联网来比较该品牌多个商家的价格。他们也可以利用移动应用程序寻找店内的折扣或优惠券，或者利用自己的手机在网上搜寻更多该商品的信息或在线推荐。该购物模式的突出特点是同时使用多个渠道。

"渠道为王"的内涵在于建立关系，形成链条，有效控制。渠道为王就是要形成有效的"链"模式，最好的对中间商的管理就是让中间商丧失部分或全部功能，中间商越轻松，就越依赖，因而忠诚。如何做到对中间商的有效控制呢？一般的方法就是由控制者去管理好库存（安全库存），管理好服务（理货、码货），管理好促销。

4. 物流

"物流"一词源于英语的"logistics"，原意是军事后勤保障。第二次世界大战后，物流的概念被广泛运用于经济领域。所谓物流，是指通过有效地安排商品的仓储、管理和转移，使商品在需要的时间到达需要的地点的经营活动。物流是供应链流程的一部分。

生产者和消费者的分离，造成了生产与消费在时间上和空间上的背离，导致了社会生产与社会消费的矛盾，为了解决生产与消费的矛盾，满足消费需要，必须在商品交换的同时，提供商品的时间效用和地点效用，于是，便出现了与商品交换密切相关的物流概念。

在流通过程中，大量的产品会不断地停留在流通的各个环节形成商品储存，加强储存管理，对于加速企业资金周转、降低流通费用具有重要的作用。实现储存这一职能的营销中介机构称为仓库，仓库是组织商品流通、进行储存及运输必不可少的物质技术基础，且在不同的流通环节中表现为不同类型、不同规模的组织形式。商业运输是商品流通领域的一个重要环节，是整个物流体系的一个重要分支，它如同一面镜子反映出国家各经济区间的联系程度，交通运输网的发展变化以及运输方式的发展与变化，尤其是运输方式的变化与更新会对运输产生深远的影响，是影响运输最重要的因素。我国的运输体系主要有四种运输方式：公路、铁路、水运、航空等，这四种运输方式使用不同的运输工具，在商品运输中发挥着不同的作用。

9.3 销售对策

销售（sales）对策是一个整合营销沟通的过程，是一个攻心为上的过程。

整合营销沟通（integrated marketing communications）是指运用人员推销、商业广告、销售促进、直接营销、公共关系等策略进行整合传播和沟通，以期达到交换的最终结果。互联网让沟通更加丰富（网页、博客、播客、互动等）、理性（分析、比较、判断）、隐蔽和针对（个性化、私人化）。

9.3.1 推的策略

"推"的策略这里是指人员推销策略。人员推销是一种古老的沟通方式，是消费者市场购买过程后期和组织市场销售最有效的一种沟通手段，特别是在使客户产生品牌偏好、信服并最终购买方面尤其有效。人员推销就是指企业人员通过与消费者的人际接触来推动销售的促销方法。

推销人员首先应该明确推销的更进一步的内涵，推是推什么，销又是销什么，推是推自己，即推销售人员自己对推销的理解及其个人的素质，销是销整体的解决方案。

人员推销就是一个人际交往的过程，在推销的人际交往中要把握的基本理念是：换位思考、端正态度、平衡心态、接受顾客、重视顾客、赞美顾客，不自以为是、尖酸刻薄、坑蒙拐骗。

人员推销策略伴随着人员推销过程，人员推销过程一般包括五个基本步骤：寻找消费者、访问准备、接近消费者、沟通洽谈和成交成情。

1. 寻找消费者

确定要走访的消费者确实是一件困难工作，而这件工作却非做不可，否则的话岂不成了没头苍蝇。

2. 访问准备

不打无准备之仗，访问准备的好坏直接关系到推销活动的成败。一般来说，访问准备主要包括三个方面：第一是推销员自我准备；第二是推销员充分认识自己的推销产品；第三是研究好消费者，对消费者做好应有的准备。每一位推销员都应该在推销前做好这三方面的准备工作。

3. 接近消费者

准备工作做好以后，就进入推销活动过程的下一个阶段——接近消费者。接近消费者是指推销人员在拜访前事先征得消费者同意后再进行见面的过程，包括约见和接近。

约见可以节省时间和精力，少吃闭门羹，不打扰消费者的正常工作，便于双方做较充分的准备，有利于整体规划。约见要确定时间、地点、内容，准时赴约。约见消费者的主要方法有面约、函约、电约、网约、托约、广约等。

接近消费者的主要方法包括：经人介绍接近法、产品利益接近法、馈赠接近法、赞美接近法、请教接近法和聊天接近法。

4. 沟通洽谈

沟通洽谈的过程是整个推销过程的重点，是正式进入推销的核心，处理好这个过程中的关系就意味着推销的成功。在这样一个过程中，可以分为以下几个步骤：

第一步,寒暄。创造和谐的沟通氛围,闲聊是有效缓解紧张的方法。

第二步,兴趣。忘掉自己情牵消费者,想办法找到与消费者共同感兴趣的话题,话题可以和所推销的产品完全无关。

第三步,需求。引出谈话的主题,真正发现消费者需要背后的动机。

第四步,简报。对所推销的产品进行简单有力的介绍,说明要富有特色、重点突出。

第五步,化解。化解就是面对消费者的怀疑、否定意见等异议的处理。消费者异议主要包括需求异议、选择异议、产品异议、价格异议、购买时机异议等。

营销人员处理异议的基本态度是:认真倾听,缓和气氛,将问题重复一遍,了解问题的症结所在不惊慌,善于抓重点,以优补劣,对异议进行记录,利用反问等沟通技巧。

第六步,识别。善于发现消费者的购买决策信号,可以通过看消费者的表情信号、语言信号和行为信号来识别。消费者要求降价,态度认真,主动介绍他人,要求详细介绍产品及服务,表示对其他产品的不满;消费者由静变动、轻松、找笔、拿订货单看、友好、愿意接受安排等表情及行为表现都可以视为成交的先兆。

5. 成交成情

成交成情包括建议成交和留住人情两方面的内容。

建议成交是整个推销工作中的关键时刻,掌握建议成交的时机是一种艺术,要把握好这个分寸,找到合适的时机时,即可立即建议。有效的促成方法主要包括:优惠成交法、保证成交法、选择成交法、从众成交法、请求成交法、最后机会法、利益成交法、肯定成交法、试用成交法等。

交易顺利达成后,营销人员还需要在留住人情方面再下功夫,建立交情。营销人员千万不能买卖做成,就开始敷衍消费者,这会让消费者失去安全感,从一个生意人手中买下商品的感觉和从朋友手中买下商品的感觉是大相径庭的。美国教授斯图尔特·戴蒙德在《沃顿商学院最受欢迎的谈判课》一书中写道:交易型关系是指那些明显不包含长远性因素的关系。与以情感或共同利益为基础的关系相比,交易型关系要脆弱得多。显然,如果交易型关系能令价值实现增长,人们就应该努力去扩大交易,延长这种关系的时间。

做好售后服务是留住人情的一个十分重要的工作,售后服务有5S原则,即speed(速度)、smile(微笑)、sincerity(诚意)、smart(机敏)、study(研究)。企业对消费者应该建立详细的客户资料档案,按计划进行定期、不定期售后服务,访问消费者,建立企业和消费者的联谊会,使送货、交货、维修、保养等服务及时周到,在适当的时机还可以赠送纪念品,以各种方式培育消费者忠诚度。通过优质的服务来影响消费者的心理是最佳的销售技巧,最好的服务就是要超越消费者的期望,优质的售后服务可以进一步扩展客户群或再销售,满意的售后服务还会促使消费者主动为企业产品及服务进行口头传播,进而说服和带动他人购买。

最后要注意的是,在整个推销过程中要抓紧时间,提高工作效率。节省消费者的时间无疑是送给对方的一份小礼物,而这份礼物营销人员可以无偿地送给每一位消费者,不要让消费者感到营销人员耽搁了他许多时间,而应该让顾客觉得营销人员为他节约了时间。

以上推销过程一般是针对主动上门推销而言的。零售商的商场推销和以上过程既有相同的地方,也有不同的地方。

(1) 伺机接触。商场推销中销售人员接待服务的正确方法是观察判断消费者的意图,寻找恰当的接触时机,因为消费者对商品形成感知和产生情绪体验需要经过一个自主的、内在的时间过程。倘若接触过早,会使消费者因未完成这一过程而受到情绪干扰,产生为难或戒备心理;反之,接触过迟,又可能因消费者感觉受到轻视、冷淡,而降低以致丧失购物兴趣和热情。此外,进入商店的消费者,购买意图存在着多种差异,有的抱有明确的购买目标,并已预先拟订购买决策,进店的目的是直接实现购买行为;有的并无确定的购买目标,进店的目的在于观察比较,若对某件商品产生兴趣和好感,则有可能诱发购买欲望;还有的消费者不存在购买意图,他们进店的目的在于随意游览参观,或仅仅是为了寻求某种感觉、体验。因此,对不同购买意图的消费者,接触时机的早晚以及是否发生接触,也应有明显区分,这就需要选择最佳接触时机。根据经验,一般认为以下情景可以作为接触时机的最佳选择:当消费者长时间凝视某商品时;当消费者从注意的商品上抬起头来时;当消费者突然止步盯看某一商品时;当消费者用手触摸商品时;当消费者在货架上寻找商品时;当消费者与销售人员的目光相对时。

(2) 提示介绍。在消费者进行联想、想象甚至产生购买欲望和动机阶段,销售人员应提供有关商品提示介绍的服务。即把商品的性能、质量、价格、使用效果等全面清晰地介绍给消费者,并力求诉诸多种感官的刺激,强化消费者的心理感受,促进其产生丰富的联想和想象,进而诱发其购买欲望。针对这一阶段消费者要求掌握大量商品信息力求全面满足需要的心理特点,提示介绍的内容应包括以下方面:如实介绍商品的性能、质量、使用效果等情况,满足消费者的求实心理;尽可能提供试穿、试用、品尝机会,以便增加消费者对商品的亲身体验和全面感知;从商标、命名、包装、造型等方面展示商品的独特性和魅力,丰富消费者的联想和想象。

(3) 诱导说服。消费者产生购买欲望后,还会对已掌握的商品信息进行分析思索和评价比较,通过评价选择坚定购买信心,作出购买决策。此时,销售人员的任务是充当消费者的参谋和顾问,为消费者提供建设性的、富有成效的意见和建议,帮助和促成消费者作出购买决定。为此,销售人员可以如实指明各种商品的优缺点,以便消费者进行比较和选择;同时详细介绍商品使用保养和维修知识,减少消费者在使用年限、维修条件方面的风险顾虑。

此外,还应根据不同消费者的需求特性和主导动机,有针对性地进行重点说服和诱导。例如,对注重商品审美价值的消费者,可以突出显示商品外观的美观别致;对求廉务实的消费者,可以着重说明商品价格低廉、结实耐用;对追求社会象征意义的消费者,可以特别强调商品的名望、高档和拥有者的特殊身份;对崇尚时尚潮流的消费者，则可以强调商品款式的时尚和流行。

（4）促进成交。消费者作出购买决定后，便进入实施购买行动和进行购后体验的最后阶段。此时，消费者虽然已有明确的购买意向，但仍需要销售人员巧妙把握成交时机，促进交易达成。这种时机通常在以下情况中出现：当消费者多次反复咨询同一商品的时候；当消费者开始询问售后服务问题的时候；当消费者提完问题而沉默不语的时候；当消费者开始讨价还价的时候；当消费者最后向他人征求意见的时候；当消费者直接表明购买意愿的时候。销售人员若及时巧妙地抓住上述时机，辅以恰当的语言和动作，即可迅速成交。当交易达成、货款结算后，应妥善包扎商品，并尽量采用适应消费者携带习惯、使用习惯和特定心理需要的包装方法，同时向消费者表达感谢购买、欢迎惠顾的语言和情感，使消费者体验到买到满意商品和享受良好服务的双重满足感。

为顺应现代消费者的服务需求，零售商还要加强对销售服务方式和技巧的创新，许多新兴的销售服务方式相继涌现。

零干扰服务是一种新兴的商业服务观念，意指企业在提供销售服务的同时不对消费者构成干扰和妨碍，为消费者提供适时、适度的服务，零干扰服务强调在最合宜的时间为消费者提供适度的服务，体现了服务质量的更高层次和服务水平的更高境界。

与传统的销售服务方式相比，零干扰服务更充分地体现了现代服务"以人为本"的理念。现代消费者更加注重精神的愉悦、个性的实现、感情的满足等高层次需要，而零干扰服务正是从消费者角度出发，以他们的需求、兴趣等作为服务的基本出发点。它强调充分发挥消费者在购买过程中的自主性、主动性，提高消费者的购物热情。此外，消费者直接面对商品，自主进行选择，从而在很大程度上摆脱了对销售人员的依赖，大大减少了相互之间产生矛盾和冲突的机会，而且零干扰服务所体现出来的对消费者的信任感和尊重感，使整个购买过程更加人性化，更富有人情味。在零干扰服务过程中，消费者的心理状态是放松的、自由的，能最高程度地得到自尊心理的满足，这也是现代生活条件下顾客产生购买行为的必要前提。

实现零干扰服务，要求销售人员"看人行事"，以识别顾客为第一要事。要针对消费者各个购买阶段的心理活动特征，采取相应的销售服务方法和技巧，提供适时、适度的服务，而不妨碍消费者的行为自由度。

不过，零干扰服务也有其局限性，即由于没有固定的模式，在实施过程中难以把握和具体操作，尤其是商业企业面对的消费者成千上万，每个消费者对服务要求各不相同，因而增加了零干扰服务的操作难度。

一对一销售服务是指销售人员通过与每一位消费者进行一对一沟通，明确把握每一位消费者的需求，有针对性地为其提供专门的个性化服务，以求最大限度地满足购买者的需求。在一对一销售服务中，销售管理是以消费者为中心开展的，对企业的每一位消费者都必须设定直接的管理者。信息与网络技术的高速发展为企业与消费者一对一沟通提供了越来越多的有效帮助和保证。

新零售（new retailing），即个人、企业以互联网为依托，通过运用大数据、人工智能等先进技术手段,对商品的生产、流通与销售过程进行升级改造,进而重塑业态结构与生态圈,并对线上服务、线下体验以及现代物流进行深度融合的零售新模式。2016年10月的阿里云栖大会上,马云在演讲中第一次提出了新零售:"未来的十年、二十年,没有电子商务这一说,只有新零售。"

未来电子商务平台也将消失,线上线下和物流结合在一起,才会产生新零售。线上是指云平台,线下是指销售门店或生产商,新物流消灭库存,减少囤货量。电子商务平台消失是指现有的电商平台分散,每个人都有自己的电商平台,不再入驻天猫、京东、亚马逊大型电子商务平台。

9.3.2 拉的策略

"拉"的策略是指企业借助广告、销售促进、直接营销、公共关系等形式宣传产品和企业形象,着眼于激发消费者的购买欲望和对企业良好的印象,促使消费者最终产生购买行为。

1. 商业广告

广告(advertising)是广告主有计划地通过媒体传递商品和劳务信息,以促进销售的公开宣传形式,它是一种面向目标市场消费群体和社会公众的支付费用的传播行为,具有认知、诱导、教育、便利和促销等心理功能。

广告借助报纸、杂志、广播、电视、直接函件和网络等广告媒体向消费者传递商品及服务信息,不同的广告媒体对消费者具有不同的心理作用特征和诱导方式。深入研究广告及其媒体的心理特点与功能,广告与消费者之间相互作用的沟通过程,广告传播的诱导方式和增强广告效果的心理策略,以及广告宣传的心理效果测定等,对企业营销人员正确制定广告策略、提高广告宣传效果具有重要意义。

(1) 广告的心理效应模式。广告要达到预期的效果,就必须在计划、设计、制作和播出的全过程中重视对消费者心理活动规律与特点的研究,巧妙地运用心理学原理,增强广告的表现力、吸引力、感染力和诱导力。广告信息首先作用于消费者的听觉、视觉等感觉器官,并在消费者的大脑中引起不同程度的反应,从而形成一系列复杂的心理活动过程,导致需求的产生和购买行动的实现。

(2) 广告的基本策略。广告的基本策略就是基于消费者的心理而采取的常用广告策略,一般包括:

① 感性广告策略,是指根据消费者重视感性消费的心理特征(重视个性的满足、象征意义、时尚、价值观念等),在广告宣传中诉求消费者感性认识的策略。

② 细分广告策略,是指广告宣传基于企业产品或服务的细分,针对细分消费者的不同特点和可能的要求来进行目标性很强的宣传策略。

③ 概念广告策略,是指企业概念营销和市场定位的体现,是企业以捕获消费者的注意力为中心,赋予产品或服务新颖的功能或独特的想象内涵的广告宣传策略。

2. 销售促进

如果说广告是一把火,那销售促进就是一桶油,火上浇油,促销的效果将更为明显和有效。如果说广告提供了购买的理由，那销售促进则提供了购买的刺激。与其他促销工具相比，让利是销售促进最典型的特征。销售促进的优点是能够给消费者实在的优惠与激励，降低消费者的购买风险，所以使用十分广泛。

销售促进（sales promotion，SP）又称营业推广，是企业在某一段时期内采用特殊的手段对消费者实行强烈的刺激，以促进企业销售迅速增长的一种策略。

销售促进有着很好的短期促销效果，现在顾客的心目中甚至形成了 SP 期待，所以有效地运用 SP 策略可以使企业的销售得以迅速地提高。现在市场上的 SP 策略五花八门，不胜枚举，运用非常广泛，下面就介绍一下 SP 最常见的策略。

（1）折价促销。折价促销是企业最常用的销售促进策略之一。折价销售是指企业在一定时期内调低一定数量商品售价，也可以说是适当地减少自己的利润以回馈消费者的销售促进活动。企业之所以采用折价促销，其主要原因是为了与竞争品牌的价格相抗衡。同时，折价销售可积极地用来增加销售，扩大市场份额，从长远角度来讲，折价促销也可增加企业利润。大部分厂商惯用折价来掌握已有消费者群，或利用这一促销方式来抵制竞争者的活动，甚至可刺激消费者购买一些单价较高的商品。

（2）赠品促销。赠品促销是指企业以较低的代价或免费向消费者提供某一物品，以刺激其购买某一特定的产品的策略。包括酬谢赠品、附包装赠品、独立赠品、邮寄赠品和付费赠送等。赠品促销要注意赠品的有用性和质量等问题。

（3）有奖促销。有奖促销是指企业在消费者购物后，向消费者提供赢得现金、旅游或物品的各种获奖机会，包括抽奖和竞赛获奖。有奖促销虽然只是最后针对少数人的促销奖励，但却有着很好的促销效果。每个消费者都想去碰碰运气中大奖，而且觉得自己很有可能得到奖励。

（4）会员促销。会员促销是最能体现长期效果的销售促进，它是一种运用会员制的方式，免费或交入一小笔会费，成为会员后，让同在一个组织内或一个俱乐部内的成员享受购物或服务优惠的促销方式。会员促销往往在价格、送货、质量、保险等方面都有保障，所以有利于培养长期顾客，稳定客源。

（5）团购促销。团购是新兴的一种促销方式。团购就是团体购物，指的是认识的或者不认识的消费者联合起来，加大与商家的谈判能力，以求得最优价格的一种购物方式。根据薄利多销、量大价优的原理，商家可以给出低于零售价格的团购折扣和单独购买得不到的优质服务。现在团购的主要方式是网络团购和电视团购。

网络团购作为一种新兴的电子商务模式，通过消费者自行组团、专业团购网站、商家组织团购等形式，提升用户与商家的议价能力，并极大程度地获得商品让利，引起消费者及业内厂商甚至是资本市场关注。

3. 直接营销

直接营销（direct marketing，DM），即"直接回应的营销"。它是以盈利为目标，通过个性化的沟通媒介向目标市场成员发布信息，以寻求对方直接回应（问询或订购）的社会和管理过程。

直接营销策略主要包括运用不同媒介的策略，即直邮直销策略、电话直销策略、电视直销策略、网络直销策略等。

（1）直接邮寄。直接邮寄（direct mail）简称直邮，是一种历史悠久的营销方式，直接营销的最初形态就是邮购。直邮就是通过邮局寄往目标客户的邮件，传递各种可以影响目标客户作出相关决策的营销信息。包括向一个有具体地址的人寄发报价单、通知、纪念品、服务或其他项目。它能更有效地选择目标市场，实现个性化，强化顾客关系，比较容易检测各种结果。

其传递形式主要有邮电书面传送、传真传送等。新兴的直邮主要有手机短（彩）信传送和互联网邮件传送。

（2）电话直销。电话直销已成为一项主要的直接营销的方式，是指利用电话，通过令人愉快的声音和热情，以即兴推销或全自动语音服务来进行营销的方法。

有些电话营销系统是全自动的。如自动拨号录音信息处理机可以自动拨号，播放有声广告信息，通过答复机装置或将电话转给总机接线员接受感兴趣的顾客的订货。

（3）电视直销。电视直销是利用电视直接向消费者传播、销售产品的方法。通过电视对商品进行全方位的操作演示，使观众对新产品功能有一个全方位的了解，只需拨打一个电话，便会有人把商品送上门。电视直销最大的特点就是新奇、详细、便利，消费者不用出门就能看到形象的商品，送货上门省时又省力。电视直销的历史并不长，起源于20世纪60年代末期的美国。

（4）网络直销。网络直销是组织或个人利用网络通信技术进行营销的一种电子化商务活动，是直接营销的最新体现。网络直销途径包括商业网上渠道（各种各样公司建立了网上信息和营销服务，凡登记并付月租金者可进入）和互联网直销。可以采取四种方法来开展网络直销：创建电子商店前台，建立、参与论坛和公告牌（BBS），网上广告，使用电子邮件、博客等进行宣传和沟通。

网络直销实质是以计算机互联网技术为基础，通过与顾客在网上直接接触的方式，向顾客提供更好的产品和服务的营销活动。网络直销并不是单纯的电子商务，而是一个更大范畴的概念，电子商务仅仅是它的一个组成部分。

网络直销的优点是增加销售折扣，减少管理费用，为消费者购买提供方便，刺激消费者购买。企业使用网络进行销售，最直接的效益来源于网络直销的功能，网络直销可以简化销售渠道、降低销售成本、减少管理费用。

（5）新媒体营销。新媒体是相对传统媒体的一个概念。传统媒体一般包括电视、报纸、广播、杂志等，而新媒体一般指利用数字技术、网络技术，通过互联网、宽带局域网、无线通信网、卫星等渠道，以及电脑、手机、数字电视机等终端，向用户提供信息和娱乐服务的传播形态。简单来说，新媒体涵盖了所有数字化的媒体形式，包括所有数字化的传统媒体、网络媒体、移动端媒体、数字电视、数字报纸杂志等，是网络营销的新发展。大体上，目前运用到的新媒体营销载体主要包括四大块内容：

一是互联网新媒体，当前主流的形式主要包括各种门户网站、网络视频网站、搜索引擎、电子邮箱、博客、微博、网络直播、即时通信工具等。

二是手机新媒体，主要包括手机视频、手机微博、微信、手机社交、手机APP、二维码等媒介形式。手机媒体也可以称为移动媒体。

三是电视新媒体，主要包括数字电视与IPTV（交互式网络电视）等媒体。

四是户外新媒体，主要形式包括城市户外电子显示屏、楼宇电视、车载移动电视等。

4. 公共关系

如果说广告、销售促进和直接营销是让消费者知道企业，直接产生促销作用，那么公共关系就是让消费者喜欢企业，直接产生建立良好企业形象的作用。

公共关系（public relationship）简称为"公关"，是企业在市场营销活动中正确处理企业与社会各方面组织和人之间的关系，树立企业良好的形象，从而最终促进销售的一种社会活动。

公共关系的主要策略有：

（1）新闻公关。公共关系部门可编写有关企业、产品和员工的新闻，或举行活动，创造机会吸引新闻界和公众的注意，扩大影响，提高知名度。

在运用新闻媒体运作公共关系时，要注意合理、适度、多样化的问题，发展或创造对公司或产品或人有利的新闻。企业应加强与新闻界的交往，获得较好的新闻报道，及时纠正对企业不利的信息，争取公众的了解和理解。

（2）演讲公关。演讲是提高企业及产品知名度的另一种方法，通过公司人员的宣传，创造公司或产品知名度。在欧美国家，企业的掌门人会致力于扮演"公关者"的角色，努力处理好与社会各界的关系，从而为企业的发展创造一个良好的外部环境。

（3）公益公关。通过向某些公益事业捐赠一定的金钱和时间，以提高企业的美誉度和信誉。企业还可以通过参与社会公益活动提高品牌形象，扩大社会影响。如在剧院为残疾人举行义演；在酒店开展拯救大熊猫的义卖活动；赞助希望工程，帮助贫困生入学、捐资助教，等等。

企业不仅要面对政府、法律等大环境，还要面对社区、居民等小环境，企业公共关系要注重从身边的小环境做起，通过做一点一滴的好事，建立起良好的企业形象。

（4）赞助公关。赞助是一种常见的公共关系手段，是指企业通过资助某些公益性、慈善性、娱乐性、大众性、服务性的社会活动和文化活动来开展宣传，塑造良好的企业形象的过程。赞助对企业开展公共关系来说，具有简便、快速、短时间内就能看到效果等特点，但在具体运用时，也要注意选择赞助的对象要与企业战略目标相匹配，考虑赞助的长期性经济投入等因素与企业能力相匹配。

（5）危机公关。危机公关是指当企业因一时的疏忽或外界的原因造成对消费者的损害和对公司形象的不利时，及时采取相应的措施来挽救企业形象的活动。

企业产品或服务出现问题之后，企业本着为消费者负责的态度，应该采取果断的措施来迅速地挽回声誉，如回收产品、调查原因、及时公布结果。原因找到后，必须即刻采取整改措施，提高或保护产品质量。

消费者了解事件的主要渠道就是新闻媒体，而新闻媒体也都热衷于把各种危机事件当成自己的报道热点。所以，企业要善于利用媒体来平息危机、化解危机。通过媒体，以真诚的态度，迅速把事件的真相告诉公众，是最好的方法和最有效率的危机公关。

9.3.3 心理营销策略

营销战就是一场心理战，营销管理就是期待管理、需求管理，所有的销售对策都是心理营销，是针对消费者不同心理而采取的灵活营销对策。

1. 名气营销

名气营销是指企业利用人或地的名气来影响消费者心理，进而让其产生购买行为的营销策略。

美国著名营销专家马丁·林斯特龙在《品牌洗脑》一书中说："研究显示，当名人出现在广告里或代言产品时，不仅会让我们以为该品牌信息更加真实，还会强化我们的认知和对产品的记忆。所以当我们看到这种产品时，我们都会本能地，而且通常是无意识地选择这些产品，而不是无名人代言的产品。"

名人的说服能力有其生物学基础。荷兰的一项研究发现，当女性看到某名人代言一个产品时——以鞋子为例——其脑部活动通常会改变。结果显示，当她们看到名人的照片时，大脑中与喜爱之情有关的部位（内侧前额皮层）就会变得活跃，而看非名人时就没有这样的反应。英国的一项研究表明，即使长相平庸的名人模特，也比美若天仙的非名人代言人更有效，前者让人产生更强烈的情感反应。该研究总结说，不但名气比美貌更能说服消费者购买，而且人类大脑也许有一个特定的区域，天生就会对名人代言的产品产生积极的反应。

名人就是强大的隐形说客。名人能让消费者产生羡慕心理、崇拜心理和光环心理。名人代表着许多人渴望的特征，可以是美貌、魅力、性吸引力、沉着、才能等。一个和名人扯上关系的产品有一股非常强大又难以察觉的购买影响力。在某些情况下，消费者能认出某个品牌或产品，可能仅仅是因为它和某个名人相关联。

消费者在使用了由某个明星代言的化妆品或香水时，会产生与最喜欢的名人以及所妒忌的一切靠得更近的感觉。消费者每天把这个名人"带在身边"，继而，再把该名人的价值和特质也一并吸收了，这时，消费者就变成了那位名人，至少在大脑的深处是这样的。

用名人来做广告及形象代言人已经是企业营销中最常见的策略。可口可乐、百事可乐都用名人做广告并取得了巨大的好效果。乔丹、贝克汉姆等都是名人代言人的典范，消费者不仅喜欢他们的特长，也爱上了他们代言的品牌。

名人的名气固然重要，但名声也不可忽视。名气大而名声不好的名人往往会破坏企业的形象，企业经营中所要得到的名应该是既要大名鼎鼎，也要名声良好，好名声给企业带来的是好联想。当然，对有争议的名人，企业也是可以用的，这时，这个名人往往代表了企业的与众不同、个性或叛逆。

名地也是名气营销的组成部分，名地的名气反映在出产地、风土民情、文化底蕴、古老仪式、神话故事等方面，这些因素会对消费者心理产生直接或间接的影响，有些甚至是决定性的影响。比如，买法国巴黎香水、买德国奔驰汽车、买中国景德镇瓷器、买北京烤鸭等。

名人营销产生吸引力和影响力，名地营销产生吸引力和体验力，两者巧妙结合，就会产生更强大的营销效果。

联名营销是指品牌与品牌之间或品牌与著名个人之间或品牌与IP（知识产权）相互结合在一起，利用品牌或个人或IP的名气影响消费者心理的营销策略。品牌跨界联名的营销方式屡见不鲜。原本看起来互不相关的独立主体，通过独特的创意、合理的创新，将两者的资源与优势互补以取得成倍化的营销效果。

品牌加名人的品牌联名营销是最有效的营销手段之一。这不是常规的请名人做代言人，而是一起合作推出联名款，名人要一起参与到品牌成品的设计中。这里的明星是指有巨大流量的各类明星，或者某一领域的知名人士，比如知名画家、设计师等。

在市场中，IP不只是知识产权，它可以是一个神话故事，比如《哪吒》；一个社会现象，比如佛系青年等；一个卡通形象，比如熊本熊、小猪佩奇等。各个品牌都在寻找自己的IP基因，如吉祥物、创始人故事、情怀等。中国传统文化拥有五千年的历史，IP基因非常强大。比如，故宫淘宝的IP是宫廷文化，让"皇上""格格""太监"等"古老"的形象搭配萌萌哒的表情和一些装酷耍帅扮靓的台词，重新出现在大众面前，成为新的流行趋势。

2. 成瘾营销

成瘾营销是指企业通过满足消费者生理及心理的需求，让消费者对某种行为或某个产品形成持续的、无法控制的心理依赖。

人类大脑天生就在追求不确定的愉悦感。大脑神经元里储存着一种叫多巴胺的神经递质，当含有多巴胺的神经元被激活时，这些多巴胺就被释放出来，然后与另一种目标神经元的多巴胺受体结合，人就能产生愉悦的感觉。愉悦感、快感等幸福的感觉就这样产生了。人们之所以对某些事情上瘾，是因为"瘾品"破坏了大脑多巴胺的天然运作机制，致使多巴胺"绑架"了人们的大脑；还因为人们会强迫性地对上一次失败进行解释，大脑一旦作出合理解释，就会产生一种错觉，即自己"差一点就赢了"，就会忽视存在的其他可能。有些人沉迷于赌博和购买彩票，就是"就差一点"及"可能获得奖赏"的心理。

现实中的消费者其实已经产生了对许多产品及行为的依赖。比如，对电脑及网络有瘾；对购物有瘾；对收发电子邮件有瘾；对玩手机有瘾等。每天如果不接触一下这些东西就会觉得怅然若失、无所事事，甚至焦虑不安、陷入孤独。

品牌和购物成瘾并不像酒精成瘾或药物依赖那样威胁生命，但它们是真实存在的。无论是对酒精、赌博、药品、性成瘾，还是对巧克力、香烟、购物、手机、电脑依赖，心理学家认为，成瘾是受遗传基因和环境因素的综合影响，是由大脑结构和功能的持续性变化造成的。

马丁·林斯特龙把消费者对品牌成瘾分为两个阶段：第一阶段叫日常阶段。在这个阶段，消费者把某些品牌或产品看作日常习惯或惯例的一部分，比如用佳洁士牙膏刷牙、用多芬香皂洗澡、开丰田车上班等，这些都是定期要购买的产品，是每日生活的必需品。第二阶段叫梦想阶段。在这个阶段，消费者买东西不是因为需要它，而是因为这些关于产品的情感信号已经渗入了大脑。总的来说，一种习惯是在梦想阶段形成的，然后这一习惯会在日常阶段中加强，并永久进入日常生活。这时，消费者无意识中渴求梦想阶段中的那些留在海滩、温泉或户外演唱会的感觉。实际上，这就是大多数饮料品牌无所不在地出现在夏日音乐节和演唱会上的原因。比如，红牛饮料，一开始在一些青少年聚集的场所——购物中心和娱乐场所发放免费试饮。公司懂得，如果能在孩子们的梦想阶段俘虏他们的心，那么一旦新的一周到来，当他们回到课堂、杂务和家庭作业中时，他们会把红牛和轻松的感觉联系起来。当然，为了让某个产品真正让消费者成瘾，还必须加入一些致瘾的元素，无论是在生理上还是在心理上。

最成功的食品、饮料和化妆品品牌能让消费者成瘾的秘方就是满足"渴望"元素。真相就是，无论消费者有多大的自控力，当渴望来临，消费者在这些触发物面前都是没有抵抗力的。公司了解这些，所以才故意在其包装和广告中加入"无意识信号"——处于消费者意识觉悟之下的诱因，并把它们安排在渴望最容易袭来的时刻。比如可口可乐公司，营销者会花大量时间讨论在印刷广告上和店内的冰箱上印上多少气泡。他们意识到气泡会让人产生渴望，他们让消费者认为碳酸饮料那清凉又令人神清气爽的感觉会刺激消费者的味觉。

马丁·林斯特龙通过研究，找到了10种最能唤起情感和最容易上瘾的声音，其中最强有力的声音是婴儿的笑声，还有牛排的"嗞嗞"声，把饮料倒进满是冰块的玻璃杯中的"噼啪"声等。

消费者对某一产品或品牌的成瘾，一方面说明了消费者的依赖与忠诚，但另一方面可能存在着企业的营销道德问题——就是靠什么让消费者成瘾？消费者成瘾后如果不吃、不玩、不看了，就产生痛苦、出汗、恶心、发抖、胃痛、抽筋、焦虑等症状，就隐含着对消费者身体的伤害，道德问题也就突显了出来。

巧克力、咖啡、芝士泡芙、香烟等能让人成瘾，是因为出售这些食品的公司在其中加入了致瘾数量的"习惯养成"物质，比如味精、咖啡因、玉米糖浆和糖。研究表明，高脂肪、高卡路里的食物影响大脑的方式和可卡因及海洛因影响大脑的方式几乎完全一样。显然，高脂肪食物不仅让人在心理上成瘾，它们还可以从化学上让人成瘾。青年人在吃了加入味精的食物后，更有可能想再吃一种新食物，它们不仅会吃得更多，而且他们之后也不想吃含味精较少的食物了。

薄荷本身并不是危险品，但却有塑成习惯的效果。当薄荷出现在香烟中时，一些抵制烟草的团体就声称薄荷让香烟"致瘾性更强，危险性更大，比无香料的香烟更有可能吸引青少年"。女性使用的唇膏中也往往有薄荷的成分，当然还包括其他香料、防腐剂及色素等，这些让女性成瘾，产生"陶醉感"。

游戏也是因为满足了人的一种渴望而让人上瘾。研究表明，任何一种变得逐渐困难的重复性活动——随便一个游戏玩家都知道，就是游戏通关的秘密——都能提升人大脑中的多巴胺含量。那种"差一点就赢了"的感觉确实能激发多巴胺的释放。而侥幸获胜的感觉会刺激大脑中的奖赏系统,产生兴奋和快乐。

营销者从游戏中获取灵感,从而利用游戏和类似游戏的策略来说服消费者购买。奖励、时限、挑战、其他玩家、"仅限邀请"的排他性,当然还兼具趣味性,无论输赢,消费者的大脑会一直玩下去。在未来,购买和游戏的融合(尤其是在线)只会继续加剧。另外,游戏日益从"梦想阶段"过渡到"日常阶段",而且越来越和人们的日常生活融合。

正强化驱使人们使用瘾品、消费瘾品;负强化促使人们借助对瘾品的消费,减轻痛苦和烦恼。一方面获得快感,一方面减轻痛苦。无论是正强化还是负强化,作用都是追求愉悦感,所以正负强化在同一个框架里。

品牌成瘾更多是依赖另一套大脑获得愉悦感的机制来实现的,那就是自我奖赏和自我强化的大脑机制。比如对于食物,更多的时候并不是食物与多巴胺的奖赏关系,而是自我与多巴胺的奖赏关系。人们激活多巴胺的路径有两条:一条是人们原始的生存奖赏机制,即通过食物、水、性等来激活;另一条是社会奖赏机制,即通过品牌(品牌象征、归属、意义等)来与自我发生关联激活。可口可乐就完美地完成了从生理成瘾到自我成瘾的转变,人们对可口可乐更多的是自我奖赏造成的。

品牌的诞生就源自人们"再来一次"的欲望。品牌成瘾体现出耐受性、排斥性、关联性、想象性、情感性等特点。品牌成瘾其实就是要制造匮乏感,没有匮乏就没有欲望。对于品牌成瘾来说,现在生活的时代对我们的刺激及强化无处不在。

3. 恐惧营销

企业营销自己的产品时,应当给消费者营造一种温馨的氛围,即"使用了我的产品之后,你会得到什么样的享受"。但企业也可以利用恐惧手段来影响消费者的心理。恐惧营销是企业从消费者如果不使用本企业产品的不良后果中,警诫消费者防止不良或不幸结果的发生,给消费者造成一种心理上的震撼,借以刺激消费者的恐惧情绪,进而促使消费者形成或改变消费态度以及行为意向。

恐惧是一种有趣的、复杂的,总体上来说不怎么令人愉快的情绪,人需要做的是回避它,或者不让它发生。现在令人恐惧的东西实在太多了:害怕亲人离开,害怕孤独,害怕没有朋友,害怕生病,害怕性功能障碍,害怕恐怖分子,害怕食品不安全,害怕细菌,害怕辐射,害怕抢劫等等。

企业营销中就要告知消费者如何避免或者消除各种害怕和恐惧。保险公司会告诉消费者,因为未来充满了风险,一旦发生了意外,如果没有买保险,会处于多悲惨的境况;银行的理财顾问会告诉消费者,通货膨胀正在加剧,应该购买某款理财产品,否则钱就会越来越少;超市的售货员会告诉消费者,现在的果蔬上都有大量药残,为了避免农药危害,应该购买一台可以给果蔬消毒的机器,买回全家人的饮食健康是很划算的事情等。

不新鲜是消费者普遍会产生的恐惧感,所以营销者要考虑如何让冰冻的产品有新鲜感(产品上面放冰块或冷气等),如何让不新鲜的产品看上去新鲜(塑封或包装或注明时间证明等)。洗发水公司也意识到洗发水产品的丰富泡沫能激发出对"新鲜"

和"清洁"的联想,还可以用水果的概念和包装图案来增强消费者"新鲜"的感觉。

马丁·林斯特龙认为,恐惧和负罪感是营销者的一套组合拳。恐惧一旦和高度的问责、悔意、负罪感,甚至是挑战联系在一起,就会从情感转换为行动。比如,去选择口香糖而不是香烟,去选择健康食品而不是垃圾食品。

女性的负罪感比男性更为严重。没有谁比妈妈们更容易受到恐惧和负罪感的影响了,尤其是新妈妈们,一旦开始为这个脆弱的小生命负责,整个世界就会突然变成一个巨大的死亡陷阱。"细菌恐惧症"就是新妈妈最担心的事情,妈妈们最害怕任何可能会伤害或感染新生儿的物质。由此,一切有关对孩子有清洁保障概念的产品都会受到妈妈的欢迎,比如强调清洁的食品、服装、玩具等。

案例9.1 泰国人寿保险公司——最有情感操控力的广告

> 广告片中,一名中年男子开着车行驶在高速公路上,他在画外音中说着关于他那十几岁的儿子:"我需要一些时间去理解他。"听着这些话时,画面是这位父亲痛骂儿子的闪回镜头。"我想要听他听的歌。"父亲的画外音又响起:"告诉他我很抱歉。""我需要一些时间来做那些我从未做过的事,更好地照顾他,爱他多一点。"突然一辆外表逼真的公交车冲过来从正面撞在了他的汽车上。
>
> 字幕出现:泰国人寿保险公司。
>
> 资料来源:〔美〕马丁·林斯特龙:《品牌洗脑》,赵萌萌译,中信出版社2013年版。

恐惧会提升人的肾上腺素,创造原始的、本能的"攻击或逃避"的反应,从而再释放出制造荷尔蒙和神经传导素的肾上腺素。经过许多"肾上腺素成瘾者"的证实,恐惧也会制造相当的满足感。所以一些恐惧的游戏、电影、运动才会让人不是去逃避它,而是去接近它,从中得到一种恐惧快感的满足。

4. 怀旧营销

怀旧营销就是在营销活动中给予消费者一定的怀旧元素刺激,激发消费者的怀旧情怀,勾起他们记忆深处的共同记忆符号,以此来引发购买倾向。

怀旧是一种回忆。美国《科学美国人》杂志指出:"沉浸在回忆中能够提升情绪,提高自尊心,还能加强人际关系,而非浪费时间或是一种不健康的沉溺。简而言之,怀旧之情是心理健康的一种来源。"人对怀旧持有偏好的另一个原因是,人在回忆过往时,大脑的信号让人获得的体验要比当时感受到更加美好,也更加愉悦。人倾向于活在过去,而大脑也喜欢这样。人的心理年龄往往停留在自己认为是"最好时光"时的年龄。

优秀的营销者应该知道,人变得越老,对过去的怀念就会变得越强烈。消费者对在无忧无虑的童年、青少年时期以及二十多岁时期喜欢的音乐、电影、流行以及产品有所偏好。旧时光总要比现在更好——更简单、更有趣、更真实、更安全。上海专门有个提供怀旧产品的商业区——上海老城隍庙,在老城隍庙里提供许多老字号的产品。

企业创造怀旧元素的经典策略之一就是重新使用过去的广告、标语或宣传活动。亨氏公司在 2009 年的广告里重新使用了 20 世纪 70 年代著名的品牌口号:"买豆子就找亨氏"。在亨氏的新广告里,慈爱的妈妈拿着亨氏豆子喂她们的小孩,背景的口号甚是吸引人,比如,"当我难过的时候,我妈妈就会读那些标签给我听,她知道要拿什么哄我开心,那就是买豆子就找亨氏。"这则广告让人难以忘怀,首播之后,还被美国广告名人堂投票评为近 30 年来最受欢迎的口号。

在企业的产品中挖掘怀旧因素或创造怀旧因素是怀旧营销的关键所在,不是单纯地给产品添加一个怀旧因素,而是利用这个因素把企业、产品有机结合起来。怀旧营销是给消费者打感情牌,想要激起他们的情感。

怀旧可以用歌曲来表现,一首往日的歌曲让人想起童年伙伴的欢乐和友谊。三九感冒药的广告就利用朋友在身边般的贴心关怀,以周华健的《朋友》这首歌为背景,引起消费者的共鸣,塑造了三九感冒冲剂的贴心感觉。

怀旧可以用物品来表现,如珠宝、玩具和书。现在的图书非常注重包装和印刷,而 20 世纪 60 年代和 70 年代的书大多是被黄黄的牛皮纸一包,再简单地用黑色油墨印上书名,给人一种朴实庄重的感觉。

怀旧可以用特定事件来表现,如婚礼、节日、学校生活。当人们生活不如意时,多会怀念以前的生活;当人们身在异乡或者无亲人在身旁的时候,多会在特定的时间勾起特殊的记忆,也有"每逢佳节倍思亲"的意味。聪明的营销者已经发现这个规律,利用节日和特定事件来做营销,就能取得比平日更好的效果。

怀旧可以用历史时间和情境来表现。如著名的南方黑芝麻糊广告,黑白的画面说明了是在久远的一段时空里,江南小镇黄昏的静谧和民谣式朴实悠扬的音乐,牵动了人们的怀旧心理。卖芝麻糊的大婶和蔼的笑容和对小男孩的爱怜,让人体会到母性的怜爱和父老乡亲的朴实。最后主题广告语"一股浓香,一缕温暖",给南方黑芝麻糊营造了一个温馨的氛围,深深地感染了每一个消费者。

有历史感可以让人产生悠久或怀旧的感觉,有些品牌和产品甚至会捏造一段它们从未有过的历史。

5. 冲突营销

所谓冲突,就是指对立的、互不相容的力量或性质的互相干扰。人性的本质是七情六欲,是真善美,也是贪嗔痴,是本能的映射,也是欲望的抑制,归根到底就是两个字:冲突。稍加洞察就会发现,在日常生活中,冲突无处不在:需要和想要是有冲突的;爱情和金钱是有冲突的;美食和身材是有冲突的;事业和家庭是有冲突的;男人和女人是有冲突的。冲突理论认为:冲突之所以发生,是当事人和冲突方价值观难以契合导致的,价值观统一则冲突不会发生,价值观不统一,双方难以说服彼此的时候,冲突就发生了。

人有左脑和右脑,左脑称为理性脑,具有理解、分析、判断的功能;右脑称为感性脑,具有想象、创意、灵感等功能。左脑追求价格,右脑追求价值;左脑追求健康，右脑追求爽；左脑追求实用，右脑追求艺术。左脑的理性思维，往往会带来更多的限制和分析；右脑的感性思维，往往会带来更多的欲望和冲动。有限的需求和无限的欲望之间，冲动的感性需求和克制的理性需求之间，往往就是冲突的原点。

做电视营销时，左脑营销更偏重产品功能，右脑营销更喜爱故事元素；做杂志营销时，左脑营销通常会在广告中加上链接以追踪销量变化，右脑营销则会以插页形式展现，用夺人眼球的照片和语言捕捉视线；做户外营销时，左脑营销着重展示省钱，右脑营销偏爱展示品牌能提供的奢华生活方式；做网络营销时，左脑营销倾向于通过流量分析软件进行精准投放和直销，右脑营销会通过个性化的社会化营销活动推广品牌。

产品解决左脑冲突，品牌解决右脑冲突。以左脑的认知为基础的冲突，多建立在理性的认知上，必须正面且自信地给出一个合理解释。以右脑的认知为基础的冲突，多建立在感性的认知上，必须持久且自信地传播形象、象征及意义。

触点就如同营销的开关，预埋在消费者左右脑的交界处，一旦开启就能引发消费的认同感，从而促成购买。设计触点的标准有三个：简单、可体验化、可场景化。

简单，就是去掉复杂，去掉干扰，只留下最核心的，让人一目了然，才能让产品、品牌一鸣惊人；可体验化，是最终解决消费者冲突的临门一脚，让消费者切实可行地感知到冲突解决方案带来的体验性；可场景化，就是针对不同的时间、不同的地点、不同的场景、不同的需求，找到不同的触点，是解决冲突的起点。当下的趋势，已经把生活分化，进化成为若干个小众市场，相对应的是生活的某个片段、成长的某个阶段、思想的某个角落、向往的某个方向。

没有冲突就没有戏剧，没有冲突就没有营销。冲突营销是指利用消费者可能产生的各方面的心理冲突来进行营销的策略。一流营销制造冲突，二流营销发现冲突，三流营销寻找冲突。

电商平台刚起步阶段，由于消费者抱着怀疑的态度，制造出便利性与信任度之间的冲突。网上购物是方便了，但是在那虚拟的世界里，看不见实物，只有一些产品图片，而且也不知道商家是谁，在哪里？怎么才能让消费者相信网购会让人放心呢？于是出现了网络支付，电商平台作为信任的担保方，一旦消费者被平台的商家欺骗了，平台会为消费者提前赔付。就是这样的一个小小变化，带来了电商平台超高速的发展。

在解决消费者的冲突过程中，营销发现广告与消费者存在冲突。消费者最讨厌在浏览信息、网络购物及社交过程中，突然就出现广告干扰，此时，消费者对于广告是抵触的。那么，如何解决广告与消费者之间的冲突呢？SEM与信息流解决了这个尴尬的局面。SEM是搜索引擎营销，是为了解决在不知消费者是否需要的时候广告就毫无目的出现的情况。SEM是基于搜索引擎而触发的一种营销模式，当消费者有了需求，却不知该怎么选择的时候，他们就会选择搜索引擎进行搜索，去海量的互联网信息世界里，寻找与自己匹配的信息。

消费者胃口不好想吃榨菜，但最大的担心就是觉得不卫生、不健康，这就是造成了冲突。冲突即机会,策划者就为乌江榨菜提炼出了"三清三洗三腌三榨"的产品概念,虽然消费者记不住这些"三"到底是啥意思,但它传递出更健康、更安全的产品理念,让消费者吃起来心里踏实,这个冲突就解决了。乌江榨菜品牌得以在同质化、低端化的酱腌菜市场中脱颖而出。

案例 9.2　滋源洗头水

2018年3月,滋源以中国洗护市场6.2%的市场占有率位列第一国货洗护品牌,成为天猫金妆奖洗护品类中耀眼的国货之星。这在长期被宝洁、联合利华两大国际集团几乎垄断的洗护市场里,可谓一个品牌奇迹。也正因为滋源的巨大成功,2016年年底,滋源品牌与格力、华为、天猫等一起入选了国家品牌计划,这是中国洗护品行业唯一的一家。滋源能够取得如此成功,是因为我们当初洞察到消费者和国际大牌洗发水之间的冲突:随着消费升级,消费者开始关注洗发精中的成分,形成了"硅油会堵塞毛孔,造成脱发"的认知,长期的积累形成了巨大的冲突需求,国际品牌却无法提供解决方案。

如果只是单纯地提出"无硅油"的物质诉求,在消费者的认知中,依旧是在纵向地诉求,依旧无法改变国际品牌已经绑架洗发水"第一性"诉求的现实。我们不能继续在定位的细分市场中博弈,而是必须跳出包围,把消费者的认知横向地引导到更有利于我们的战场上。

将认知战场从洗发水横向升级为"洗头水"。不叫洗发水,叫洗头水。因为洗发水品牌太多了,但至少我们这是洗头水,我们看上去像超女世界中的李宇春。这样就有了一句广告词:"洗了一辈子头发,你洗过头皮吗?"

这是制造了一个冲突,原来消费者有没有这个冲突呢?好像是没有,但是你提出来之后就有了,有的消费者一看广告,摸摸脑袋,就会想自己洗了一辈子头发,竟然还没有洗过一次头皮,而头皮好,头发才好,这就产生了冲突,而且它可以比一般洗发水卖更高的价格。

资料来源:叶茂中:《冲突》,机械工业出版社2017年版。

6. 归属营销

归属感,又称为隶属感,是指个体与所属群体间的一种内在联系,是某一个体对特殊群体及其从属关系的划定、认同和维系,归属感则是这种划定、认同和维系的心理表现。人是社会化的产物,虽然哲学家告诉我们,人生而孤独,但我们依旧渴望归属感,以求得内心的安全感。归属感大到国家归属,中到组织归属,小到家庭及个人内心的多方面归属。

美国著名心理学家马斯洛在1943年提出"需要层次理论",他认为,"归属和爱的需要"是人的重要心理需要,只有满足了这一需要,人才有可能"自我实现"。

近年来,心理学家对归属感问题进行了大量研究,现在认为,缺乏归属感的人会对自己从事的工作缺乏激情，责任感不强；社交圈子狭窄，朋友不多；业余生活单调，缺乏兴趣爱好。心理学研究表明，每个人都害怕孤独和寂寞，希望自己归属于某一个或多个群体，如有家庭，有工作单位，希望加入某个协会、某个团体，这样可以从中得到温暖，获得帮助和爱，从而消除或减少孤独和寂寞感，获得安全感。随着房价飙升和工作流动性增大，有一个固定的住所和稳定的工作成为一般人拥有归属感的两个基本条件。

有归属感的一般就是有责任感的，责任感到了一定的程度就会产生对某些东西的归属感。归属感分对人、对事、对家庭、对自然。青少年时期对人的归属感较强，中年时期对事业和家庭的归属感较强，老年时期对自然的归属感较强。

归属营销是指针对消费者内心的归属感来进行营销的策略。归属营销既可以是满足人们想要的国家、组织等方面的归属感，也可以是满足人们想要的家乡、家庭、地位、身份、教育程度等方面的归属感，还可以是满足人们想要的精神、个性、梦想等方面的归属感。有了归属感的人往往就有了稳定的心情，有了责任心，有了幸福感甚至是成功感。

对明星的向往和崇拜某种意义上也是一种情感或精神归属，这就为产品或服务的开发和延伸打开了另一个广阔的天地，从这方面可以衍生出更个性化的产品或服务。如果某人消费了这类产品，其他人就可能把此人看成同类，从而拉近了彼此间的距离。

消费者消费升级后，首先要满足的就是归属感的需求。消费者的归属感不再会屈从于"热销"概念，所谓一年卖出七亿多杯，杯子连起来可绕地球两圈；连续六年全国销量领先；高端家庭的选择等粗暴的分类方法，只会让如今明智的消费者在心底嘀咕一句："别再低估我的智商了。"

要找到归属感的共鸣点和社交性，关键在于要激发出消费者对归属感的向往和欲望。作家奥格威说过：每一个人其实都是两个人，他自己和他想要成为的那个人。从想要和需要之间洞察消费者的心，超级卖点就是帮助人们成为那个想要成为的人。

哈雷摩托车激发的不仅仅是自由不羁，更是想做英雄的向往。因此，哈雷的外观设计成为哈雷品牌的最大卖点。看到哈雷的样子，就能明白骑他的人是怎么样的英雄，这样有张力的卖点设计，才能激发出消费者"想要"的欲望，直到成为品牌的一员。

7. 幽默营销

幽默是指某事物所具有的荒谬荒唐的、出人意料的而表现方式又是含蓄或令人回味深长的特征。从心理学角度剖析，幽默是一种绝妙的防御机制。这个机制，不仅可以使当事人从尴尬中解脱，化烦恼为欢畅，变痛苦为愉快，而且还可以化干戈为玉帛，使当事人平息激动，回归理智，使彼此在新的基础上重拾默契，增进感情。

幽默常会给人带来欢乐，其特点主要表现为机智、自嘲、调侃、风趣等。确实，幽默有助于消除敌意，缓解摩擦，防止矛盾升级，还有人认为幽默能激励士气，提高生产效率。

幽默营销是指企业将幽默运用到营销活动中去，大胆开辟别人不屑或不敢用的营销服务方式，把枯燥无味的营销活动工作变得生动有趣、引人注目，从而在市场竞争中立于不败之地的一种营销策略。

天津的"狗不理"包子闻名全国，是以店主人的名字命名的。它的创始人高贵友开办此店于1858年，袁世凯曾将他做的包子进贡给慈禧太后并博得了太后大悦。店铺最初的字号"德聚"也逐渐被掌柜的小名"狗不理"所代替。由于手艺独到，加上店名风趣幽默，这家店逐渐成了远近闻名的店。

商品命名的好坏与商品能否占领市场有密切关系。一种商品，有上乘的质量，又有一个过目不忘的名字，将使商品锦上添花，故在给商品命名时，若将适度的真实和夸张结合起来，会产生一种诙谐的效果。日本松下电器公司生产的耐火板，开始取名为"松下耐火板"，结果销售额很低。后来，他们把名称改为"厨房看守"，这个名字既好记，又风趣，而且突出了它的用途，结果成了畅销产品。此外，诸如芜湖"傻子瓜子"，北京"王麻子剪刀"，也都是以风趣幽默、令人吃惊之名而誉满海内外。

"人靠衣裳马靠鞍"，产品需要包装。若抓住产品的特征，通过夸张、比喻和拟人等表现手法，精心设计出具有幽默效果的包装作品，一定会收到引人入胜、浪漫谐趣的艺术效果。贡酒包装便是运用这一技巧的典范。大腹便便的酒瓶造型，瓶盖为黑色"官帽"，瓶身是一件"官袍"，上有黄色折扇一把，扇上书有"贡酒"酒名。酒盒装潢设计成一顶官轿，撩开幕帘探出"七品芝麻官"那滑稽可笑的脑袋，"轿子"上面有"机不可失"四字，真是幽默别致，妙不可言。

广告如同精彩的小品，想要吸引观众，就必须在语言上下功夫，以幽默精短取胜，让严肃的推销目的包容在轻松诙谐的喜剧气氛中。2018年"双十二"期间，中国银联携手毛不易，大玩了一把"名字梗"。通过"毛不易"等于"每一毛钱都不容易"的谐音幽默，顺势推出"不易生活半价补贴攻略"，由此大火了一把。

人员推销中利用各种戏剧性的展示或风趣的表演引起购买者的注意和兴趣，往往可以产生销售奇效。

8. 粉丝营销

企业粉丝营销是指企业利用优秀的产品或企业知名度拉拢庞大的消费者群体作为粉丝，利用粉丝相互传导的方式，达到营销目的的商业理念。粉丝营销是一种网络营销方式。粉丝营销既可以是靠企业的产品或品牌或管理者来吸引消费者，形成粉丝营销，也可以通过借助名人的力量（主要是靠影视明星、歌手明星、体育明星等）来形成粉丝营销。

许多企业都认识到，粉丝对于产品的情感投入其实是一种宝贵的情感资本。品牌的价值就在于粉丝（消费者）与品牌所建立起来的持久的情感联系。粉丝为了满足个人的情感需求，甘愿在所好对象上花费大量的时间和精力，企业依靠粉丝贡献人气、流量和内容，粉丝的"眼球"和"口碑"成了网络社群发展壮大的关键因素。

粉丝营销需记录粉丝的数据，然后管理数据，最典型的就是会员营销，如根据粉丝购买产品的类型、数量等来进行不同的特色营销，增强与粉丝的互动，多办一些活动增加粉丝的黏性。

例如，小米手机在粉丝营销上的做法：一是聚集粉丝。运用微博获取新用户，运用论坛维护用户活跃度，运用微信做客服，增强参与感。小米开发产品时，让米粉参与其间，提出建议和需求，由工程师改进，这极大地增强了用户的主人翁感和自我认同感。小米通过爆米花论坛、米粉节、同城会等活动，让用户固化"我是主角"的感受。二是全公司客服。小米从领导到员工都是客服，都与粉丝持续对话，让粉丝觉得自己是被重视的，有问题第一时间可以被解决。

2018年，OPPO R15s新款手机发布会上，OPPO宣布由陈伟霆、李易峰、周杰伦、迪丽热巴等明星组成OPPO明星家族，邀约多位明星一同宣传造势。OPPO手机选取的利用名人吸粉的粉丝营销策略是比较奏效的，在2018年第一季度的手机销量报告中，R15s就取得了线下销量排行第五名的优异成绩，该成功得益于其对娱乐风向的敏感探查和精准把握。

从心理分析角度看，明星粉丝营销的成功主要有以下两个层面的原因：一是注意层面，广告中人们更容易注意到明星，尤其是自己追求和喜爱的明星偶像，再搭配上动感的音乐和鲜明的背景色彩，就刺激了粉丝消费欲望。二是记忆层面，品牌经过明星代言后就被联系在一起，更容易让粉丝记住品牌，爱屋及乌。

粉丝经济是指通过原创文章和不断坚持的价值给予，吸引了大量的粉丝。通过搭建社区，在社区上有很多的互动，从而形成强黏性社群。粉丝经济最为典型的应用领域是音乐和电影，在音乐产业中真正贡献产值的是艺人的粉丝，它由粉丝所购买的CD、演唱会门票、彩铃下载和卡拉OK中点歌版税等收入构成；而在电影产业中，一部电影的票房很大程度上也是艺人的粉丝贡献，明星对于粉丝的号召力有多大，往往影响着票房的收入。

粉丝产业的形成，大致从湖南卫视的《超级女声》开始，逐渐形成有组织、有规模的粉丝产业，例如最有影响力的超级女声当属李宇春，其粉丝的忠诚程度是别的明星无法比拟的，李宇春的演唱会总是一票难求。

苹果手机的出现，让粉丝经济从娱乐文化产业转移到产品制造领域，因为乔布斯的个人魅力，以及在全球IT和互联网领域的传奇经历，其明星效应对苹果公司推出的iPod和iPhone系统带来了很大的推动。iPhone很快就在全球和国内市场拥有了庞大数量的"果粉"，但凡苹果公司推出新款iPhone手机，"果粉"总是会一马当先地抢购。

粉丝经济在网络上成功的关键还是要有稳定及不断增长的流量，这就需要流量池思维。流量池思维是指获取流量，并通过流量的存储、运营和发掘，再获取更多的流量。流量池思维的最核心思想就是存量找增量。流量思维是指获取流量，实现流量变现。与流量池思维最大的区别，就是流量获取之后的后续行为，单纯的流量思维显然已无法解决今天的企业流量困局，而流量池思维则强调如何让流量更有效地转化，用一批用户找到更多的新用户。流量思维是漏斗型思维，而流量池思维是运营思维，流量池思维比流量思维更稳定、更强大。

品牌是最稳定的流量池,想让品牌成为稳定、强大的流量池,需要进行包含品牌定位、符号、场景三个方面的要素设计。

9. 欲望营销

欲望营销是指企业因满足或引发消费者欲望而采取的营销策略。人的欲望与生俱来,许多表现出愿望的需求实际上归根结底是满足人的欲望。对"食色"的欲望,再加上占有欲和控制欲,构成了个人的基本欲望。企业营销中如果能深入地了解消费者的欲望,就会发现许多营销的秘密和机会。

欲望往往得不到真实的满足,这时,人的心理需要补偿,通过补偿来缓解心理的焦虑和压力,而企业提供的许多产品和服务就可以成为替代,补偿人们的欲望,让欲望在一定程度上得到释放和满足。

好吃是人的天性。企业可以把吃与交往、情感、快乐、幸福、交易甚至权力联系在一起,可以把食品做成五花八门的艺术品,提供丰富的口味及功能,给人以美的享受,但最终就是为了调动和满足人的食欲。

许多产品理性上满足的是人的娱乐、代步等的需要,但实际上满足的是人占有和控制的欲望。比如驾驶汽车,驾驶乐趣其实是控制的乐趣,拥有它就是一种占有欲的满足;游戏的乐趣同样是控制的乐趣,在游戏中,在虚拟的世界里,人可以为所欲为,占有和控制许多人和工具,使自己看上去变得比较强大,并拥有权力。现实中人不能得到满足的权力欲可以在游戏的世界里得到补偿。

直接满足性欲的商品和网站现在已经是琳琅满目了,间接调动和满足性欲的象征或联想的广告也是比比皆是,用爱情来调动、引发或满足人的性欲是最冠冕堂皇的策略。用性元素来进行广告已经被企业广泛运用。女性更容易被具有浪漫色彩的广告说服;对男性更有作用的是那些有性暗示的和有比基尼女郎的广告。当消费者看到富有吸引力的、衣着暴露的年轻人出现在能量饮料广告或是内衣和新化妆品的广告里时,大脑中的镜像神经元会让人把自己想象成像他们一样的吸引人和富有性魅力。贝克汉姆穿男士内衣的形象出现在美国时代广场的广告牌上,不但吸引着女性的目光,同样告知男性应该体现出的魅力。流畅线条的汽车配合上一位具有修长身材的美女,让男性不但产生了占有欲和控制欲,而且这种占有和控制还可能与性有关。许多商品的占有和控制是为了满足性欲或是性欲的替代。

男性一般会对面容姣好、身材修长、丰满性感的年轻女性充满了幻想和渴望;女性则会对具有倒梯形的身材、宽阔的胸肌、棱角分明的上半身、凸起的裆部的男性有幻想和渴望。一般来说,女性显得比男性保守,中国传统文化让女性显得含蓄内敛,对性更是羞于启齿。但时至今日,女性比男性在性别角色的转换上更加自由。比如,多年以来,女性穿牛仔裤或戴男款手表或穿着暴露被女性接受并喜欢,而大多数男性可能无论如何也不能接受粉红色的衬衫,以及擦香水和化妆。

深入探索人心中最隐私也最根深蒂固的性幻想和渴望是什么,希望得到什么,这是优秀的营销者需要掌握的策略。现在和以往一样，人内心最深处的性幻想和渴望能够成为最强有力的说客。

案例9.3 喷上它，她们就会过来

> 联合利华公司的斧牌（Axe）是男性个人护理品牌，于2002年在美国问世，其产品包括身体除臭喷雾、止汗膏、洗发水和沐浴露。他们充分利用广告，打出了一个含有欲望元素的广告。
>
> 公司首先从"男性会如何去接近女性"中细分出六类男性：猎食者、天然万人迷、结婚对象、普通朋友型、没有安全感的新手、热情的新手。公司把"没有安全感的新手"和"热情的新手"作为营销目标，因为这两类男性都缺乏自信和经验，会比较容易被"斧牌是提升交女友成功率的关键"这个说法说服——他们会在身上喷斧牌产品，来提升他们的自信心。
>
> 公司以"喷上它，她们就会过来"为广告主题做了系列广告：一则广告里，每次遇见喷了斧牌产品的男性，一群年轻女孩都会先深吸一口气，然后涌上去把自己的电话号码送上；还有一则广告里，一位喷了斧牌"深度诱惑"系列的男性立刻就变成了一块和人一样大小的巧克力，街头一群女性在剩下的广告时间里一直在咬那块巧克力。
>
> 这个广告系列让产品大卖，斧牌很快成为排名第一的男性止汗香体喷雾品牌，2007年赚了1.86亿美元，遥遥领先于第二名的品牌。
>
> 资料来源：〔美〕马丁·林斯特龙：《品牌洗脑》，中信出版社2013年版。

本章总结

企业的市场营销同样是影响消费者心理与行为的重要的社会因素，企业的市场营销力量如何，直接影响着消费者的心理与行为。

市场营销从字面上就可以理解为由三个部分的内容构成：市场、经营、销售。

认识和理解市场是一个知天、知地、知人的过程，其中知人是最活跃、最丰富、最变化多端的，也是最基础的部分，知人的关键在知心。企业营销中最基本的知心就是要知消费者的心。

企业认识市场是营销活动的基础，接下去就是要做好营销对策，"对策"就是面对对方采取的策略，"营"是企业经营之道，经营之道解决如何进行有效的选择和配置。"销"是企业的销售之道，是整合营销沟通的过程。

营销战就是一场心理战，营销管理就是期待管理、需求管理，所有营销对策都是心理营销。基本的心理营销策略有名气营销、成瘾营销、恐惧营销、怀旧营销、冲突营销、归属营销、幽默营销、粉丝营销和欲望营销等。

本章关键词

市场营销　整合营销沟通　名气营销　成瘾营销　恐惧营销　怀旧营销　冲突营销　归属营销　幽默营销　粉丝营销　欲望营销

 思考题

1. 如何全面理解市场的内涵？
2. 如何理解经营之道？
3. 如何理解销售之道？
4. 试述心理营销策略。

第 10 章

消费者权益与企业伦理

开篇案例 海底捞的危机公关

2017年8月25日,国内著名的餐饮企业海底捞爆出老鼠门事件。8月25日《法制晚报》发布的一篇《暗访海底捞:老鼠爬进食品柜 火锅漏勺掏下水道》的调查报道,将海底捞推进了舆论的漩涡。在当下的环境中,人们对"食品安全"这四个字高度敏感。

据报道,记者发现海底捞后厨多个房间出现老鼠,劲松店请除鼠公司清理过一次老鼠,很快复发;一边打扫卫生,一边洗碗;扫帚和簸箕不仅用来清扫地面、墙壁和下水道,还会用来清理洗碗机和储物柜;簸箕和抹布会被放入洗碗机里面清洗;机内只清洗表层,内部的油污并没有祛除;机箱盖散发恶臭,内壁上沾满了油渍和腐烂的食物残渣,机内的蓄水池满是黄色的污水;使用顾客用餐后的漏勺清理堵塞下水管道的垃圾杂物,漏勺使用完毕后,会被放入装餐具的锅中一起清洗。

事件发生后,海底捞的公关部门做了下面的几件事情:就在事件发生3个小时后,海底捞发出第一份回应声明;随后2个小时,海底捞发出了一份处理通报。

关于这两份通告(致歉信和处理意见),业内普遍给出了好评。

第一份通告(致歉信)声明有两大亮点:第一,迅速!在新闻爆出后3小时内,海底捞迅速作出了反应;第二,承认所披露的问题属实,并愿意承担相应的经济责任和法律责任,没有甩锅给其他主体,也没有"临时工"的出现。

第二份通告(处理意见)发布了更具体的七条措施,包括暂时关停两家涉事的门店、主动向政府主管部门汇报事件进展、欢迎消费者前往门店检查监督、迅速与第三方虫害治理公司研究整改措施等。这一份处理有两个最大的亮点:第一,每项整改点名道姓落实责任人(都是高层);第二,不忘安抚基层员工,涉事门店员工不需要恐慌,责任在管理层,在公司董事会,海底捞没有背锅的"临时工"。

可以说,这两份通告,没有一味地"护犊子",也没有出现常见的"甩锅",而是扛下绝大部分,在中国企业以往的危机公关中,这样的态度相当罕见,这也是获得业内好评的根本原因。

随后，海底捞的公关部门联系自己熟悉的媒体以及国内有影响的媒体发声，让广大吃瓜群众的视线不再盯着海底捞的食品安全，而是转移到了海底捞的公关活动，努力树立海底捞负责、担当的形象。

根据"清博舆情大数据系统"的监测数据，在8月25日上午10时被曝光之前，海底捞的网络口碑以正面为主，占据了74.75%的高比例，相对应的负面口碑仅有9.22%，另有16.03%的中性评价。而在食品安全事件曝光后，海底捞不仅在网络的关注度暴涨，口碑也急转直下，负面口碑占据了49.15%，而正面口碑却陡降至11.07%。清博舆情在分析中指出："这种舆论情感的骤变源于网民的心理落差，源于这一近乎被'神话'的餐饮企业出现食品安全隐患后的形象坍塌。"

然而，对海底捞一边倒的负面评价所持续的时间出乎意料的短暂。在8月25日海底捞连发两次声明后，两天之内，与下列标题大同小异的文章在网络平台上大量出现——《海底捞的危机公关，你也学不来》《海底捞"哭"了，但员工不"哭"！》《这锅我背，这错我改，员工我养，这次海底捞危机公关100分！》《向海底捞学习，创业公司如何做好危机公关？》。这类文章，有多篇获得"10万+"浏览量。此后，清博舆情公布的数据显示，8月26日，针对海底捞的负面信息占比降至25.93%，正面信息占比则大幅提升至33.92%；而8月27日新公告发出后，比例的变化更为惊人，正面评价以46.95%的占比重新占据主位，而负面评价仅剩下19.05%。

资料来源：作者根据多方资料整理而成。

消费者权益是消费者在进行消费活动中应该享受的权利，是消费者主权的表现。企业伦理是企业在满足消费者需求中表现出来的道德品质和人文素养。消费者应该懂得自己的权益不可受到侵害，企业应该懂得伦理道德是经营销售活动最基本的底线。这两方面的认识基于理性认识，是建立真正良好的企业和消费者关系的最根本保障。

10.1　消费者权益

消费者权益（consumer rights and interests）是指消费者在有偿获得商品或接受服务时，以及在以后的一定时期内依法享有的权益，是消费者为生活消费需要购买、使用商品或接受服务时所享有的权利和利益。

在现代市场经济中，国家依照社会经济运行的需要和市场上消费者的主体地位，制定明确的立法，这就使消费者权益不仅是一种公共约定和公认的规范，还得到了国家法律的确认和保护。1983年，国际消费者联盟（IOCU）确定每年的3月15日为"国际消费者权益日"。1985年4月9日，联合国大会通过《保护消费者准则》。1994年1月1日，《中华人民共和国消费者权益保护法》颁布实施。

早在20世纪60年代初，国际消费者联盟就已确定了消费者有下列基本权利：安全权、知情权、自主选择权、公平交易权、依法求偿权、获得教育权、结社权、人格尊严、监督权及民族风俗习惯获得尊重权等。

10.1.1 消费者在市场中的特点

与生产经营者相比，相对分散的消费者由于以下特点而经常成为被损害的弱者：

（1）消费者经济力量的微弱。在商品交易中，以个人力量独立从事交易的消费者与作为生产者的大公司、大企业尤其是大的垄断集团相比，其经济力量极为弱小，造成了买卖双方交易能力的不平衡。

（2）消费者商品知识的欠缺。消费者只为满足生活需要而购买品种多、范围广的多类商品，而经营者以营利为目的专营特定的商品，两者之间有关商品的知识存在着固有的差异，又加上科学技术的飞速发展，生产技术和工艺日益高度复杂化，使消费者越来越难以对所购商品的品质作出判断，因而不得不形成对经营者的全面依赖。

（3）消费者固有的人性弱点。消费者购买商品不具有营利性，故其购买中缺乏经营者的理性，而是依据个人兴趣喜好、虚荣心及侥幸心理等来选购商品。这些心理上的弱点最易被拥有丰富营销手段的经营者所利用，因而导致对其利益的侵害。

（4）消费者组织上的缺乏。消费者在各项交易中力量本已极为弱小又历来缺乏组织，不能通过团体的力量来与经营者相抗衡，以致成为经济上的从属者，容易受到经营者的侵害。

10.1.2 消费者权益保护机关及组织

在我国，消费者权益保护机关有两类，即行政执法机关和行业主管部门。行政执法部门包括工商行政管理部门、技术监督部门、卫生监督管理部门、进出口商品检验部门等。其中工商行政管理部门保护消费者权益的主要职责是：通过对市场经营主体的监督管理，制止违法经营，防止损害消费者权益行为的发生；通过对各类市场的监督管理，查处各种市场违法行为，维护市场交易秩序，为消费者提供公平、安全的消费环境；通过对广告的监督管理，查处虚假广告和引人误解的宣传行为，维护消费者的合法权益；通过商标管理，查处商标假冒行为，为消费者选购优质商品创造条件；通过制止各种不正当竞争行为，打击和查处各种侵害消费者权益的行为；指导消费者协会的工作。

消费者组织即消费者保护团体，是指依法成立的对商品和服务进行社会监督，从而保护消费者合法权益的社会团体的总称。消费者组织是消费者运动发展的产物，是消费者行使结社权的结果。消费者组织具有以下几个特征：它是一种社会团体，以保护消费者合法权益为宗旨，不以营利为目的。

中国消费者协会是中国广大消费者的组织，是一个具有半官方性质的群众性社会团体，成立于1984年。中国消费者协会和地方各级消费者协会，是由同级人民政府批准，经过民政部门核准登记而设立的，因而具有社会团体法人资格。消费者协会的任务有两项，一是对商品和服务进行社会监督，二是保护消费者权益。我国法律规定消费者协会有七项职能,即:向消费者提供消费信息和咨询服务;参与有关行政部门对商品和服务的监督、检查;就有关消费者合法权益的问题,向有关行政部门反映、查询,提出建议;受理消费者的投诉,并对投诉进行调查、调解;投诉事项涉及商品和服务质量问题的,可以提请鉴定部门鉴定,鉴定部门应当告知鉴定结论;就损害消费者合法权益的行为,支持受害的消费者提起诉讼;对损害消费者合法权益的行为,通过大众传播媒介予以揭露、批评。

10.1.3 中国消费者权益

1994年1月1日实施的《消费者权益保护法》规定了中国消费者应享有九项基本权利:

(1) 安全权。消费者在购买、使用商品和接受服务时享有人身、财产安全不受损害的权利。消费者有权让经营者提供的商品和服务,符合保障人身财产安全的要求。

(2) 知情权。消费者享有知悉其购买、使用的商品或者接受的服务的真实情况的权利。消费者有权根据商品或者服务的不同情况,要求经营者提供商品的价格、产地、生产者、用途、性能、规格、等级、主要成分、生产日期、有效期限、检验合格证明、使用说明书、售后服务,或者服务的内容、规格、费用等有关情况。

(3) 选择权。消费者享有自主选择商品或者服务的权利。消费者有权自主选择提供商品或者服务的经营者;自主选择商品品种或者服务方式;自主决定购买或者不购买任何一种商品、接受或者不接受任何一项服务;消费者在选择商品或者服务时,有权进行比较、鉴别和挑选。

(4) 公平权。消费者享有公平交易的权利。消费者在购买商品或者接受服务时,有权获得质量保障、价格合理、计量正确等公平交易条件,有权拒绝经营者的强制交易行为。

(5) 索赔权。消费者因购买、使用商品或者接受服务受到人身、财产损失的,享有依法获得赔偿的权利。

(6) 结社权。消费者享有依法成立维护自身合法权益的社会团体的权利。

(7) 知识权。消费者享有获得有关消费和消费者权益保护方面的知识的权利。消费者应当努力掌握所需商品或者服务的知识和使用技能,正确使用商品,提高自我保护意识。

(8) 人格权。消费者在购买、使用商品和接受服务时,享有其人格尊严、民族风俗习惯得到尊重的权利。

(9) 监督权。消费者享有对商品和服务以及保护消费者权益工作进行监督的权利。消费者有权检举、控告侵害消费者权益的行为和国家机关及工作人员在保护消费者权益工作中的违法失职行为,有权对保护消费者权利工作提出批评、建议。

2014年3月15日,新修改的《消费者权益保护法》开始实施。主要新特点是:①远程购物,消费者在七天内可要求退货;②网购平台在侵权行为中承担先行赔付的责任;③欺诈性交易,消费者可取得三倍赔偿,最少可得500元;④对于群体性消费事件，消费者协会可提起公益诉讼。

10.1.4 消费者权益受损的主要表现

（1）质量问题。质量与消费者的切身利益休戚相关，但有的生产者不严格遵守国家规定的质量标准，偷工减料、粗制滥造、以次充好，甚至生产出危害消费者人身和财产安全的产品，严重损害了消费者的权益。

质量不但体现在品质上是否符合质量标准，而且还体现在计量上是否符合质量标准，有的生产经营者在计量问题上做文章，缺斤少两、缺尺短寸，致使消费者权益受损。

（2）服务问题。在商业、服务业中，有些企业和个人服务质量低劣，服务态度不好，甚至呵斥辱骂消费者。有的则强行搭配、缺斤少两、以次充好，损害了消费者的权益。某些生产经营者只把实行"三包"看成其推销产品的宣传，并未真正视为自己应尽的义务，不仅不履行其"包修、包换、包退"的承诺，反而故意欺骗、刁难消费者，致使消费者的权益受损。

（3）价格问题。有些生产经营者违反国家价格管理制度，乱涨价、乱收费，或巧立名目变相涨价和收费，致使价格与价值严重背离，损害了消费者的权益。

（4）促销问题。有的生产经营者为了推销自己的商品和服务，不惜采取恶劣手段编制虚假广告，把未获奖的产品说成获奖产品，未经国家检验鉴定就宣称达到国家规定的标准甚至达到国际标准，还有将不合格的劣质产品说成获省优部优或金奖银奖的产品，或者在产品说明书中不介绍产品的真实性能，该说明的问题不予说明，有意对消费者进行欺骗宣传或者误导宣传，所有这些都严重损害了消费者的权益。

（5）假冒问题。不法生产经营者把经营假冒商品作为谋取暴利的手段，不仅严重损害了消费者的正当权益，还对社会经济秩序的正常运转造成了严重的危害。比如，假农药、假化肥、假种子的泛滥就致使农业生产及广大农民的利益遭受重大损失，也会让最终消费者的利益受到严重的伤害。

（6）环境问题。在生产行业和商业服务业，有些企业只顾生产和做生意，忽视生态环境的保护，造成了严重的环境污染。这种污染主要表现为河流污染、空气污染、土地污染、植物污染、电子污染等。

10.1.5 保护消费者的权益

（1）行政管理监督保护。消费者的弱者地位决定了要切实保护消费者的权益就必须辅以政府行为，加强行政管理和监督。政府要建立、健全消费者保护的行政体系，重点发挥工商、物价、技术监督、商检、卫生、环保等行政管理监督机关的作用，因为他们的这些职能与消费者的关系最直接、最密切。有关部门要充分发挥职能作用，在职权范围内运用有力的行政手段，加强对消费品生产和流通领域的行政管理和监督，对一些非法生产经营行为加强审判和惩处的力度。

（2）社会监督保护。保护消费者权益，既要加强行政管理和监督，又要建立、健全消费者的社会保护体系,加强社会监督,这主要包括广大消费者、社会组织和新闻舆论的监督。

要使消费者权益得到保护和实现,就必须充分发挥消费者自身监督作用。广大消费者要由自发行动变为自觉行动,积极主动地监督商品的质量、价格,监督生产者、经营者的生产经营活动以维护自身的权益。

在社会组织方面,主要是发挥消费者协会的社会监督作用,以便使保护消费者权益的单独分散的行动变成有组织的行动。实践证明,消费者协会在对商品和服务进行社会监督、保护消费者权益、指导消费、接受投诉并加以处理等方面发挥了重要的作用。

舆论监督时效性强、覆盖面广,能够通过各种宣传媒体对那些损害消费者权益的行为进行揭露,及时制止损害消费者权益的现象,纠正不正常的消费心理和消费行为。舆论监督在保护消费者权益方面也至关重要。

(3) 法律监督保护。世界上许多国家都把法律作为保护消费者权益的有效手段。保护消费者权益的立法是个系统工程,它涉及与个人消费生活有关的各种社会关系和民事、行政、经济、刑事、诉讼程序等多方面的立法。既包括以消费者为保护对象的直接的消费者保护法律制度,又包括那些虽不以消费者为特定保护对象,但其内容与消费者有关或在执行结果上有利于消费者的间接的法律制度。目前,我国已制定了有关保护消费者权益的基本法,主要有《消费者权益保护法》《产品质量法》《价格法》《反不正当竞争法》《食品卫生法》《食品安全法》《药品管理法》《反垄断法》等,1997年新修定的《刑法》也增设了制售假冒伪劣品罪。

(4) 消费者自我保护。消费者的自我保护首先体现在加强教育上。通过教育使消费者掌握自我保护的方法和本领,是保护消费者权益的重要途径。消费者自我保护知识和能力的增强在很大程度上取决于消费教育。消费教育主要包括:消费观念的教育、商品和服务有关知识的教育、消费者保护法律及程序的教育。充分发挥报纸、期刊、电台、电视台等新闻媒介进行消费教育的作用。通过消费教育大大提高消费者的素质,提高消费者对商品和服务的选择、辨别能力以及运用法律武器维护自身合法权益的意识和能力。

消费者的自我保护其次体现在主体意识的唤醒。消费者主体意识的唤醒意味着消费者敢于和企业的不良行为作斗争,而不是忍气吞声或者不敢声张。其实不少企业的不良行为也是由于消费者的纵容或者隐瞒或者不敢曝光而让企业大胆起来的,正所谓姑息养奸的结果。所以觉醒的消费者面对损害自己利益的情况,就应该大胆揭发、批评和投诉。努力形成全体消费者的自觉监督,消费者权益的保护就会得到极大的提高。这时,企业会真正重视消费者的言行,从而让企业的营销行为真正做到以消费者为中心。

消费者自我保护意识的建立和维护就是一种人权意识的体现,人权意识在消费领域就表现为消费者主动的识别、批评和揭露。

10.2 企业伦理

企业伦理（enterprise ethics，business ethics）也称商业伦理或企业道德，是企业在处理企业内部员工之间、企业与社会、企业与顾客之间关系的行为规范的总和。不仅企业，凡是与经营有关的组织都包含伦理问题，只要由人组成的集合体在进行经营活动时，在本质上始终都存在着伦理问题。一个有道德的企业应当重视和尊重他人，积极采取对社会和消费者有益的行为。

企业伦理是企业文化的基础，企业文化就是企业成员共同的价值观念和行为规范。价值观构成了企业文化的基础，而价值观的核心就是伦理道德。企业伦理观念由美国在20世纪70年代提出。

10.2.1 伦理与道德

一般来说，伦理和道德可以看作同义词，基本上表示的含义是一致的。"伦"是指人与人的关系，即人伦，"理"是指道德律令和原则，所以伦理是指人与人相处应遵守的道德和行为准则，伦理内涵的核心，就是身为人应该遵守的道德。

伦理倾向于一种理论，它是对道德的科学性思考，是高于道德的哲学，而道德则是伦理在实际中的规范。比如，我们通常会说"一个有道德的人"，而不会说"一个有伦理的人"，同样我们也只会说"伦理学"而不会说"道德学"。从这个角度说，在日常用法中，道德更多用于人，更含主观、主体、个体的意味，而伦理则更具有客观、客体、社会、团体的意味，当然，伦理道德是可以放在一起来使用的。

伦理道德以其特有的社会功能对企业发展施以影响。在企业内部，伦理道德规范作为一种校正人们行为及人际关系的软约束，能使企业人员明确善良与邪恶、正义与非正义等一系列相互对立的道德范畴和道德界限，从而具有明确的是非观、善恶观，提高工作效率和道德水准。伦理道德以其规范力量，有助于企业确立整体价值观和发扬企业精神，有助于群体行为合理化，提高群体绩效。没有伦理道德素质的普遍加强，最终将妨碍企业发展的力度和速度，甚至将企业的发展引上歧路。

如果企业只追求利润而不考虑企业伦理，则企业的经营活动会越来越为社会和消费者所不容，必定会被时代所淘汰。也就是说，如果在企业经营活动中没有必要的伦理观，经营本身也就不能成功。在竞争激烈、瞬息万变的市场经济社会里，利润关系到每一个企业的命运，因此有的经营者为了追求利润，不把经营事业的目光放在"永续经营"上，而着眼于"短线操作"，为了实现企业利润的最大化，不惜采取各种非法途径去达到目的，假冒仿制、欺诈行骗、商业贿赂、行业垄断、不择手段等不正当商业行为，犹如商海里的一股逆流，扰乱了市场秩序，也会使企业商誉扫地。

人文精神包括人品、人格和人权等方面的内容，伦理道德就是人文精神的最基础组成部分，人如果没有了伦理道德，也就没有了人文精神。

（1）人品。人品构成人文价值观和人文精神的基础。人品状况一般就决定了人格状况。与人为善、清心寡欲是良好的人品的显著特征。良好的人品具体表现为格物、感恩、助人、诚信等特征，并爱护自然、敬畏自然、顺其自然。人品的好坏与人的物欲的多少和强弱状况有直接的关系。

（2）人格。良好的人格表现为独立、公正、思辨、质疑等特征。一般而言，人品高的人能保持自己的人格，但高压或者专制的政治也可能让人丧失人格，成为"犬儒"。孟子对优秀人格形象有过经典的表达："富贵不能淫，贫贱不能移，威武不能屈，此之谓大丈夫。"

（3）人权。人权具体体现在民主、自由、平等、法制等方面。法制是建立在尊重人权基础上的法制，是民主的法制，而不是专制的法制。只有由对方成为监督者和制衡者的法制才能实现公平、公开和公正。民主是人权的最基本特征。

人权落实到消费领域，就是消费者主权的体现，消费者可以自由地行使选择权和决定权，其人格应得到充分的尊重。市场化的结果就是要让顾客成为决定企业命运的人，所以真正有市场意识的企业管理者一定要有人权意识，这样才能真正做到以顾客为中心，站在对方角度思考问题，决定对策，并接受顾客的挑选和监督。

中国的儒、道、佛文化是建立人文精神的重要精神财富，特别是其对人品、人格的表达更为深刻和系统。儒家没有提出终极价值，道家虽然提出终极价值，但没建立一套完整的信仰体系，佛家在终极价值与信仰方面有完整的理论，在无为方面与道家接近，在伦理方面与儒家接近。儒道佛都相信善恶因果律，都劝人要"勿以善小而不为，勿以恶小而为之"。"积善之家必有余庆，积不善之家必有余殃。"

市场的逻辑一般包括：利己先利人；诚实守信；换位思考；尊重产权和每个人的基本权利；有创新精神。市场的逻辑其实就是儒家的君子之道。市场不要求人们变为损己利人的"圣人"，但会惩罚损人利己的"小人"。君子与小人的区别不在于是不是利己，而在于是不是损人。

从企业的属性来说，盈利是它的根本。但同时企业还有着社会责任，具有人文关怀的盈利才有真正的意义。彼得·德鲁克说，管理的本质是激发和释放每一个人的善意，管理者要激发和释放人本身固有的潜能，创造价值，为他人谋福祉。

人文营销是指企业在营销时以道德为前提，其核心理念就是以人为本、与人为善、助人为乐，通过利人来达到利己。人文营销是企业营销行为的"发心"，企业管理者有了人文之心，就能真正实现与消费者和其他不同对象关系的和谐。

10.2.2 伦理与信仰

1. 信仰的内涵

信仰（firm belief）就是相信和敬仰。信仰是贯穿在人的世界观之中的一种意识规范，是指对圣贤的主张、主义，对神的信服和尊崇，对鬼、妖、魔或天然气象的恐惧，并把它奉为自己的行为准则。信仰与崇拜经常联系在一起，但是与崇拜还有不同。信仰是人对人生观、价值观和世界观等的选择和持有，有信仰本身就是一种价值，因为坚持这种信仰使自己有所追求、有所寄托。信仰是对人生意义的一种假定，人就其本身来讲没有意义，人的意义就在于自己给自己设定的一个意义，这个意义就是信仰。信仰关乎的是人的精神家园。信仰是一种敬畏，一种清静，一种助人的力量。

信仰是人们对于世界及人生的总看法和总方针，它是一种精神纽带，是一个组织或阶层，一个社会或国家的成员行动的精神基础和精神动力，具有生活价值的定向功能、社会秩序的控制功能、社会力量的凝聚功能、行为选择的动力功能，等等。

没有信仰的人，便不会约束自己，会为了利益而不择手段，丧失伦理，没有了道德的底线。对金钱、权利的痴迷不能称为信仰，只能说是崇拜。只有对金钱、权力的崇拜不会给人带来真正的幸福，只会让人生出更多的痛苦和不幸。

2. 信仰的结构

这里引用的信仰分析是朱大可在《眼与耳的盛宴》一书中的分析，他把信仰的结构分为以下三个方面：

（1）终极信仰，即道和上帝等一切形而上地存在着的绝对真理及其代码。

（2）中间信仰，即母亲、家园、祖先、民族、国家、政党、权力、各种世俗道德原则及其代码（如龙）。

（3）基础信仰，即（又称工具信仰）包括生殖器、性及其代码；货币、一切被货币定义过的器物及其代码。

朱大可说，在上述结构里，终极信仰是笃信者是否拥有神性的唯一尺度。除了耶稣、佛陀和老子等几个非常人格，人类的全部进程就是被终极价值抛弃的历史。人们无法抵抗来自中间或工具信仰的劝诱，这就最终开始了由形而上的绝对精神乐园向着欲望人世的放逐。

所有宗教拯救计划都是从这样一个绝望的事实里诞生的，它不仅号召人摆脱存在的一般困境，而且随时准备对人作出必要的承诺，保证所有给予上帝足够敬畏的笃信者，都能获得无限的关怀和幸福。诸如耶稣、佛陀和老子，他们从来就只是一些启迪者，坚定地向人们提供有真正处境的消息，以及改变这种途径的若干方法。

孔子是中间信仰的大师。人们已经熟悉了他的有关人际仪式的主要思想。第一，孔子指认了属于中国信仰体系的各种价值成分：家（父子、兄弟、夫妻）、宗室（男女、长幼、亲疏）、种族和国家（君臣民），它们是全体人民必须毋庸置疑地加以拥戴的伟大事物；第二，孔子为这个中间信仰体系确立了最高伦理价值："仁"；第三，构筑了导向这一中间价值的道路："礼"，一个繁复的人间礼仪系统。孔子本人亲自实践了他的上述学说。

朱大可认为，一种沉溺于国家道德事务的哲学必定是脆弱和速朽的，因为它的信念都根植于国家的运行状态之中，也就是中间信仰的状态中。在充满坏消息的世界里，信仰的退却将无可挽回。一个衰败的王朝首先在人的信念里死去，然后才在事实中消亡。

游戏及游戏人生（游戏也具有表演的戏的性质）是一切被世俗事物折磨得痛苦不堪者的避难所。游戏结束了中间信仰，因而也就结束了一切怀疑主义。游戏的规则就是禁止笃信。它毫无例外地嘲笑严肃的事物，以超然和观望的姿势在世，游戏就是使绝望者在没有信念的情况下继续生存下去的策略，游戏也是法官，它判处了终极信仰在中国文化中的永恒缺席。

所有对终极信仰的障碍都仅限于人的内心，此外没有任何其他障碍。人是全部信念革命的出发点。

中国的伦理道德是以一种中间信仰来支配的，这种中间信仰需要人极强的自觉性。中间信仰一旦受到工具信仰的冲击，建立在中间信仰基础上的伦理道德就往往经不起考验。人建立伦理道德的真正支配力量来自终极信仰的建立。

3. 深信因果

在这世界里，冥冥之中就存在着自然因果律，对于某些自然因果律，人很容易识别并相信，因为这些自然律要么看得见，比如种瓜得瓜、种豆得豆；要么已经被科学论证，比如许多数学、物理、化学、生物等的规律。但也有自然因果律看不见摸不着，比如善有善报、恶有恶报之规律，往往是信则有，不信则无。不信者就敢无恶不作，为达目的可以不择手段；深信者就有敬畏心理，恶事自然就不敢为或不会为了。

宗教最重要的教育就是要人们深信善恶之因果律，所谓信仰就是相信这个因果律的存在，并敬畏它，它以各种神来昭示和约束人们的行为。深信善恶因果律不一定非要经过宗教的教育才能建立，但宗教确实是能让人尽快建立这种信仰的最有效法门。

10.2.3 企业营销道德

营销道德（marketing ethics）是指用来判定市场营销活动正确与否的道德标准，即判断企业营销活动是否符合消费者及社会的利益，能否给广大消费者及社会带来最大的幸福。营销道德是调整企业与所有利益相关者之间关系的行为规范的总和，是客观经济规律及法制以外制约企业行为的另一要素，这是涉及企业经营活动的价值取向并贯穿企业营销活动始终的重要问题。企业营销道德一般体现在产品、价格、渠道和促销中。

1. 企业营销道德问题

（1）产品道德问题。企业营销中产品道德问题表现在质量、功效、包装、服务、品牌方面。如滥用质量标志，销售假冒伪劣产品、有害产品、有缺陷产品，夸大量或质的包装，假冒品牌等。企业为获取更多的利益，违背道德，很多时候不顾产品的质量安全，带给消费者诸多后顾之忧。

（2）价格道德问题。首先是欺诈性定价，如故意抬高标价，然后声称酬宾大减价或对无货的商品故意定低价，以造成廉价的错觉；或低价引进门，然后漫天要价。其次是制定掠夺性价格，即把产品的销售价格定得远远高于生产成本，如一些服装、药品和保健品、化妆品等常常是销售价格高于生产成本好几倍。再次是实行垄断性价格。有些同类产品的生产商或销售商为了阻止产品价格的下降而实行价格共谋，要求此类产品必须按协议价格销售。

价格倾销指的是在国外销售产品的价格低于国内的价格。价格的倾销导致竞争的不公平,所以被认为是一种非道德的行为。

价格歧视指的是对于不同的地区或者不同的人,采用不同的价格,这和有差异的定价是不同的概念。

(3) 渠道道德问题。生产商与中间商不履行双方签订的合同,或生产商不按时供货、不如数供货给中间商,或中间商不按期付款给生产商,或生产商与中间商相互推诿产品售后服务的责任等,都属于渠道中的道德问题。还存在着零售商为了自身利益不顾合约的规定,销售其他企业的产品,或生产者利用自己的垄断地位,损害中间商的利益等不道德问题。

(4) 促销道德问题。企业在促销环节会出现很多道德问题,如有意提供不完整信息;隐瞒产品或者服务的缺陷信息;进行欺诈性的促销,如虚假的特价、减价广告。

虚假信息的发布,是通过媒介来传播的。促销手段很多,如通过明星代言,让消费者忽略产品本身,只关注于代言人,用代言人的口碑来抬高商品;或者与媒体勾结,进行有偿新闻的宣传;或者贬低同行的产品等,这些都属于不道德行为。

不少广告为了达到促销的目的,吸引人的眼球,所采用的方式方法往往很低俗,或者说采用了非文明的一种促销方式,造成一种文化污染,这样的做法也是有违道德的。许多促销信息不但会造成文化污染,而且会造成视觉污染。人的感官经常受到广告的攻击,有意义的节目受到商业广告的干扰,印刷刊物几乎全被广告占据,广告牌破坏了美丽的风景。这些干扰常常用有关的物质主义、性、权势以及地位等方面的信息污染人们的心灵。

(5) 竞争道德问题。随着市场竞争的加剧,许多企业为了谋求竞争优势,采取各种不道德的竞争手段,既破坏了正常的竞争秩序,损害了同行利益,又增加了成本。

首先,以不道德的方式获得竞争对手的知识产权和商业秘密。如进行商标抢注,有的企业抢注并非为了生产、销售产品,而是为了投机、获利;有的企业以合作、洽谈、考察为幌子,乘机获取对手的商业秘密;有的企业在对手企业安插"侦察员";有的贿赂、收买对方工作人员;有的使用"商业间谍"等。

其次,开展恶性竞争。有的是展开价格大战或有奖销售战;有的是通过攻击、诽谤、制造谣言,诋毁竞争对手企业形象和产品形象。

(6) 社会道德问题。社会道德问题关系到营销相关利益者中的政府等环节的利益以及企业对于社会长远发展的公德心问题。

对政府的商业贿赂问题是一种钱权交易,贿赂政府官员以求最终得到有利的市场局面是企业的期望。利用"权力营销",不仅污染社会风气,为各种腐败现象提供了温床,而且对正当经营造成了严重冲击。

企业在生产经营中对生态环境的破坏也是一种不道德行为。在强调可持续发展、建设和谐社会的今天，中国环境污染问题已经引起了社会和政府的高度重视。

2. 道德营销

道德营销就是指企业在营销时是以道德为前提的，道德就是企业行为的发心，而不是企业营销之后再看其是否有道德。

现在都会说企业要以消费者为中心来采取相应的对策，但对策好坏跟企业发什么心有直接的关系。发一颗道德之心，企业的行为就会真正让消费者受益，让消费者得到真正的帮助。但企业如果发一颗唯利是图、不道德之心，而表面上又要体现出以消费者为中心，那这时的对策就更具有隐蔽性和欺骗性，表面上是爱人、助人，却只是漂亮的幌子，实际上是在做阳奉阴违的事情，这样的"伪君子"是在伤人、害人，其危害无穷。

道德品质要素表现在有敬畏心、爱人心、感恩心、诚信心和责任心方面。良好的道德品质是人文精神的体现，一个有人文精神的企业就会有人文情怀，对消费者就会有人文关怀，企业就能真正实现与消费者关系的和谐。道德营销要素主要包括以下几个方面：

（1）诚信营销。实施诚信营销，首先要求企业树立诚信理念。其实，诚信很简单，关键在于一个企业的良知、精神和认真的态度。"态度决定一切"，这种诚信的态度，使企业在产品质量方面决不搞以次充优；不搞价格欺诈；不盲目跟风炒作；不搞广告狂轰滥炸；不将风险转移给经销商和消费者；不盲目承诺，一旦承诺，就百分之百兑现；不出尔反尔、言而无信；不做任何有损商誉和商德的事。诚信不仅是企业生存之本，更是企业营销根本之道，再好的营销策略若失去了诚信，就不是成功的营销策略，诚信本身就是最好的营销策略。

（2）社会营销，主要是指企业要正确处理好企业与消费者及社会三者的利益和关系，不能为了盈利而损害消费者和社会利益。社会营销强调用户至上、环境保护和社会责任。

就消费者而言，社会营销不仅要设计出令人愉快的产品，同时也要设计出对消费者有益的产品。产品可以根据消费者即刻满足程度与消费者长期利益有益程度来分类。即刻满足程度高、消费者长期利益有益程度也高的产品称为满意产品（desirable product），比如味道好又有营养的食品；即刻满足程度高、消费者长期利益有益程度差的产品称为讨好产品（pleasing product），比如香烟；即刻满足程度低、消费者长期利益有益程度高的产品称为有益产品（salutary product），比如汽车中的安全带和安全气囊；即刻满足程度低、消费者长期利益有益程度也低的产品称为缺陷产品（deficient product），比如味道差而又无效的药品，如图10.1所示：

图 10.1 产品的社会分类

目前，全球关心可持续发展问题，因为企业的行为已经对社会环境造成了很大的破坏，环境和谐早已提上了日程，企业有社会责任来保护环境。企业的社会责任就是指企业在社会中生存和发展的过程中应该承担的责任。比如，对企业的污水排放有了更严格的标准，汽油的使用有了更高的规定等。企业在排放这些污水和使用这些汽油时，就要遵循这些指标，不达标，就是不道德的行为，这既是一种营销道德，也是一种社会责任。

（3）绿色营销。绿色营销的兴起源自于生态环境的不断恶化与消费者环保意识的增强。企业开展绿色营销，使产品从生产到消费的全过程实现无污染，不仅会因承担社会责任而树立起良好的社会形象，而且能取得营销上的竞争优势，是道德营销的重要组成部分。

绿色营销是指企业在绿色消费的驱动下，从保护环境、资源的角度出发，向消费者提供科学的、无污染的，有利于节约资源使用和维护社会生态的产品或服务的营销观念。企业通过研制开发绿色产品、保护自然、变废为宝等措施，来满足消费者的绿色需求，从而实现绿色营销目标的全过程管理。绿色营销的全过程即是从产品的绿色生产，到中间商的绿色流通，再到消费者绿色消费的全过程。

10.2.4 企业伦理原则

企业不管是面对消费者及其他直接或间接的外部人员，还是面对企业内部的人员，不管去从事什么样的活动，企业的行为都应该遵循基本的伦理原则，以这样的伦理原则去面对所有的对象，就是道德的体现。

（1）以人为本。以人为本是指管理者的一种领导方式或理念。以人为本的管理，是指在管理过程中以人为出发点和中心，工作围绕着激发和调动人的主动性、积极性、创造性展开，以实现人与企业共同发展的一系列管理活动。企业强调以人为核心的尊重人、爱护人、关心人，重视人的价值，鼓励创新，强调对人的理解和依靠，强调要发展人和服务人，这才是企业获得发展与成功的永久动力。

在企业中，以人为本的伦理既是企业管理者面对内部员工的管理基本原则，也是企业管理者面对外部消费者及其他外部对象的管理基本原则。"以消费者为中心"，努力满足消费者正当、丰富的物质和精神需要，正是"以人为本"伦理的直接体现。

以人为本是民主的精神体现。民主的伦理价值意义就在于使人能有选择的权利、监督的权利、参与的权利和管理的权利。对消费者而言，在整个消费过程中，就能行使到选择、监督、参与和管理的权利。

（2）与人为善。企业的与人为善既体现在企业内部管理者与员工之间的伦理关系上，也体现在企业内部全体与外部人员的伦理关系上。

善待消费者就是企业最基本的伦理道德。善待消费者就会让企业不向消费者提供有害的或者引起反感的产品或服务，不会只是唯利是图地满足消费者的任何需求，不会利欲熏心地去做对不起消费者的事情。企业有关人员的一个笑脸，一句温存的话语，一点帮助，对自己不会损失什么，却能使对方感到春天般的温暖。

善待消费者既是充满爱意和善意地满足消费者的需求，也意味着不去满足消费者某些"恶"的需求，企业自己既不作恶，也不去满足对方想要的"恶"。

（3）守信负责。守信就是做人做事要讲究信用。负责是要求企业在经营销售过程中对自己的一切经济行为及其后果承担政治的、法律的、经济的和道义上的责任。任何逃避责任的行为都是不道德的，并且是非常愚蠢的。企业人员的一言一行都代表着企业，不仅要对企业和社会负责，而且要对消费者负责。因此，企业人员应向消费者讲实话，如实地为消费者介绍营销产品的优点和不足，向消费者提供能真实有效地满足其需要的商品，千方百计地为消费者排忧解难，以赢得消费者的信赖，提高企业的声誉和社会效益。坚持负责原则，要求企业及有关人员具有高度的自觉性和承担责任的勇气，必要时甚至要牺牲自己的利益。

（4）公平平等。公平平等是社会生活中一种普遍的伦理要求，它是以每个社会成员在法律上和人格上人人平等为依据的。在企业的经营销售过程中，坚持公平平等的原则主要有两方面的含义：一是企业有关人员对待营销对象应该公平平等。营销对象不论男女老幼、贫富尊卑，都有充分的权利享有他们应得到的公平平等的服务，各种以次充好、缺斤短两、弄虚作假、价格歧视等行为都是违反公平原则的，因而也是缺乏伦理道德的。二是在与对手的竞争中应坚持公平平等的原则。企业间不可避免地存在竞争，竞争是提高服务质量、改善服务态度的动力，但竞争也不可避免地带来一些负面效应，企业为了在竞争中战胜对手，不择手段地诋毁竞争对手的产品甚至人格，千方百计地欲置对方于死地，这种行为是不道德的，有违企业伦理。开展公平合理、光明正大的竞争，这才是符合伦理的竞争。

（5）社会责任。社会责任就是在一个特定的社会里，每个人在心中对其他人的伦理关怀和义务。具体说就是社会并不是无数个独立个体的集合，而是一个相辅相成、不可分割的整体。尽管社会不可能脱离个人而存在，但是纯粹独立的个人是不存在的，简单说就是没有人可以在没有交流的情况下独自一人生活。所以，个人一定要有对社会负责的责任感，对其他人负责的责任感，而不仅仅是为自己的欲望而生活。

如果把企业仅仅看作是一个经济组织，许多管理者就会认为企业追求的唯一目标就是利润最大化，其他都是政府和社会的事。但是，大量的污染恰恰是在企业的生产中产生，从行为与责任相对应的原则来看，企业对环境问题有不可推卸的责任。如果企业所追求的利润最大化是以损害他人、社会及环境为代价的，那么，这实质上是一种损人利己的不符合伦理道德的行为。让企业有社会责任感就是让企业自觉地承担了一份社会责任，在强调利润的同时，还强调保护社会环境，在经营销售的全过程中尽可能地减少污染或不污染环境，为做营销所必需的包装、宣传等都不能给社会留下不良后果，不但要让企业和个人的"小家"好，还应该让社会和环境这个"大家"同样好，从而将经济效益、社会效益和环境效益有机地结合在一起。

从可持续发展方向来看，许多组织和个人已经从对环境和资源的忧虑逐渐转化为管理活动中的一种自律行为，人类开始向崇尚自然、敬畏自然、回归自然、保护自然的绿色文明时代迈进。企业伦理中包含的社会责任感有利于企业确立"天人合一"的生态价值观，从而能正确处理人与自然、人与社会及人与人之间的关系。在社会责任感的驱使下，企业应该建立起个人正直、企业道德和以满足消费者长期利益为基础的伦理准则。

本章总结

消费者权益是指消费者在有偿获得商品或接受服务时，以及在以后的一定时期内依法享有的权益，是消费者为生活消费需要购买、使用商品或接受服务时所享有的权利和利益。

《消费者权益保护法》规定了中国消费者应享有九项基本权利：安全权、知情权、选择权、公平权、索赔权、结社权、知识权、人格权和监督权。

消费者权益受损的主要表现为质量问题、服务问题、价格问题、促销问题、假冒问题和环境问题。消费者的权益可以通过以下途径来保护：行政管理监督保护、社会监督保护、法律监督保护和消费者自我保护。

企业伦理是企业经营本身的伦理，是企业在处理企业内部员工之间、企业与社会、企业与顾客之间关系的行为规范的总和。

营销道德是调整企业与所有利益相关者之间关系的行为规范的总和，是客观经济规律及法制以外制约企业行为的另一要素。这是涉及企业经营活动的价值取向并贯穿企业营销活动始终的重要问题。企业营销道德一般体现在产品、价格、渠道和促销中。

道德营销就是企业在营销时前面一定要先加道德两个字，道德就是企业行为的发心，企业应发一颗有道德之心来做营销。有道德是企业营销的前提，道德营销主要包括诚信营销、社会营销和绿色营销等内容。

企业伦理原则是：以人为本、与人为善、守信负责、公平平等和社会责任。

本章关键词

消费者权益　企业伦理　营销道德　道德营销

思考题

1. 消费者在市场中的基本特点是什么？
2. 中国消费者享有的基本权利是什么？
3. 消费者权益受损主要表现在哪些方面？
4. 企业营销道德问题主要表现在哪些方面？
5. 试分析道德营销要素。
6. 试分析企业伦理原则。

参 考 文 献

[1] 〔美〕巴里·J. 巴宾、埃里克·G. 哈里斯：《消费者行为学》，李晓等译，机械工业出版社 2011 年版。

[2] 〔美〕保罗·彼得、杰里·C. 奥尔森：《消费者行为学与营销战略（第九版）》，徐瑾等译，东北财经大学出版社 2015 年版。

[3] 程志良：《成瘾》，机械工业出版社 2017 年版。

[4] 〔美〕戴维·L. 马瑟斯博、德尔·I. 霍金斯：《消费者行为学》，陈荣、许销冰译，机械工业出版社 2018 年版。

[5] 〔美〕戴维·迈尔斯：《心理学（第 7 版）》，黄希庭等译，人民邮电出版社 2013 年版。

[6] 〔日〕稻盛和夫：《活法（修订版）》，曹岫云译，东方出版社 2009 年版。

[7] 〔美〕德尔·I. 霍金斯等：《消费者行为学》，符国群译注，机械工业出版社 2007 年版。

[8] 〔美〕德鲁·埃里克·惠特曼：《吸金广告》，焦蓝菊译，江苏人民出版社 2014 年版。

[9] 〔美〕菲利普·科特勒、凯文·莱恩·凯勒：《营销管理》，何佳讯等译，格致出版社 2016 年版。

[10] 符国群编著：《消费者行为学（第三版）》，高等教育出版社 2015 年版。

[11] 〔法〕古斯塔夫·勒庞：《乌合之众：大众心理研究》，戴光年译，新世界出版社 2010 年版。

[12] 〔日〕古畑和孝编：《人际关系社会心理学》，王康乐译，南开大学出版社 1986 年版。

[13] 黄希庭：《心理学导论（第二版）》，人民教育出版社 2007 年版。

[14] 〔美〕劳拉·P. 哈特曼等：《企业伦理学》，机械工业出版社 2015 年版。

[15] 乐嘉：《FPA 性格色彩入门》，湖南文艺出版社 2012 年版。

[16] 〔美〕理查德·格里格、菲利普·津巴多：《心理学与生活》，王垒、王甦等译，人民邮电出版社 2003 年版。

[17] 〔美〕利昂·G. 希夫曼等：《消费者行为学》，江林等译，中国人民大学出版社 2011 年版。

[18] 卢泰宏、周懿瑾：《消费者行为学：中国消费者透视（第二版）》，中国人民大学

出版社 2015 年版。

[19] 陆学艺主编：《当代中国社会阶层研究报告》，社会科学文献出版社 2002 年版。

[20]〔美〕罗伯特·B. 西奥迪尼：《影响力（经典版）》，闾佳译，北京联合出版公司 2016 年版。

[21]〔美〕罗格·D. 布莱克韦尔等：《消费者行为学》，吴振阳等译，机械工业出版社 2009 年版。

[22] 罗子明：《消费者心理学（第四版）》，清华大学出版社 2017 年版。

[23]〔美〕马丁·林斯特龙：《感官品牌（珍藏版）》，赵萌萌译，中国财政经济出版社 2016 年版。

[24]〔美〕马丁·林斯特龙：《品牌洗脑》，赵萌萌译，中信出版社 2013 年版。

[25]〔美〕迈克尔·R. 所罗门、〔中〕卢泰宏、〔中〕杨晓燕：《消费者行为学（第八版·中国版）》，中国人民大学出版社 2009 年版。

[26]〔美〕乔纳·伯杰：《疯传》，刘生敏、廖建桥译，电子工业出版社 2014 年版。

[27] 全国十二所重点师范大学编：《心理学基础》，教育科学出版社 2002 年版。

[28] 荣晓华编著：《消费者行为学（第六版）》，东北财经大学出版社 2019 年版。

[29]〔美〕斯图尔特·戴蒙德：《沃顿商学院最受欢迎的谈判课》，杨晓凯等译，中信出版社 2012 年版。

[30] 王曼、白玉苓编著：《消费者行为学（第 4 版）》，机械工业出版社 2018 年版。

[31] 吴柏林编著：《消费者行为学：基于消费者洞察的营销策略》，机械工业出版社 2015 年版。

[32] 杨飞：《流量池》，中信出版社 2018 年版。

[33] 叶茂中：《冲突》，机械工业出版社 2017 年版。

[34] 尹世杰主编：《消费经济学（第二版）》，高等教育出版社 2007 年版。

[35] 钟旭东编著：《市场营销学：现代的观点（第二版）》，上海人民出版社 2018 年版。

[36] 朱大可：《眼与耳的盛宴》，福建人民出版社 2010 年版。